I0842419

CUERPOS DE ELITE

Sebastián Fuentes

CUERPOS DE ELITE

Educación, masculinidad y moral en el rugby argentino

prometeo
libros

Fuentes, Sebastián

Cuerpos de elite : educación, masculinidad y moral en el rugby argentino / Sebastián Fuentes. - 1a ed. - Ciudad Autónoma de Buenos Aires : Prometeo Libros, 2021.

322 p. ; 23 x 16 cm. - (Miradas antropológicas)

1. Rugby. 2. Etnografía. 3. Educación Física. I. Título.

CDD 306.483

Colección: Miradas antropológicas

Armado: Mabel Fraga
Corrección: Luciano Beltrán

Índice

Agradecimientos

El libro es el resultado de un largo recorrido intelectual y afectivo, colectivo y personal. Son muchos/as con los que siento una gran gratitud.

Los/as jóvenes que accedieron a ser entrevistados, a que los acompañara en sus actividades, entrenamientos, sus familias y otros actores institucionales me facilitaron el trabajo de campo e hicieron posible la investigación, contándome de sus vidas y compartiendo sus inquietudes, historias y expectativas.

Mis directoras de tesis de Doctorado han sido inmensamente generosas con sus enseñanzas, su invitación a integrarme a distintos espacios y grupos, la apertura al debate y el intercambio, la mirada siempre puesta en los procesos sociales, políticos y culturales de la Argentina… Mariana Chaves y Guillermina Tiramonti, ¡gracias!

Tuve suerte: me encontré con la misma generosidad y apertura en quien me acompañó también en la formación posdoctoral, con una rigurosidad no exenta de diversión. Fue quien me ayudó también a conocer más sobre los modos "globales" en la investigación científica, en sus múltiples sentidos. ¡Gracias Niko Besnier!

Las Agencias que me evaluaron, financiaron y colaboraron con mi formación y con la investigación lo hicieron todo posible: el Consejo Nacional de Investigaciones Científicas y Técnicas (CONICET), la Agencia Nacional de Promoción Científica y Tecnológica, y la Universidad de Amsterdam, sede del proyecto Globalsport financiado por el European Research Council (ERC), dirigido por Niko. La Universidad Nacional de Tres de Febrero (UNTREF) también me brindó su apoyo por medio de los proyectos de investigación que dirigimos con Mariana Chaves durante varios años.

Fue sobre todo la FLACSO, y el Programa Educación, Conocimiento y Sociedad, del Área Educación de la misma institución, el espacio de pertenencia, formación y producción rigurosa y sistemática en la investigación científica que me acompañó durante más de una década. Sus modos de sostén fueron múltiples: financiamientos para publicación, participación en congresos, integración en espacios de formación, entre muchos otros. Me dieron un espacio de apoyo constante, donde aprendí el oficio de la investigación junto a excelentes compañeras/os en un ambiente de rigurosidad, la generosidad, compañerismo y amistad que hacen de la ciencia algo más amoroso.

Del período de formación inicial en FLACSO, mi agradecimiento al apoyo y la amistad de mis compañeras "jóvenes investigadoras" de entonces: Mariela Arroyo, Cecilia Litichever, Verónica Tobeña. Vicky Gessaghi, entre ellas, fue siempre el lugar para la carcajada, el aprendizaje, la claridad conceptual y el disfrute del trabajo compartido, y Mariana Nobile la compañera infaltable de oficina. Sandra Ziegler y las compañeras del Núcleo de Estudios sobre Elites y Desigualdades Socioeducativas. Guillermina Tiramonti y las colegas del Grupo Viernes. Daniel Pinkasz y Nancy Montes en el grupo RIES. El apoyo económico del Programa, además, fue fundamental para la publicación del libro. Agradecido a todas sus integrantes.

En UNTREF, los intercambios con Luisa Vecino, Flor Brandoni y Alicia Kosoy, y la voz cantante de Mari Chaves, me ayudaron desde los primeros esbozos de introducción de este libro. Siempre recuerdo su interés genuino con la investigación que hacía. La docencia e investigación con las colegas Psicomotricistas, hermosa carrera donde soy profesor, fue siempre estimulante. Vaya mi agradecimiento a todas ellas, generosas colegas; y al Centro de Investigación en Políticas Sociales Urbanas de la misma Universidad.

Otros/as colegas fueron fundamentales para pensar y avanzar en el trabajo de investigación: Pedro Núñez, Julia Pérez Zorrilla y Emi Di Piero, las/os colegas del Núcleo de Estudios de Educación, Género y Sexualidades en FLACSO. Mis compañeros/as Globalsporters de la Universidad de Amsterdam: Daniel Guinness, Domenica Calabrò, Uroš Kovac, Mark Hann, Adnan Hossain, Michael Peters y tantos otros que pasaron por ese hermoso proyecto, como Susan Brownell y otras antropólogas que leyeron borradores de mis trabajos en distintas jornadas y congresos.

Laura Masson y Ricardo Vila fueron cruciales para que yo pueda terminar este libro. Mi agradecimiento también a Editorial Prometeo.

Gracias a mis amigos/as que aguantaron durante años mis intereses de investigación y otros tantos: Martina Podetti, Gabi Guzmán, Jessica Michea Duarte, Seba Albornoz, Caro Grasso, Martín Marquez, Sabri Kratina, Caro de Mey, Gabi Curcio, Belén Estrada, Guille Heine y tantas/os otros/as. Otras personas a las que quiero mucho estuvieron siempre presentes interesadas por el avance de este trabajo: Kari Rempel, Clara Cyper, Lau Fuentes. Omar, Su, Flopy y Chuchi Annovazzi.

Ceci Martínez, gracias por estar siempre.

Cele, Gon y Gaby Fuentes, por la banca a la distancia. Olivia, Facu y Santi por tanto cariño.

Ma y Pa, gracias por acompañar lo que hago. Siempre. Y más allá. Un poquito más allá.

Y Jorge Rempel, por estar y querer.

Introducción

Se escucha un fuerte estruendo mientras los jóvenes varones ingresan en fila a la cancha. En el aire, papelitos de colores, humo y mucho movimiento humano: la tribuna se agita, y un grupo de jóvenes mujeres de larga cabellera, rubios y castaños oscuros, bailan en la cancha con los brazos en alto agitando sus porras. Animan a la tribuna. Las dos filas de varones se agrupan en dos equipos frente a frente en una de las canchas más importantes del fútbol argentino, el estadio Amalfitani del Club Vélez Sarsfield, en la ciudad de Buenos Aires. Pero no hay arcos de fútbol. En su lugar, dos palos largos se extienden al cielo, unidos en su cuarto inferior por un travesaño. El pasto, con líneas blancas en una configuración extraña al fútbol. Como este, alrededor del campo de juego, una hilera interminable y continua de carteles publicitarios. Es abril de 2017.

Está por empezar un partido de rugby profesional, novedad en el deporte argentino. Uno de los equipos se llama Jaguares, nombre de uno de los felinos típicos del subcontinente sudamericano. Juegan frente a un equipo sudafricano, Sharks, que arribó hace sólo unos días a Buenos Aires. Antes de iniciar el juego se oye la voz del animador del partido y a su lado, baila un tipo disfrazado de jaguar, la mascota del equipo argentino, "Jaguardo". A mi lado en la tribuna, tres niños de alrededor de 10 años se sientan, uno al lado del otro, cuidados por dos madres y dos padres al final de la fila. Tienen sus cachetes pintados de negro y naranja, los colores de Jaguares. Las remeras son de un club de rugby amateur de la zona norte de Buenos Aires. Entusiasmados, dos de ellos gritan: "¡Vamos Pumas!". Quien parece ser el padre de uno de ellos los corrige, no son los Pumas. Uno de ellos parece no comprender la diferencia, el padre les dice: "Son lo mismo, con otra camiseta". Luego, cada vez que la mascota se acerca a nuestra tribuna y arenga el aliento de la hinchada con sus brazos, el niño gritará "¡Jaguares, Jaguares!".

Miro hacia el otro costado: dos varones cuya edad estimo en 25 años, uno de ellos con camiseta de Los Pumas, el otro con la de un club de rugby de La Plata, sentados tranquilos, comentarán todas las jugadas. Conocen el deporte en su detalle, se explican entre ellos cada jugada, la evalúan, se quejan, a veces gritan. Sus cuerpos parecen muy trabajados, poseen un gran volumen muscular. Un poco más abajo, en la siguiente fila, tres tipos de alrededor de 50 años se sientan juntos y conversan. Su conversación no tiene tanto que ver con jugadas, como la de los jóvenes a mi lado. Hablan de lo entretenido del partido, de "cómo cambió todo", se refieren a algunos de los jugadores como si los conocieran personalmente, por su apodo, recordando conversaciones previas. Hablan del partido que jugó su club un rato antes en San Isidro.

El juego está cortado. Los sudafricanos parecen mejores en todo momento. El impacto de los cuerpos que chocan se escucha hasta en lo más alto de las tribunas de Vélez. La tribuna se regula y contradice a sí misma: cuando los jugadores de Sharks van a patear una conversión,[1] algunos empiezan a silbar. Otra parte de la tribuna, cuya localización no puedo identificar porque parece bien extensa y distribuida, intenta callar al silbido con un "ssssshhhhh". Al rato, ya convertido el punto, el locutor del partido invita a hacer silencio en esas jugadas, "por respeto". Pero silencio no hay nunca en un partido del Super Rugby: cuando el juego se interrumpe en algunas jugadas, aparecen la mascota, las porristas y sobre todo la música. Hay una clima que batalla contra el silencio: el sonido de los jugadores que se chocan y caen, la tribuna que alienta, o la música que rellena las pausas lógicas de un deporte que si bien se propone ser cada vez más "ágil y entretenido" –como me contaron distintos dirigentes del rugby– no lo logra plenamente. Hacia ello se encamina, construyendo una experiencia de entretenimiento con algo más que jugadores, una pelota y la cancha. Todo un show deportivo.

El partido termina con la derrota de Jaguares. Dos de sus jugadores son ubicados delante de un panel móvil que tiene todos los logos de las empresas que auspician a la Unión Argentina de Rugby (UAR), la dueña de la franquicia. Un periodista de la cadena ESPN se dispone a hacerles una entrevista. Jaguares no se juega sólo en la cancha. El show deportivo continúa. Dentro del predio de Vélez, al salir de las tribunas, nos esperan tres *food trucks* y una serie de stands por los que pasear y "jugar": QBE seguros, Assist-Card, Renault, HSBC, entre otras multinacionales. En un stand un grupo de chicos juega a tirar la pelota de rugby y embocarla en un hueco de la pared de plástico. En el otro, pueden sacarse una foto posando detrás de una gigantografía de los más famosos jugadores de Jaguares. La "Fan Fest" continúa un par de horas más luego de finalizar el partido, mientras de fondo suena Agapornis, uno de los primeros y más famosos grupos de *cumbia cheta* que surgió entre rugbiers de La Plata. Su cantante, una joven rubia y flaca, de pelo largo, está presente esa noche de abril. El público se acerca a sacarse fotos con ella.

---

[1] Luego de anotar un try, el equipo tiene derecho a patear la pelota hacia los postes del goal, a la altura del lugar donde se marcó el try. En caso de que la pelota pase entre los postes y sobre el travesaño, se obtienen dos puntos.

Jugadores rentados que se dedican de modo exclusivo al rugby… y a las publicidades. Cadenas globales de la industria televisiva como principales esponsors. Disputas en torno al modo correcto de aliento en la cancha. La presencia constante del fútbol, sus espacios y prácticas, como el *gran otro* del rugby. La transformación de jugadores representantes de una nación que ahora también representan ¿un estilo de juego? ¿Una nación hecha *commodity*? La apropiación local del deporte como industria del entretenimiento, con las formas del norte global, simbolizada en la mascota y las porristas. La extensión de las prácticas y ritmos populares de la fiesta hecho estilo cool y cheto en el mundo del rugby. El "espíritu familiar" del rugby que sigue poblando al deporte aún en tiempos de masificación y popularización. Jugadores profesionales que dedicándose full time al deporte continúan con su carrera de medicina, como si el rugby fuera un complemento de la educación universitaria. El rugby argentino está inmerso en la dinámica de la profesionalización y globalización deportiva, en un proceso cargado de controversias.

Como otros deportes, el rugby se fue haciendo una escena, una práctica, un conjunto de relaciones para observar un proceso más amplio sobre la distribución del poder, lo simbólico y lo político (Archetti, 1998) en múltiples escalas, en la tensión entre universalismo –habilidades compartidas por casi todos los seres humanos– y particularismo –las habilidades y los cuerpos se configuran diferencialmente en cada lugar y época– (Besnier, Brownell y Carter, 2018). Si el poder es polimorfo y produce efectos de subjetividad corporales, por medio de la clase, el género y la "nación", deportes como el rugby, en su etapa actual de profesionalización y globalización constituyen lugares antropológicos donde se articulan sentidos y poderes locales, nacionales y globales. La apuesta es entender al deporte como constructor de valor en diversos campos, atendiendo a las dinámicas locales y globales en la transformación de las elites de Buenos Aires. El cambio en el mundo del rugby no está necesariamente liderado o querido por los sectores privilegiados de la Argentina que lo han practicado durante décadas. Y para ello es necesario situar al rugby como práctica formativa, en un sentido amplio, como productor de valor en el contexto del orden neoliberal actual, donde los deportes, no sin resistencias, siguen al capital y en él se expanden.

Este libro no es solo sobre rugby. Las prácticas deportivas y formativas son un medio para entender procesos sociales y culturales más amplios, como diría Geertz (2005): en "aldeas" concretas. Los deportes son lentes para ver qué ha sucedido y qué está aconteciendo con y entre los grupos sociales que los practican, los miran en las canchas, se apasionan por ellos y gritan o hacen silencio, los valoran o rechazan. Ubicar a los deportes como configuración sociocultural, es situarse en ellos para comprender a las sociedades contemporáneas.

Una etnografía de las relaciones etarias: la producción de una juventud distinguida

Cuando me acerqué por primera vez al rugby masculino en 2008, buscaba entender la experiencia educativa que entre los jóvenes de sectores medios altos y altos del Gran Buenos Aires se produce entre las escuelas secundarias privadas, los clubes de rugby y el circuito católico de parroquias y movimientos eclesiales. Trabajando como docente en algunas de esas escuelas secundarias había presenciado un fenómeno que llamaba mi atención: una grupalidad particular, un modo de moverse distinto al que yo poseía y podía identificar en otros. En los recreos se chocaban y empujaban, durante toda la semana hablaban entre ellos sobre los partidos de rugby del fin de semana. Me llamaba la atención algo común a cualquier otro grupo de jóvenes hinchas de un club de fútbol. Pero había algo particular en sus cuerpos, sus modos de moverse y hacer contacto, un modo de pararse frente a otros que me parecía singular, y que, supuse, algo tenía que ver con la producción de la clase social y el género. Ser "rugbier" y de tal o cual club no era una simple cuestión de identificación, una etiqueta juvenil pasajera. Había allí una apuesta, una historia y una dinámica social y cultural mucho mayor de lo que entonces podía entender.

En la Argentina y América Latina, los estudios sobre juventudes se han centrado mayormente en los sectores populares, excluidos y/o las clases medias (Chaves, 2009), mientras que la producción de juventud en y desde jóvenes de sectores medios altos o altos permanece sin ser abordada de modo sistemático (Fuentes, 2019b). Podríamos decir que lo mismo sucede en otros campos de las ciencias sociales con los que este libro dialoga: la investigación educativa, hasta hace muy poco tiempo gozaba o padecía la misma carencia (ver Tiramonti y Ziegler, 2008; del Cueto, 2007; Ziegler y Gessaghi, 2012; Gessaghi, 2016; Méndez, 2013; Di Piero y Mataluna, 2018). Los estudios sociales sobre el deporte, por su parte, tenían una fuerte acumulación sobre sectores populares y el estudio de las identidades nacionales y más recientemente de sus articulaciones políticas y morales (Alabarces, 2015), aunque el rol de las elites sociales y sus prácticas fueran abordadas ocasionalmente, con la referencia insoslayable del trabajo de Archetti sobre el polo en la Argentina (2003) –enfocadas más como prácticas limítrofes o marginales– y los de la historia social (Hora, 2014) sobre el turf, entre otros.

¿Cuál es el aporte de una investigación centrada en la experiencia, las prácticas y los sentidos de jóvenes educados de sectores privilegiados? Una visión esquemática y positivista diría que es necesaria para poder dibujar un "mapa" más exhaustivo de las juventudes contemporáneas, como si faltara llenar un espacio vacante. Buena parte de las investigaciones socio-antropológicas a menudo se justifican en este argumento, que puede ser condición necesaria pero no suficiente. La perspectiva que venimos construyendo con otras colegas (Ziegler, Gessaghi y Fuentes, 2018; Chaves, Fuentes y Vecino, 2016) se centra en la dimensión relacional de la desigualdad. Necesitamos comprender la cultura de la desigualdad en Argentina y la región, y para ello nos valemos del estudio empírico, situado, de prácticas de jóvenes y no jóvenes de distintos sectores o clases sociales. Una etnografía de las prácticas y trayectorias de los jóvenes construidas en dinámicas de alterización, diferenciación, identificación material y simbólica entre actores ubicados en distintas posiciones sociales constituye el eje de esta propuesta analítica. Antes que buscar comprender culturas de clase (Cuché, 2002), me interesa comprender la producción cultural de las desigualdades sociales, cómo se produce una cultura en común, sus diferenciaciones y alterizaciones siempre dinámicas. Sostener que los grupos sociales producen y reproducen una cultura en común –dada por la pertenencia a los mismos círculos/circuitos– (Shore, 2009), implica concebir(se) como un grupo social que identifica culturalmente a quienes pertenecen o podrían pertenecer a ese espacio social, dada por una diferencia de poder, de acceso a determinados recursos, de posesión de determinados capitales. Cuando hablo de identificar culturalmente me refiero a una pertenencia simbólica a un espacio imaginario, representacional, condicionado por una posesión objetiva de capitales, para la que se movilizan y construyen valores morales, religiosos, nacionales, de clase, etc., que permiten establecer una cierta delimitación grupal o sectorial, quiénes pertenecen al mismo círculo, y quiénes no.

Para avanzar en esa comprensión, elegí centrarme en la experiencia juvenil entendiendo que la dinámica etaria me permitiría ver procesos sociales de cambio, no porque los jóvenes sean ontológicamente los protagonistas del cambio social, como cierta mirada exotista y romántico-espiritualista aún les atribuye. Son las dinámicas etarias, las tensiones entre jóvenes y no jóvenes las que en las sociedades occidentales contemporáneas brindan una escena para analizar procesos de continuidad y ruptura que se dan casi siempre en la adjetivación y la regulación que se produce entre adultos y jóvenes.

Los jóvenes han sido objeto –y lo siguen siendo– de una constante evaluación moral que los negativiza. En las sociedades latinoamericanas, han sido el blanco de las políticas punitivas (Guemureman, 2014; Chaves, 2005) y el chivo expiatorio de una serie de problemas sociales (Reguillo, 2000) –que van desde la inseguridad urbana a la supuesta apatía política o educativa de los jóvenes en relación a la escuela–. Las relaciones etarias implican expectativas de comportamiento y de desarrollo de la trayectoria de vida que no son construidas exclusivamente por un grupo de edad. Siguiendo los aportes de la antropología de la juventud (Chaves, 2010; Feixa, 1998) diferencio a los jóvenes empíricamente identificados como tales –por ellos y por otros no-jóvenes– de la producción de juventudes (Criado, 1998; Chaves, 2010), una producción material y simbólica que involucra a actores jóvenes y no jóvenes que intervienen en la construcción de juventudes en plural. Allí intervienen adultos, niños, medios de comunicación, instituciones y políticas públicas, agencias morales… y, por supuesto, quienes se reconocen como jóvenes.

Cada grupo de edad y cada período o ciclo de edad es construido y evaluado de acuerdo a atributos, signos de prestigio o estigma que responden a dinámicas de clase, género y otras dimensiones. La extensión de la juventud como una marca de distinción, un atributo positivo aplicado a otros grupos de edad es el resultado de un proceso de evaluación moral positiva que algunos denominan juvenilización (Margulis y Urresti 1998) y yo caracterizo como positivización de la juventud *con clase* (Fuentes, 2019b): algunos "valores" que la sociedad asocia a la etapa del ciclo de vida definida como "juventud" son extrapolados y asociados a otros grupos etarios. Mantenerse, sentirse o parecer "joven" es un atributo positivo en las sociedades contemporáneas, donde la producción de la vida y su extensión se hace mandato moral, la política en la vida de Foucault (2000). La positivización señalada no es neutra: es el resultado de una dinámica de clase, porque el modelo bajo el que se expande es el de una juventud *libre*, despreocupada, alegre, "educada", sin problemas, amistosa, etc., con marcas de clase, raciales y de género asociada a los sectores privilegiados. Su contracara, como lo señaló Chaves (2005) es la juventud negativizada y negada, en su edad y en su clase, que se concreta en representaciones negativas o patologizantes sobre jóvenes de sectores medios o populares. Este es el tipo de procesos al que nos abocamos quienes asumimos un enfoque relacional de las desigualdades sociales.

Los jóvenes entre los cuales realicé la investigación son reconocidos y se identifican como tales. Como la investigación tuvo dos etapas, una que se desarrolló entre 2008 y 2011, y otra entre 2012 y 2017, la referencia etaria es muy diversa y desde mi punto de vista no hace al caso: no creo necesario definir de antemano la edad cronológica que me cuentan mis entrevistados para clasificarlos en jóvenes o no-jóvenes. Me parece más relevante analizar la producción de la juventud como proyecto institucional: no de una institución en particular, sino de un modo de institucionalizar las relaciones de poder basada en clasificaciones sobre la relativa antigüedad (edad) que se posee y su combinación con otras clasificaciones y valores. Me interesa situar la juventud como mucho más que una etapa: la entenderé como un proceso de regulación y producción de poder, relevante para entender de qué manera se modifica la distinción social y los privilegios, qué se estabiliza y qué se desestabiliza cuando cambian las coordenadas en las que la juventud es producida, y qué puede decir todo ese proceso sobre la configuración sociocultural de la desigualdad en la Argentina contemporánea.

Los jóvenes universitarios y rugbiers que conocí en esos años a menudo vivían su juventud como una etapa en la que se suponía que debían combinar disfrute, diversión, responsabilidad y esfuerzo –ya sea estudiando o en su trabajo como deportista profesional o amateur–. Ser joven equivalía a una preparación para la siguiente etapa, la adultez, para la que debían dar pruebas de su madurez a medida que pasaban los años. Esas pruebas eran el resultado de un proyecto de institucionalización de la edad. La institucionalización se concretaba en ritos que muchos de ellos vivían como problemáticos por las dificultades de ajustarse a ellos, por sus deseos de alterar esos patrones definidos según edades, aunque esas estabilizaciones temporales y sus modos de cuestionarlos hablan de su condición de clase. Recuerdo los relatos de muchos adultos que me contaban azorados el año sabático que muchos jóvenes se tomaban al terminar la escuela secundaria. Aunque eran sus mismos grupos familiares quienes bancaban económicamente esa experiencia, el discurso adulto lo miraba con sospechas frente a una renuncia temporal de sus deberes de juventud: estudiar en la universidad, estar con sus amigos, divertirse, ponerse de novios, jugar en su club.

En el programa institucional de la modernidad en la que se formaron los padres y abuelos de estos jóvenes, terminar la secundaria constituía un rito de pasaje entre dos etapas de la juventud –entre la adolescencia y la juventud propiamente dicha[2]–. Finalizar la carrera universitaria es el rito entre la juventud y la adultez. En ambos pasajes se supone una transformación de los sujetos que cambian y adquieren otro estatus. El problema es darlos por sentado, como buena parte de la literatura antropológica viene haciéndolo tomando al pie de la letra los ritos de pasaje que describiera Van Gennep (2013) y suponiendo que solo pue-

---

[2] En el debate antropológico y en la historia cultural de la juventud, ésta ha sido comprendida como una etapa, y rito de pasaje en sí misma: la fase liminal del rito en el esquema de Victor Turner (1988), en el que se produce aún la separación previa a la integración del individuo al colectivo (Chaves, 2005). Considero que esta idea ha ido cambiando y que en nuestro contexto, aunque la juventud aún sea concebida de modo dominante como "tránsito" (Ibid.) entre una etapa anterior y la que (siempre) está por advenir, la complejidad "interna" de la etapa del ciclo vital, su división dominante en "sub-etapas" (como adolescencia, joven adulto, etc.), su articulación con las desigualdades sociales y de género, y el proceso cultural de la juvenilización, todo ello en su conjunto indica que hay cierta autonomía de la etapa del ciclo de vida, con sus ritos de pasaje variables. Aunque hay pasos y pasajes, la juventud es mucho más que una fase liminal.

den ser pensados si las etapas por las que se pasa en la vida son universales, ordenadas una tras otra, coherentes y estables (Johnson-Hanks, 2002). Los ciclos no solo están situados culturalmente: poseen valores diferenciales según la clase social, el género, el territorio o la nación de los sujetos implicados, de sus grupos familiares, de sus trayectorias sociales o sus marcas raciales.

Otros jóvenes que conocí hallaban dificultosa la finalización de su carrera universitaria "a tiempo" y las implicancias que ello tenía en su deseo de seguir jugando al rugby. Con sus 24 años, Federico era socio y jugador de rugby del Club Universitario de Buenos Aires (CUBA) desde niño. La primera vez que conversamos notaba su ansiedad: estaba finalizando su carrera universitaria y en poco tiempo más debían producirse dos cambios en su vida. Trabajar era uno, y lo estaba logrando: gracias a sus contactos del rugby había conseguido un trabajo part-time en una compañía global de consultoría y recursos humanos. Dejar de jugar al rugby era lo otro: en un futuro próximo iba a quedar "desfasado", me decía. Al tener un título y trabajar full time debería dejar de jugar al rugby, por las dificultades para continuar con el exigente ritmo de entrenamientos y partidos del rugby amateur. El peso que el proyecto de institucionalización de las edades tiene se hacía sentir en cada sensación de "desfasaje" en la que muchos de estos jóvenes se sentían atrapados, lo que requería que mirara a la producción de juventudes más como un proyecto en pugna que como una edad a ser caracterizada.

Los jóvenes son construidos como tales sobre todo por las instituciones que en la modernidad fueron creadas, sistematizadas y extendidas asociando edades con espacios donde estar, prácticas a realizar, sentimientos y cuerpos a construir, conocimientos a transmitir. Inmerso en ese proyecto –del que soy partícipe en múltiples roles, como profesor, como investigador, como varón escolarizado, como no-joven– y en esas instituciones, mi acceso a los jóvenes siguió ese patrón: en un primer momento accedí a los jóvenes y sus familias por su condición de estudiantes de nivel secundario y mi condición de profesor de escuelas secundarias en el Gran Buenos Aires. Ese acceso daba por hecho algo que culturalmente es naturalizado: ser joven es igual a estar escolarizado. Luego accedí por medio de su pertenencia a instituciones deportivas y universidades, instituciones que se fundan en una misión civilizatoria sobre la edad, específicamente sobre la juventud. Las instituciones educativas y deportivas sostienen una idea de juventud asociada a ellas y a determinados comportamientos. Mi intención fue problematizar esa temporalidad y esa experiencia, interrogar su historicidad, comprender su artificio, en un momento donde, al menos para estos jóvenes, las expectativas entre deporte profesional y el valor moral de la educación y la tradición familiar parecían no converger.

El trabajo de campo prolongado en el tiempo me permitió continuar el contacto con algunos jóvenes a lo largo de los años, volver a conversar con ellos cuatro años después de la primera entrevista, viendo cómo iba cambiando la percepción de ellos mismos y de sus relaciones etarias, de clase y género. El desarrollo del trabajo de campo entre dos tesis de posgrado[3] y un trabajo de campo posdoctoral, me permitió a mí mismo ubicarme en una temporalidad con distintas escalas: las de un período de transformación en el rugby argentino y global; un tiempo en el que se reconfiguraban las representaciones sobre la desigualdad de clase y género en la Argentina; y un tiempo en el que, dadas las características de la construcción social de las edades, todos envejecíamos y, al mismo tiempo, siempre había nuevos jóvenes. Durante el trabajo de campo, los "nativos" me ubicaban como etnógrafo en relaciones definidas por la edad: no sólo por la "cantidad" de años, o por mi mayor antigüedad en el mundo –para decirlo de un modo no tan cronocéntrico–. Sino también porque mi acceso estaba dado por condiciones etarias enmarcadas en proyectos institucionales: profesor de una escuela secundaria, profesor e investigador universitario y del CONICET, lo cual supone una cierta "adultez" más allá de edades, y un sobrecumplimiento de las expectativas hegemónicas, etarias y de clase por medio de la educación. Mi propia condición no era un dato dado, sino una posición que entraña valoraciones en las que mis interlocutores me ubicaban y que hacían sobre mi trabajo.

La diversidad en los modos de hacerse joven, es también una diferencia de clase social, presente por ejemplo, en la "nueva" experiencia del año sabático que indica algo más que un problema etario: se transforma en dato sobre las condiciones materiales de vida de estos grupos sociales. Los jóvenes que formaron parte de esta etnografía pertenecen a grupos familiares que pueden destinar recursos económicos para que un joven de 18 años aproximadamente, pueda realizar un viaje durante un año a distintas partes del mundo, dando por sentado que ese joven no debe aportar ingresos a la economía familiar en el presente ni cuando finalice sus estudios –ahora postergados-. Este es el tipo de detalles etnográficos que un antropólogo encuentra para comprender las posiciones sociales en sociedades estratificadas como la Argentina, donde la mayor parte de quienes son considerados jóvenes –sea que estén o no o que debieran estar en la

---

[3] La primera "Cuerpos con clase: producir juventudes en contextos educativos de sectores medios altos y altos del Gran Buenos Aires" (2011) fue una tesis de Maestría en Ciencias Sociales con mención en Educación. La segunda, una tesis para la obtención del grado de Doctor en Antropología Social, titulada "Educación y Sociabilidad en las elites de Buenos Aires" (2015).

escuela secundaria o en la universidad– trabajan y deben hacerlo[4] como parte de las estrategias familiares de reproducción social (Gutiérrez, 2007).

El cumplimiento de la trayectoria educativa en la escuela secundaria y la universidad, el esfuerzo que se predica sobre ellos, la inversión de su tiempo en actividades recreativas "sanas" como algunos deportes –el rugby entre ellos– y la "conciencia social" sobre los "prójimos" que necesitan de su ayuda, hacen parte a como los medios de comunicación expanden una representación de la juventud blanca y/o dorada, para usar las metáforas que de modo pionero esgrimió Braslavsky (1986). Esas imágenes de juventud son mucho más que imágenes: construyen políticas, definen campos de percepción sobre quiénes merecen o no determinados recursos (Chaves, Fuentes y Vecino, 2016) y consolidan estereotipos que a nivel cultural refuerzan las desigualdades en las posesiones de los recursos económicos y simbólicos.

Educación y clase social: el rugby y la experiencia universitaria

Uno de los mandatos y expectativas que rigen sobre la juventud contemporánea es el educativo: se espera que los jóvenes se escolaricen, y esta expectativa está tan naturalizada que los jóvenes que no la satisfacen reciben evaluaciones y clasificaciones negativas. Sobre este fenómeno complejo la investigación socioantropólogica sobre la educación y la escolarización ha realizado sustanciales aportes, desde los estudios que problematizaron las categorías de fracaso escolar, hasta aquellas que caracterizan las relaciones culturales en las que se hallan entrampadas las políticas de educación secundaria (Tiramonti, 2004 y 2011; Nobile 2012; Montes y Ziegler, 2010; Pinkasz, 2015) y las que problematizan las expectativas "temporales" sobre las trayectorias que se suponen ideales en los procesos de escolarización (Montes y Sendón, 2006; Terigi, 2008). También sabemos sobre las trayectorias educativas de las clases privilegiadas (Gessaghi, 2016; Mendez, 2013; Tiramonti y Ziegler, 2008; van Zanten, Ball y Darchy-Koechlin, 2015; Fonseca de Almeida, 2009; Canedo, Fonseca de Almeida y García

---

[4] Para 2017 en la Argentina había 4,9 millones de jóvenes de entre 18 y 24 años, 11 % del total de la población. La tasa de desempleo juvenil es históricamente mayor al doble que la de adultos para el Gran Buenos Aires (Bertranou, Jiménez y Jiménez, 2017). La edad minima para acceder al empleo es de 16 años. Según un informe de UNICEF "La incidencia del trabajo infantil crece a medida que se avanza en la edad: es de 5,9% entre los niños de 5 a 13 años, de 16,9% entre los de 14 y 15 y de 31% entre los de adolescentes de 16 y 17 años" (UNICEF, 2016: 137).

Junior, 2004), sus diferencias internas, sus expectativas cambiantes y las políticas de escolarización que buscan producir o educar en el privilegio (Kahn, 2015; Ziegler, Gessaghi y Fuentes, 2018).

Sin embargo, es limitado lo que aún comprendemos sobre el vínculo entre jóvenes de sectores medios altos y altos, y escolarización. La fuerte resistencia que encontró la profesionalización deportiva en el rugby porteño, se explica, como será analizado en el capítulo 4, por el peso de la profesionalización universitaria de los jóvenes privilegiados. Su "destino universitario" está naturalizado de tal manera que la profesionalización deportiva fue vista como una fuerza destructiva no tanto porque cambiaba una simple tradición amateur (Fuentes, 2012). La modificación en la construcción de la trayectoria social vía universidad y ejercicio de la profesión, hecho tradición familiar desde las décadas del veinte y treinta del siglo XX, hace a la clave del problema. No dar por hecho esa tradición y esa asociación surge del modo en el que me acerco a los procesos formativos, en el que no se da por sentada la asociación entre los sujetos y cómo una sociedad concibe a las personas educadas (Levinson y Holland, 1996).

La etnografía educativa es la que me permite encontrar la particular asociación entre educación, reproducción social (Rockwell, 2009) y deportes. Los lugares etnográficos donde me situé ejemplifican lo que quiero decir. En 2008, me acerqué al Club Universitario de Buenos Aires (CUBA), una de las instituciones clave del rugby porteño. CUBA fue fundado en 1918 por un grupo de universitarios de la Universidad de Buenos Aires (UBA) que se distanciaban del reformismo creciente en la Universidad. A lo largo del siglo XX se caracterizó por el despliegue de su infraestructura en el espacio metropolitano. Entre sus instalaciones cuenta con dos barrios cerrados localizados en el Área Metropolitana de Buenos Aires (AMBA), uno en Pilar, construido en los años 80, y otros en Villa de Mayo, adquirido a fines de los años 40, cercano al colegio donde me desempeñaba como profesor, cuyos estudiantes provenían de ese barrio y club. Además de los barrios cerrados, el club posee instalaciones en el centro de la Ciudad Autónoma de Buenos Aires (CABA), su sede central "Viamonte", por la calle en la que se encuentra, cercano al Palacio de Tribunales. La sede Palermo, y la sede Núñez o embarcadero, ubicadas cada una de ellas en los barrios homónimos. La sede "Anexo" y "Los Cedros", ambas instalaciones deportivas (de rugby sobre todo la primera, de golf la segunda) ubicadas en las cercanías del barrio de Villa de Mayo. Y dos instalaciones más ubicadas en el sur argentino, uno en el Cerro Catedral de la ciudad de Bariloche, en la provincia de Río Negro, y otra en Villa La Angostura, en la provincia de Neuquén. El club estaba integrado por alrededor de 20000 socios, todos "universitarios", ya que para ser socio es necesario presentar el certificado de estudios en la universidad (o en una institución de educación superior). Al momento de escribir este libro, en el marco de un proceso social más amplio que el propio club, se modificaba un requisito "estructural" de la institución: hasta 2018 eran socios los varones, ya que las mujeres, consideradas "adherentes" formaban parte del club en función de su lazo en la estructura de parentesco con un socio varón (padre o marido). El club tiene además, una organización denominada Club Cadete Universitario, donde son asociados los hijos de los socios que aún no ingresaron a la universidad.

En CUBA, los socios son los que eligen a las autoridades o pueden ser elegidos como tales. Su dirigencia es ad honorem y suele estar integrada por socios "reconocidos", y casi siempre ex rugbiers, el deporte más importante en términos simbólicos. En el club se practican otros deportes, siempre bajo el sello amateur: golf, tenis, yatching, básquet, hockey femenino, buceo, paddle, squash, andinismo, esquí, natación, windsurf, paleta, vóley, waterpolo, yudo, taekwondo, pesas, fútbol y boxeo. A lo largo de mi trabajo de campo, lo "universitario" era allí una mención frecuente, iba más allá del nombre de la institución, movilizaba prestigio y parecía tener un fuerte componente moral. Me preguntaba si la educación universitaria, o el acceso, permanencia y egreso de las universidades, y la experiencia estudiantil en estas instituciones y fuera de ellas podía brindar una explicación acerca de cómo se sostienen algunas jerarquías cuando se incrementa la población que accede a los mismos recursos, en este caso el título universitario. ¿Cómo conservar la distinción "universitario" en ese contexto? ¿Cuáles eran las significaciones de esa categoría? ¿Qué relaciones guardaba con la experiencia deportiva? ¿Qué podía decirme la masificación universitaria y la profesionalización deportiva sobre los prestigios acumulados en estos grupos sociales y el "valor" de la educación? El enfoque etnográfico sobre lo educativo me permitía explorar esas significaciones trascendiendo lo que sucede en las instituciones educativas.

Al poco tiempo me di cuenta de que la dimensión relacional sobre la que deseaba realizar la etnografía podría ser analizada a partir de una práctica deportiva, realizada por este club, pero extendida a un círculo social de universitarios/profesionales de la zona norte de la AMBA, quienes reivindicaban un pasado en un contexto de transformaciones sociales nacionales y globales que lo tenía como eje. Me refiero al rugby masculino y el proceso de profesionalización que aparece como tendencia global en la década del noventa. Este interés por diversificar y expandir el espacio etnográfico de indagación me llevó hacia otros espacios más allá de CUBA, ampliando la selección de entrevistados y de espacios de observación hacia jóvenes y familias en situación estructural y cultural similar, como jóvenes asociados a otros clubes de rugby "reconocidos" en Buenos Aires, con familias de universitarios de al menos dos generaciones, y que residieran en localidades similares.

Por ello este trabajo es menos una etnografía institucional de un club y más una etnografía de las relaciones entre educación, deportes y desigualdad social. Aunque realizo un análisis en profundidad anclado en la historia y la experiencia de socios de CUBA, mi objetivo fue no quedar atado a la perspectiva de una sola institución y de sus miembros. Este pequeño desplazamiento[5] hacia el mundo del rugby más allá de este club me permitió comprender la institución en un contexto mayor, me facilitó su relativización. Lo mismo durante la investigación posdoctoral donde centré mi atención en el seguimiento de las trayectorias de jugadores profesionales, en el trabajo de campo entre profesionales universitarios que se dedican al mundo del rugby, y en una suerte de etnografía del deporte en proceso de profesionalización, a partir de la observación de entrenamientos y partidos de Los Jaguares, a lo que luego siguió un trabajo de campo entre jugadores de rugby amateur de pueblos indígenas de Formosa. El rugby fue haciéndose un vector donde analizar los flujos de poder y la producción de desigualdades en escalas cada vez más amplias.

Mi interés sobre la experiencia de estos universitarios se centra justamente en la reproducción de las posiciones sociales, en los modos de construir valores morales en el momento de producción de "los herederos", y en el rol que juega la moral y el cuerpo en la construcción del valor de estos jóvenes. Es allí que la mirada etnográfica sobre la educación no necesita estar centrada en lo que sucede en la escolarización, en este caso universitaria de los jóvenes, sino en cómo opera y *viaja* el significante "universitario" en la construcción de los prestigios en la Argentina contemporánea y cuáles han sido los artificios, las estrategias que definieron su asociación con la distinción social.

La desigualdad *in-corporada*: cuerpos de elite, elites corporales

Hablar de deportes, y además, de deportes de las elites, puede representar una empresa exótica para el lector. El enfoque del libro se aleja de exotismos. En relación al deporte, intento superar una visión que lo recorta como una actividad hu-

---

[5] Aunque el recorrido de la investigación doctoral me llevó hacia la selección de otro espacio etnográfico, una universidad privada, la Universidad Católica Argentina (UCA), el foco de este libro está puesto en la etnografía realizada en y desde la experiencia de los rugbiers.

mana más, separada de otras, como si fuera una unidad discreta, sobre la que todos entenderíamos de qué se trata. La antropología, como otras ciencias sociales y humanas, ha recortado frecuentemente a los actores y las prácticas: es así que hay una antropología de la religión, otra del deporte, otra de las prácticas artísticas, y así podríamos seguir. Estas "separaciones" son analíticas. Los deportes pueden ser confundidos con otras prácticas corporales o con procesos rituales. Si definir y otorgar el estatuto de deportes a determinadas prácticas constituye una decisión "cargada de supuestos culturales y políticos" (Besnier, Brownell y Carter, 2018: 13), conviene conservar no una definición normativa, sino entenderla como un recurso heurístico que permite comprender qué hacen los actores y qué procesos socioculturales se juegan en los amplios campos de los ejercicios físicos, las competencias que entrañan prácticas corporales y/o estratégicas[6] definidas por reglas de juego tácitas o explícitas. Justamente, la definición de una antropología del deporte implica ver sus relaciones con otros campos de prácticas sociales –con las religiosas, por ejemplo–. Si bien para el caso del rugby su definición como deporte no está en pugna, entiendo que es necesario considerarlo en un proceso de profesionalización, que entrañará, como veremos, cambios en las reglas de juego y modificaciones relevantes en la producción del cuerpo: será entonces una antropología de un deporte en expansión y transición hacia un profesionalismo global.

En las sociedades modernas las competencias deportivas como el rugby consagran héroes (Alabarces, 2013), celebran las masculinidades, y constituyen un drama social (Da Matta, 1979), además de ser espacios de construcción y sedimentación de sentimientos de nación. En todo ello, constituyen un ritual propio de la modernidad (Eriksen, 2016), una celebración de la separación entre espectador y jugador, un productor de experiencias emocionales, de identificaciones, de colectivización y por ello hace a un ritual, tal vez el ritual masivo de mayor relevancia y que no solo está cambiando sino que "cambia", es un operador de una modificación en las escalas de todos esos procesos. Un partido de rugby, como aquel de abril de 2017 constituye un ritual y contrario a lo que a veces se supone, los rituales son interesantes para ver procesos de cambio antes que de mera conservación de un pasado. Muestran y producen conflictos, más si se asume que sus simbolismos y las experiencias que habilitan son ambiguas.

---

[6] El ajedrez, y seguramente el de los juegos/deportes electrónicos, constituyen casos donde la clasificación como deporte está estabilizada o en lucha, compartiendo ambas prácticas, un cierto uso menos intensivo del movimiento corporal y un mayor peso de la estrategia de juego, mediada por diferentes tipos de materialidades y virtualidades.

El deporte tiene "buena fama" y más aún el rugby masculino. Mientras trabajaba como profesor en escuelas secundarias e iniciaba la investigación, me encontré con una situación que se repetía: cuando había un estudiante que los adultos caratulaban como "rebelde", la solución que directivos, profesores, psicólogos y preceptores encontrábamos era "que haga deporte", así "socializa, descarga, canaliza por algún lugar bueno", "aprende a obedecer, preocuparse por los otros". Los deportes son pensados como instancias para la "descarga" de tensiones, como un espacio donde el cuerpo se libera, o donde aparece el cuerpo en escena. Pero además, "educa", "forma en valores". Son imaginados como complementos de la tarea escolarizadora de las escuelas y universidades, como una terapéutica para los sujetos y, como veremos, hasta como una política social. Y no todos los deportes ni todos los deportes para todos los jóvenes: allí operan diferenciaciones de clase, género y étnicas, entre otras.

Esta positiva moralización de los deportes no es novedosa. Forma parte de la ideología amateur: desde que deportes como el rugby y el fútbol empezaron a ser jugados en los colleges ingleses durante el siglo XIX, la asociación entre juventud, deporte e instituciones educativas reprodujo una efectiva –por su extensión en el espacio y tiempo– concepción del cuerpo y el "espíritu". En el contexto del colonialismo e imperialismo inglés –que no solo se tradujo en la hegemonía del comercio mundial en el siglo XIX hasta la Primera Gran Guerra en Europa, sino también en la propagación de iniciativas y prácticas culturales en naciones nuevas "no inglesas" como la Argentina– los deportes y la educación tal como se producían en tierras británicas se expresaron como modelos de producción de juventud a nivel global. El deporte permitía producir un "cuerpo", canalizar las *energías del individuo*, mientras se educaba el espíritu. La ideología de la *muscular christianity* (MacAloon, 2008) permitía insuflar al cuerpo un determinado espíritu religioso, el control sobre el mismo, la unión del cuerpo y el alma, pretensión y dilema largamente buscado en la modernidad europea.

Me encontré con algunas de estas expectativas culturales sobre la juventud y el deporte en mi trabajo de campo. La extensión de la investigación en el tiempo me hizo testigo de un proceso de transformación que tiene al cuerpo como uno de sus ejes, y a la producción de nuevas subjetividades, como el otro. Los jugadores de rugby, desde los dos mil en adelante, ya no solo sueñan con ser convocados para jugar en Los Pumas: muchos de ellos aspiran a jugar en el exterior, a nivel profesional, convertirse en grandes atletas, mejorar su nivel de juego, dedicarse de modo exclusivo al deporte por el que sienten pasión. Para ello deben producir una corporalidad específica, que los ubica al nivel de atletas, deportistas profesionales en una escala donde sus cuerpos ya no son solo apreciados y valorados a nivel local, cuerpos distinguidos que portan marcas de la clase a la que pertenecen –tal como lo estudiaron Bolstanski (1975) y Bourdieu (2002)–. Desde que iniciaron un derrotero internacional migrando a las naciones donde el rugby se había hecho profesional desde 1995 en adelante, la producción de los cuerpos jóvenes es valorada local y globalmente. Como bien destacó Archetti (2003) los deportes escenifican masculinidades, moralidades, pero también a la clase social. Es decir, los deportes son una lente para comprender desigualdades, sobre todo en su articulación con lo local y lo global (Besnier, 2015; Besnier y Brownell, 2014).

Aunque la moral, la clase y las relaciones de género son fundamentales para entender al rugby como lente para mirar las transformaciones sociales en su escala local y global, el enfoque sobre el que trabaja este libro es el de una antropología del valor. Me enfoco en el cuerpo, en las prácticas corporales y en las disputas por su significación: lo que presento es un análisis de la construcción del valor de las personas, y desde ese punto analizo la clase social y las relaciones de género que se incorporan. El libro apunta a comprender los cambios en la producción del valor que se juegan en el cuerpo joven y escenifican nuevos modos de producir subjetividad, poder y desigualdades, y de legitimarlas.[7]

Cuerpos de elite representa la categoría que permite comprender ese pasaje y articulación entre los cuerpos que incorporan una distinción social –en el campo de la sociedad nacional donde esa diferencia es reconocida– a los cuerpos profesionales y profesionalizados en la actual industria del rugby global. Para ello será central, dimensionar y ubicar la relación entre educación, trabajo y deporte, entendiendo que el trabajo constituye una categoría que va de la experiencia de los seres humanos sometidos a su régimen en calidad de explotados, pero también a aquellos que se ubican en su rol de comodificadores –coproductores de *commodity*–. Es decir como protagonistas de un proceso que se visibiliza tanto en su "forma" cultural, en su valor, como en su encarnación en cuerpos específicos, que mostrarán progresivamente la posibilidad de una diversificación del origen de clase en el deporte profesional.

---

[7] Los datos sobre los que trabaja este libro se produjeron antes de 2020. El impacto sanitario, económico, social y político que desde 2020 produce la pandemia por COVID-19 se materializa en el rugby: el Super Rugby fue suspendido al limitarse la circulación y los viajes internacionales. Luego se suspendió el torneo y Jaguares, subcampeón en 2019, quedó en suspenso. Todo ese proceso tuvo como trasfondo el reacomodamiento político de las organizaciones del rugby, tras un proceso eleccionario en la World Rugby en 2020. Las uniones del sur global decidieron organizar los torneos de otra manera y con otra lógica regional. En 2021 la UAR solo sostuvo a un equipo de menor jerarquía, Jaguares XV, para que compitiera en un torneo Sudamericano y por un tiempo menor al del Super Rugby.

La organización del libro

El capítulo 1 presenta el proceso histórico que hizo que las elites de Buenos Aires amalgamaran una relación muy específica entre juventud, universidad y deportes. Describe la sociedad del siglo XIX y principios del XX para comprender un conjunto de fenómenos, como el asociacionismo, el amateurismo y el halo cosmopolita y campestre de las elites porteñas. El capítulo permite entender cómo la juventud pasó a ser un signo de jerarquía y positivización moral, si estaba asociado a un cuerpo deportivo, al mismo tiempo que los deportes permitieron construir un campo de poder inédito hasta entonces. Para ello, analizo la creación de CUBA, las trayectorias de sus fundadores y la construcción de sus narrativas institucionales en la formación del cuerpo improductivo propio del amateurismo de las elites internacionalizadas de la época.

En el capítulo 2 analizo la formación nacional de alteridades en la historia y el presente del rugby argentino. Entiendo esa formación de nacionalidad a partir de posiciones de jerarquía en el espacio nacional que el rugby contribuyó a conformar, por la dinámica social y política del centralismo porteño. Serán claves del análisis los símbolos zoológicos que distinguen al deporte, Pumas y Jaguares. Incluyo en el análisis la diferenciación incesante que los rugbiers realizan entre su deporte y el fútbol, como un juego de oposiciones utilizado para ubicarse en una lectura de clase y moral de la desigualdad social en la Argentina. La dimensión político-*nacional* es descripta a partir de la conformación de CUBA y la construcción de una narrativa de importancia social y persistencia moral a partir de su relación con el peronismo a mediados del siglo XX. Presento el rol de la universidad para la trayectoria social de los jóvenes de estos sectores sociales, que ayuda a explicar las resistencias a la profesionalización de los siguientes capítulos.

La producción de la clase y su incorporación en el cuerpo, como jerarquía, es el tema del capítulo 3. Las familias de "zona norte" se reúnen en torno al cuerpo rugbier, construyendo el valor de un cuerpo masculinizado que aprende, desde chico, a subordinar el dolor, a incorporar gestos y "valores" invocados luego como marcas de pertenencia en la gran ciudad, sobre todo la tan mentada educación en valores propiciada por el deporte. Para ello analizo los entrenamientos, las narrativas institucionales y la materialidad del privilegio, que contribuyen a naturalizar la desigualdad social y de género. Una masculinidad dominante y una heterosexualidad como mandato van de la mano con las múltiples subordinaciones de las mujeres y de lo femenino.

En el capítulo 4 se aboca al deporte entretenimiento: cómo el rugby pasa a ser un objeto privilegiado de inversión económica para la producción de modelos estético-morales. El cuerpo-imagen del rugby tiene tras de sí toda una tecnología y una organización local y global que busca captar la atención constante de los espectadores. Producirse como jugadores o atletas profesionales va a implicar establecer una relación con el dinero que los adultos verán con recelo u oposición. Pero el crecimiento del rugby también implica el crecimiento de nuevos puestos de trabajo profesionales donde el valor de lo universitario y la circulación de dinero sí serán legítimos. El análisis de la efectividad y las tecnologías dispuestas para producir un deporte espectáculo permite encontrar nuevas inflexiones acerca de las elites en las sociedades contemporáneas, más allá de su posición dirigente o de su concentración económica.

El capítulo 5 avanza sobre la producción del cuerpo en su etapa actual. El rugby en la Argentina se perfila como un sistema doble, un circuito amateur en los clubes y otro profesional en las franquicias, pero los jóvenes amateurs entrenan cada vez más como si fueran profesionales. Recorriendo las trayectorias y experiencias de los rugbiers y las organizaciones del deporte, transito cuáles son los saberes que producen los cuerpos actuales, sus tensiones y dificultades. El cuerpo rugbier intensamente entrenado busca responder a mandatos amateuristas y profesionalistas. Una sociedad *fit*, un capitalismo somático tiene en su centro al cuerpo distinguido y masculinizado de estos jóvenes, palanca para una industria publicitaria y una valorización económica que los tiene como objeto privilegiado. Presento la categoría de cuerpos máquinas-psi o *self* corporales porque en su experiencia se materializa la producción de valor con el mandato de la responsabilización y la constante gestión de sí.

En el capítulo 6 planteo un desplazamiento etnográfico en el trabajo de campo, el que me condujo a la indagación del rugby social entre varones y mujeres indígenas del "interior" del país. El rugby indígena se conforma en un entramado político que tanto obtura la jerarquización de su histórica posición subordinada, como abre nuevas posibilidades: la escala nacional del rugby y su globalización favorecen, desde el punto de vista indígena, una mayor visibilidad, positivización y acceso a recursos. Las relaciones de poder por medio del rugby acontecen de modos simultáneos y ello me permite comprender la legitimación de las elites en su rol social.

1.
Elites, educación y deportes en la Argentina a inicios del siglo XX

A Pablo[1] lo entrevisté varias veces entre 2010 y 2012. La primera vez que hablé con él tenía 21 años, jugaba al rugby en CUBA y cursaba ingeniería en la sede del barrio de Colegiales de la Universidad Católica Argentina (UCA). Al mediodía ayudaba a su padre, dueño de una inmobiliaria y administradora de consorcios de Recoleta. Por la tarde, estudiaba o dormía la siesta, dependiendo del día, hasta el entrenamiento de rugby, a las ocho de la noche, en la sede Núñez de CUBA, donde jugaba en la "intermedia", un equipo con un nivel levemente inferior al de la "primera", principal equipo del club del cual es socio desde niño. Mientras me relataba los pormenores de su vida cotidiana en un bar a cuadras del Cementerio de la Recoleta, "pleno Barrio Norte", entendí que la tensión a resolver en su vida de joven era universidad *versus* rugby. Una tensión que no estaba (tan) presente en sus antecesores.

Los varones de su familia son miembros de clubes masculinos de la elite porteña desde hace décadas. Uno de sus abuelos y un tío son miembros del Jockey Club. Igual que Pablo. Al Jockey va un par de veces a la semana, hace "un poco de gimnasio" y le gusta "esa onda tranqui, de esos viejos que se juntan a charlar, comer y hablar de todo, política, deportes, minas". Jockey y CUBA son reconocidos clubes masculinos de la elite porteña. Con distintos prestigios y antigüedad –el primero fue toda una referencia de la vida social porteña desde fines del siglo XIX, el segundo fue construyendo su "valor" a lo largo del siglo XX– ambas instituciones jugaron un rol clave en la formación y sociabilidad de los varones de las elites porteñas. Los dos clubes combinaron jerarquías y requisitos de admisión en los que se consagra el prestigio de la categoría *profesional-universitario* en un espacio

---

[1] Se emplean seudónimos en todo el libro, a los efectos de proteger la identidad de las personas consultadas/entrevistadas. Tal regla solo se interrumpe cuando se retoman y analizan declaraciones en la prensa o trayectorias públicas de jugadores o personajes claves del mundo del rugby.

selecto y masculino que se muestra a la sociedad por medio de algunos deportes. Y de la educación entendida como algo más que la credencial educativa: la pretensión caballeresca de sus miembros, la posesión de una educación moralmente superior.

CUBA es reconocido públicamente por la cualidad universitaria de sus socios, capitalizando la historia social de las jerarquías profesionales en la sociedad argentina, que se referencian en las profesiones liberales, símbolo del estatus universitario: un club de "abogados y médicos"[2] como lo presentaban varios socios. A CUBA se lo reconoce también por sus logros deportivos en el rugby masculino y su defensa del amateurismo frente a la profesionalización en el marco de las Uniones de Rugby de Buenos Aires y Argentina. Profusas notas en la prensa muestran las disputas al interior de las organizaciones del deporte y la posición reactiva del club frente a los cambios en el rugby. Las banderas de la educación universitaria y el deporte amateur poseen una historia particular en la sociabilidad y la educación de las elites porteñas. El Jockey, mientras tanto, constituye un club que siempre atrajo a las familias con "apellido", se centró en el carácter masculinizante de la sociabilidad en el privilegio de la Buenos Aires del centenario (Losada, 2012) y construyó una posición en el desarrollo de las actividades ecuestres en la Argentina (Losada, 2012; Hora, 2014a) en la que se asocian prácticas e imaginarios rurales a la vida urbana y la refinación del ocio.[3]

La trayectoria social de la familia de Pablo, vista desde sus capitales económicos y sus cambios a lo largo de las últimas décadas, no me permitiría ubicarlo en la cúspide de la pirámide social. Pero la metáfora de la pirámide, típicamente usada en las esquematizaciones sobre estratificación social y desigualdades, tal vez no sea la más atinada para entender las posiciones de quienes heredan y apuestan a constituirse como sectores de prestigio en la Argentina contemporánea. Esas apuestas y experiencias se materializan en estilos de vida, que reconocen pasados y tradiciones selectos. Pablo pertenece a un linaje que se forma en la sociabilidad masculina de los clubes de varones socialmente reconocidos de la capital porteña, que circulan y se referencian en la zona norte de Buenos Aires. Etnográficamente esta "zona norte" abarca desde el barrio de Recoleta en la Ciudad de

---

[2] Está integrado por socios de cualquier carrera universitaria y cualquier universidad. Sin embargo, la idea de que son sobre todo abogados sobresale en la representación interna y externa al club, y tiene su correlato en que gran parte de sus presidentes han sido abogados. Su sede central, ubicada solo a cuadras del Palacio de Tribunales en el centro porteño confirma materialmente esa imagen.

[3] A ello hay que sumarle la popularización y mercantilización del deporte, específicamente del turf en manos de las distinguidas familias del Jockey, que lideraron la expansión (Hora, 2014a y 2018) que generó los primeros ídolos deportivos en el país.

Buenos Aires hacia el norte, hasta los partidos de Tigre, Pilar, Escobar y Zárate, pasando por Vicente López, San Isidro y otros enclaves en partidos vecinos.[4]

En ese linaje, la posesión del capital económico puede ser muy desigual en relación a los antepasados, pero ese pasado configura expectativas y horizontes. Pablo narrará en la primera entrevista sus expectativas de futuro, la proyección social de sus gustos y sueños, "recibirme y trabajar en el campo, nosotros no tenemos campo, pero tengo un tío que sí tiene, me encanta, las vacas, los caballos, la siembra, todo ese ambiente". Esos son algunos de los elementos que posicionan a Pablo en una elite social que ha tenido a los clubes selectos, la sociabilidad juvenil masculina deportiva, la experiencia universitaria, los contactos y la referencia al "campo" como espacio de origen y destino, y marcan algo del estilo de vida de las elites porteñas, o de las elites como estilo de vida, eje del enfoque teórico que sostengo en este libro. Estilo de vida por su referencia a prácticas, espacios y símbolos que configuran la vida cotidiana y los signos de diferenciación social y construcción del valor de sí. Esas prácticas y condiciones materiales incluyen las estrategias de socialización y educación de los sucesores, parte de los estilos de vida identificables.

En Pablo se referencia una transformación generacional y de la estructura productiva y tecnológica del sector agrario argentino. Estudia una tecnicatura destinada a la aplicación de conocimientos agrícolas. El campo no es para él un lugar de mera referencia al pasado, por posesiones que hubo en su familia y que aún persisten en la estructura de parentesco. Es un lugar de desempeño profesional en el que mirados desde las estrategias familiares, se refleja la transformación del campo bonaerense desde la mera posesión a su posesión, tecnificación y trabajo. Del campo como lugar de abundante cría de caballos para el turf al campo como lugar de intensificación de la producción agrícola y exportadora hay varias generaciones familiares, y altibajos en su posesión, aunque no en su referencia y asociación.

Las referencias simbólicas a determinadas marcas materiales permiten distinguir a estos sectores de elite: los diferencian no sólo los ingresos y posesiones, sino también sueños y aspiraciones integradas a sus estilos de vida que hablan de una selección social naturalizada. No todos soñarían de la misma manera, porque solo algunos han sido expuestos a determinadas expectativas, a un pasado basado en prestigios y privilegios acumulados, y un presente habituado a esos privilegios (Khan, 2011). Esas habituaciones están en procesos de cambio.

---

[4] Como Bella Vista en San Miguel, o Grand Bourg en Malvinas Argentinas.

Pablo y otros socios de CUBA que conocí a lo largo de la investigación no se cansaban de relatar su pasión por el rugby y de mostrarme las complicaciones de su vida cotidiana para sostener los entrenamientos en el medio de lesiones, "demandas" de sus novias o esposas por su dedicación al deporte, y la tensión que les provoca sostener un "buen ritmo" de estudios universitarios. La presión por ser o hacerse "universitario" es una marca de distinción del club reproducida desde el grupo de parentesco y desde el grupo de pares. Para ser parte de CUBA es necesario iniciar una carrera universitaria o superior no universitaria, y presentar el certificado de estudios en el club, al menos para los jóvenes que ya vienen siendo socios bajo la categoría "cadete".[5] Aunque ese aval es un requisito mínimo para ser considerado socio adulto, se espera que los jóvenes se conviertan en profesionales, reanimando el prestigio de la profesión liberal en que se construyó y sostuvo el estatus de quienes accedían a la universidad en 1918.

Al menos tres grupos de jóvenes universitarios intervienen en la fundación del Club Universitario de Buenos Aires: un grupo de teatro, otro proveniente de la Asociación Cristiana de Jóvenes (YMCA, por sus siglas en inglés),[6] y otro de la militancia político-estudiantil en la Facultad de Medicina de la Universidad de Buenos Aires; algunos integraban dos o tres de estas agrupaciones. Eran espacios de sociabilidad cultural (Bruno, 2014) en los que las elites educadas ponían en circulación ideas y prácticas recreativas que denotaban tanto su relación con la "cultura" letrada como con un modo de percibir y construir el cuerpo propio en instituciones que se internacionalizaban en el cambio de siglo, como las propiciadas por la YMCA, que diseminó globalmente modelos de prácticas corporales masculinas. La participación política estudiantil completaba esa tríada cultural y deportiva, porque otorgaba contactos y amistades y porque explicitaba la preparación juvenil para el liderazgo político *adulto.*

---

[5] El Club Cadete Universitario (CCU) es creado en 1924, aunque su primera asamblea se celebra en 1929, para reunir y formar a "estudiantes primarios y secundarios bajo el patrocinio de CUBA" (Martiré, 1995: 169). Los hijos de los socios que deseaban practicar algún deporte no podían hacerlo por no ser aún universitarios, por lo que debían ir a otros clubes. La solución que encontraron los primeros socios fue crear un club anexo, con otra estructura jurídica aunque usando las instalaciones del mismo club y sometido a la dirección de los socios de CUBA que son los que integran su comisión directiva. El gobierno de este nuevo dispositivo de socialización quedaba así bajo su ala. De esta manera CUBA dispuso de una estructura para la formación de futuros jugadores, ampliando lo que denominan esa "gran familia que es CUBA" en la formación de la "nuevas generaciones" (Ibid.).

[6] Institución aún existente destinada a la sociabilidad deportiva y cultural de jóvenes provenientes de las iglesias protestantes, creado en Londres en 1844, y fundado en 1902 en Buenos Aires. Fue uno de los espacios de difusión en la Argentina de los deportes de origen anglosajón, como el basketball, el voleiball, y la promoción de la natación, entre otros. Sus primeros socios provenían de la comunidad de origen inglés, que luego se diversifica.

Aquel contexto fundacional es relevante para entender las tensiones y los sentidos de la experiencia de clase social de las juventudes contemporáneas de estos sectores. La sociabilidad en los clubes es inescindible de la práctica deportiva. Y la pertenencia a clubes como CUBA es imposible sin la certificación de estudios superiores. En tiempos de masificación de la educación superior en Argentina y en la región, ese requisito suena casi superfluo. No es un resabio del pasado, una jerarquía antigua ni una estrategia de distinción obsoleta. Se trata más bien, de la institucionalización del prestigio social vía el capital educativo y la producción de una masculinidad y corporalidad que porte y naturalice la pertenencia a un sector social privilegiado que siempre se referencia en su capacidad o en su destino "dirigente", privilegios dados ya no solo por la acreditación universitaria –fenómeno que para 2017 podían lograr más de 125000 universitarios que egresan cada año en el sistema universitario argentino–, ni tampoco por la acumulación y combinación de capitales de distinto tipo. Es mucho más que una combinación: es la producción de una experiencia histórica dada por esa referencia al pasado. Si en las familias de la "clase alta" argentina que investigó Gessaghi (2016) las referencias al apellido, a la genealogía patricia y la gesta de la nación constituía claves de su distinción, en las familias de CUBA y de otros clubes distinguidos el pasado se guarda también en el espacio familiar, se produce tradición genealógica, pero la colectivización de esa experiencia se materializa en la transmisión de la pasión por el rugby, el estar entre varones "educados", y en habitar un pasado entendido como lucha, resistencia, superioridad moral y dirección de los otros.

La articulación entre educación y deportes en la construcción de la trayectoria social de un grupo constituye una estrategia de posicionamiento social que redirige a imaginarios y prácticas sociales nacionales –como el deporte "inglés" y lo "inglés" o "europeo" en la Buenos Aires de inicios del siglo XX– y a la pertenencia exclusiva a espacios reducidos en una Ciudad y en una Universidad que desde entonces no cesa de crecer, diversificarse, expandirse, politizarse y al mismo "desigualarse" en distintas direcciones. Es esa la hipótesis y el proceso histórico que une la experiencia de Pablo con la de los fundadores del club al que su familia pertenece desde hace tres generaciones. Que la universidad y los deportes en universitarios se expandan indica una nueva tendencia de un proceso que se inició hace un siglo y medio en los *colleges* ingleses y que hoy se globaliza en una articulación original de aquello que en aquel siglo entendían como *mens sana in corpore sano*.

¿Cuál era el origen social de los fundadores de CUBA, cuáles sus apuestas y las inquietudes que los aunaban? ¿En qué contexto cobra sentido la amalgama institucional del deporte y lo "universitario" en un club social? ¿Qué rol jugó el amateurismo como bandera? ¿Qué producción del valor social se produjo entre estos varones educados? En lo que sigue, presento la historia social de los clubes y la sociabilidad deportiva, ubicando al deporte como una instancia "formadora" de la juventud, según la definición dominante que fue tomando en las postrimerías del siglo XIX. La experiencia fundacional de CUBA que describo luego me permite aventurar la tesis sobre el deporte como una apuesta de los sectores económica y políticamente privilegiados por despolitizar dimensiones y ámbitos en los que estaba en juego la construcción de poder y su colectivización selecta. Analizo el amateurismo deportivo como ideología que se mostró efectiva –con su duración de casi un siglo en el rugby– para modelar la manera en la que los hijos de las elites llegaban a la adultez construyéndose como personas honorables, en *cuerpo y alma*.

La formación de elites en el cambio de siglo: las universidades

En las primeras décadas del siglo XX, las universidades constituían los espacios públicos para la formación de las elites (Cano, 1982; Buchbinder, 2005, Finkel, 1977). Un aspecto que solo algunas investigaciones señalan es que no se trata de las elites en su conjunto, sino de sus jóvenes varones.[7] Las universidades eran instituciones donde los sectores dirigentes reconocían sus trayectorias y credenciales, socializaban e invertían el capital económico –los estudios eran arancelados, además del costo familiar de sostener los estudios sin trabajar– y acreditaban un saber que tendía puentes legítimos para la actividad política en el mejor de los casos, o para la actividad profesional en las burocracias de un Estado cuyo tamaño y necesidades se incrementaban.

Las elites educadas en la universidad se constituían como grupos dirigentes, ilustrados y urbanos que buscaban controlar también las instancias formativas de la ciudadanía: se imponían, de hecho, en la dirección de las mismas universidades. Desde la experiencia de la universidad colonial y sus avatares, hasta la

---

[7] El trabajo de Losada (2012) indicando las formas de socialización y educación de las mujeres en las familias de las elites porteñas constituye una excepción y algunas investigaciones recientes, como la de Lorenzo (2016) sobre las mujeres egresadas en la Universidad de Buenos Aires en las primeras décadas del siglo XX, que de alguna manera siguen los estudios de Barrancos (2013) sobre el tema. Losada señala el peso de la educación domiciliaria entre las mujeres de las elites sociales porteñas, mientras que Lorenzo indica la participación de las primeras mujeres en la vida universitaria, casos puntuales que denotan además, en muchos casos, posiciones sociales más subordinadas que las de las elites.

recientemente refundada Universidad de Buenos Aires a fines del siglo XIX (Unzué, 2012) las instituciones universitarias materializaban y proyectaban una jerarquía cultural: en la universidad se elaboraban discursos, símbolos y prestigios asociados a los valores culturales de la instrucción, las letras, la información, la prensa, que legitimaban los modos de conocimiento letrados de una sociedad que buscaba su *progreso* y su modernización espejándose en las naciones europeas más *instruidas*. Este era el mundo concebido por las elites políticas porteñas en la segunda mitad del siglo XIX.

> una elite ilustrada ejerce el poder por delegación de las clases terratenientes y de la alta burguesía financiera y comercial. Sus miembros reúnen con frecuencia la doble propiedad de políticos-estadistas y políticos universitarios. Mediante su accionar, la universidad se convierte en una escuela de cuadros para el gobierno –en este período se acuña la frase "de la universidad al poder" y para los partidos políticos. En estos últimos la figura del caudillo es gradualmente reemplazada por la imagen del doctor, o sea, del abogado que encarna para las "ignorantes" masas populares al partido y por ende dotado de un poder cuasi-mágico (Cano, 1982: 191).

El proceso de transformación de la universidad argentina de fines del siglo XIX estuvo atravesado por una fuerte impronta profesionalista (Finkel, 1977). La economía política global de inicios del siglo XX, y el desarrollo de las políticas educativas y económicas de las últimas décadas del siglo XIX marcaron las posibilidades de una clase profesional que aprovechaba la incipiente pero progresiva extensión de un sistema educativo central, una demanda de conocimientos específicos para el proceso agroexportador, comercial y técnico –en el sector agrario y en las políticas comerciales y económicas– y una economía que se configuraba como dependiente en la geopolítica mundial. Ese proceso estaba liderado por aquellas elites económicas y políticas que incrementaban los requerimientos educativos para sí y para el resto de la población, de modo diferenciado, y que encontraron en las universidades la satisfacción de esas expectativas y la posibilidad de hacer de ella una institución propia, que consagrara posiciones expectantes para otros campos de la vida social. La jerarquía cultural estaba dada por la instrucción en esos conocimientos, por la experiencia de formación superior al que solo algunos llegaban y las redes y contactos que poseían.

Al mismo tiempo se fue generando una clase media cuya "inserción en la división del trabajo estuvo vinculada al enorme excedente agropecuario que generó en la ciudad actividades comerciales, burocráticas y financieras estrechamente conectadas con la exportación de esos productos" (Finkel, 1977: 99). Y será la universidad, dominada por aquellos sectores de mayor raigambre y "tradición" en las elites ya constituidas en el siglo XIX, el lugar de encuentro y confrontación entre fracciones de las elites que se posicionaban como elites nacionales vinculadas al campo y el comercio de sus productos (Losada, 2009) y entre agrupaciones de estas elites y sectores que buscaban prestigios similares. Éstos últimos eran familias que realizaban una apuesta educativa para sus varones más jóvenes, buscando por ese medio los prestigios a los que no habían podido acceder en la distribución y apropiación de las principales propiedades agrarias en la segunda mitad del siglo XIX.

La condición de posibilidad para el acceso a la universidad de estos sectores será la presencia del nivel medio en las grandes capitales y el desarrollo de las carreras profesionales universitarias que proveían del personal capacitado al mismo tiempo que legitimaban por medio de esas credenciales, su destino social y su prestigio. Se trata de una reorganización progresiva del valor social por medio de la expansión educativa hacia sectores de clase no-elites, que al educarse en los colegios secundarios y en menor medida en la universidad, llevarán y portarán esos privilegios como signo de valor superior, dotados de un poder que reproduce y consagra el prestigio de la universidad. A pesar de la expansión relativa de la matrícula universitaria, la credencial no solo no perdió valor, sino que también incrementó la percepción de su utilidad social: ello atrajo a sectores que poseían capital educativo (el nivel medio de escolaridad) en una apuesta para la siguiente generación.

Hacia fines del siglo XIX, las universidades y las escuelas medias constituían el recurso con el que contaban las clases medias y medias altas criollas de las provincias no litoraleñas para sostener una posición a resguardo frente al creciente poder e incremento poblacional de las inmigraciones (Di Tella, 1969).[8] Los sectores sociales ubicados cerca de la cúspide de las elites locales se sostenían en la tradición familiar: eran hijos de padres (varones) escolarizados, invocaban su antigüedad, y apostaban a la diferenciación por medio de la escolarización. Los co-

---

[8] A partir de los años 60 del siglo XIX la educación secundaria empieza a expandirse en las provincias. Mientras en Buenos Aires Mitre crea en 1862 el Colegio Nacional de Buenos Aires, destinado a la formación de elites políticas, en años venideros se fundan colegios nacionales en las capitales provinciales, en los que se hacía presente la tensión entre elites porteñas y del resto de las provincias (Legarralde, 1999). Hacia los 70 se expanden las escuelas normales destinadas a la formación de maestras, como modalidad de escuela secundaria. En las provincias del oeste y el norte argentino la educación primaria siguió siendo débil, frente a una educación secundaria más fortalecida por la capacidad de los sectores medios y altos locales de demandar sobre ella. Dussel (1997) entiende que esta educación secundaria con su perfil literario-humanista, promovía y constituía un canal de acceso a las universidades para los sectores que podían atravesar ese tipo de propuesta cultural.

legios nacionales en las provincias funcionaron como espacios para la producción de códigos comunes entre actores locales, sobre todo en función de sus relaciones a veces conflictivas con las elites nacionales (Legarralde, 1999) y muchas de las familias lograban enviar luego a los jóvenes a las universidades existentes, sobre todo a la de Córdoba, la más antigua del país, lugar de formación de elites ilustradas desde el período colonial. En las provincias litoraleñas (incluyendo Buenos Aires), si bien la educación secundaria y superior también era importante, los inmigrantes e hijos de inmigrantes pudieron constituirse como la burguesía regional e incrementar su jerarquía social.

Las universidades, frente a una creciente heterogeneidad social en su estudiantado, fueron convirtiéndose en un laboratorio donde los antagonismos sociales y las pugnas por la construcción del valor no solo eran contexto externo, sino también vida cotidiana. No todas las pugnas políticas universitarias se explican por una diversificación del origen de clase del estudiantado, pero ese fenómeno se hace más claro hacia fines del XIX. Las relaciones en la universidad comienzan a ser leídas como relaciones de poder, e impugnadas como tales, sobre todo como situaciones de privilegio. Emergen cuestionamientos a la organización de la educación superior, en los que se visibiliza tanto una pugna etaria como de clase. Tomando la metáfora de Elias (2003) entre establecidos y recién llegados, es posible identificar distintos conflictos visibilizados como luchas de poder en términos de la relación adulto-joven y su traducción pedagógica (profesor-estudiante) como en la relación entre sectores de clase alta y sectores aspiracionales. Las disputas en la por entonces Facultad de Medicina[9] llevadas adelante por José María Ramos Mejía y otros jóvenes profesionales de su generación en los primeros años de 1870 exponen a las autoridades como una elite desactualizada científicamente,[10] reproductora de favores y cargos sin idoneidad y legitimidad (Halperín Donghi, 1962). Ramos Mejía y sus amigos pertenecían ya a las elites políticas y económicas –familias de hacendados y de líderes políticos antirosistas– pero traían "ideas nuevas": un cierto igualitarismo, una apuesta por una sociedad modernizada que les permitía disputar los lugares

---

[9] Había sido separada de la UBA por el gobierno de Rosas. En 1874 vuelve a integrarse a la Universidad de Buenos Aires.

[10] Ramos Mejía y sus compañeros crean un periódico universitario y cuestionan prácticas académicas autoritarias del profesorado, lo que desemboca luego en su suspensión y posterior reincorporación, pero también en una cierta reforma universitaria en los años venideros. La desactualización científica también se materializa en la desolación producida por la peste de fiebre amarilla en la Buenos Aires de principios de los 70 del siglo XIX, que contribuyó al cuestionamiento del rol del estado local en la protección de la población, en la prevención de las enfermedades, y en la idoneidad de las instituciones médicas que formaban a los futuros profesionales. Añado: eran varones.

de poder y orden, porque la diferenciación entre elites ilustradas y elites políticas y económicas no estaba conformada, y porque existían gradualmente mayores posibilidades de integrar las elites ilustradas sin la posesión de contactos políticos, parentescos de renombre o abultadas propiedades, a diferencia de lo que sucedía en otros contextos nacionales.[11]

Hacia fines del siglo XIX estos grupos sociales estaban en transformación, al mismo tiempo que la sociedad a la que pretendían liderar, la población que deseaban gobernar y el Estado que buscaban construir y legitimar. Las políticas desarrolladas en las últimas dos décadas del siglo XIX –como las leyes civiles, el monopolio estatal en el campo educativo, la relación con los grandes grupos de inmigrantes y su integración social, el papel de la pequeña y creciente burguesía, la organización de sectores terratenientes, las relaciones de todos estos grupos con la Iglesia Católica (Di Tella, 1969) trazan el panorama de emergentes en el que se configuraba la relación entre elites y no elites en aquel contexto, y qué legitimidad adquirirían valores tales como la propiedad, la educación escolar/universitaria y el liderazgo político, entre otras.

En la reconfiguración política de esas décadas, las elites gobernantes dan un importante giro liberal –aun siendo la misma clase social– enfrentándose a sectores católicos desunidos. Entre los gobiernos de los presidentes Roca y Juárez Celman se promulgan lo que se conoce como las leyes liberales del 80,[12] en la que el laicismo constituía una estrategia de "control social" (Di Tella, 1969: 308). Se buscaba el dominio sobre las poblaciones étnico-nacionales que intentaban sostenerse de manera separada con sus propias escuelas, como la italiana y la alemana. La educación era parte de la empresa homogeneizadora de la construcción de la nación, y de un Estado cuya estructura se pretendía moderna. Unos años después crece el valor de la educación media y universitaria, sobre todo la de la Universidad de Buenos Aires, en la formación de nuevas posiciones sociales destacadas, para el caso porteño, integrándose a la construcción del centralismo político de la nueva capital. La Universidad de Buenos Aires se diferenciaba en-

---

[11] Bourdieu (2013) lo analiza para el caso francés en su reconocido trabajo *La Nobleza de Estado*: buena parte del funcionamiento del sistema educativo se explica por las disputas entre elites provenientes del campo intelectual y de las burocracias, y las elites económicas. O Miceli (1979) para el caso brasilero donde la configuración de una elite cultural disputaba proyectos de nación con otros sectores de poder.

[12] Ley de educación común N° 1420 (1884) que establece la laicidad y gratuidad de la enseñanza en el ámbito de la ciudad de Buenos Aires y los territorios nacionales; la ley de estatutos de las universidades nacionales de 1885; la ley de matrimonio civil de 1888, que autonomiza el matrimonio de la ceremonia religiosa, y establece la potestad de los contrayentes de realizar dicho contrato más allá de las creencias que tengan o no; entre otras medidas.

tonces de la "tradición" y antigüedad de la de Córdoba, por un cierto carácter modernizador, un perfil más laico a tono con las elites porteñas dominantes, homologadas cada vez más como elites "nacionales".

Ya en el nuevo siglo, la Argentina ve crecer el número de universidades nacionales. El mapa institucional estaba compuesto por la Universidad de Córdoba, la Universidad de Buenos Aires –la primera creada luego del proceso independentista, en un movimiento de doble fundación en 1821 y en 1881– y un conjunto de nuevas instituciones que son fruto de la nacionalización de universidades provinciales. La Universidad de Santa Fe, creada en 1889 y nacionalizada en 1919 con un nuevo nombre, Universidad Nacional del Litoral; la de La Plata, creada en 1897 y nacionalizada en 1905, y la de Tucumán, creada en 1914 y nacionalizada en 1921, completan el panorama. Si para 1914 los inscriptos en las universidades argentinas eran 5547, en pocos años más se duplicaría, contando 12116 inscriptos para el año 1920 (Cano, 1982).

La expansión institucional y de matrícula se vincula al proceso político más amplio que vivió la Argentina, con el crecimiento de la participación política, fruto de las pugnas por la representación social y política de una sociedad cada vez más diversa, de elites locales a nivel federal que buscaban consagrar su posición por medio de universidades. Las universidades se configuraron entonces como un espacio de lucha en un triple sentido: políticas (federales/centralistas; partidarias); de clase (modificación de la formación y el posible recambio de las elites sociales y políticas); y etarias (relaciones de autoridad y pedagógicas como traducciones de distancias generacionales). La Reforma Universitaria será el caso ejemplar de ese proceso, y la creación de CUBA una lente más pequeña pero igualmente relevante para entenderlo.

La Reforma Universitaria y las disputas dirigenciales: la creación de CUBA

La democratización política, el auge del radicalismo, el crecimiento inmigratorio y de los movimientos socialistas y anarquistas, el asociacionismo como tendencia creciente, la extensión de la alfabetización por medio del sistema educativo nacional, la promulgación de la Ley "Sáenz Peña" (N° 8.871 de 1912) de voto obligatorio, secreto y "universal",[13] las influencias de la guerra mundial en curso,

---

[13] Solo podían votar varones. El voto de las mujeres se conquista como derecho en 1947, la denominada Ley Evita.

de la revolución rusa y de la revolución mexicana, son algunos de los procesos históricos de la Argentina que marcan el "telón de fondo" (Portantiero, 1978: 13) de inicios del siglo XX.

La vida universitaria en las casas de altos estudios de Córdoba y Buenos Aires se hizo agitada como la misma vida política de la sociedad argentina del nuevo siglo. En las instituciones de educación superior se impugnaban los modos de organizar los estudios, la desactualización de los programas de estudio, de decidir problemas relativos al estudiantado y a la calidad de los cargos docentes (Halperín Donghi, 1962): si bien no es monocausal, es concomitante la presencia de estudiantes de nuevos sectores sociales antes no universitarios, y una vida cotidiana signada por la impugnación, el cuestionamiento, el debate político, las inquietudes por el poder mismo de los estudiantes como actor de poder. Los universitarios se definen en términos políticos y prontamente, en la segunda década del siglo XX, se producen influencias y enfrentamientos ideológicos, como los del liberalismo político y el revolucionario,[14] y se consolidan nuevos modos de organización del poder: los centros de estudiantes agremiaban estudiantes y se constituían como actores de peso en la vida universitaria desde el cambio de siglo.

La socialización política en la universidad, de ser un proceso naturalizado por los varones de las familias de elite que accedían a ella en el siglo XIX, pasa a ser una práctica explícita de construcción de poder, y de sociabilidad necesaria, una característica propia de la vida juvenil universitaria de los sectores privilegiados. La juventud como período se institucionaliza como tal en su paso por la escuela secundaria y la universidad, una marca de quienes entonces podían acceder a ambas. La variación en la composición social del estudiantado universitario y la presencia de ideologías y valores que algunos de los establecidos[15] veían con recelo o manifiesta enemistad, marcan los contenidos de las disputas y la razón de determinados agrupamientos. Pero lo relevante es que más allá de cada ideología, posicionarse como elite (masculina) quería decir tener una posición sobre asuntos de importancia en la vida social, identificarse en el mapa internacional de ideas y corrientes.

---

[14] Fuentes Cordera (2014) remarca la influencia que el novecentismo y el pensamiento del intelectual catalán D`Ors tuvo sobre las ideas revolucionarias de los jóvenes reformistas, reforzado por lazos (viajes y publicaciones) entre aquel intelectual y los jóvenes universitarios de Córdoba y Buenos Aires.

[15] Me refiero a estudiantes universitarios hijos de profesionales universitarios y de familias con recursos, propiedades y reconocimiento social. Digo algunos porque las posiciones ideológicas no se explican *in tout* por la pertenencia de clase: entre distinguidos profesionales y grupos de sectores consolidados había posiciones contrarias tanto en términos políticos locales como en relación a la circulación internacional de ideas extranjeras reapropiadas localmente (Bruno, 2014).

El proceso de la reforma universitaria no se explica solamente por su composición de clase, que ya ha sido discutida por varios autores.[16] Sin embargo, aunque esa variación no sea suficiente constituye una condición necesaria que cobra aún más sentido si se analiza la pertenencia de clase de quienes fueron sus protagonistas y sus antagonistas. Según Cano, "el movimiento universitario de la Reforma de 1918, con sus postulados de democratización, antiautoritarismo y autonomía universitaria" (1983: 251) fue tolerado y en cierta forma tomado por el primer gobierno de Yrigoyen (1916-1922), entre otros motivos porque esos jóvenes pertenecían a las clases altas de origen de esas elites. En general, las instituciones culturales del nuevo siglo agrupaban a sectores ilustrados y con buenas dotaciones de capital económico que reaccionaban frente al avance de las "masas" (Fuentes Codera, 2014) a las que pretendían dirigir y civilizar, marco ideológico del progreso modernizador que marcaría la concepción dominante de los sectores de poder en la época. En el ambiente cultural de la Buenos Aires de la época, se percibía una nítida crítica que le asignaba al positivismo y al liberalismo político de fines del siglo XIX la responsabilidad por las crisis sociales, y se acusaba a esas cosmovisiones como causas de la primera Gran Guerra acontecida en Europa, que tuvo un fuerte impacto en los ambientes ilustrados de Buenos Aires (Bruno, 2014; Fuentes Cordera, 2014). Ese movimiento antipositivista que se plasma en instituciones tales como el Colegio Novecentista, o en la figura y obra de intelectuales como el filósofo Alejandro Korn, conformará un espacio y un conjunto de ideas que serán luego rearticuladas en el movimiento reformista, que sostenía un planteo claramente anticlerical,[17] y fuertemente espiritualista acerca del rol del universitario en la renovación de la sociedad. Ya no se trata solo de conservar un *status quo* o cambiar la sociedad por medio de la universidad, sino de cómo construir poder en y desde las instituciones culturales, educativas y sociales con las que contaban quienes pretendían dirigir la nación. Y si no existían, había que crearlas, aunque construyan una distancia con pares del mismo sector de elites.

---

[16] Portantiero (1978) considera a la Reforma como una escuela de formación ideológica para sectores de la burguesía y un espacio de reclutamiento y recambio entre elites y contra elites; de su lectura tomo distancia en el punto en que considera a los reformistas como parte de la pequeña burguesía contra las oligarquías dominantes. La lectura que hago sobre quienes se opusieron a la Reforma y se nuclean en CUBA indica que estos dos sectores pueden no estar tan distanciados, y que de hecho la sociabilidad y las alianzas matrimoniales darían una composición de clase más heterogénea, o el origen de clase de quienes dirigen los movimiento pro y anti reformista, no explica lo complejo de ese proceso.

[17] Sobre todo frente al control eclesiástico en la Universidad de Córdoba.

Mientras algunos jóvenes se organizan en movimientos de reformas y con compromiso político explícito bajo banderas y demandas de cambio que luego se extenderán a demandas sociales extrauniversitarias,[18] otro sector social se organiza mediante la conformación de clubes que de alguna manera les permiten mantenerse al margen de las luchas y movimientos políticos y/o politizados en el seno de las universidades nacionales: allí encontramos a los fundadores de CUBA. Constituyen un grupo que desarrolla explícitamente una estrategia de separación y diferenciación social, que establecen distancias con un espacio que no gobiernan, la universidad, pero del cual no pueden prescindir, porque es el que le brinda el prestigio. En la economía política de los valores de la época, la edificación de prestigios sociales no puede constituirse sin aquella institución y sin el trabajo previo que había consagrado la asociación entre edad joven y universidad.

Pero ¿quiénes eran los universitarios fundadores de CUBA? Podría relatarse, acompañando la narración institucional, que todo se inicia a partir de la derrota electoral que sufre en 1918 un grupo de jóvenes en las elecciones del centro de estudiantes de la Facultad de Medicina de la Universidad de Buenos Aires, en manos de los estudiantes porteños que seguían los planteos del reformismo cordobés. Ese grupo derrotado decide fundar un club de amigos universitarios. La firma del acta fundacional de CUBA acontece en el laboratorio de uno de ellos, pertenencia que señala la proveniencia mayoritaria de estudiantes de medicina, por un lado, y el capital económico con el que contaban algunos de estos estudiantes. La trayectoria social de los fundadores muestra la diversidad de historias y orígenes que se aúnan en el club.

---

[18] Desde fines del siglo XIX, la Universidad también era objeto de controversia y debate entre académicos, políticos, en la prensa y en el Congreso de la Nación. Además de la arbitrariedad de su gobierno, se le criticaba su carácter profesionalista, en desmedro de una orientación más científica (en la versión positivista), o de una formación moral de carácter más integral (en la versión más espiritualista y antipositivista). Todas estas discusiones están atravesadas por la cuestión de la autonomía universitaria, por la relación de la universidad con la sociedad, y su capacidad de transformarse al ritmo de los cambios sociales. Durante la Reforma va a existir un debate entre los jóvenes: exigir cambios sólo en la organización universitaria, o avanzar hacia demandas de reforma social y políticas más amplias en la sociedad (Buchbinder recuerda estas posiciones en el debate entre Loudet y del Mazo, 2005: 105). Este debate debe ser interpretado en el marco mayor de organización y consolidación de los partidos políticos en nuestro país, aunque ese marco no explique la totalidad de las articulaciones entre estos sectores. Portantiero (1978) remarca que desde su origen la Reforma se plantea como un proceso de cambio social más allá de la universidad. Otras investigaciones señalan que algunos universitarios que apoyaban la Reforma no estaban de acuerdo en extenderla hacia la sociedad (Fuentes Codera, 2014).

El laboratorio era propiedad de Luis Agote Robertson y Lisandro Galíndez. Luis Agote había nacido en 1896, en el seno de una familia de terratenientes pampeanos[19] con trayectoria política. Sus antecesores por línea paterna eran inmigrantes españoles de origen aristocrático que habían conseguido tierras en Catamarca. Su abuelo había hecho carrera política como ministro de finanzas de la provincia de Buenos Aires en la década del 60 del siglo XIX. Su padre, Luis Agote García, médico recibido en la UBA, asistió a un colegio inglés de Buenos Aires en sus estudios iniciales, egresando luego del Colegio Nacional Central, hoy Colegio Nacional de Buenos Aires, donde se escolarizarían sus hijos. Fue un reconocido médico: en 1914 realizó en el Hospital Rawson de Buenos Aires la primera transfusión de sangre en el mundo. Se destacó como político de la unión nacional, siendo diputado y senador provincial, y diputado nacional en dos períodos (1910 y 1916).[20] Como Pablo, y otros socios de CUBA, también era miembro del Jockey Club de Buenos Aires. La herencia simbólica que su hijo Luis Agote Robertson toma ya no es solo la de la pertenencia, sino la de la creación de espacios selectos.

La madre de Luis Agote Robertson, María Robertson Lavalle era descendiente de Carlos Fitzgerald Robertson, "expedicionario" de la Patagonia de origen canadiense, que acumuló tierras en el proceso de avance y apropiación de la frontera por parte del ejército argentino. María Robertson Lavalle era sobrina nieta del General Lavalle, el reconocido militar argentino, descendiente de familias patricias españolas que intervino también en los enfrentamientos civiles argentinos hasta su muerte en 1841. La posición de la familia Agote combinaba la herencia de la formación universitaria y la profesión, la trayectoria política y su vinculación con la gesta "nacional", la pertenencia a un club distinguido, la propiedad de tierras y los pasados hispanos y anglosajones. Además de ser estudiante de medicina, Luis Agote Robertson participaba de la vida social de la Asociación Cristiana de Jóvenes, de la que se retira junto a sus amigos al ocasionar "incidentes" luego de un partido de básquet.[21]

---

[19] Llegó a ser Director Nacional de Hemoterapia y Secretario de Salud Pública de la Municipalidad de Buenos Aires, además de presidente del Rowing Club, entre otras posiciones destacadas. La información para la reconstrucción de las trayectorias en esta sección proviene de diversas fuentes, como el fichero elaborado por la Escuela de Política y Gobierno de la UNSAM *Elencos políticos Argentinos*, el libro *Quién es Quién en la Argentina* (1968) y fuentes genealógicas localizadas en la web.

[20] Algunos de los proyectos que presentó luego transformados en leyes son la creación del Patronato Nacional de Menores Abandonados y Delincuentes y la creación de la Universidad Nacional del Litoral.

[21] Sigo la referencia que brinda el Diario La Nación: "Tiempo de celebración. CUBA cumple 90 años", *La Nación*, 11 de mayo de 2008.

Algunos de los jóvenes que lo acompañaban en el incidente participan en la creación de CUBA, como los hermanos Julio y Roberto Dellepiane Rawson, quienes venían de una familia que ligaba orígenes "nacionales" con inmigrantes. Al momento de fundar el club, Roberto estudiaba medicina, carrera en la que se embarcaron con su hermano siguiendo la trayectoria de su padre y llamativamente, la de su madre también. Provenían de una "tradicional" familia criolla de terratenientes de la provincia de Buenos Aires por parte de la madre, Elvira Rawson Guiñazú. Elvira fue la segunda médica egresada de la carrera de medicina, activa integrante de la Unión Cívica Radical y de las primeras organizaciones e iniciativas feministas en la Argentina. Su marido, Manuel Dellepiane, hijo de inmigrantes italianos, era médico . Al igual que Agote, los hermanos Dellepiane heredaban una trayectoria social dedicada a la política y la reproducción de la posición universitaria, aunque por parte del padre el origen sea de un prestigio menor y sin un abultado capital económico.

Además de los estudiantes de medicina que contaban con la experiencia de sociabilidad en la Asociación Cristiana de Jóvenes, el club se consolida con amigos y compañeros que con inquietudes artísticas y un tono claramente recreativo habían creado en 1917 un grupo de teatro denominado La Tribu, entre los cuales se encontraba el Dr. Mariano Guerrero,[22] quien será el vicepresidente de la flamante asociación de universitarios. El médico reconstruía sobre el proceso de creación:

> Hay un café al comienzo de la historia, en la calle Esmeralda, en la cuadra del doscientos"… "Clientela 80% habitués"…Y entre esos habitués, en la mesa de los integrantes de La Tribu un grupo de jóvenes universitarios, "cabelleras con jopo, cuellos almidonados, casimires de Escocia, sin mucho más ni mucho menos de veinte años por barba e invariablemente mucho menos de cinco pesos en el bolsillo (Club Universitario de Buenos Aires, 1968: 33).

Pasar del café al club como instancia de encuentro y sociabilidad constituía una hazaña de juventud para estos jóvenes, que no contaban (aún) con los recursos económicos de sus familias. Ambos tipos de sociabilidad, la del café y la del club, marcan también las influencias europeas, entre francesas e inglesas, modelos para la regulación espacio-temporal de los contactos sociales y la recreación entre varones. Modelos que ya estaban presentes a fines del siglo XIX y que configuraron la creación tanto del Club del Progreso como del Jockey Club (Losada,

---

[22] No he podido reconstruir su trayectoria familiar.

2012), en la tensión entre la versión más politizada de la sociabilidad francesa, con la recreativa del asociacionismo inglés.

Entre los que provenían de la militancia estudiantil en la Facultad de Medicina se destacaba Carlos Waldorp, primer presidente del club. Nacido en La Plata en 1895, egresó como médico de la UBA en 1919 y se especializó en centros de investigación de Berlín y París. Waldorp se desempeñó como profesor de la UBA y como médico en hospitales de la Ciudad de Buenos Aires. Además de participar en la fundación de CUBA, creó la Asociación de Médicos del Hospital Alvear. Provenía de una familia de inmigrantes holandeses: su padre Juan, también médico, había contraído matrimonio con una inmigrante italiana, Carolina Bursetti. Su hermano Juan, fue un prestigioso arquitecto que se desempeñó como director de oficinas de obras en el Ministerio de la Marina en la Municipalidad de la Ciudad de Buenos Aires, construyó edificios emblemáticos de la arquitectura porteña, como el edificio Dorrego y el palacio-escuela Bernasconi. Aunque no está presente en todos los fundadores, la alianza entre familias de origen hispano, "locales" y anglosajones constituye un dato relevante para entender el parentesco de las familias de las elites ilustradas de Buenos Aires.

La trayectoria de Carlos Waldorp posterior a la fundación de CUBA es emblemática para entender el posicionamiento político de los fundadores del club: una política de la antipolítica, al menos para los jóvenes. Waldorp llega a ocupar el rectorado de la UBA como interventor durante la dictadura de Edelmiro O´Farrell en 1944,[23] momento en que Rómulo Etcheverry Boneo, otro universitario de reconocida pertenencia católica asume como titular del Ministerio de Educación (Califa, 2010). Waldorp y Etcheverry Boneo no solo se oponían al reformismo de la militancia estudiantil de la UBA desde sus orígenes, sino que además desarrollaron un proyecto de reforma de los estatutos de la UBA en ese mismo año, continuando su versión antipolítica de la experiencia estudiantil por distintos medios.

Los orígenes sociales que se pueden rastrear en los otros fundadores del club muestran trayectorias similares y cierta diversidad que se combina en una apuesta por el estatus social: familias de inmigrantes, a veces en alianzas acontecidas hacia mediados del siglo XIX con familias "locales"; combinación de capital económico concentrado en las tierras pampeanas o patagónicas, con el capital escolar y profesional con el que ya contaban sus antecesores. La experiencia universitaria era algo heredado para los jóvenes fundadores, un indicador de la

---

[23] Ocupó el cargo hasta febrero de 1945, cuando un decreto del gobierno suspende las intervenciones universitarias y llama a elecciones para la constitución de autoridades, restableciendo la relativa autonomía de las universidades (Califa, 2010).

posición de clase, habiendo accedido sus padres a estudios universitarios en el país o en el exterior cuando claramente la universidad era una institución de y para las elites (Cano, 1983) en la Argentina y en el mundo. También es un indicador de que aquello que se ha dado en llamar "oligarquía terrateniente" como caracterización de las elites del cambio de siglo, como dice Hora,[24] es más un dato a ser construido que un fenómeno tan claro, en el sentido de que no existen grupos estables y conformados sino en relación con otros –incluyendo el parentesco– más aún en sociedades que cambiaban profundamente a nivel poblacional como la Argentina de entre siglos. Los antecesores con estudios universitarios pero sin posesión de tierras, al menos para el caso de los fundadores de CUBA, parecen apuntar en esa dirección.

La asociación entre universidad, profesiones y elites políticas, más allá de la trayectoria específica de los fundadores de CUBA, estaba claramente consolidada: la universidad preparaba para la carrera política y burocrática. El denominado *profesionalismo* de la universidad argentina respondió no sólo al rol que se le atribuyó en la preparación de elites políticas y a las expectativas culturales de sectores de las clases altas o de las medias por garantizar su ascenso social. La formación ideológica de núcleos dirigentes para la gestión política parlamentaria y la preparación de grupos para el desempeño en las agencias burocráticas estatales, fueron desempeñadas por las universidades (Frederic, Graciano y Soprano 2010: 23). Desde la mirada de los fundadores de CUBA, la experiencia universitaria dejó de garantizar un modo de transitar los estudios bajo sus propios criterios de valoración social.

Los documentos institucionales del club constituyen una guía para reconstruir la posición de los fundadores y el campo político y cultural por ellos trazado. El Acta Fundacional de CUBA refiere a una "cultura espiritual, tan descuidada en nuestro ambiente [la universidad]", y describe una suerte de egoísmo en el ejercicio profesional que iría en contra del ideal de solidaridad y de responsabilidad que les toca en cuanto universitarios, "en detrimento de la gran familia universitaria y de la sociedad misma". La referencia al contexto se deja traslucir en alusiones a un "vacío" y a una suerte de confusión sobre el rol del universitario en la sociedad, que según su planteo, el club viene a solucionar. En este discurso, la politización es dispuesta como lo que divide, distrae y separa.

En su historia institucional (Club Universitario de Buenos Aires, 1968), el club caracteriza la situación social y universitaria de 1918 como plagada de con-

---

[24] Entrevista a Roy Hora, Angélica Thumala y Ana María Almeida, publicada en Gessaghi, Luci y Fuentes (2014).

flictos y tensiones: entre "aliadófilos y germanófilos" (contexto internacional), entre "radical y conservadora", "socialista y anarquista" (contexto nacional). Frente a ello, "Hay otros (…) que quieren mantenerse al margen de las repercusiones del conflicto bélico, de las divisiones internas, de la politización del ámbito universitario, pues solo piensan en estudiar, en encauzar la sociabilidad juvenil y en dedicarse a actividades artísticas y culturales además de las deportivas" (Ibid.: 16). La Primera Guerra Mundial permitió cuestionar el anclaje en un pasado *civilizado* en el que se reconocía a los países europeos desde América Latina. Este cuestionamiento de los fundamentos parece haber atravesado a jóvenes de diversos orígenes sociales y tradiciones ideológicas y reorientó la mirada de las elites ilustradas porteñas hacia los Estados Unidos.

La armonía y la unión del sujeto y del grupo social serán así los objetivos del club, que concibe al deporte como unión del cuerpo y alma: "Prestando especial atención a los ejercicios físicos que, al acrecentar las energías materiales del individuo propenden eficazmente a la necesaria armonía de los factores constituyentes del ser" (Acta Fundacional de CUBA, 1918). Desde esa unidad, ese espacio libre de divisiones que sería el club, se reivindica una "obra que tendrá sus proyecciones benéficas para el porvenir de nuestra Patria que están llamados a regir en primer término los universitarios y obligados a conducirla por la senda de todas las excelencias" (Ibid.), en el contexto de una universidad elitista, una "máquina de segregación" (Portantiero, 1978: 19), paso cada vez más necesario para legitimar las trayectorias dirigenciales. El carácter elitista, explícitamente formulado en el Acta Fundacional, conlleva implícita la formación de una segregación, una sectorización o fragmentación al interior de las elites porteñas.

La tradición profesionalista[25] es reivindicada por los fundadores de CUBA,[26] porque poseía un estrecho vínculo con sus propios orígenes sociales. Lo nacional no se contrapone con el ejercicio particular de la profesión: antes bien, son estas tres profesiones (medicina, abogacía, ingeniería) "que el propio desarrollo del país exigía en distintos momentos" (Buchbinder, 2005: 10). La trayectoria social de los fundadores de CUBA muestra no solo su pertenencia a las familias terrate-

---

[25] Follari coincide con este diagnóstico: tanto la Universidad de Buenos Aires como la de Córdoba, sostenían ese perfil profesionalista, de abogados y médicos "de los hijos de las familias patricias" (Follari, 1999: 36). Es el modelo napoleónico de universidad que se enfrentó con expectativas de tipo de humanistas e integrales durante su historia (Naishtat, 2008).

[26] Las carreras de abogacía y medicina eran las elegidas por los sectores dirigentes, incluso por parte de los hijos de los terratenientes agropecuarios –que casi nunca optaban por la carrera de Agronomía-. Eran ellos los que luego accedían a cargos legislativos o ejecutivos en el Estado. "Las universidades se concentraban así en la formación de profesionales liberales y cumplían, además, un rol esencial en la generación y socialización de las elites políticas" (Buchbinder, 2005: 67).

nientes: sus trayectorias universitarias responden a las necesidades de la vida urbana y del carácter agroexportador del que se beneficiaban como productores, intermediarios y profesionales en todo el proceso económico. El elemento en común entre los fundadores de CUBA es el capital cultural escolar, y los prestigios familiares en relación a la cultura letrada. La posesión de capital económico heredado estará presente en la mayoría pero no en todas las trayectorias.

Si nos atenemos al análisis de la lógica de producción del valor, la creación del club no persigue (explícitamente) fines utilitaristas, "valor" del cual no se cansarán de tomar distancia en sus declaraciones. Antes bien, se trata una misión moral, el "desinterés" o altruismo de ir más allá del ejercicio profesional. Para los fundadores de CUBA, ese ejercicio profesional constituirá ante todo un llamado a la responsabilidad del universitario, y una salida al "egoísmo" que lo hubiera caracterizado. Ser universitario y ser dirigente constituyen dos objetos a los que los fundadores no renuncian, aun declarando la apoliticidad del club. Producirán así la jerarquización del valor social de sí mismos por medio de prácticas diferenciales en espacios separados, aunque conserven la experiencia y la credencial universitaria. La circulación global de discursos y prácticas vinculados al cultivo del cuerpo de los universitarios europeos y norteamericanos estará presente como antecedente, como jerarquía de la cual se apropiarán para la construcción del propio club.

Lo que los fundadores de CUBA compartían era esta historia en cuanto universitarios y una profunda visión antipolítica que se construye in situ: perder una elección en el Centro de Estudiantes es una condición necesaria pero no suficiente para explicar las consecuencias del retiro de la disputa política universitaria –institución cada vez más heterogénea, a la que no podían gobernar– hacia la sociabilidad en un entrenos de conocidos y amigos. ¿Por qué la sociabilidad deportiva se hace legítima para cultivar amistad pero también poder? ¿Es el valor de la antipolítica coherente con una construcción de poder por fuera de las instituciones políticas? ¿Qué experiencias previas de sociabilidad actuaban como modelos organizativos para los jóvenes fundadores?

Entre el café y el club: la continuación de la política por otros medios

En las universidades los hijos de las familias tradicionales construían sus expectantes trayectorias destacadas en el campo político, intelectual, universitario, militar y en las burocracias estatales invirtiendo los recursos familiares en la educación universitaria. Pero la educación formal no lo era todo, y ciertamente nunca lo fue para las elites argentinas. Las experiencias de sociabilidad, es decir, el establecimiento de contactos y amistades en la vida cotidiana fungieron como modos de construcción de trayectorias sociales destacadas, combinadas con las experiencias educativas, la herencia familiar y otros recursos propios de las prácticas asociacionistas reinantes en la Argentina de entre siglos. Los fundadores de CUBA habían participado de proyectos asociativos, instituciones culturales, y de carácter político porque eran comunes a los universitarios de la época y propio de las familias a las que pertenecían.

Como ha analizado Agulhon (2009) sobre los círculos de la burguesía francesa del siglo XIX, la sociabilidad constituye una experiencia histórica vinculada a formas sociales en que los grupos conciertan y arreglan sus encuentros, disponen de actividades en común, y formalizan prácticas de interacción propias de la vida cotidiana. En la creación de asociaciones voluntarias más o menos formales, se conforman lazos y redes entre actores con los que se comparten afinidades, posiciones políticas o círculos de amistades y "camaradería" –palabra clave para los clubes tradicionales como CUBA–, entre quienes aun teniendo posiciones políticas diferentes, comparten la jerarquía social de poder y el deber de hablar y participar de la política. El proceso demográfico y de constitución política de la sociedad argentina de fines del XIX, puede ser mirado bajo el axioma de Agulhon:

> Cuanto más numerosas y diversas son las relaciones interpersonales, más grupos se ponen en juego: la familia, la parroquia, el trabajo o el grupo de edad, son una suerte de mínimo encuadre, al que vendrán a agregarse, o no, el partido político, el club deportivo, la sociedad de beneficencia, o lo que pueda imaginarse (Agulhon, 2009: 39).

En la inquietud por crear un club como CUBA también está presente una tendencia a la sociabilidad de las elites porteñas que va más allá de su condición de estudiantes, materializada en la figura de los centros de estudiantes. La sociedad porteña y argentina de fines del siglo XIX reconoce una densa vida social entre asociaciones gremiales, de inmigrantes, de ayuda mutua y clubes deportivos. Las distintas formas de asociación muestran las diversas figuras de la sociabilidad urbana e indican la creciente heterogeneidad social y cultural que se hará presente en la Buenos Aires del Centenario. Tanto las experiencias de los salones como las de los clubes fueron reapropiadas por las elites porteñas de fines del siglo XIX y principios del siglo XX (Losada 2010; Romero 2005). Las conocieron en sus innumerables viajes por el viejo continente, recomendadas a su vez por inmigrantes ingleses y franceses, que crearon clubes o los integraron, reforzando tanto el discurso social sobre sus "beneficios" como el efecto de constituir un círculo local más allá del propio grupo de parentesco, un círculo social.

Según Sábato (2012), es posible identificar un crecimiento y particularización del asociacionismo entre fines del siglo XIX y principios del siglo XX. En el primer período se perseguía un bien común más general y una moral civilizatoria generalizada desde el propio grupo. La misión civilizatoria[27] que muchas asociaciones asumen sobre sus socios y la sociedad toda, es una proclama abierta, explícita y clara en consonancia con una tendencia de la época y a veces acorde, otras en desacople, con políticas públicas.[28] Pero el rol y la capacidad del Estado de intervenir en la vida social e interpelar a los grupos y ciudadanos, y la composición de los sectores dirigentes perfilan hacia las primeras décadas del siglo XX un asociacionismo donde se legitima la búsqueda de objetivos específicos y particulares de los grupos sociales que los conforman.

El asociacionismo funcionaba como un modo de articular intereses entre grupos corporativos –como los profesionales– o colectivos agrupados en torno a una práctica particular –un deporte por ejemplo–, que ejercen una influencia práctica y concreta sobre el Estado y la sociedad. Suponen una puesta en paréntesis de la organización política partidaria –que no representa sus intereses tan directamente, aunque en ocasiones sus miembros utilicen o integren partidos políticos–. Según ha señalado Piglia (2007; 2014) en su trabajo sobre el asociacionismo en el Automóvil Club Argentino, en el siglo XX crece el poder de las asociaciones voluntarias que canalizaron la injerencia de grupos sociales particulares en el ejercicio del poder del Estado. Son rearticulaciones del poder de las elites locales y modos de posicionarse como actores de poder. El mismo enfoque debe sostenerse para comprender el contexto y los intereses particulares en que se produce la fundación del CUBA como modo de ciudadanía y como característica que este grupo social va a heredar a sus sucesivas generaciones.

---

[27] Me refiero a la formación de lo que se nombraba como *hábitos y costumbres*, modos de comportarse, instrucción, tanto en lo que se refiere a la alfabetización como a las formas de masculinidad y a la producción del cuerpo (Scharagrodsky, 2004), y que estaban asociadas a las inquietudes higienistas, positivistas y liberales de la época (Pedraza Gómez; Salessi, 1995). "Civilizar" también en el sentido de incluir en una modernidad homogeneizante a nuevos sujetos sociales que desigual y diversamente iban conformando la sociedad de la Buenos Aires de la época, proyecto liderado por sectores de la burguesía, algunos de los cuales promovían valores republicanos (Sábato, 2012).
[28] En lo que se refiere a la homogeneización nacional de las políticas educativas habrá toda una tensión entre políticas nacionales y las estrategias de los grupos de inmigrantes en el sostenimiento de sus escuelas, por ejemplo.

La tendencia asociacionista como modo de construcción de poder y de legitimidad social era un fenómeno propio de las elites urbanas,[29] construida en la complejidad de los contactos y distancias que se producían en la heterogénea capital porteña. En las ciudades acontecían los encuentros y alianzas entre nuevas burguesías y viejas familias patricias, que tenían a la sociabilidad masculina como eje, puesto que era en el varón educado y/o propietario donde esas alianzas de materializaban, de acuerdo a la hegemonía masculina sobre el parentesco y la sociabilidad. El testimonio de Mariano Guerrero anteriormente citado no casualmente menciona el café como espacio de encuentro. Pasar de un café a un club significaba, en la trayectoria social de los fundadores, una oportunidad para emular las empresas de mayor distinción, que requieren, como dirán sin cesar los documentos institucionales, el "esfuerzo" de los consocios del club para erigir y hacer crecer la novel institución.

En los clubes porteños los socios se reunían a conversar sobre política, a leer los periódicos, a beber en un espacio de confort, a recibir invitados de otras provincias y/o otras nacionalidades, etc. "Clubes con salones para estar, salas de lectura" (Romero, 2005: 287) donde se reunían para "refugiarse en su círculo" y "donde todos se conocían" (288). Se trata de producciones de espacios al interior de la ciudad, con requisitos de ingreso, lugares reservados para aquellos que cuentan con los avales necesarios para constituirse en socios, y donde se reconocían pertenencias a una clase distinguida.[30] Se intercambiaba con sujetos en posiciones similares (Losada, 2009) y se constituían redes de intercambio incluso con actores considerados "nuevos" en esos espacios sociales, de acuerdo a grados diversos de cercanía/distancia social y la activa construcción de fronteras sociales y morales (Lamont, 1992; Chaves, Fuentes y Vecino, 2016; Fuentes, 2015b) en las que se regula la circulación y comunicación, el acceso y "admisión" de nuevos integrantes al propio espacio simbólico y material. Si el matrimonio

---

[29] No debe homologarse institución e individuos. Individuos con una posición de clase superior participaran también de espacios sociales de sectores subalternos, como los cafés y tabernas de la Buenos Aires de fines del XIX (Ansolabehere, 2014).

[30] En las primeras décadas del siglo XX, la circulación entre elites intelectuales, políticas y "universitarios", en instituciones de sociabilidad consideradas "prestigiosas" para la época, constituían un fenómeno común. Bergel (2008) recuerda, por ejemplo, que luego del encuentro continental de estudiantes universitarios realizado en Montevideo en 1908, "las delegaciones estudiantiles de varios países visitaron Buenos Aires, donde fueron nuevamente agasajadas por figuras de la elite en el Jockey Club y el Club del Progreso, espacios de sociabilidad por excelencia de los círculos distinguidos de la sociedad porteña" (163). Reunían además, una elite no como facción política, sino como un grupo social que podía reunir a los varones distinguidos de distintas posiciones políticas (Losada, 2009), un espacio de unión en la cúpula social.

constituía una frontera social, es decir, un modo de regular quiénes podían ingresar al propio círculo social –que en una sociedad en expansión y heterogeneización no podía permanecer cerrado ni aislado– los clubes constituirán una estrategia complementaria, una frontera social y simbólica para regular pertenencias, con el agregado de que al producirse en torno a la juventud y la formación, conllevará una fuerte dosis de *in-corporación*: será clave porque permitirá interiorizar percepciones y valorizaciones que serán naturalizadas en las próximas generaciones, sobre qué prácticas, espacios y personas serán socialmente valiosas a sus ojos.

La frontera social establecida por la sociabilidad del club está dada por la condición de ingreso establecida en el incipiente CUBA: la presentación del certificado de estudios universitarios. Se le adiciona luego otro requisito: el aval de reconocidos socios del Club. La carta de pase está dada por los avales sociales, la propia capacidad adquirida o heredada de ser reconocido como parte de ese grupo en una sociedad cada vez más heterogénea.

En la experiencia de sociabilidad de los fundadores del club, las agrupaciones estudiantiles constituyeron otra clave. El proceso de politización de la vida nacional favoreció la creación de agrupaciones universitarias, como el centro de estudiantes de Medicina en 1904 en la UBA y la Federación Universitaria de Buenos Aires (FUBA) en 1908. Los centros de estudiantes de la UBA nacen como espacios de organización estudiantil pero también con fines de socialización y de desarrollo de actividades deportivas (Halperín Donghi, 1962). La experiencia integral que significaba la universidad en la época hacía que esta fuera no solo un espacio para la atención a clases, el estudio y los exámenes, sino también una oportunidad de sociabilidad entre pares. Si bien la UBA no ofrecía la experiencia más inmersiva en el que la totalidad de la vida estudiantil acontecía en una locación universitaria donde también se residía, como en las universidades inglesas, ser universitario comportaba tal diferenciación social que la sociabilidad les permitía crear agrupaciones que no solo perseguían fines gremiales.

El modelo de las universidades europeas, particularmente las inglesas será relevante para los fundadores de CUBA. En esa experiencia universitaria integral, el deporte como cultivo del cuerpo y desarrollo de una cultura física entre pares será una marca, en una expansión global de los modos "modernos" y elitistas en los que se percibe y construye el cuerpo de quienes lideran los procesos comerciales y políticos en las distintas capitales, y que buscan prepararse para ello:

Asociaciones estudiantiles inglesas y alemanas, en las que la formación moral se continúa, por una parte, en la preparación para un papel dirigente en la sociedad, y por otra en el casi ascético dominio del cuerpo mediante el ejercicio físico (Halperín Donghi, 1962: 107).

Este modo de agrupación de las juventudes universitarias combinaba el prestigio de la institución universitaria con la práctica deportiva. La distinción, al parecer, ya no estaba naturalizada meramente por el paso o la integración en los grupos de parentesco y en la universidad. La incorporación del valor social podía realizarse ahora de modos más explícitos siguiendo una grilla de lectura del cuerpo como marca: ascesis, deporte, ejercicio colectivo, incorporación de un ethos. Las prácticas corporales deportivas producidas en las instituciones educativas de pupilos y estudiantes de elites ingleses del siglo XIX constituirá ese modelo, reapropiado en Buenos Aires.

Un dato sobresale en la empresa fundacional de CUBA: la aparición del modelo norteamericano de sociabilidad de las elites representada en la existencia de las fraternidades universitarias. Las fraternidades son agrupaciones que reconocen su apoliticidad y su énfasis en el cultivo de la amistad, el ocio y la recreación compartidas, claves para las trayectorias sociales y políticas posuniversitarias de quienes por entonces se educaban en las escasas universidades de elite norteamericanas, luego identificadas bajo la *Ivy League*, la mayoría de ellas creadas en el siglo XVIII. El acta fundacional de CUBA lo reconoce: "Trátase de reproducir aquí, en la forma más amplia y adaptada a las modalidades ambientes, la obra que en los Estados Unidos de Norte América han realizado las asociaciones de universitarios" (Acta fundacional, 1918). Reconocer una filiación extranjera, en un contexto de conformación de la identidad nacional, construida desde unas elites que en todo caso gustan espejarse en Europa, necesita ser acompañado del reconocimiento de la empresa como una cuestión argentina, y así lo declaran preventivamente los fundadores.[31]

En las elites urbanas de las primeras décadas del siglo XX se gesta una mentalidad cosmopolita compartida por las nuevas burguesías y miembros del viejo patriciado (Romero, 2005). Pero el cosmopolitismo podría relegar el sentimiento nacional, las tradiciones y los valores a un segundo plano. La posibilidad de ser considerado no suficientemente nacional corría tanto para reformistas (Vasquez,

---

[31] La construcción de esta empresa nacional seguirá siendo afirmada como objetivo del Club: "Fines que persigue la institución (…) a) Reafirmar el sentido de argentinidad entre los universitarios" (Club Universitario de Buenos Aires, 1968: 12).

2000) como para antireformistas (Fuentes, 2016). Las elites locales, en general miraron con recelo cualquier tipo de vínculo con los Estados Unidos, debido sobre todo a sus prontos intereses expansivos, al diagnóstico de competencia económica, basado en la no complementariedad de ambas economías, y a las relaciones ya establecidas, complementarias, entre la economía y las jerarquías sociales y culturales de las elites argentinas en relación a las europeas (Morgenfeld, 2012). Inglaterra, además, desarrollaba una activa política para sostener su hegemonía.

Por ello, resulta llamativa la explicitación de los fundadores de CUBA. Confluyen allí al menos dos ventajas y posibilidades: la primera es la significación incipiente de la referencia a la sociedad norteamericana. El ascenso en la sociedad argentina de lo "americano"/norteamericano como signo de avance y modernidad, una marca "cultural" del progreso anhelado por buena parte de las elites porteñas. Ese otro modelo se perfila hacia el final de la primera gran guerra, y frente a la lectura que realizaban las elites porteñas, en una decepción por las consecuencias que dejaba el enfrentamiento y en la interpretación de sus posibles causas. Incidía además, el proyecto de expansión del dominio norteamericano hacia América Latina que se había iniciado a fines del siglo XIX por medio de la creación de una organización panamericana y un fuerte activismo diplomático (Morgenfeld, 2012)[32] que databa de un siglo atrás, con la Doctrina Monroe de 1823. La experiencia social de los fundadores de CUBA marca, en este sentido, una inflexión en la historia cultural de las elites porteñas que establecerán nuevos vínculos y asociaciones que los prestigien.[33] La segunda es la cualidad política de las fraternidades en su relación con las instituciones universitarias. Los fundadores conocían la autonomía de las fraternidades, que se daban sus modos de organización y de adhesión, sus pautas de ingreso, y su rol clave en la densa vida social de las universidades estadounidenses de principios del siglo XX, canales selectos y directos para el liderazgo político, burocrático y económico (Khan, 2011).

---

[32] Como señala el mismo autor, las elites argentinas, en general, se resistieron a ello de diversos modos, sosteniendo los lazos con Europa. Este pequeño detalle de filiación en CUBA es un fuerte indicador de que esa resistencia ya no era homogénea para entonces, que a la naciente potencia se le resistía, se le temía pero que también se la admiraba, y que las imágenes de juventud producidas por Europa ya no eran suficientes ni totalizantes para las elites ilustradas porteñas, que hallaron en los universitarios estadounidenses un nuevo modelo. Poco años después de la creación de CUBA, se visibiliza una mayor presencia de capitales norteamericanos en la Argentina, que triangulaba así su economía entre Inglaterra y los Estados Unidos (Morgenfeld, 2007).

[33] A lo largo del siglo XX, el club establecerá relaciones internacionales con estudiantes provenientes de prestigiosas universidades inglesas y norteamericanas.

En esta particularidad asociativa y urbana e ilustrada reside la efectividad del dispositivo del club y su extensión. La fundación del Club Universitario de Buenos Aires en 1918 forma parte de un proceso más amplio: el Club Universitario de Rosario es creado en 1924, el Universitario de La Plata ya existía para 1926 (organizado por un socio de CUBA y esponsoreado por el mismo Club y el Club Atlético San Isidro). El Club Atlético Universitario de Córdoba es anterior, fundado en 1907, y tenía como antecedente al Club Facultad de Medicina. Si bien no cuento con datos para asegurar que en esas universidades los clubes reunían a jóvenes antireformistas, la familiaridad de algunos de ellos con los fundadores de CUBA y el énfasis en el club como espacio extra partidario permite hipotetizar sobre un desplazamiento hacia el club y el deporte como espacios apolíticos para los universitarios argentinos de la época.

La originalidad del proceso de fundación de CUBA es la especificidad de su condición de universitarios y el énfasis deportivo combinados. La derrota política les deja un aprendizaje: el cultivo de la amistad será realizado en otro espacio, pero además la apuesta política deberá encontrar otro carril en el que pudieran manejar mejor las condiciones de gobierno y su apuesta al liderazgo de la nación. Se jerarquizan pasando de una agrupación de varones de café –que los iguala a otros sectores sociales que no contaban con los recursos para socializar en espacios más selectos– a un club con requisitos de admisión.

Y se reúnen, muestran y construyen valor como individuos y grupos en función de las prácticas deportivas. Los deportes eran considerados una práctica que distinguía a quienes lo practicaban, creaban una suerte de círculo social, diferenciaban a quienes podían acceder a él y disponían del capital temporal para practicarlo. Constituían, sobre todo, una marca de modernidad masculinizante: los deportes ingleses serán los elegidos por los varones de las elites porteñas, traídos por los inmigrantes británicos e irlandeses de fines del siglo XIX.

El tinte apolítico de los fundadores de CUBA no representaba ciertamente una novedad. En el conjunto de las agrupaciones católicas de estudiantes de las primeras décadas del siglo XX y de sus publicaciones, es posible hallar el mismo intento de establecer distancia frente a la práctica política en la universidad. Un intelectual católico como Mons. Franceschi reivindicaba en 1916 desde *Tribuna Universitaria*, publicación de los centros católicos de estudiantes de la Universidad de Buenos Aires, la dedicación a los estudios frente a "los estudiantes politiqueros [...] mezclados en luchas tan apasionadas, como las electorales y partidistas" (citado por Devoto, 2005: 191).

La práctica asociacionista en clubes selectos como construcción de poder en el espacio urbano implica la explicitación de una frontera social. Frontera social

(Lamont, 1992) que puede ser leída junto al crecimiento de la matrícula universitaria, produciendo una nueva configuración social.[34] Pero, nuevamente, no es necesariamente la distinción de clase la que explica por sí sola una nueva agrupación social, aunque aquella sea una condición y permita entender un cambio en el "paisaje" de la vida política en la Universidad y en las grandes ciudades. Es, más bien, la conformación de una facción de las elites que sectorizan parte de su vida social en espacios menos comunes o públicos que los que rigieron hasta entonces, y se reapropia culturalmente de modos de organización, de prácticas institucionales y de marcas de distinción con las que crean un club de universitarios.

Esta tendencia asociacionista basada en la sociabilidad masculina, hace parte de las transformaciones de las relaciones sociales, familiares y políticas de la Buenos Aires de inicios del siglo XX. Si para los varones de las elites porteñas se imponía el modelo del *gentleman* inglés –educado, deportivo, disciplinado y patriótico– cuyo eje social y recreativo se configuraba en el club, para las mujeres, educadas en sus hogares, se impondrá una sociabilidad también centrada allí y en la referencia al grupo de parentesco. De este modo "la casa pasó a ser el ámbito de la vida social femenina (…) mientras que el club se convirtió en el sinónimo de la vida de sociedad de los hombres" (Losada, 2009: 170). La creación de un club deportivo que se declarará apartidario no debe ser visto necesariamente como un retraimiento a la vida privada. Como dice Agulhon (2009) implica más bien la formalización de una densa sociabilidad, que establece vínculos más horizontales, al menos entre los miembros, y que nunca deja de mirar a quienes quedan fuera, intentando controlar a quiénes se permite entrar, es decir, con qué actores de qué sectores establecer alianzas. De esta manera, a las estrategias matrimoniales de las familias del poder, los clubes de y para las elites y/o los sectores profesionales distinguidos constituyen un segundo dispositivo de cierre/apertura, es decir, de regulación de la frontera social que los separa. Y que todavía funciona por el prestigio de la universidad y de la UBA en particular.

Al constituirse como una asociación de universitarios por fuera de la universidad, los fundadores de la flamante institución realizan una operación semántica de apropiación de lo público: conservan el nombre "UBA" y se lo apropian transformándolo en club. Desde ahí, el nombre "CUBA" quedará asociado a un

---

[34] Constituida por interdependencias entre hombres, cercanías y distancias relativas que van mutando y produciendo figuras sociales acerca del estar juntos. Sigo en este planteo el enfoque de Elias (1982) entendiendo que las interdependencias se definen dinámicamente según diferenciales de poder que es posible hallar en cada posición social y en las relaciones entre ellas.

club "de" la UBA, cuando en realidad es una entidad independiente de aquella, y que, aparecidas las universidades privadas en los años sesenta, recibirá también a estudiantes de otras instituciones. El prestigio de la UBA es llevado a una asociación particular, y la categoría "universitario" queda asociada a ella. Mientras realizaba mi trabajo de campo en 2012, y les comentaba a colegas sobre el club, la duda sobre si el club "era" –en cuanto pertenencia jurídica– de la UBA constituía una pregunta frecuente, reflejo del peso de esa (cuasi) homonimia.

La caracterización de Agulhon sobre los círculos franceses que se diferencian de los salones más aristocráticos, bien puede entenderse para el caso de CUBA y el contexto argentino, como una estrategia de sociabilidad entre pares donde lo que se pone en juego es quiénes son estos "pares", a quiénes se los considera como tales y cómo se sostiene y cultiva el poder en un espacio cuya dirección puede controlarse –otra marca de la masculinidad implícita en este grupo y esta época–. Clubes masculinos, clubes sociales y deportivos, agrupaciones juveniles universitarias, son diversos modos de construir y legitimar las posiciones sociales de los jóvenes universitarios, estableciendo un conjunto de iniciativas culturales y asociativas como proyección en el espacio nacional entre lo local y lo extranjero. Un destino para varones.

En *cuerpo y alma*: formar sujetos morales como signo de modernidad

Al no poder gobernar el espacio universitario, crean un club y sostienen que el complemento apuntará a tres finalidades. La primera: los amigos, de ahora en más "consocios". El espacio para la constitución de las amistades duraderas y verdaderas será el club, libre de las tensiones y diferencias que provoca la política y la religión[35] en la universidad y en el resto de la vida social. Esa sociabilidad se constituirá a partir de la práctica del deporte amateur, segundo objetivo relevante, asociado a la práctica noble de los deportes ingleses, por un lado; y al cultivo del cuerpo y su armonización, a tono con la corriente disciplinadora de la época (Scharagrodsky, 2004), por el otro. Y se apoyará en la tercera finalidad, las actividades culturales, las del "espíritu", para lo cual el club dispondrá de biblioteca y

---

[35] Recuérdese que parte de sus fundadores venían de una experiencia y salida difícil de la Asociación Cristiana de Jóvenes, pero, además, el campo del catolicismo constituía también un espacio no libre de enfrentamientos internos, además de ser cuestionado socialmente por actores opuestos a él, sobre todo por las rémoras de las corrientes liberales de fines del siglo XIX.

del dispositivo dominante para la formación e instrucción de la juventud que era el ateneo.[36]

Los varones de CUBA, que portaban a su vez una experiencia teatral, se proponen prestar "atención a la cultura espiritual, tan descuidada en nuestro ambiente, despertando el interés de los asociados por todas las manifestaciones artísticas que tienden a depurar la sensibilidad, fuente de todo perfeccionamiento espiritual" (Acta fundacional, 1918). Siempre bajo la égida del espiritualismo que reivindica a la universidad como institución superior, a los universitarios como seres elevados y por ello dirigentes, y al deporte y el arte como instrumentos de refinamiento. Se reivindica al club como un segundo hogar, un espacio en el que estar, fumar, comer, practicar deportes, leer y conversar entre varones. La derrota política en la UBA y las enemistades en la Asociación Cristiana de Jóvenes marcan una pérdida de confianza: la camaradería a cultivar en un nuevo espacio se presenta como una oportunidad que materializa el anhelo espiritualista de la unidad y la armonía social. Todo ello se formula en función de una concepción integralista sobre la educación universitaria, modo hegemónico en que se pensaba la educación propia de y para las elites.

En CUBA se desarrolló desde muy pronto el Ateneo Universitario, en el que desfilaban conferencistas, políticos y otras personalidades, espacio en el que además mantendrán públicamente su vínculo con las elites políticas y culturales, invitadas a esos espacios hasta el día de hoy. El club como espacio de formación desarrollará actividades culturales, partiendo del diagnóstico de que tanto la enseñanza en la universidad, como el mismo ritmo del ejercicio profesional, implican una parcialidad, tanto en el conocimiento que se adquiere allí, como en la práctica liberal, que desatiende lo que debería ser el compromiso, la "misión social" del universitario. Entre esas actividades, se homenajeaba a los mismos socios que tenían actuaciones destacadas en el mundo académico o de la política.

El "cultivo" espiritual con los aportes de lo que se entiende por "cultura" –léase instrucción, elevación intelectual, dominio de las letras, construcción de un acervo bibliográfico y de bibliotecas, y contacto con personalidades que se destacan en ese ámbito– señala la inquietud de los fundadores en una Buenos Aires que se transformaba en una referencia cultural a nivel latinoamericano en pos no solo de la reapropiación local de ideas, lecturas y "autores" europeos, sino tam-

---

[36] Los Ateneos como espacios institucionales para la difusión de ideas ya existían en la experiencia de los jóvenes católicos de las décadas del diez y del veinte, como el Ateneo de la Juventud en el proyecto de Dell'Oro Maini (Devoto, 2005). Se proponían ser espacios de difusión o producción "cultural" que complementaban o competían con la Universidad en cuanto su rol educativo académico.

bién en función de ideas y propuestas culturales y políticas locales que se expandirán en toda América Latina con la Reforma Universitaria (Bergel, 2008).

A lo largo del trabajo de campo, asistí a algunas de las conferencias que organiza el Club, y pude apreciar que su público predominante es el de varones profesionales en edades de más de 50 años, aproximadamente. Los jóvenes con los que hablé y a los que conocí casi ni se enteraban de las actividades "culturales" del Club, y participaban solo esporádicamente. Lo que para ellos era clave, y lo continúa siendo, eran las discusiones propias del amateurismo deportivo que el club toma desde su fundación –como marca de distinción– pero que luego, en la segunda mitad del siglo XX, se transformó en un emblema de la presentación pública de la institución.

Frente a los otros clubes y hacia el interior de la institución, CUBA defiende una ponderación del rugby como "complemento" asociado a lo vocacional, lo formativo, la afición, la socialización y los amigos. Un presidente del club declaraba:

> Hoy, nuestra institución puede estar orgullosa, más que de los logros en lo material y lo edilicio, de la libertad, la camaradería y la preservación de nuestra concepción del deporte amateur que rechaza todo tipo de retribución por los logros deportivos. En los primeros 50 años hubo que defender esa libertad e individualidad como Club, en tanto en los siguientes 37 años, la lucha fue en el campo del amateurismo, opción de la que CUBA es club de vanguardia. El resumen de lo que buscaban aquellos pioneros estaba reflejado en un cartel que presidió la entrada de la sede Viamonte y que decía: "Consocio: ¡Bienvenido! Al entrar a esta casa olvide a qué facultad pertenece. Recuerde sólo que es universitario y que en ella encontrará buenos camaradas de los cuales debe ser amigo afectuoso (http://www.cuba.org.ar/institucional/filosofia.php. Consultado: 5 de mayo de 2014).

El amateurismo constituye nativamente un "valor": la práctica deportiva debe estar desligada de la retribución económica que provendrá del trabajo del futuro profesional. Supone un vínculo legítimo entre dedicación al estudio y dedicación a la sociabilidad deportiva, que dominantemente se construyó como el modo de transitar la juventud en los sectores de elite de la Europa del siglo XIX, y que se expandió y se reapropió en estas tierras. Estaba allí presente el modelo muscular de la cristiandad, donde se asociaban una conformación y fortaleza corporales con un determinado carácter moral y nacional (MacAloon, 2008). En esa expansión, en la que intervienen dispositivos institucionales como la misma Asociación Cristiana de Jóvenes, las elites locales concibieron al cuerpo bajo esa égida con un fuerte carácter moral. Es allí, en una economía primaria en expansión global bajo el dominio británico, donde el amateurismo pasa a ser un valor.

En la economía de los valores, su producción y circulación empieza a ser una preocupación específica de los grupos que buscan posicionarse económica pero también simbólicamente en la sociedad porteña *cosmopolita*. Si la consolidación o reproducción económica estará dada por la posesión de tierras y títulos universitarios, que aseguren además el acceso a las elites políticas, el amateurismo se integrará a la división del trabajo de hacerse elite: el dinero en la profesión y la herencia, la virtud moral en el deporte.

Los orígenes del amateurismo deportivo han sido descritos en los trabajos de Dunning y Elias (1992) para el caso del rugby en Inglaterra[37] como una figuración que permite ver procesos sociales de cercanías y distancias, de modificación de las relaciones de interdependencia. Esas relaciones son tanto de cercanía o distancia física como simbólica. Veamos cómo se produce la fundación de CUBA en lo que atañe a las prácticas deportivas.

Las familias de los fundadores y de los primeros socios de CUBA reunían los recursos económicos necesarios que son la condición de posibilidad del amateurismo: los jóvenes reciben dinero para su manutención por parte de sus familias, y ese mismo dinero es el que les permite afrontar las cuotas sociales, el equipamiento deportivo, y en general, la disponibilidad de tiempo "libre" de la obligación de un trabajo, para ser destinado al deporte, al cultivo de la amistad y del cuerpo. Además de los recursos económicos, eran necesarios los capitales deportivos –otros socios que conozcan esos deportes y los enseñen en el club, por ejemplo– y culturales, tales como el prestigio asociado a deportes practicados por pocas personas y conocidas, y de origen inglés. No eligen practicar cualquier deporte, sino aquellos que se ubicaban en la genealogía inglesa más jerarquizada (box, rugby, football), eran novedosos (como el basquetball) o "clásicos", como la gimnasia (como herencia más germana).

Los sports se fueron convirtiendo, hacia fines del siglo XIX en un signo de modernidad, de la modernidad masculinizante que liderarían los hombres que los podían practicar, los expandían en su misma circulación global, y los jerarquizaban como signo de la época y del progreso en el cuerpo. Hasta entonces, las prácticas corporales se hacían legítimas en función de los estados de guerra y la preparación para las armas, para los varones de todas las clases y estratos sociales. Es en la expansión del dominio inglés donde aquellas prácticas gestadas en su territorio se ex-

---

[37] El proceso figuracional analizado por Dunning y Elias (1992) para el deporte resulta productivo: quienes detentan una posición social específica movilizan una serie de capitales económicos y simbólicos para trazar distancias y distinguirse como grupo. Mayor democratización conlleva el riesgo de la competencia y la derrota, y este proceso fue concretamente vivido por los jóvenes fundadores de CUBA.

panden y jerarquizan, al mismo tiempo que se gesta el movimiento olímpico liderado por Pierre de Coubertin a fines del siglo XIX. Su trayectoria personal muestra
la transformación que experimenta el cultivo del cuerpo –para usar una categoría
cara a la época, aún vigente–. De familia francesa distinguida, de Coubertin rechaza el entrenamiento militar al que lo destinaba y le heredaba su padre, para viajar
a Inglaterra y conocer de cerca el movimiento de la *muscular christianity*, el dispositivo de enaltecimiento espiritual por medio de la práctica rigurosa y disciplina-
da de lo que se nombraba ya como *sports*. El posterior desarrollo del movimiento
olímpico se asentaba en aquellas bases de la armonía espiritual-corporal traslada-
da a las múltiples imágenes del cuerpo social: las naciones, la comunidad de naciones, la paz en el globo. La idea de la unión, la armonía entre jugadores de distintos lugares y naciones se gesta en torno al deporte y su rol pedagógico y
pacifista: competir por competir, sin buscar necesariamente la victoria.

La ideología del deporte como herramienta de disolución de los conflictos se
expande a nivel global. La construcción del estatus con el que aún buscan presentarse los socios de CUBA, se realiza combinando el prestigio universitario con
el deporte como práctica "apolítica", fuera de los conflictos que encierra la vida
pública argentina. Esta visión sobre el deporte, constituida como ideología, no
era novedad, y se vincula con una política del deporte concebida como supera-
dora de los conflictos sociales. El deporte, y sobre todo aquellos deportes que
más representaban un *espíritu moderno*, para la formación de los varones pasan a
ser más que relevantes en el juego de diferenciación. Frente a la experiencia de
conflictividad vivida en la universidad y en la Asociación Cristiana de Jóvenes, se
desarrolla una idea de armonía como ausencia de conflictos: la armonía es producida así como un "valor" estético y moral que se lograría por la integración de
los conocimientos que se adquieren en la universidad, junto a la formación complementaria deportiva y cultural que facilita el club. Es importante notar que el
conflicto entre elites es evitado, puesto que muestra públicamente la incapacidad –masculina– de resolverlos, y de mostrar unión y fuerza en la vida pública.
Desde una perspectiva de género, la derrota política implicará humillación, una
afrenta al propio valor social, y por ello debía ser evitada a futuro. Si se perdía debía ser en el *juego* (un deporte), no un poder o una institución.

Esta concepción se articulará con la idea de que el club debe estar liberado de
las diferencias que portarían sus socios: partidarias[38] y religiosas. El Acta Funda-

---

[38] Lo cual no va a implicar la exclusión de sus miembros de los partidos políticos o de los cuadros
administrativos y técnicos del Estado tal como sucedió con otros grupos sociales descritos por Sábato (2002).

cional de CUBA no está exenta de definiciones de principios ("Tenemos fe en el triunfo definitivo"), en constantes alusiones al contexto y aclaraciones: "queremos dejar especial constancia de que la institución que fundamos, permanecerá desvinculada de todo sectarismo religioso o bandería política". La unión, la unidad y la armonía son ejes de una formación discursiva y hacen a los "valores" de la camaradería que el club moviliza como autopresentación, y los socios destacan en sus procesos de identificación: "son los pilares del Club" me decían varios socios durante el trabajo de campo. El telón de fondo sobre el que se construyen estas concepciones tiene a una universidad cada vez más politizada y dividida. Pero no se trata solamente de una universidad, sino de una sociedad percibida como conflictiva, y sobre todo, difícilmente gobernable.

El amateurismo permitía sostener un ámbito de la vida cotidiana desligado de la economía monetaria, del valor pecuniario: suspende temporal y espacialmente la jerarquía económica, subordinando el dinero que al mismo tiempo es necesario para la realización de esos deportes. Permite hacer del deporte una práctica moralmente superior, que otorga un estatus moral a quienes lo practican. Esta concepción amateur del deporte se comparte en la época:

> [El objetivo] de integrar la cultura unilateral que se adquiere en los institutos oficiales, prestando especial atención a los ejercicios físicos que, al acrecentar las energías materiales del individuo propenden eficazmente a la necesaria armonía de los factores constituyentes del ser [...]. Tendremos así, y con nosotros todos los que simpaticen y colaboren en la idea, un hogar común de reposo para la mente, de sana expansión del espíritu en sus manifestaciones más nobles, de inmensa y racional práctica de todos los deportes. [...] y desterrará el juego –que debe quedar prohibido por los reglamentos– para que la alta moralidad ambiente esté al abrigo de la más remota sombra de sospecha (Acta Fundacional, 1918).

Formar en el movimiento corporal individual y grupal, en su regularidad, en el ejercicio físico, implicaba naturalizar pautas en torno al tiempo y a la moral: alejarse de los *vicios*, ocupar el tiempo en una práctica moralmente adecuada y correcta, incorporar normas de comportamiento, la "sobriedad y moralidad del temple moderno" (Pedraza, 2008: 18), característico de las elites urbanas latinoamericanas del cambio de siglo. En definitiva, es una función civilizatoria, en los términos de Elias (1992), porque implica constricción emocional, una regulación de sí mismos que se hace en relaciones de interdependencia con otros sectores sociales, y una formación en la regulación de sí, de la propia pasión y conducta, tal como lo plantea Gayol (2008) a propósito de los duelos caballerescos en la sociedad porteña de fines del siglo XIX y principios del siglo XX. La racionalización del cuerpo por el deporte, la expansión del espíritu y la armonía son los nodos de una concepción idealista del cuerpo.

La combinación de estudios y deportes escenificaba un dualismo antropológico en el que al cultivo de la mente debía acompañar un desarrollo del cuerpo en un marco comunitario, en el que se creaba el cuerpo moderno. Con un claro lenguaje metafísico y trascendental, propio del idealismo de los intelectuales de la época (Bergel, 2008)[39] se plantea la formación física como armonización del individuo. Esa concepción se extendía a lo largo de los dispositivos estatales, como el ejército, la educación física escolar y las políticas de salud, todas atravesadas por el higienismo de la época (Salessi, 1995). Se suponía que la organización de la sociabilidad de los distintos grupos sociales que componían la heterogénea sociedad argentina de fines del siglo XIX y principios del siglo XX iba a civilizarlos (Sábato, 2002), y como bien ha descrito la historia y la antropología histórica, ello implicaba la producción una corporalidad masculina orientada a lo público (Pedraza Gómez 1996).

Para la antropóloga colombiana Zandra Pedraza la regulación de los cuerpos se produce, hacia fines del siglo XIX y principios del XX en la articulación de un sistema capitalista, el discurso higiénico y el adiestramiento del cuerpo en función de "parámetros de salud, disciplina y eficiencia" (2008, 14). La educación física escolar de la modernidad, las gimnasias y actividades físicas se proponen en esa temporalidad como "prácticas higiénicas o como correlato moral para canalizar adecuadamente las pasiones humanas a través de formas específicas de organizar el movimiento. Una segunda función que debe cumplir la educación física es formar el carácter y la personalidad con el ejercicio de movimientos que promuevan el ritmo, el trabajo y la coordinación en grupo y las habilidades motrices" (2008: 15). Los manuales de educación física argentinos de esa época mostraban cómo era concebida como "cultura física" que complementa la cultura intelectual que impartían las escuelas, que entienden como:

---

[39] En el ámbito de las letras, esa corriente de intelectuales egresados de las universidades latinoamericanas recibió la influencia de la obra *Ariel*, de José Rodó, publicada en 1900. La posterior influencia del espiritualismo filosófico y estético del español Ortega y Gasset vino a reforzar el idealismo de los intelectuales de las primeras décadas del XX, incluyendo los reformistas universitarios de 1918. Aunque los fundadores de CUBA se hayan opuesto a los planteos y/o prácticas de los reformistas, eso no quiere decir que el modo de construir su discurso, de pensar y de pensarse, responda a otro paradigma. Entre espiritualismo y *muscular christiany* (MacAloon, 2008) se forja el cuerpo y alma de los jóvenes de las elites porteñas.

un proceso civilizatorio que, en términos educativos, persiguió el ideal de formar al buen ciudadano (hombre), útil, productivo, obediente, dócil, sano, y racional que necesitaba un Estado moderno. Para consolidar este proceso, los ejercicios físicos se convirtieron en una táctica necesaria, dentro de una estrategia más general, para la construcción de un cuerpo apto para el trabajo, para un determinado estilo de vida moral y para la defensa del territorio nacional (Sharagrodsky et al., 2003: 88).

Pero la dimensión particular que aparece en este trabajo es que se trata del cuerpo de los varones de las elites, atravesados por estos mandatos, que se diferencian porque liderarán o porque provienen de familias que lideran esos procesos de producción civilizatoria. Crean instituciones selectas en las cuales continuar y profundizar a su modo un "hombre" con una relación distinta con la producción y la utilidad, y por eso sus prácticas deportivas serán amateur, distintivas, no rentadas, no masivas. La inutilidad, la no productividad del cuerpo, el cultivo del ocio y la recreación, el deporte por el deporte mismo, constituyen marcas de diferenciación que se hace cuerpo: no son cuerpos destinados a una producción, un disciplinamiento físico de las habilidades motrices para el trabajo manual y un cuerpo cuya preparación lo encauza hacia ese destino. Sus cuerpos portarán esas marcas de improductividad, que no casualmente hacía parte del modo "ocioso" en que las elites norteamericanas del entresiglo se presentaban a sí mismas (Veblen, 2003). En términos bourdiesianos: la no conversión de capitales sociales, corporales, simbólicos, en económicos, sería aquí una clave de la distinción. La negación de esa finalidad se produce en el cuerpo destinado a la "cultura", la elevación moral, la universidad.

El rugby constituirá un canal en el que las elites ilustradas de los distintos países de las colonias inglesas y de su imperio económico, cultivarán relaciones de interdependencia, un cosmopolitismo circunscripto a ellos en la percepción de sentirse más cercanos a las elites inglesas y norteamericanas que a sus pares connacionales. En el deporte amateur, selecto e inglés, se producirá una corporalidad y moralidad que los identificará, naturalizando su familiaridad en una distinción que se hará explícita en el espacio nacional. El cuerpo rugbier portará una distinción social, una *in-corporación* de clase. El deporte no funge solo como un dispositivo disciplinador capitalista en los estados modernos: sino también como aparato de diferenciación y enclasamiento.

Los inestables circuitos para construir valor en la heterogénea sociedad argentina

Lo analizado hasta aquí muestra un caso acerca de cómo se sectorizan los grupos sociales, definen sus estatus y disputan la construcción del valor social en el marco de cambios sociales en cuyo proceso también intervienen. Mientras un grupo social sostiene de este modo la jerarquía que da la posesión de credenciales educativas y la utiliza como emblema de pertenencia, "clase" y estatus, otro grupo social, perteneciente a sectores de clase cercanos, sostiene posiciones políticas explícitas de transformación de la misma universidad elitista y de cambio sobre el rol de la universidad y el universitario en la sociedad,[40] como lo hizo el reformismo universitario. Si aparecen otros sectores sociales, o algunos grupos pertenecientes a los mismos sectores de clase, que pueden movilizar discursiva y públicamente sus reivindicaciones e inscribirlas en luchas sociales más amplias, los sectores que detentaban ese poder de modo *natural*, o que ven amenazadas sus oportunidades de ascenso, consolidación o reproducción social se movilizan y se agrupan por su cuenta, sin renunciar a posiciones de dirigencia. Resuelven estrategias de distanciamiento, distinción (cuerpos armoniosos, deportes amateurs, criterios de admisión, postergación del ingreso a la vida laboral) y de regulación de las fronteras sociales por medio de instituciones de sociabilidad. Los fundadores de CUBA inscriben la noción de sector dirigente bajo la categoría universitario, que es compartida por otros, incluso por los estudiantes y líderes reformistas.

La empresa fundacional de CUBA, favorecida por antecedentes familiares y procesos culturales e institucionales de la Buenos Aires de entresiglos, busca resemantizar una categoría que identifica a los socios fundadores de CUBA, pero que a su vez les permite diferenciarse de los jóvenes politizados frente a la cuales perdieron. A lo largo del trabajo de campo me pregunté si el desplazamiento del centro de estudiantes al club podía ser leído como una despolitización de los perdedores. La problematización de las relaciones etnográficas es clave: con-

---

[40] En el ámbito de las letras, esa corriente de intelectuales egresados de las universidades latinoamericanas recibió la influencia de la obra *Ariel*, de José Rodó, publicada en 1900. La posterior influencia del espiritualismo filosófico y estético del español Ortega y Gasset vino a reforzar el idealismo de los intelectuales de las primeras décadas del XX, incluyendo los reformistas universitarios de 1918. Aunque los fundadores de CUBA se hayan opuesto a los planteos y/o prácticas de los reformistas, eso no quiere decir que el modo de construir su discurso, de pensar y de pensarse, responda a otro paradigma. Entre espiritualismo y *muscular christiany* (MacAloon, 2008) se forja el cuerpo y alma de los jóvenes de las elites porteñas.

viene tomar distancia del discurso institucional. Aunque se planteen como un espacio libre de banderías políticas, ello no va a implicar que los socios no puedan participar abiertamente en política partidaria. Allí mismo vale la aclaración metodológica: no es lo mismo considerar a la institución que a los individuos que participan de ella y de otras, como las organizaciones culturales, partidos políticos, asociaciones étnico-nacionales, etc.

En una clara línea de continuidad, Pablo y los actuales socios de CUBA se reconocen como herederos de las generaciones anteriores que fundan y conservan los valores fundacionales del club, valores asociados a cierta idea de universidad, y a través de ella, de sociedad. Es coherente tanto lo que se valora, como el modo de valorarlo: la continuidad, la herencia, la permanencia, que son construidos como valores en sí mismos, en una selección del pasado significativo que les permite construir una tradición "selectiva" (Williams, 1997: 137), un pasado que configura y prefigura, y operará, como veremos en los siguientes capítulos, un modo de posicionarse frente a los avatares históricos y un intento de liderar procesos de cambio.

Para los fundadores de CUBA, la definición de las reglas del juego social son retiradas de la institución pública, la universidad –que ya tiene las propias y las está redefiniendo en el marco del proceso político de la Reforma– hacia un espacio social más limitado, cercado, con sus propias pautas generadas *ad hoc*. Esa sectorización y los valores que movilizan (deporte amateur, idea de formación integral que brinda el club, camaradería, etc.) serán los grandes marcadores de la diferencia de este grupo social, un *nosotros* que les permite luego sostener sus diversas posiciones de poder y prestigio social.

La combinación en el club de familias con dotaciones heterogéneas pero nunca escasas de capital económico y sobre todo de credenciales educativas y pasados prestigiosos, permitiría a futuro profundizar en la pregunta que plantea Roy Hora en relación a las clases altas de principios de siglo XX: "¿Cómo era la relación entre clase alta y el resto de la sociedad?". Aunque en CUBA, muy seguramente, se intente replicar el prestigio de instituciones abocadas al turf que estudia Hora,[41] como es el Jockey Club, la dimensión relacional no debe desaparecer del análisis. Sectorizarse, armar una institución controlada, no quiere decir *per se* aislarse, sino generar un nuevo agrupamiento para construir una posición relacional con sectores en posiciones de subordinación y proyectarse como diri-

---

[41] Para Hora (2014a) los propietarios pampeanos que se exhibían en este deporte con elementos tan populares y representativos como el caballo, generaron luego un modo de distinguirse por medio de la producción de los caballos "pura sangre".

gentes en el espacio nacional. Que eso transcurra en la modalidad de un club no es casual. Como lo señaló en su momento De Imaz (1964), determinados clubes porteños configuraron, junto a la familia y otros espacios, la pertenencia y selección de las elites políticas en la Argentina, al menos hasta la llegada del peronismo, donde la asociación entre familias tradicionales, propiedad de tierras o fortunas comerciales, educación y clubes selectivos fue efectiva y le dio hasta cierta estabilidad a los elencos gobernantes, vistos desde su origen y socialización. En este trabajo no se aborda directamente a los grupos gobernantes, pero el caso muestra la apuesta de sectores privilegiados por constituirse como tales.

La nobleza invocada como caballeros y la tradición amateur de los deportes constituyen dos representaciones donde se juega la relación de este sector con el resto de la sociedad. Se ubican a sí mismos en una sociedad dividida a la que deberían liderar. Para prepararse para ese liderazgo es clave separar la sociabilidad juvenil y estudiantil de la conflictividad de una institución que no cesa de incorporar a nuevos sectores sociales, que no cesa de expandirse. En términos de programa institucional no hay que olvidar que en este proceso se consagra la asociación entre una edad y un determinado tipo de institución, la juventud y la universidad, con sentidos muy específicos, asociados al estilo de vida de las elites, que se van transformando y diversificando. Es decir que se produce el valor social de la juventud asociada a determinados atributos y experiencias institucionales, más allá de los posicionamientos políticos o ideológicos. Estos serán importantes en la medida en que tenerlos constituye un signo de modernidad, de persona educada e importante, inserta en el "mundo".

Si la nación es un espacio de disputa, de diálogo, un campo de interlocución (Grimson, 2007), estos sectores disputan el sentido de dirigir la nación a partir del modo de formarse para ello. Es una batalla por la nación pero también por los modos de formación, los canales de acceso al poder y las estrategias que definen lo valioso a nivel social. Las elites pueden construir nuevas instituciones sociales y culturales, e incluso capitalizar experiencias previas y condiciones locales y globales para posicionarse en una situación de prestigio, por nuevos medios. Pero no monopolizan el modo en que se construye el valor social de las personas, ni los canales de acceso a los poderes inestables en la sociedad argentina.

La novedad histórica y analítica es que el deporte se configura como un espacio para el cultivo del cuerpo, como decían, pero también para el cultivo del poder, al mismo tiempo que se reivindica el carácter improductivo del cuerpo de quienes se formaban en la universidad. Es clave comprender la génesis de una producción del cuerpo explícitamente deslindada de la valoración económica, y por lo tanto, atada a estrategias y prácticas de producción de valor más sutiles, menos asibles y por lo tanto más naturalizadas. La efectividad de casi un siglo del dispositivo amateur en el rugby debe leerse en ese mecanismo de distinción, que frente a la profesionalización tendrá sus límites. El cuerpo de elite y una subjetividad moral emerge en una asociación original, y es ella la que poco a poco irá transformándose en signo de un sector privilegiado que se sentirá cada vez más importante en términos deportivos, sociales, culturales y políticos en la Buenos Aires del siglo XX. El camino hacia la *superioridad moral* como proyecto está trazado sobre una ciudad, una sociedad y una nación a la que mirarán desde arriba.

2.
Caballeros para la nación.
La construcción política del rugby porteño

La gira por Sudáfrica que el equipo argentino de rugby realizó en 1965, relatada por Jorge Búsico, es uno de los eventos y una de las narrativas más nítidas para comprender el deporte en la Argentina del siglo XX. Constituye uno de los relatos más precisos sobre la proyección nacional y global de un equipo integrado por jugadores de los *mejores* y más reconocidos clubes de rugby de aquellos años.

Los argentinos conquistaban por su juego y por su simpatía. En todas las ciudades eran recibidos con ceremonias, comidas y visitas programadas y, pese a que había que viajar, entrenar y jugar, nadie le ponía cara larga a lo extra deportivo. Además, eran un ejemplo de comportamiento en los hoteles. En Kimberley, por ejemplo, el dueño del hotel no los quería dejar entrar porque en años anteriores, equipos ingleses lo habían destrozado. Cuando se fueron los argentinos, envió una nota de felicitación a la SARB (Búsico, 2015: 131).

El comportamiento ejemplar de la crónica recuerda una performance nacionalista: el buen comportamiento de los rugbiers nacionales en Sudáfrica era también replicado por los medios de comunicación argentinos, que expandían así la ideología amateur en la que el gentleman *a la argentina* muestra a propios y extraños su capacidad de control. Siguiendo a Godelier (1986), los mitos contribuyen a la generación de las desigualdades y su transmisión intergeneracional, porque jerarquizan a los varones que los tienen como protagonistas, supremacía que se encarna en el cuerpo de los hombres y en los espacios que habitan (Reygadas, 2008).

En el campo del periodismo deportivo, en el del habla pública de los rugbiers argentinos y en la presentación de las organizaciones del mundo del rugby, esa performance caballeresca tiñe un juego gestáltico de figura y fondo entre el rugby y el fútbol. En el juego infinito de comparaciones que reproducen rugbiers y dirigentes deportivos, la emoción, la pasión y la "garra" de los jugadores del seleccionado nacional de rugby es ponderada por sobre la del fútbol y los futbolistas de la selección nacional. Una derrota de los Pumas puede ser tremendamente elogiosa: los periodistas y relatores hablarán de la calidad del juego, de lo que entregaron y el esfuerzo que hicieron. Para los futbolistas, solo oprobio, rechazo, y explicaciones morales: el dinero lo corrompió todo, el éxito individual está por sobre la propia patria. Esa diferencia moral se explica también como diferencia "nacionalista": los Pumas cantan el himno nacional con compromiso afectivo, "sintiéndolo", con lágrimas, concentración, con su mirada fija en el horizonte que traza la bandera argentina, imaginando su tierra en el clima sensible que genera el himno nacional argentino antes de un partido.

La entrega nacional de los futbolistas siempre está en entredicho. La de los rugbiers (aún) no. Esta diferencia en la evaluación moral pública sobre los deportistas y sobre los deportes es la lente para mirar la configuración cultural de las moralidades en la Argentina contemporánea, vista desde la perspectiva de quienes han dominado esas evaluaciones, y por lo tanto, las han invisibilizado: los privilegios se naturalizan en la ausencia de su reconocimiento social. Es necesario un análisis que combine la producción de la pertenencia, las imágenes y los sentimientos de nación, con la producción cultural de las moralidades, para entender los órdenes morales dominantes de la sociedad argentina, que tienen en el deporte uno de sus lugares más efervescentes.

Los caballeros para la nación se forman en escalas y dimensiones distintas. En el capítulo anterior, señalé la empresa fundadora de CUBA como logro "nacional", desde y a pesar de sus filiaciones europeas y norteamericanas. En el derrotero de los deportes de origen inglés practicados en la Argentina, hacia mediados del siglo XX ya se había producido una clara diferenciación, entre los deportes profesionalizados y masivos, como el fútbol y el boxeo, y aquellos que aún expandiéndose en el territorio nacional, eran practicados por grupos más selectos, como el rugby. En este capítulo trabajo selectivamente sobre algunos momentos del pasado y del presente del rugby argentino, tomando como eje a CUBA y a la Unión Argentina de Rugby (UAR), y al actual proceso de profesionalización del rugby argentino. Antes que el desarrollo sincrónico de una historia, me detengo en determinados momentos y escenas de la historia de las elites, del deporte, del rugby y de CUBA, donde se despliega la performance moral, nacional y de género. La argentinidad producida y reproducida por medio del rugby, sus articulaciones empresariales-económicas, sus momentos "cumbre" y la asociación entre nación e imaginarios locales y globales se materializan, como veremos, en la centralidad porteña que configuró una nación desigual. Es la producción de esa experiencia y la narrativa de nación y elite la que articula los fragmentos y relatos del capítulo.

Dispositivos extranjeros, sentimientos argentinos: educación y deporte en el cambio de siglo

Los inmigrantes ingleses trajeron el rugby a la Argentina en el mismo momento en que este incipiente deporte comenzaba a institucionalizarse en su país de origen. Nacido en cuna de oro, el *rugby football*, como se lo denominó originalmente, se practicaba en espacios educativos de la elite inglesa y con objetivos explícitos de formación moral de los jóvenes privilegiados que accedían a ellos. Pero la marca de clase y nación con la que el rugby nace no explica lo que acontecerá en una región distante de la isla británica un siglo y medio después.

Los deportes ingleses que luego se consagrarán como deportes modernos se originan y adquieren su forma identificable –diferente a otras prácticas corporales y/o deportivas– a través del uso que de ellos hicieron los sectores privilegiados del imperio inglés, y de cómo se produjo la expansión y dominación industrial y comercial. Los deportes, junto a la vida social en los clubes y salones, constituyeron una clave del desarrollo de un estilo de vida cosmopolita en las burguesías y elites latinoamericanas (Romero, 2005), y consiguientemente del crecimiento de lo "inglés" como símbolo de prestigio, tanto en los países que integraban "la corona" como en aquellos que se integraban subordinados bajo el dominio inglés del comercio global. La jerarquía comercial e industrial se reforzó con el halo civilizador y masculinista en la que lo inglés pasó a asociarse con la distinción, podio que compartía con los símbolos franceses (Losada, 2009).

El turf, con su halo campestre y su veta económica en la producción de caballos, constituyó en el siglo XIX una marca temprana en la que se combinaron los intereses de las elites terratenientes que residían en Buenos Aires, con el desarrollo de prácticas deportivas que luego se hicieron espectáculos para públicos más amplios (Losada, 2012; Hora, 2014). La educación en su sentido integralista y cristiano –en cuerpo y alma, como dice Pedraza (1996)– se materializaba tanto en las instituciones formales[1] como en el cultivo del cuerpo por medio del deporte, que con un fuerte sentido elitista ocurría tanto dentro (Frydenberg, 1998) como fuera de ellas. La educación y la producción de los cuerpos, sin embargo, tomarán en cada región y nación prácticas distintivas y modos de institucionalización diferenciales. Su organización responderá a lógicas concomitantes con la conformación de los Estados Nación y las transformaciones sociales y culturales que en ellos acontecen entre fines del siglo XIX e inicios del XX.

---

[1] Aisenstein (1998) analiza ideas integrales del sujeto en el sistema educativo circulantes ya a inicios del siglo XX, donde se esperaba que la educación física aportara la educación de la moral, la higiene y la salud.

La inmigración masiva fue tanto una política activa del naciente Estado argentino como una preocupación de sus elites políticas para producir el recambio poblacional de un territorio cuyos habitantes previos debían ser removidos, desplazados o exterminados, a los efectos de lograr una explotación productiva que respondiera a los intereses y a la proyección de la nación de las elites políticas y económicas de la época. En el diagnóstico de los sectores dirigentes, era necesario producir la adhesión, pertenencia y educación de los hijos e hijas de estos recién llegados: el amor por el suelo que se habita y explota, o por quien regula, reprime y cobra impuestos, no sería de generación espontánea. Las políticas educativas activamente desarrolladas en las dos últimas décadas del siglo XIX se ubican claramente en esta línea (Dussel y Caruso, 1999), en las que la creación de una conciencia nacional constituía un foco de preocupación (Bandieri, 2011). Este sentimiento nacional no se lograría desligado de prácticas corporales que la encarnen, la simbolicen y la transmitan. Un conjunto de instituciones culturales, sociales y deportivas se expanden sucesivamente en el territorio *nacional*. La expansión del Estado se realizaría entonces junto a las interacciones cotidianas, a la densificación de la sociabilidad que en cada localidad tomaba un rostro cada vez más argentino, mediado por instituciones locales o, más frecuentemente, *importadas*. Ello aparece reflejado, por ejemplo, en las cartas que Francisco Moreno escribe a propósito de la fundación en 1912 de la Asociación de *Scouts* Argentina, caracterizándola como una empresa que requería adaptaciones y cierta distancia crítica de los planteos del fundador del movimiento, el inglés Baden Pawell (Chiocconi et al. 2011).

Hacia el fin de siglo, la introducción de la gimnasia militar en las escuelas perseguía una finalidad: producir cuerpos nacionales, viriles, preparados para la guerra y la defensa de la soberanía (Scharagrodsky, 2006). Se buscaba la producción de una cierta templanza, un disciplinamiento en el que las prácticas gimnásticas y las deportivas cumplirían una función moral: forjar el carácter, aprender la obediencia, cultivar el amor y la pasión por la patria, incorporar a los sujetos en un nuevo orden. La producción de cuerpos jóvenes saludables que simbolizaban el presente y el futuro de una nación próspera se hallaba en el corazón de las iniciativas nacionalistas, que constituyeron una activa política estética de moralización de la población.

La salud física y moral de la población constituía una preocupación de las políticas educativas de la época, y la expansión escolar, junto a la del Ejército y el servicio militar, perseguía esos fines (Méndez, 2011). La escuela, los colegios y las universidades constituían espacios privilegiados para regular, direccionar y distribuir la expansión poblacional de la argentinidad, y para producir el disciplinamiento individual de los cuerpos. Sin embargo, no todos estaban en estas instituciones, y no todos estaban allí todo el tiempo. Los deportes, las prácticas de esparcimiento y recreación, los espacios de sociabilidad extraescolares podrían también ser núcleos para la formación de cuerpos nacionales, y a la vez diferenciales: clase, "raza" y género se combinarían en la producción de cuerpos jerarquizados según esos campos de diferenciación y desigualdad.

La tensión que asomaba, tanto para las elites políticas establecidas, como para algunos grupos de inmigrantes que buscaban activamente producir su argentinización (Sarlo, 2006), era cómo ampliar los dispositivos de socialización que encauzaran a los individuos mayormente inmigrantes, y que lo hicieran produciendo "patria". La creación de asociaciones de socorros mutuos de carácter extranjero –como las sociedades españolas e italianas en distintas ciudades argentina– solo tenía legitimidad y aprobación por parte de las elites políticas y las burocracias locales, en la medida en que no se constituyeran en órganos de defensa sectorial de la pertenencia original de los inmigrantes: debían también tener en cuenta a los *argentinos*, propiciar la integración social de inmigrantes en la sociedad argentina (Sábato, 2002).

El mismo desafío asoma si se considera el tiempo libre o la recreación. La creación de grupos de *Boy Scouts* y de clubes deportivos ingleses solo sería tolerada en la medida en que asumieran su empresa con tintes nacionales: la tensión se resolvía entonces por medio de la expansión de dispositivos "extranjeros" que canalizaran la inquietud dirigencial por la construcción de una identidad que fungiera como integradora social. Y no casualmente, se tratará de dispositivos ingleses. Se buscaba formar, por diversos medios, el cuerpo individual y el organismo social nacional. La creación de espacios extraescolares en algunos territorios de la nación se basó en el diagnóstico sobre la insuficiencia del dispositivo escolar para la creación de una conciencia de argentinidad (Méndez, 2011).

Sin embargo, no creo que ese sea el único motivo para la expansión de los clubes sociales y deportivos porteños. El objetivo nacional(ista) no se desvinculaba del de clase, formulado en términos de una moralidad superior, de intencionalidades civilizadoras o de salvaguarda de valores trascendentes, que como hemos visto, se hacía presente en instituciones noveles como CUBA y otros espacios y clubes similares. Como señalé en el capítulo anterior, la declaración de la empresa fundacional de CUBA como "argentina" responde a un contexto de impugnación de la injerencia externa en asuntos "nacionales", y la sospecha frente al "deseo" de imitar a las fraternidades norteamericanas. Hace al contexto de época, pero los fundadores de CUBA responden a la sospecha en función de su interés de disputar o conservar la posición de privilegio, el "destino" que su naturaleza universitaria impone: dirigir la nación. Y el hecho de que los principales clubes de rugby se formen justo cuando se produce la fiebre de creación de clubes de fútbol en la Argentina, entre 1900 y 1920 (Alabarces, 1996) constituye una reafirmación de la hipótesis de un temprano proceso de diferenciación que operó en el desarrollo deportivo con marcas de clase que constituyeron al fútbol y al rugby como deportes masculinos en la Argentina. Se conformaron prontamente prácticas que proveían identificaciones nacionales, épicas y héroes, donde la relación con lo inglés fue fundamental. Alabarces, siguiendo el aporte fundamental de Archetti en relación a las zonas libres (prácticas o espacios donde se pone en juego la creatividad cultural, para la producción de hibrizaciones, frente a ideologías oficiales), plantea que la identidad nacional que ofrece y se materializa en el fútbol se hace complemento de narrativas legítimas, identificaciones que se reúnen en "en dos ejes de oposiciones: frente a los ingleses (inventores, propietarios, administradores), del que resulta un mito de nacionalidad, y frente a las clases hegemónicas (practicantes, propietarios del ocio, estigmatizadores), de lo que resulta un mito de origen –humilde, aunque no proletario" (Alabarces, 2015:16). El carácter relacional de la producción de un sentimiento de nación está vinculada a aquel proceso, y aunque las elites que se apropiaron del rugby planteaban su práctica en un terreno nacional, lo inglés siguió siendo hablado, y nombrado, como referencia y marca de distinción.

Ya sea que se trate de dispositivos extraescolares para la producción de la argentinidad en territorios recientemente *repoblados*, o en espacios selectos para la sociabilidad de varones educados que nunca debían ampliar demasiado sus criterios de pertenencia (Romero, 2005), la producción de un sentimiento e imaginación de la nación se apropió y se expandió por medio de modelos de otras naciones, transformadas en prácticas locales. En los primeros se complementaba el sentimiento de nación que buscó la primera expansión escolar de la Argentina, la del nivel primario. En los segundos, se aseguraba la formación de una elite y una burocracia educada para los fines de la representación de la nación y su liderazgo, reapropiándose de los modelos de sociabilidad de los sectores privilegiados de las potencias a las que se tenía como norte. Las prácticas de sociabilidad, deportivas y de tiempo libre constituyeron un pivote adecuado en los que la distinción, la masculinidad y la nación se producían en los cuerpos de determinados sujetos clasificados como jóvenes.

Experiencias de nación en la institucionalización del rugby argentino

Los primeros jugadores de rugby de Buenos Aires, ingleses que residían en la que sería la capital del país, empiezan a reunirse en torno al deporte en 1870. El año de las crónicas se sitúa en 1873, cuando se jugó un partido de fútbol con una modalidad distinta, mezclado con el rugby, en equipos de doce jugadores de dos equipos (Ciudad y Bancos) que compitieron en el Buenos Aires Cricket Club, en ese entonces localizado en Palermo (Scher et. at., 2010). El lugar y la crónica son emblemáticas por varios motivos. El primero es que ese club luego se denominaría Buenos Aires Cricket and Rugby Club, BACRC, más conocido en la jerga del rugby porteño como "Biei". En la actualidad, localizado en la zona norte, es más un club emblemático de rugby masculino y hockey femenino, y durante varios años fue la sede de entrenamiento de Jaguares. El segundo es que la confusión o la incertidumbre sobre lo que se jugó entonces, si fútbol o rugby, remite también al momento de origen del deporte, cuando un grupo de jugadores en el *College* de la localidad de Rugby empezaron a jugar una variante del fútbol agarrando la pelota con la mano y corriendo hacia adelante.

Como dicen Scher et. al. (2010) fue al año siguiente, en 1874, en que hay registros de un partido de rugby, con las propias reglas del juego, realizado en el barrio de Flores, y donde competían ingleses radicados en Buenos Aires. Los deportes, entonces, fueron una clave para sostener la pertenencia y la experiencia de ser inglés, para una nación imperialista que requería tener ciudadanos que la representaran y gestionaran el comercio en todo el globo. Lo lograron, entre otros medios, a través de la expansión de prácticas culturales y deportivas en las que recrear el supuesto estilo de vida inglés en cualquier lugar del planeta. Esa recreación les permitía además sostener vínculos con los pares nacionales ubicados en tierra extranjera, y, con el tiempo, regular las interacciones con los locales a los que permitirían participar de sus prácticas. Como sucedió con otras asociaciones, ni el club ni el deporte quedó circunscripto a varones ingleses. Por medio del parentesco y de los circuitos de amistad que crearon, se empiezan a identificar apellidos no ingleses en el rugby porteño hacia fines del siglo XIX.

Un proceso similar en algunos puntos y distinto en muchos otros al del fútbol de las primeras décadas del veinte. Como lo ha señalado Frydenberg (1998), el fair play y el elitismo marcó el nacimiento del fútbol argentino –marca de origen análoga a la del rugby–, pero muy prontamente, hacia la segunda década del siglo XX, la extensión y creación de clubes en distintos territorios y localidades y la multiplicación de los torneos, hizo que los aficionados al deporte crecieran en número y que se incorporaran varones de distintos sectores sociales y en el deporte se expresaran valores emergentes. Ya en esa década aparecen importantes disputas, con la división de la liga oficial, la progresiva diferenciación entre jugadores socios de los clubes y jugadores (practicantes propiamente dichos). En todo ese proceso se produjo una progresiva subordinación del asociacionismo (y los valores vinculados al ocio de los sectores privilegiados) por una reivindicación de la competencia y del éxito deportivo. Los equipos de clubes de orígenes ingleses van a desaparecer paulatinamente de las principales competencias, al tiempo que se incrementa la presencia de nuevos clubes en la expansión y popularización del deporte.

El terreno fértil que halló el deporte en general, y luego el rugby en particular en su derrotero durante la primera mitad del siglo XX, es el imaginario reinante en el centenario de la revolución de Mayo, en el que el nacionalismo republicano de buena parte de los sectores dominantes se construía sobre una sociedad altamente conflictiva, y en el que la "convivencia" entre inmigrantes y ya establecidos, o entre posiciones ideológicas divergentes era todo menos armónica. Lo europeo, entonces, cobra valor en un cosmopolitismo que tiene directrices específicas y valoraciones positivas y negativas según la nación de que se trate.

Así, por ejemplo, la lectura que las elites políticas y las burocráticas hacían sobre el anarquismo, con claros orígenes italianos, contrastaba con la imagen cultural del *gentleman* inglés, cultivada desde fines del siglo XIX a partir de las interacciones con inmigrantes ingleses establecidos en Buenos Aires. Las marcas inglesas jugaban un rol prestigiante en una Buenos Aires y una Argentina atravesada por las tensiones de la democratización política, de la consolidación de la competencia política y de los partidos –que ya veía emerger movimientos "plebeyos"–, en una escena internacional donde la corona inglesa jugaba un rol dominante que celebraba la economía agroexportadora, figura nacional del centenario. En tiempos de expansión capitalista, la asociación del europeo con la responsabilidad, el trabajo (Méndez, 2011) y el progreso se construyó en una alteridad positiva que tenía a la supuesta incivilización local como contracara, sobre la que la generación del 80 produjo buena parte de la lectura liberal y racialista de la argentina y su pasado, y por lo tanto de las líneas deseadas para su porvenir.

En ese contexto, el rugby ya había iniciado un proceso de institucionalización y gradualmente era también protagonizado por argentinos sin ascendencia inglesa. La Unión Argentina de Rugby se crea en 1899 bajo el nombre The River Plate Rugby Union (RPRU) por iniciativa de cuatro clubes: el Buenos Aires Cricket and Rugby Club (B.A.C.R.C), fundado en 1864; el Lomas Athletic, fundado en 1891; el Belgrano Athletic, creado en 1896; los tres de Buenos Aires, más el Rosario Athletic (1864), de la ciudad homónima en la provincia de Santa Fe. La unión fue presidida por Leslie Smith, inglés. Pero 10 años después empiezan a ejercer la presidencia de la Unión jugadores de rugby sin apellido inglés, señalando así una pronta heterogeneización del deporte en términos étnico-nacionales, aunque no de clase.[2]

Actualmente, la UAR está compuesta por 25 uniones provinciales o regionales de rugby. Integra, como organismo representativo del rugby en la Argentina, la World Rugby, antes International Rugby Board, corporación que nuclea a las uniones de rugby nacionales y organiza campeonatos internacionales, produce y regula la normativa para la práctica deportiva, genera nuevos torneos, promueve nuevas asociaciones de rugby en naciones donde este deporte aún se encuentra en estado incipiente, y detenta la titularidad de las competencias internacionales que organiza, en lo que se refiere a derechos de transmisión y merchandising. La UAR integra también la Confederación Sudamericana de Rugby (desde 2015 Sudamérica Rugby), donde la unión, según me explicaba Raúl, ex rugbier y socio de CUBA, tiene un rol protagónico: no existe nación en Sudamérica donde el rugby se encuentre tan desarrollado, expandido y organizado como en la Argentina, al menos al momento en que conversaba con él entre 2014 y 2015. Presidiendo esa confederación, tiene el mandato y el apoyo de la World Rugby y de esponsors para promover el rugby en los países de la región.

Una pregunta que puede formularse tanto para el rugby como para otras prácticas corporales juveniles a inicios del siglo XX es ¿Cómo continuaron, se ampliaron y desarrollaron? O ¿Por qué lo hicieron estas prácticas y no otras? De alguna manera, los intereses nacionales y sectoriales se vieron rápidamente materializados en ellas, y confluyeron distintas condiciones de posibilidad. Una de ellas: el prestigio que lo inglés en cuanto marca de distinción poseía en la época, como centro de relevancia de la cultura letrada y "superior", pero más específicamente –porque lo mismo podía apreciarse y valorarse localmente sobre lo francés– era su éxito económico y político.

Es hacia los años treinta donde las lecturas nacionalistas se consolidan y asocian a determinadas estructuras, instituciones y modos dominantes de leer el pasado, el presente y el futuro del país. Así como durante esos años emerge con claridad la construcción de una patria católica (Mallimaci, 2015), los deportes constituirán

---

[2] Pueden apreciarse apellidos de la elite porteña en sus primeros 50 años de vida, excluyendo a los descendientes de ingleses, tales como Paunero, Massini Ezcurra, Khoury Solá, Palacios, entre otros.

escenas y espacios donde la experiencia nacionalista selectiva se consolide. Entre las décadas del veinte y del treinta del siglo XX el rugby porteño se consolida en la River Plate Rugby Union (RPRU). La construcción de criterios de toma de decisión y la actuación como un cuerpo corporativo con intereses confluyentes se visibiliza en esas décadas. Gradualmente, la Unión local gana tal legitimidad que logra reunir a quienes practican el deporte. Esa legitimidad se logra a la par de dos elementos fundamentales para comprender la actualidad del rugby argentino: el fortalecimiento del discurso amateurista[3] y del posicionamiento "nacionalista". Puesto que las experiencias de nación son siempre relacionales, el rol "nacional" de la UAR se consolida por medio de la circulación internacional de sus equipos, su rol de representante del rugby argentino frente a otras naciones.

La River Plate Rugby Union sostenía, al menos desde la década del veinte su afiliación a la Rugby Football Union (UAR, 1923), la organización madre del rugby amateur inglés: esa pertenencia brindaba prestigio local, constituía un respaldo que certificaba su autenticidad, unidad y autoridad asegurando la participación de la organización argentina en un circuito global. En 1932 vendría por primera vez un equipo de la South African Rugby Football Board habiendo sido infructuosas las negociaciones para traer nuevamente un equipo inglés. La inserción argentina en la red internacional aprovechaba y reforzaba la estructura económico-política de la corona inglesa, que de esta manera se revelaba también como un sistema colonial deportivo, en la medida en que se integraban al deporte otros actores distintos a los ingleses o hijos de ingleses y luego afines no ingleses en el extranjero. Ese era el caso de los socios de CUBA, que, aunque no tuvieran origen inglés en su mayoría, integraban como hemos visto los circuitos de sociabilidad y recurrirían, en sus primeros años, a entrenadores y jugadores de rugby ingleses o jugadores de equipos ya consolidados para iniciarse y mejorar en el deporte.

La fraternidad entre los clubes amateurs que un siglo después vi en la etnografía, se enraizaba en lazos creados apenas iniciado el club. Los registros fotográficos recolectados por socios de CUBA, marcan el peso de conocidos y compañeros del Club Atlético San Isidro (CASI), fundado en 1902, que competían en los primeros partidos amistosos contra el equipo de la novel institución. El epígrafe que acompaña la foto del registro de CUBA, indica el "Primer "picado" en el que socios de CUBA y CASI practicaron juntos. Los del CASI fueron nuestros

---

[3] A lo largo de su historia la Unión expulsaba o desafiliaba a clubes que incurrían en alguna forma del profesionalismo. Asimismo, en distintos momentos, se organizaron federaciones de rugby que competían en la institucionalización del rugby porteño, admitiendo formas del profesionalismo deportivo e incluyendo a otros sectores de clase. Sin embargo, dichas iniciativas no tuvieron gran continuidad, y la UAR siguió siendo el órgano rector del rugby argentino.

maestros del ABC sobre este deporte, de la mano de O. Meana, Benigno Rodríguez Jurado. La diversidad de camisetas mostraba el origen del jugador (Medicina, Colegio, etc)".[4] Las marcas de la experiencia educativa universitaria se mezclaban con las propias del rugby.

Fuente: https://cuba.org.ar/biblioteca/catalogo-online.

El rugby empezaba a hacerse público al mismo tiempo que sostenía una cierta selectividad. Los lazos que unían a ingleses y no ingleses y/o sus descendientes se activaban anualmente y los partidos del rugby porteño reunían a un importante número de espectadores, sobre todo de sectores profesionales y privilegiados de la capital nacional. La rivalidad deportiva a nivel local se producía en términos inter-nacionales, como una performance nacionalista: el equipo "argentino" competía con el equipo "extranjeros" (ingleses), que residían en Buenos Aires. Según las crónicas institucionales, la asistencia no era menor en términos de cantidad y del selectivo origen de quienes asistían y apreciaban un deporte cuyo mismo gusto (Bourdieu, 2002) iba (re)produciendo una marca de distinción. El partido anual de 1923 organizado por la RPRU, contó con 3000 espectadores,[5] entre los

---

[4] Durante el trabajo de campo, recopilé y analicé fotos y recortes de prensa de una serie de Cuadernos de Recortes guardados en carpetas en la Biblioteca de CUBA, en la sede Viamonte. Cuando finalizaba la escritura de este libro, esos registros se hallaban digitalizados y de fácil acceso a todo público, en http://www.cuba.org.ar/biblioteca/catalogo-online.

[5] Si se lo compara con espectáculos deportivos de la época, el número no es para nada menor. Unos años antes, en 1905, el turf llegaba a reunir alrededor de 15000 espectadores en sus premios más importantes, y el fútbol, en la primera década del nuevo siglo, reunía alrededor de 2000 (Hora, 2014). El número de espectadores del turf fue creciendo sin cesar, contándose alrededor de 100000 almas en los premios más importantes de la década del cuarenta. De todos modos, no estoy analizando en este libro el perfil social de estos espectadores ni lo que hacían asistiendo a estos eventos, trabajo propio de quienes hacen la historia social del deporte.

que se hallaba el Presidente de la Nación, Marcelo T. de Alvear (UAR, 1923). Al de 1929 asistieron 10000 espectadores. En 1932 participaba el "Presidente del Gobierno Provisional de la Nación" (UAR, 1932), José Uriburu. Sean gobiernos democráticos o dictatoriales, el rugby empezaba a ser escenario de un doble juego de poder: un deporte de elites y para las elites, primero, y de elites que se mostraban por medio del rugby, segundo. Como resultado, un público propio pero no "cerrado" conformaba el trípode ideal que favoreció su proceso de consolidación en la capital porteña.

La selectividad no debe confundirse con cierre social. La heterogeneidad dada por los procesos migratorios del siglo XIX, sobre todo, y la producción de los grupos de parentesco en las familias de las elites políticas y económicas –y de quienes llegarán a serlo a lo largo de las décadas– configuró una sociedad donde el apellido fue una referencia pero no siempre se cerró sobre sí misma, como señalan Losada (2009) y Gessaghi (2016). Esta última indica que la "clase alta" se conformó con familias de origen diverso que tienen en común la referencia a un pasado nacional del que serían integrantes necesarios. Esa historia se condensa en los apellidos: "la diferencia que se cifra en el apellido radica en la fuerza que confiere la tradición, concebida como el vínculo con la tierra y la historia." (Gessaghi, 2016: 35)

Mi trabajo etnográfico, que se conecta en algunos puntos con las familias de la autodenominada "clase alta" que analizó Gessaghi, encuentra en el rugby un escenario más donde lo argentino pudiera ser conquistado, una referencia al pasado y a la tradición fuertemente masculinizada e incorporada ahora no solo al apellido, sino a la forja del cuerpo y del imaginario nacional y global de los varones que representaban la nación. Los jóvenes porteños producirán activamente una distinción nacional que jerarquiza a ambos contendientes: a los "extranjeros", cuya patria era la cuna de oro del deporte, y a los "argentinos", muchos de ellos hijos de inmigrantes italianos, ingleses, irlandeses, vascos, etc.[6]

---

[6] Los equipos del partido de 1929 se componían de la siguiente manera: Argentinos: J. J. Bony de Cabaret (Curupaytí), E. R. Cilley (San Isidro), N. Escary (G. y E.), A. Lanari (C.U.B.A.) y H. Maurer (C.U.B.A.). T. D. Sanderson (Bs. As.) capitán y O. Bernat (San Isidro); M. E. MacCormick (Pacífico), D. Aspiazú (C.U.B.A.), D. T. Muscolo (G. y E.), L. Cilley (San Isidro), E. J. Seco Pont (San Isidro), A. Rodríguez Jurado (San Isidro), H. T. Davel (G. y E.) y R. J. Zimmermann (C.U.B.A.). Extranjeros: J. Soustre (San Isidro), F. R. Redfern (Pacífico), G. F. Cooke (Bs. As.), H. R. Dawson (Lomas) y W. E. Braddon (Bs. As.); T. F. Fletcher (Lomas) y H. F. Taylor (Bs. As.) capitán; N. H. Lattimer (Bs. As.), N. C. Tozer (Bs. As.), W. Berry (Pacífico), O. Levers (Belgrano), J. D. Christie (Bs. As.), C. H. D. Curtoys (Pacífico), P. R. Clare (Belgrano) y G. M. Vibart (Pacífico). Referee: Señor C. S. Legat (UAR, 1929). Diversidad institucional y étnico-nacional en los primeros años célebres del rugby argentino.

Hacia las décadas del veinte y del treinta, los clubes formaban sus equipos con jugadores "argentinos" y extranjeros (ingleses, irlandeses, entre otros). El partido anual institucionalizaba una diferencia cotidiana que existía en los clubes, y a la vez mostraba públicamente un escenario y un juego atractivo a un público que excedía a los propios jugadores, atraídos por contiendas en las que jugaba la "nación". Esa distinción que hacía la entonces RPRU de sus jugadores según nacionalidad permite identificar a los jugadores, y ver el proceso de naturalización de los hijos de migrantes del siglo XIX: para la década del veinte había muchos argentinos con apellidos ingleses o irlandeses jugando al rugby que hubieran pasado como extranjeros. Es posible identificar clubes que seguían concentrando jugadores extranjeros –Buenos Aires Football Club y el Lomas, en otros años– frente a otros que reunían más jugadores argentinos o descendientes de otras nacionalidades (alemanes, franceses). En la RPRU/UAR se produjo una activa política de producción de la nacionalidad:[7] remarcar el carácter argentino de estos varones universitarios era necesario para reivindicar su lugar en el país que hacía poco celebraba su centenario.

El posicionamiento global y el vínculo institucional y económico con la cuna del rugby, permitió que en 1927 un equipo de la Rugby Union compuesto por ingleses, escoceses e irlandeses visitara a la UAR. La crónica institucional que hace la RPRU enfatiza la relevancia de ese encuentro a pesar de la derrota deportiva: "en un futuro no lejano, podremos apreciar los beneficios de las enseñanzas dejadas por nuestros visitantes, en cuanto a la calidad del juego se refiere" (UAR, 1927). La reseña señala la sorpresa por la gran cantidad de público que concurrió a los partidos disputados, incrementándose la difusión del juego, otro de los objetivos de la visita y de todo partido internacional que constituía, además, una fuente de ingresos económicos para la Unión local.

Gradualmente, a medida que los clubes consolidan su base societaria, su solidez económica y su lugar en el mundo del rugby porteño, jugarán su rol como instituciones abocadas a la formación de la nación, es decir, constituirán enclaves de producción de una experiencia nacionalista. La misma perspectiva de elite conductora de la nación que hallábamos en las intenciones fundacionales de CUBA en cuanto club, se expresarán luego como club de rugby, es decir, presentarán su valor en el campo propiamente deportivo, como parte de una elite internacional del rugby que puede competir con las potencias. El contenido de la nota de la prensa que los socios de CUBA seleccionaron en 1949, sobre las giras internacionales, da cuenta de ello:

---

[7] Debe incluirse como variable los períodos de las dos Grandes Guerras, donde muchos varonees ingleses residentes en la Argentina migraron para servir a su país en los enfrentamientos bélicos.

Tal como habíamos informado en su oportunidad, las autoridades de la Unión de Rugby del Río de la Plata continúan sus gestiones para poder cristalizar los deseos que tienen de presentar en nuestras canchas un combinado francés. Los trámites se hallan adelantados y encaminados en tal forma que puede darse como seguro la confrontación de nuestros *aficionados* con los extranjeros para mediados de agosto o septiembre próximo. Desde luego que este anuncio será bien recibido por los aficionados al *viril deporte* pues de esta manera podríamos apreciar el estado de adelanto de los franceses con respecto a nuestros últimos visitantes, los británicos, y presentar por primera vez en la historia del *rugby sudamericano* un equipo de esa procedencia (Diario La Razón, 10/04/1949; en Cuadernos de Recortes CUBA 1949-1954, 7; el énfasis me pertenece).

Las giras de rugby que se realizan desde hace al menos 70 años, constituirán el modo en que se mantengan vínculos internacionales entre los rugbiers, construyendo el valor simbólico de ser representante del rugby argentino frente a otras naciones. Son las giras y competencias internacionales las que ponen en juego la competitividad del equipo, un espacio en el que los caballeros de la nación perfoman su masculinidad, bajo los criterios del amateurismo de quienes se abocan principalmente al estudio universitario. Las giras deportivas también eran posibles por la disponibilidad temporal y financiera de estos jóvenes universitarios sostenidos económicamente por sus familias.

El proceso por el que CUBA se hace un club "de rugby" no es lineal, y no está asentado en sus referencias fundacionales: está asegurado por la pertenencia y la sociabilidad de su grupo de fundadores, muchos de los cuales eran aficionados a los *sports*, sobre todo al boxeo y el rugby. En ambos se destaca prontamente. A los siete años de su creación, CUBA goza de algunos logros en las memorias de la UAR, llegando a ser campeón[8] de la segunda división en 1927, con menos de diez años de existencia. Si se trata de un proyecto elitista de nación, con lo antedicho acerca de la transformación del deporte inglés como dispositivo y espacio para la experiencia de nación se entiende el énfasis puesto por el club en este deporte y las posibilidades que les brindó a sus fundadores de desplegar una actuación destacada que como grupo no habían podido desplegar en otros ámbitos, como el universitario.

Desde el punto de vista deportivo, las giras por el exterior permiten adquirir nuevas técnicas, consolidar la unión al interior del equipo y entrenar con aquellos que tienen otros estilos de juego. En diferentes crónicas, tanto de la UAR co-

---

[8] CUBA fue campeón del torneo anual de la entonces RPRU/UAR en 1931, 1942, 1944, 1945, 1947, 1949, 1950, 1951, 1952, 1965, 1968, 1969, 1970. Volvió a ser campeón, ya en el marco de la URBA, en 2013. Es el tercer club de la URBA en obtener más victorias.

mo de CUBA se relatan giras con escasísimas victorias, pero la práctica, la competencia frente a nuevos equipos con otras tradiciones y con elevados niveles de rendimiento deportivo, les permiten regresar al país con un capital deportivo acumulado y con la experiencia "cultural" que significan los viajes para las elites porteñas (Fuentes y Guinness, 2019). La dimensión pedagógica y de entrenamiento se realiza siempre en espacios de confrontación regulados frente a otros grupos de varones nacionales: no debe olvidarse que toda performance tiene un público y el público frente al cual performan está constituido por otros varones, tal vez más "adelantados" en sus modos de juego. El enfrentamiento es una evaluación de los aficionados al viril deporte, pero el amateurismo, al poner el énfasis discursivo en el deporte como afición, en el valor del juego entre varones, permite desplazar la afrenta a la masculinidad que significa la derrota, y la realza: lo que se intenta jerarquizar por el amateurismo es el valor moral, el cultivo del respeto entre jugadores o entre "naciones" que se materializa en los cuerpos en movimientos del rugby. La derrota no es tal si la victoria no es el principal objetivo declarado.

La épica que aparece en algunos documentos recopilados en CUBA, e incluso en lo que debería ser una neutra reseña institucional de las actas de la UAR, confirma el carácter internacional en el que se asumían quienes lideraban el deporte y lo practican en los clubes. Se manifestaba en los recursos económicos de los rugbiers porteños y en su capital político. La posición social de los miembros más distinguidos del rugby porteño era tal que no solo aprovechaban sus viajes personales o de negocios a Inglaterra para arreglar una visita de un "*team* inglés", sino que también apelaban a la "vía diplomática", es decir, al Estado, a través de contactos que movilizaban para gestionar ese viaje. Aunque el caso CUBA merecerá su análisis específico, es el rugby porteño el que aunaba tanto a hombres de negocios –sean ingleses o argentinos– como hombres del Estado, sean burocracias o elites políticas. La realización de las giras no hace más que confirmar esa pertenencia y otorgarle la experiencia de la circulación global frente a los rugbiers de las principales naciones del rugby mundial. Sin olvidar el detalle de la nota rescatada por CUBA: la épica de traer a un *team* británico a Sudamérica por primera vez será no solo mérito, sino también un posicionamiento regional, un rol y una "responsabilidad" clave para los rugbiers argentinos en la expansión del rugby. CUBA condensa en su narrativa histórica el proceso de naturalización de una experiencia nacionalista, hecha desde una elite que se hace a sí misma en términos corporales e intelectuales, si es que vale la nativa dicotomía cartesiana.

Desde el club para la nación: hacerla, pensarla y jugarla

En CUBA el rugby es un modo de relación con la patria: desde su proyecto fundacional, el club de universitarios y la nación comparten el mismo *destino*. El desarrollo propio –del club, de sus socios, de los universitarios– sería el desarrollo de la nación:

> El Presidente del Club Claudio Peluffo evocó [el 21 de diciembre de 1982, al celebrar 50 años de la actividad náutica en el club] los hechos trascendentes que contribuyeron a forjar la Náutica en CUBA: "Actualmente hay en nuestro fondeadero más de trescientas amarras de las cuales ciento ochenta son marinas... estos datos... dan una idea cabal del éxito logrado... contribuyendo al desarrollo de una actividad sana y tan necesaria en un país como el nuestro, que debe tener permanentemente su vista puesta en el mar (Martiré, 1995: 49).

La relevancia del lugar en que se posicionan se proyecta en la causa nacional por excelencia: las Islas Malvinas (Guber, 1988) con su conflicto bélico. Las palabras del presidente del club en 1982 y su mirada hacia el mar tienen como trasfondo no dicho la guerra recientemente perdida. En 1975 una delegación de CUBA había visitado las islas para competir en una regata, tarea en la que el socio José Massini Ezcurra jugó un rol clave al establecer contacto con los "pobladores". En esa oportunidad se llegó a designar a un "delegado" del club en las islas, el Sr. D. Gooch, de origen inglés, casado con una argentina. El vínculo adquirió un ribete religioso político, ya que según informa Martiré (1995) el presidente del club y el secretario del Ateneo de la misma institución, mantuvieron una relación de amistad con el obispo católico de Puerto Stanley, Monseñor Spraggon.

Las prácticas y los discursos de los socios constituyen una constante performance sobre la propia relevancia. Lo mismo identifiqué durante una conversación con un socio de CUBA en 2011: empleado del Congreso de la Nación, el abogado me narraba con la pasión que los caracteriza, su involucramiento en una red de parlamentarios y abogados de distintos países que se reúnen una vez al año para jugar al rugby, teniendo contactos en "todo el mundo". Recuerdo que el socio me contaba con naturalidad la pertenencia a un circuito internacional de amigos encumbrados en las estructuras burocráticas de muchos países.

Las palabras del presidente del club parecieran dichas por un jefe de la Prefectura Naval o de la Armada Argentina. Las prácticas del club parecieran hechas por la Cancillería, como si realizaran una diplomacia paralela. Sin embargo, el lugar de enunciación no es el Estado ni sus fuerzas militares o de seguridad. Se habla desde una posición social que naturaliza la propia relevancia en la historia nacional, que hace intercambiables una posición de poder de la nación con un lugar en una institución con requisitos de ingreso. Y con condiciones materiales y capitales sociales[9] sin los cuales no sería posible mantener ese amarradero, o emprender el viaje a las islas en la década del setenta.

Las actividades *culturales* también proyectan al club en un lugar relevante para el país, conformándose como un núcleo de una elite política, cultural y económica, y como un polo que "piensa" al país en función de esas posiciones:

> El Dr. Adalberto Goñi,[10] conspicuo socio del Club y miembro de número de la Academia Nacional de Medicina, inició una serie de reuniones de trabajo con los jóvenes colaboradores, sobre el tema "El Club Universitario de Buenos Aires y el país" [...]. El Dr. Goñi se refirió extensamente a los ideales y tradiciones del Club, a los motivos de su fundación y al mantenimiento de una permanente línea de conducta ética y moral durante la existencia de la institución (Martiré, 1995: 73).

Entre las actividades organizadas durante la década del ochenta por este reconocido socio, se encuentra un ciclo de conferencias de "ilustres disertantes que prestigiaron con su presencia y sus palabras nuestra tribuna" (idem.). Por allí desfilaron profesionales e intelectuales de distintos campos, como José Alfredo Martinez de Hoz (entonces ministro de economía de la dictadura), Alfredo Lanari (reconocido médico e investigador clínico, socio del club), Lino Palacio (reconocido historietista, publicista, socio del club), Carlos Castro Madero (vicealmirante, interventor de la Comisión Nacional de Energía Atómica entre 1976 y 1983, socio y posterior presidente del club Centro Naval, otro reconocido club del rugby de Buenos Aires), Luis Santiago Sanz (abogado, embajador argentino en diversas sedes, profesor de la UBA y de la Escuela Superior de Guerra, miembro de la Academia Nacional de Historia), Alberto Rodríguez Varela (abogado, ministro de justicia durante la última dictadura militar), Julián Marías (filósofo español), entre muchas otras figuras.

La trayectoria universitario-profesional-científica destacada en el espacio nacional y el rugby y otros deportes como fuente de prestigio parecen dimensiones que consagran a quienes las recorren exitosamente y muestran al club en su cénit:

---

[9] Me refiero a la capacidad del club de comprar los predios para su expansión –como es el caso de la sede Viamonte, Villa de Mayo o Fátima-, sino también de "conseguirlos" a partir de contactos en el Estado, como es el caso de la sede Núñez. Mientras finalizaba la edición de este libro, tomó estado público la demanda que la UBA realizó a CUBA y a los otros clubes vecinos de esta sede, reclamando la devolución definitiva de esos terrenos a la Universidad, institución que detenta la titularidad sobre los mismos.

[10] Médico (1909-1989), tuvo actuación destacada en diversos campos, presidió y organizó sociedades científicas de subdisciplinas médicas.

En 1985 el Ateneo organizó un homenaje a nuestro consocio y eminente hombre de ciencia Dr. Alfredo Pavlovsky en el que intervinieron los Dres. Adalberto Goñi, Alfredo Lanari y Andrés Santas, los cuatro socios del Club, académicos y destacadas figuras de la ciencia médica argentina y del rugby de CUBA (Martiré, 1995: 75).[11]

Las claves de la jerarquización que el club propone, y que premia en este ritual, se hallan en la amalgama entre práctica deportiva y universitario-científica para la nación. Estas asociaciones no son casuales: como señalé están presentes en el Acta fundacional, y en mis conversaciones con los socios del club. Hay todo un trabajo interno, de discursos que circulan en las familias, en los relatos de padres a hijos, y en el discurso escrito, público, sobre un lugar prominente del club en los destinos de la patria. Las herramientas con las cuales se construye el valor de estos hombres en comunidad son el rugby –un deporte insignia y otros asociados, hasta entonces exclusivamente masculino–, y el carácter universitario-profesional-científico. La premiación a Pavlovsky es la consagración de los grandes hombres, aquellos que patrocinan los grandes rituales sociales en los que se consagran los valores del grupo –aquellos deseables, que deberían regir los destinos de la patria–. Desde el punto de vista de las apuestas individuales, otorgan sentido a la consecución de valores atribuibles a individuos y grupos, como los del sacrificio –de estudiar y practicar un deporte (Fuentes, 2019b)–, y el de la responsabilidad y el honor, que otorgan conjuntamente universidad y deporte. Un espectáculo de moralidad ejemplar.

En el conjunto de discursos y prácticas que analicé a lo largo de la etnografía, hallé una constante proyección y un posicionamiento en el que el club "educa" a los jóvenes de este sector social, como si fueran los grandes hombres llamados a conducir los destinos de las instituciones sociales (Godelier, 1986) y lo hacen en un ambiente que recrean como de gratuidad y encuentro interpares. Como dice Narotzky (2007), la reciprocidad y el intercambio solidario configuran redes locales como modos de integración barrial, asociativo, de fraternidades, e incluso, en la lógica corporativa de las grandes empresas multinacionales. Como señalan ambos antropólogos/as, la idealización de las sociabilidades y de las reciprocidades a menudo borran la mirada sobre quienes conducen esos procesos, es decir, sobre las desigualdades y las jerarquizaciones, en este caso patriarcales y elitizantes en que se configuraron clubes y determinados deportes en la Argentina del siglo XX.

---

[11] Goñi y Lanari figuran como jugadores de rugby de CUBA en una foto donde aparecen como campeones de la temporada de 1931 (ver Club Universitario de Buenos Aires 1968: 263). Pavlovsky, por su parte, aparece de modo recurrente en diversas crónicas periodísticas, que dan cuenta de su destacada actuación representando a CUBA en natación en la misma década del 30 y 40, como se ve en los Cuadernos de Recortes periodísticos de la Biblioteca del Club que cubren esos años.

Se trata de una elite que padece los mismos problemas de la sociedad argentina. Los libros y documentos institucionales referencian la situación económica general, por ejemplo, entre los años 1975 y 1976, o en la segunda mitad de la década del ochenta, las dificultades financieras que experimentaron, sobre todo en relación al crecimiento o desarrollo de nuevas sedes. Como veremos, ello también sucede en el campo político. La posición del club lo ubica a la par de las necesidades y problemas de la nación, sus socios como representantes de la patria. Si la construcción de una estructura de legitimidad es necesaria para el sostenimiento de las elites –algo que ya vieron con distintos enfoques los pioneros Mosca (1989), Pareto (2000), y Elias (1982)– desde CUBA se construye un sentimiento nacional donde la propia presencia, rol o práctica es requerida y es vista como necesaria por ellos mismos. Ciertamente, no es exclusivo del grupo social reunido en CUBA: los nacionalismos y la construcción de sentimientos de nación constituyeron un elemento importante en las disputas entre quienes se pretendían al mando de la sociedad y de sus instituciones (como la universidad) en los procesos de construcción de las naciones en la modernidad. Pero lo singular aquí es que no sólo piensan a la nación en las reuniones "culturales", también la "practican", la juegan en los deportes, y la hacen en la circulación internacional en la que se hacen embajadores.

La autopercepción elitista: deporte, política y la reivindicación del antiperonismo

Durante las primeras décadas del siglo XX, la creación de espacios recreativos y deportivos en distintos enclaves del territorio nacional fue definiendo un perfil de políticas educativas, concebidas sobre todo, como instancias pedagógicas para la producción de la nacionalidad, la cohesión social y la canalización de las energías juveniles.[12] La decisión política de democratizar la vida social y las instituciones del país llevada a cabo por el peronismo, multiplicó la infraestructura y el acceso a la población de distintos estratos sociales, sobre todo de los sectores de la clase trabajadora, a los espacios y las prácticas recreativas, deportivas y turísticas. Esa expansión y democratización educativa y deportivo-recreativa, tu-

---

[12] "La gimnasia, el deporte y las actividades de recreación, fueron priorizadas en la convicción de su alto poder pedagógico y su capacidad para generar un orden social basado en la disciplina, la sanidad, el trabajo y el amor a la Patria, concebida en su dimensión simbólica y territorial" (Méndez, 2011: 47).

vo su impacto en el mundo del rugby: las instituciones más elitistas miraron con recelo las políticas del gobierno nacional que además se propuso democratizar los deportes más identificados con la selectividad de las elites. Como dice Hora (2018) el gobierno de Perón hizo del deporte toda una política con una fuerte visibilidad pública, además del desarrollo de infraestructura y planes específicos. No solo estaba presente el pasado de Perón como atleta y joven militar, sino también al deporte como una escena específica, con sus propias lógicas de valor, que potenciaban la imagen del líder que no cesaba de encontrarse con los deportistas que lograban victorias en sus disciplinas, de expresar públicamente sus apoyos, etc. Hay que tener presente que durante el peronismo se produjo el crecimiento de los deportes, ya sea de base como del de alto rendimiento, el crecimiento de la industria cultural (intervencionista, como en otros ámbitos de la vida social) y el protagonismo de las clases populares. Estos tres fenómenos analizados por Alabarces (1988) permiten comprender al deporte integrando los dispositivos de producción de nacionalidad y "pueblo".

Poco antes de la llegada del peronismo al poder, los deportes se hallaban confinados al ámbito o de las prácticas barriales, informales o de torneos organizados por los mismos jugadores, o al de los clubes más institucionalizados en ligas, uniones y federaciones como el fútbol, más populares y amplios, pero permanecían alejados de la normatividad escolar. La educación física escolar no incorporaba los deportes en sus contenidos curriculares, más centrados en las prácticas gimnásticas (Galak, 2012). Hacia los años cuarenta avanza la incorporación de los deportes en las escuelas, es decir se escolarizan los deportes (legitimación curricular) para luego producirse una pedagogización de los mismos (Galak, 2016), es decir, para la transmisión explícita de valores que eran nombrados como tales por medio de su práctica.

Pero esos procesos no se explican meramente por una política deportiva. Como lo señalan los perfiles de los profesionales e intelectuales de las elites a las que CUBA reunía varias décadas después, el perfil institucional del Club se construiría gradualmente en torno al antiperonismo. Cuando inicié mi trabajo de campo entre socios de CUBA, me encontré con esa autoidentificación en muchos socios adultos de más de 50 años: no había reparos en posicionarse como tales, "acá es un club gorila" me decían, y en su narrativa ello se explicaba por las opciones institucionales del Club pero también por la política desplegada por el peronismo en el segundo mandato de Perón. La trayectoria social y política de Juan José, socio de CUBA de 64 años (en 2013) muestra un devenir familiar que permite ver la posición social de origen y la mirada sobre los procesos políticos que a menudo –como en la fundación de CUBA– los desplaza.

Juan José no era tan fanático del rugby como de los deportes náuticos del club. Durante sus años de vela, en su juventud, estudia ingeniería en la Universidad de Buenos Aires. Juan hereda el mandato educativo de su padre, tres veces ingeniero egresado de la UBA, quien fallece cuando Juan José era niño. Su madre queda viuda con casi 40 años. "Nací en cuna de oro", explica acerca de un origen familiar generado por herencias que había recibido su padre, y la posición económica que dejó dada por el ejercicio de su profesión con cargos en la función pública: "llegó a ser subsecretario de defensa", señala. Recuerda particularmente el relato del desempeño del padre en otros organismos públicos. Evoca la escena de su padre recorriendo las bóvedas del Banco Central por la índole de sus funciones en ese momento: "estaba lleno de lingotes de oro, era la "Argentina granero del mundo", "la plata de los alemanes que trajeron acá". En esa escena de oro, opulencia y de añoranza de la Argentina del centenario, remata: "él vio todo eso, y andá a saber dónde fue después… a Puerta de Hierro", dice mientras sonríe, para indicar una posición que él comparte con otros socios, ser "gorila, antiperonistas". Como dirá otro entrevistado, "Perón intervino el club porque decía que no había universitarios y había que ponerlos". Desde su narrativa, la intervención que Perón hace del club, entre 1953 hasta su derrocamiento en la Revolución irónicamente autodenominada "Libertadora", es el origen de una suerte de recuerdo traumático identitario que hallé en los socios mayores del club. Se trata del devenir de familias que ya ocupaban posiciones de poder y que se enfrentaron políticamente y por otros medios al gobierno peronista, que también los enfrentó identificándolos como enemigos. El factor de clase estaba explícito, y la narrativa y buena parte de las políticas del gobierno peronista se justificaban en su antielitismo:

Es intervenida la Asociación "Club Universitario de Buenos Aires"
Decreto N° 8.5552 – Buenos Aires, 15 de mayo de 1953.
El Presidente de la Nación Argentina, Decreta:
Artículo 1° - Intervenir la asociación "Club Universitario de Buenos Aires".
Art. 2° - Desígnase Interventor al Inspector Jefe de Sección de la Inspección General de Justicia, Doctor René M. Garzón.
Art. 3° - Declárese caduco el mandato de las actuales autoridades sociales.
Art. 4° - El señor Interventor ejercerá las funciones de dirección y administración que los estatutos atribuyen a la Comisión Directiva. Desarrollará su acción dentro de las normas y propósitos que informan la nueva organización dada por el Gobierno a los institutos de enseñanza del país, procederá en tal sentido a estructura la asociación de manera que el ingreso a la misma *esté abierto a todos* los estudiantes y universitarios, sin que sea factor excluyente las posibilidades *económicas* de los mismos.
[…]
Perón – Natalio Carvajal Palacios.

El segundo gobierno de Perón realizó un amplio intervencionismo sobre un conjunto de instituciones sociales y académicas con la finalidad de orientarlas en sintonía con sus políticas. Buscaba neutralizar esos espacios sociales prestigiosos que en varios casos constituían instancias de oposición a las políticas llevadas a cabo por su gobierno. Esa intervención se plasmó en leyes y decretos donde designaba interventores en organizaciones sociales autónomas o relativamente autónomas hasta ese momento. Intervendrá en las Academias Nacionales, como la de Historia, la de Letras y la de Bellas Artes (Sigal 2002; Glozman 2009). También intervendrá las universidades nacionales y/o determinadas facultades: la designación de Oscar Ivanissevich como rector de la UBA en 1946, y la posterior Ley nº 13.301, que sujeta la Universidad al poder ejecutivo nacional. Pero al mismo tiempo, modifica el mapa de la educación superior en ese momento, tocando, por así decirlo, un activo considerado propio y más o menos controlado por los sectores sociales que se le oponían: decreta la gratuidad de la enseñanza universitaria en 1949, crea la universidad obrera nacional en 1948 –aunque recién empieza sus cursos en 1953– y firma un acuerdo en 1947 para la gestión conjunta con la provincia de Buenos Aires sobre el Instituto Tecnológico del Sur, que en 1955 pasará a nacionalizarse como la Universidad Nacional del Sur. Además de intervenir otras universidades, el gobierno peronista intentará sofocar y ocupar las instituciones que detectaba como selectivas como algunos clubes.

La intervención institucional del peronismo generó en el grupo social que se condensa en CUBA y en otros espacios similares una discursividad que lo nombra cada vez que puede. Los entrevistados hablan de ello, recuerdan la intervención, incluso aquellos que aún no habían nacido para entonces. A lo largo del trabajo de campo, me pregunté qué significaba y por qué me lo nombraban, aunque no lo preguntara. Estas preguntas, que hacen a la relación entre etnógrafo y "nativos" son las que pueden dar cuenta de posiciones y relaciones, de datos estructurales de la organización sociocultural de los grupos y sociedades donde hacemos nuestro trabajo de campo. Entendí que el conflicto con el peronismo en el poder era otro indicador de la relevancia social de la institución. La justificación del decreto marca también el tono y la prédica de una expectativa por la masificación y la igualación, tocando justo uno de los criterios clave de instituciones como CUBA, como es la selección del ingreso a la misma. Que Perón los haya intervenido y me lo recuerden sin que lo requiera, es un signo de su propio valor, una performance que me muestra, a lo largo del campo, que eran lo suficientemente importante como para que Perón los considere enemigos políticos, actores de poder en la escena urbana de la capital nacional de la mitad del siglo XX.

Unitarios versus federales en la profesionalización deportiva

Las transmisiones de rugby que gozan de mayor espacio televisivo son las del rugby porteño, replicando en el deporte la hegemonía porteña del mundo del fútbol. Lo mismo sucede en la prensa que informa sobre rugby. La cadena ESPN transmite los sábados al menos dos partidos de la URBA y si juega, el partido de Jaguares. El programa estrella del rugby argentino, Scrum,[13] le dedica mayor tiempo al reporte de los resultados de la URBA.[14] Si bien se da cuenta de los resultados de los clubes/uniones del resto del país, pesa más la cobertura del rugby de la URBA y las entrevistas a sus jugadores.[15] El fenómeno no es exclusivo del rugby, aunque otros deportes parecen tener coberturas un tanto más federales, como el básquet. Entre el centralismo porteño y el "federalismo" del interior se juega y actualiza una histórica disputa por cómo se definen los valores y las jerarquías en el espacio nacional. El deporte, específicamente el rugby, es una lente para analizar esa relación de poder porque al mismo tiempo la coproduce.

El centralismo no es casual. En febrero de cada año se disputa el Torneo Nacional de Clubes, competencia organizada desde 1993. La URBA hace valer su dominio en la cantidad de lugares que se le asignan para esa competencia. Aunque sus privilegios han ido disminuyendo en los últimos años –como parte del crecimiento del rugby del interior y su poder en la UAR– los porteños aún gozan de una gran ascendencia sobre los clubes del interior. En el torneo jugado en 2017, la URBA tuvo 7 plazas, mientras que las uniones del interior se repartieron las 9 restantes. Si se observa quiénes han sido los campeones y subcampeones, solo en ocasiones aparecen clubes del interior.[16] La mayoría de los torneos fueron

---

[13] Empezó llamándose Rugby 94, hasta que a fines de los noventa cambia su nombre por el actual. ESPN transmite partidos y torneos mundiales de rugby desde mediados de los años 90, de modo coincidente con la profesionalización del deporte en la mayor parte de las naciones donde se juega, y en el momento en que la cadena, que había iniciado sus transmisiones para América Latina en 1989, se expandía a nuevas regiones y países.

[14] Está integrada por 91 clubes de la Región Metropolitana de Buenos Aires y reúne a más de 18000 jugadores mayores de 15 años y más de 45000 jugadores en total. Es la Unión provincial de mayor tamaño del país.

[15] Ello no quita que los partidos, en las grandes capitales provinciales, no sean transmitidos a nivel local, o los noticieros generales y/o deportivos no den cuenta de ellos. Sin embargo, el poder y penetración de las cadenas deportivas internacionales es mucho mayor, más si tiene en cuenta el alcance de la televisión por cable/satelital en la Argentina, que llega a más de 9 millones de abonados, 80,1% de los hogares para 2014 según datos de *Latin American Multichannel Advertising Council* (LAMAC), una organización corporativa que realiza estudios de mercado.

[16] Por lo general son clubes de las provincias con mayor desarrollo en el deporte, como Córdoba, Santa Fe y Tucumán.

ganados por los clubes de rugby de la URBA, y repetidas veces los más "tradicionales", como Newman, CUBA, SIC, CASI, Belgrano e Hindú. La hegemonía porteña en la construcción de la imagen del rugby se equipara y va de la mano con su dominancia deportiva. Se trata de un poder institucional, político y deportivo.

Pero esa jerarquía no solo es cuestionada por las mismas uniones de rugby del "interior": también es empujada por las corporaciones que invierten en este deporte para asociar su marca con el rugby. Desde 2014 el torneo está auspiciado por el banco chino ICBC: su nombre debía ser escrito y dicho antes de "Nacional de Clubes". La presencia de una corporación financiera como ICBC presiona para una mayor representatividad del interior porque le permite llegar a las principales provincias del interior del país. Desde entonces se vienen ensayando distintas modificaciones para que los clubes del interior gocen de mayores oportunidades y visibilidad, y así también las marcas/empresas extiendan su alcance nacional. La marca rugby interesa aún en estas tensiones porque combina dos audiencias: un público que tiende a ser cada vez más federal, y un sector de clase privilegiado en Buenos Aires, con su propio nivel de consumo, como veremos en el capítulo 4.

La producción de la nación en el rugby tiene su propia historia "interna". En 1925, se juega un partido cuyo registro en las actas económicas de la UAR reza: "producto entradas partido San Isidro Vs. El Resto". La centralidad de San Isidro, "cuna del rugby"[17] adquiere sentido y fuerza en aquella iniciativa. Los sectores privilegiados de Buenos Aires pudieron hacer con y desde el rugby un espacio más de proyección nacional. La tensión centro-periferia o capital-interior es culturalmente prolífica y productiva: constituye un modo de leer los "problemas" nacionales, una grilla de lectura para entender cómo se construyó y aún se construye la nación.

Entre 1910 y 1930 el rugby se expande de la capital y Rosario hacia otras localidades del interior del país: la fundación de clubes universitarios, posibilita que luego de algunos años de iniciados, estas instituciones comiencen a practicar rugby, y se vayan estableciendo los primeros circuitos, torneos y partidos por fuera de Buenos Aires. Esta primera expansión ocurre en las ciudades más importantes que poseían universidades y es motorizada por la migración de jóvenes entre ellas.

---

[17] La Municipalidad de San Isidro se posiciona como "cuna" y capital nacional del rugby. En 1972 la Secretaría de Turismo de la Nación declaró a la Ciudad de San Isidro como capital del rugby. Allí se encuentra localizado el Museo del Rugby, que desde 2003 es auspiciado por numerosos ex rugbiers que lo sostienen. Ha habido diversas iniciativas legislativas para que sea declarado "capital provincial del rugby", como las que promovió el legislador Sebastián Galmarini con el apoyo de los emblemáticos clubes locales, San Isidro Club, Club Atlético San Isidro y Pueyrrredón.

El rugby y otros deportes ingleses se extendieron entre jóvenes "educados" formalmente, y ello acontece al mismo tiempo que se expande la matrícula del nivel universitario y las instituciones universitarias (Cano, 1982), con la creación de clubes asociados a la vida universitaria en La Plata, Córdoba, Rosario. Gradualmente, en esas y en otras localidades, los clubes de fundación ecuestre, como los Jockey Club (Santiago, Tucumán, Córdoba) empiezan a incorporar el rugby masculino. Si bien estos clubes se centraron en las prácticas hípicas y reunían a las elites terratenientes de cada región, a lo largo del siglo XX construyeron un prestigio deportivo en el rugby atrayendo a jóvenes varones de las elites locales y/o de los crecientes sectores de jóvenes educados en las universidades. Las condiciones materiales para la práctica de deportes ya las poseían, y fueron sus mismos jóvenes quienes hallaron en el deporte "importado" desde la capital federal una práctica para cultivar el espíritu inglés en un marco grupal, y ya no sólo en competencias a caballo.

En ese proceso de expansión se produce un tipo de valor que "porta" el rugby y que hace al deporte valioso: una marca de clase y porteña, que se configura a la par con su *élan* inglés y su aire elitista, portado por quienes por medio de él se prestigiaban. El deporte se expande con su propia marca reapropiada por aquellos que la van llevando a cada ciudad. A medida que se expande en el territorio nacional construye el valor de la centralidad porteña, que es también una marca de clase, condensada en la simbología y los indicadores de desigualdad de San Isidro. Como he señalado previamente (Fuentes, 2018b),[18] la tendencia hacia el norte en el emplazamiento de los clubes de rugby se correlaciona con la conformación desigual del AMBA, visibilizada en una serie de indicadores que hacen de los partidos al norte de la CABA (San Isidro, Vicente López, San Fernando, Pilar) como localidades que reúnen mejores condiciones de infraestructura, de acceso a recursos materiales y simbólicos, y, además, de mayor concentración de barrios cerrados y countries.[19]

Una segunda ola de expansión transcurre entre los años cincuenta y setenta – donde también empiezan a organizarse nuevas uniones provinciales-, que lleva

---

[18] La historicidad del patrón de localización urbana de las clases altas se constituyó en un movimiento hacia el norte del espacio urbano de Buenos Aires (Svampa 2001; Carman 2015); como destacan estos estudios, ese proceso crece exponencialmente en las últimas tres décadas, y adquiere además una presencia pública y un signo de distinción notable y buscado por sectores en ascenso durante la década del noventa.

[19] Ello no quita que determinadas localidades de la zona Sur, Suroeste de la región no posean enclaves de prestigio y riqueza, donde se asentaron clubes y escuelas de origen inglés, como determinados barrios de Lomas de Zamora, Adrogué, Quilmes, etc.

el rugby a centros urbanos o capitales provinciales de menor tamaño que las de la primera ola, favorecida por procesos migratorios internos y el crecimiento de la demanda de personal educado en esos enclaves. Un ejemplo de ello lo constituye el rugby en la provincia de Formosa, una de las últimas jurisdicciones en ser declarada provincia y, a su vez, uno de los distritos con menor índice de desarrollo económico en el país. En los primeros años de la década del setenta, los hijos de los militares localizados allí en el contexto del gobierno dictatorial, empiezan a practicar el mismo deporte que habían aprendido en las ciudades y universidades donde habían vivido previamente. Muchos de ellos habían estudiado en Rosario o en Córdoba, es decir, que no provenían solamente de Buenos Aires, sino de estas ciudades que habían recibido la primera ola de expansión hacia el interior. Sus hijos, a su vez, asistían al colegio nacional de Formosa, y son ellos los que empiezan a organizar el rugby a nivel local, queriendo continuar la práctica habitual que realizaban en sus provincias de origen o en las que se habían educado. En muchos casos, el rugby formaba parte del pasado familiar.

El proceso tenía como eje, también, la educación universitaria: formoseños que emigraban para estudiar a Córdoba o Rosario, se involucraban en la práctica del rugby local mientras estudiaban en esas ciudades. Al regresar a su provincia, iniciaron contactos con otros rugbiers para promover la organización de partidos y clubes. El mismo proceso se da en algunas localidades y ciudades de la región patagónica y andina. Es interesante notar que la expansión deportiva ocurre al mismo tiempo que los procesos de expansión de la educación superior y/o de las demandas de profesionales en ciudades capitales o localidades que antes no requerían ese perfil social. El Club Universitario de Bahía Blanca, en el sur de la provincia de Buenos Aires, se funda en 1956, pocos años después de la creación de la Universidad Nacional del Sur.

Entonces no es una elite que migra, sino todo un sector que a medida que se expande la educación superior –que es apropiada en la mayor parte de las ocasiones por un sector ya educado y con acceso a información y recursos materiales– extiende la práctica del deporte, atrayendo también a sectores de clase media y media alta, pero conservando sus marcas de distinción. Nunca se masificó. Los jugadores de rugby, estudiantes universitarios, circularon interprovincialmente en el centro y norte del país, y desde la capital hacia el "interior" en el caso patagónico. En ambos procesos, la asociación entre clase, distinción, moral y "capital", se expandirá: como me relataban ex jugadores de rugby de Formosa y Córdoba, la referencia al poder y la "clase" del rugby porteño será siempre no solo un dato que conozcan, sino también algo frente a lo cual diferenciarse. Aunque quienes lo digan posean posiciones de privilegio naturalizadas a nivel local.

Ese proceso condujo a la elitización y fuerte identificación del rugby como deporte de las clases altas locales, y aunque lo practicaran junto a ellas sectores medios. En los sectores de privilegio de cada ciudad, a lo largo de las décadas se fueron acumulando prestigios sociales con capitales económicos, sobre todo en la posesión de la tierra y/o de las industrias locales, simbolizada en figuras que luego emergen condensando trayectorias y capitales económicos, políticos, simbólicos y corporales construidos en el mundo del rugby: la figura de quien fuera tres veces consecutivas gobernador de la provincia de Salta, el dirigente peronista y empresarial[20] Juan Manuel Urtubey, ex rugbier del Jockey Club de Salta y ex jugador del seleccionado provincial de rugby, constituye el caso ejemplar. En la presentación del partido que Los Pumas disputaran en Salta contra Australia en octubre de 2018, en el marco del Rugby Championship, el gobernador era felicitado por el referente del rugby profesional Agustín Pichot, reconociendo el desarrollo de este deporte en su provincia. Urtubey, por su parte, destacaba la importancia del rugby para su formación como persona por sus valores, recordando que es "mi deporte, el deporte que amo". Esta asociación también alcanzó al presidente de la Argentina entre 2015 y 2019, Mauricio Macri: en su caso la asociación no llegó por la práctica del deporte, sino por pertenecer a un círculo social que sí lo hizo, dada la relevancia que el rugby tuvo y aún tiene en el colegio Newman del que egresaron Macri y su círculo más íntimo. No son pocos los legisladores nacionales, gobernadores, intendentes que han practicado rugby, de distintos partidos políticos, y que reconocen en el rugby una fuente de virtud.

Sin embargo, una suerte de reflejo antielitista pretende invisibilizar la posición de poder y de clase a nivel local y el señalamiento, que también funciona en ocasiones como acusación. El juego es doble: las elites y los sectores profesionales que juegan al rugby y se reconocen como parte de él en el interior del país, admiten y reciben con interés la jerarquía de clase que posee el rugby porteño, y competir frente a los varones educados de la URBA siempre es un desafío que los prestigia, deportiva y socialmente. Al mismo tiempo, buscan diferenciarse del halo "cheto" y por lo tanto impugnable por su elitismo que cualquier ciudadano no rugbier pueda encontrar en el deporte: "eso es de la capital, acá es un asunto de clase media" me decía un destacado profesional de una familia tradicional de

---

[20] Pertenece a una familia de profesionales que constituyeron parte de la elite política de la provincia y del país desde al menos mediados del siglo XX. Es además profesor de Derecho de la Universidad Nacional de Salta. Sus hermanos, primos y tíos están emparentados con distintas familias de las elites económicas y políticas de Salta y de otras provincias argentinas (De Estrada, Bosch, Sánchez Sorondo, Blaquier, Saravia, entre otros).

Formosa, frente al riesgo de quedar asociado al elitismo porteño. Una versión más, y más específica aún, de la tensión capital-interior, es decir, de las múltiples formaciones nacionales de la alteridad (Segato, 2007) que se juegan en la Argentina del pasado y del presente.

Observar la conformación institucional del rugby muestra otra faceta de la tensión. El proceso de conformación de las uniones de rugby siguió una lógica regional que no respetaba *per se* las divisiones político-administrativas (léase, las provincias) en función de aquello que siempre ha aunado al menos hasta años recientes, al rugby argentino y global: las redes construidas por y entre varones en la práctica de este deporte. Por ejemplo, la Unión de Rugby del Nordeste está formada por los clubes de Resistencia y Corrientes, sobre todo. Otras uniones abarcan más de una provincia, la del Valle en Río Negro y Chubut, mientras algunas reúnen a clubes de una subregión provincial, habiendo varias uniones en el mismo distrito, como sucede en la provincia de Buenos Aires. Pero este proceso de conformación de uniones provinciales/regionales se dio al mismo tiempo que se sostenía la ausencia de una unión específicamente porteña: ésta era, propiamente, la UAR.

La Unión Argentina de Rugby constituía un órgano de gobierno del rugby de los clubes tradicionales de Buenos Aires. Ese orden político estuvo vigente durante casi un siglo, hasta la última década del siglo XX. Hasta entonces, la UAR se organizaba por medio de una suerte de membresía doble. Estaban los clubes de rugby de Buenos Aires y las Uniones regionales de rugby, que en cada provincia o región reunían a los clubes de sus regiones. Esta representación preferencial de los clubes porteños en el máximo órgano de gobierno del deporte se mantuvo hasta que las presiones de los clubes y uniones del interior hicieron cada vez más explícita su demanda de participación, e ilegítimo el armado político que privilegiaba a los clubes porteños en la unión "nacional" del deporte. Al mismo tiempo quedaba de manifiesto que las "internas" de los clubes porteños se saldaban en un cuerpo nacional, supuestamente federal, y no local. Buena parte de esas tensiones se debían ya a las diferencias, sutiles entonces, en torno al proceso de profesionalización deportiva, a la mayor injerencia de anunciantes que incipientemente encontraban en el rugby un lugar donde hacer valer sus propias marcas comerciales.

En 1995 se crea la URBA, como unión "provincial" en la misma jerarquía jurídica y organizativa que el resto de las uniones de rugby ubicadas en el país. Aun así la URBA sostuvo su dominancia en la UAR, ya no tanto en términos formales de la distribución del poder político, pero sí a través de la imposición de sus candidatos en los órganos de gobierno. De hecho hasta 2006, el presidente de la UAR siempre era un miembro de un club de Buenos Aires. Entonces, por primera vez se hacía con el puesto un dirigente de Rosario. Alejandro Risler, asumió en 2006 enfrentando una situación financiera que no solo ponía en riesgo las cuentas de la unión, sino también su "fama", siendo que con ello está en juego también la representatividad del sector de clase que hace del rugby "su" deporte.[21] Al mismo tiempo, esa gestión del "interior" hizo frente al reclamo de Los Pumas por deudas en los pagos de viáticos, conflicto que catalizará el debate por el profesionalismo en el deporte.

La oposición amateurismo-profesionalismo deportivo también tuvo su capítulo en la dialéctica "nacionalista" en la que es posible ver las transformaciones y tensiones sociales en la Argentina. Las oposiciones, desde finales del siglo XX, se estructuraban en torno a una posición dura de la recientemente creada URBA y de los clubes en contra del profesionalismo deportivo que se decretaba a nivel global, frente a una posición más amistosa liderada por algunos referentes de clubes del interior –que veían una oportunidad para el ingreso de recursos económicos– y progresivamente, entrando los dos mil, una posición cada vez más amigable por parte de jugadores de Los Pumas que integraban ya el sistema profesional europeo. La confluencia progresiva de ambos hizo que incluso cada vez más dirigentes "porteños" vieran con mejores ojos el proceso de profesionalización. Cuando en 2008 Porfirio Carreras, dirigente del Club Alumni (URBA) asume como nuevo presidente de la UAR, se visibiliza ese quiebre, que fue traumático para muchos socios de CUBA. Aún recuerdo una entrevista con un referente del rugby "cubanito" –como a veces ellos mismos se nombraban– y su desaforada indignación frente a estos dirigentes que querían hacer del rugby "un negocio". Fue durante la presidencia de Carreras que se formaliza el pago de becas para quienes participaran de instalaciones y programas de alto rendimiento (los Pladares) que se emplazaron en Buenos Aires y en distintas capitales del interior del país, y el pago a los jugadores de la UAR, Los Pumas.

---

[21] La "buena administración" del club será uno de los mantras más repetidos por mis interlocutores en CUBA. Los socios destacaban el desinterés de sus dirigentes, que ad honorem, realizaban una administración sustentable del club, manteniendo una cantidad de socios prudencial –alrededor de 20000 mientras realizaba el trabajo de campo- y acorde a la capacidad de las instalaciones que posee. Aún recuerdo el relato de un socio, ejemplo de una formación nacional de la alteridad muy específica: cuando me contaba la virtud administrativo-económica de CUBA me indicaba que era una excepción comparándolo con otro Club reconocido en la Ciudad de Buenos Aires que afrontaba dificultades económicas porque habría dejado que ingrese cualquiera. Narraba una escena y una causa. La escena era que concurrían tantos socios a la pileta del club, que solo se podían remojar los pies. El motivo: había judíos en el club.

En la puja entre capital e interior, que expresa una narrativa en la que los actores leen las relaciones de poder desiguales y construyen alternativas, las lecturas moral y nacionalista constituyeron dos ejes. Mientras que los del interior serían "pro-mercado" –tal es una de las acusaciones que distintos miembros de la URBA me contaban–, los de las provincias cuestionaban el centralismo porteño e impulsaban la federalización del rugby, una política de igualdad que asegure posibilidades a los jugadores del interior alejados del "centro de poder" porteño. Estos últimos eran acusados de "elitistas" e impugnaban los privilegios de los que gozaban los rugbiers de Buenos Aires desde hacía tiempo, proceso que recuerda las posiciones plebeyas sobre la narrativa de la nación (Alabarces, 2013).

Esa concentración en el rugby porteño[22] se materializaba también en su capacidad de interlocución con actores extranjeros. Algunos rugbiers con los que hablé me contaron que cuando la profesionalización del rugby se consolidó "afuera" hacia los dos mil, el polo articulador de los jugadores para migrar al exterior era Buenos Aires. Esto quería decir que si un club europeo, aunque no fuera de los más importantes, quería contar con un joven rugbier argentino, por la fama deportiva que ya poseía a pesar de seguir siendo amateur, al contacto lo hacía por medio de los clubes porteños, más conocidos en el exterior, por las mayores posibilidades que habían tenido para viajar y realizar giras en ese continente. Era claramente una posición de superioridad en relación a los clubes de las provincias, que además –seguía la acusación– gozaban de un menor control y acceso a la información, dado que a la estructura de la UAR la seguían manejando los porteños. De esta manera, los jugadores de rugby de los clubes amateurs de Buenos Aires que querían o necesitaban buscar un futuro como jugadores profesionales en el extranjero se hallaban en mejor situación que los del interior.

Entre elitismos y centralismos, se actualizaba en el discurso de mis entrevistados la producción de la desigualdad en sus múltiples facetas. Centralismo y clasismo eran dos de los ejes de la disputa, y la cerrazón frente a la profesionalización, era una prueba más del clasismo. La misma tensión se manifestaba en la composición de los Pumas y el listado de jugadores argentinos que ya entrados los dos mil tenían contrato profesional en Europa: en ambos "listados" la mayor presencia porteña era evidente. Estos justificaban su defensa del amateurismo

---

[22] A pesar de la distinción nativa, utilizo aquí porteño para referirme no solo al rugby que practican quienes nacen o quienes juegan en clubes de la hoy denominada Ciudad Autónoma de Buenos Aires. Lo utilizo más bien como análogo al rugby de la URBA, de los clubes más antiguos y tradicionales localizados en el Área Metropolitana.

en el atributo moral del deporte de caballeros, donde el dinero no debía ingresar, por su impureza y porque no era necesario para el desarrollo del deporte (Fuentes, 2012). La dimensión moral es clave en la distinción sobre cómo se representa la nación, cómo se organiza y quién define las reglas de organización del deporte.

Esta batalla siguió siendo una constante en la organización y distribución del poder en las instituciones del rugby. En 2011, la URBA dictaminó una medida que produjo un amplio rechazo entre los jugadores de rugby de sus mismos clubes: la prohibición de jugar en sus competencias a jugadores que recibieran una renta o viático, es decir, que estuvieran participando de los Pladares motorizados por la UAR. Al inicio del torneo, los rugbiers hicieron una sentada en señal de protesta, reivindicando además el leitmotiv amateurista con el que los dirigentes pretendían justificar su medida: para la sentada salieron a la cancha con carteles que decían "Queremos jugar con todos", es decir, con aquellos amigos que a partir de esa medida quedaban excluidos. Algunos dirigentes de la URBA, más reflexivamente, leyeron ese conflicto a posteriori. Uno de ello, Lucho Gradin, socio del centenario Belgrano Athletic y ex Puma de la famosa gira de 1965 a Sudáfrica, declaraba en una nota:

> Debemos retomar el control y liderazgo de la URBA, no desde un sector, sino desde una amplia mayoría de clubes y desde allí volver a ser el hermano mayor en la UAR y no los 'Porteños' dueños de la verdad. Uno de los grandes secretos y valores de este juego que aprendí, es la autocrítica.

A pesar de reconocer la disputa entre porteños e interior, y la derrota en la que se hallaban –frente a los jóvenes, a los hijos socios de sus mismos clubes, y frente a los clubes del interior– su posicionamiento paternalista indica que el regreso al poder, es decir, la disputa en la UAR debía ser a partir de una posición de superioridad y liderazgo, el "hermano mayor" del rugby argentino. Estas polémicas que son más amplias y extensas de lo que aquí describo, actualizan un proceso de formación de alteridades en el espacio nacional donde se juega el lugar de las elites porteñas. Sin cesar.

El mismo proceso migratorio interno que posibilitó la creación de clubes y luego el armado de las uniones de rugby en algunas regiones del país, aún hoy "afecta" –como me recordaba un entrenador de rugby de Formosa– no tanto al mantenimiento de los clubes, pero sí el de los equipos de rugby. Me refiero a la educación universitaria. Si bien es un fenómeno que podría "amortiguarse" en los próximos años con la consolidación y crecimiento en el prestigio de nuevas universidades nacionales creadas en distintas regiones y provincias del país, y la creación y expansión de las universidades privadas, algunos interlocutores acusan recibo de que la movilidad estudiantil afecta la conformación y estabilidad de los equipos de rugby local.

Al terminar el secundario algunos jugadores deciden estudiar una carrera que no se ofrece en la universidad local, o, para capitalizar prestigios por recomendaciones familiares deciden ir a hacer su carrera universitaria a las "grandes" universidades, más antiguas y prestigiosas, como Córdoba, Rosario o Buenos Aires. Al llegar allí, muchos de estos jugadores se asocian a los clubes de rugby locales, y adquieren una nueva experiencia, por lo general de mayor nivel deportivo, por la frecuencia en el juego, pero también por los recursos que poseen y la racionalización de los entrenamientos deportivos que acontece en estos clubes. Me encontré con estas situaciones, de estudiantes universitarios provenientes de otras jurisdicciones, que solicitaban el ingreso a CUBA una vez radicados en Buenos Aires, basados en recomendaciones de conocidos y parientes. Quienes realizan esa migración, cuentan no solo con los recursos económicos para realizarla y sostenerla. Es también la expectativa familiar y de los mismos jóvenes, que de esta manera reproducen o el centralismo y jerarquía porteña, o el prestigio de las grandes y más antiguas universidades, por sobre los prestigios ¿menores? (de las instituciones) locales. En esta dinámica propia de las posibilidades y expectativas de los sectores más aventajados a nivel local, se actualiza la jerarquización de las experiencias que tienen como polo generador la dialéctica entre centralismos y localismos en la construcción de la nación.

Desigualdades en el rugby argentino: redes de intercambio y posicionamientos estratégicos

La conformación de las uniones no se da solo por "cercanía", sino por circuitos. Así por ejemplo, un club de la ciudad de Clorinda, Formosa, decide participar en el rugby paraguayo (de Asunción), por una cuestión de cercanía y costos, y por la densidad de la vida social que conecta ambas ciudades y sociedades. Para los clubes de ciudades no tan grandes, y con escasos recursos, integrar una unión implica poder sostener un torneo para lo cual necesita capital económico que suele provenir de sus mismos socios. Esto condiciona el armado de las uniones y sobre todo de los torneos.

Esta carencia económica relativa –porque se da en relación a otros clubes localizados en localidades más "importantes"– impacta en el nivel de juego porque condiciona la cantidad de instancias en las que se compite frente a equipos más experimentados, con otro estilo de juego incluso. Los clubes ubicados en las provincias más alejadas del centralismo porteño tienen las de perder, aunque ello no es una regla, y constituye además un indicador de la posición de clase, medida en la posesión y disponibilidad de capital económico, por parte de quienes practican rugby en distintas regiones del país. Si bien los socios de un club de rugby formoseño pueden tener dificultades en solventar económicamente los viajes de su equipo a otra ciudad, muchos de los clubes integrantes de uniones de rugby de la región patagónica, deben viajar cada fin de semana más de 100 km. El soporte económico es totalmente necesario y una marca de ciertas condicionalidades de quién puede o no embarcarse en la práctica regular de este deporte.

Las uniones suelen imponer algunas condiciones a los clubes para jugar un torneo regional, como un determinado número de jugadores (45, por ejemplo), tener divisiones juveniles, etc. A su vez, las uniones intentan que los clubes formen a sus árbitros, que cada club aporte el suyo. Los torneos regionales no funcionan solo para mejorar la performance deportiva sino también para atraer a nuevos públicos, incentivar a "los chicos" de los clubes cuando ven competir a su club contra un equipo "de afuera", como relataba un dirigente. Más torneos, además, permiten que mayor cantidad de jugadores compitan efectivamente, por lo cual las uniones organizan amistosos, giras, o, por ejemplo, torneos binacionales entre clubes de Formosa, Misiones y Paraguay, el llamado "Dos Orillas".

A lo largo de la investigación, me encontré con que algunas uniones de rugby del interior del país reprogramaban un partido local que si bien coincidía "justo" el mismo día con un partido de Los Pumas en algún lugar del territorio nacional, era "cercano", tal vez el mismo fin de semana. Inquiriendo sobre los motivos entendí: buscaban facilitar que los jóvenes rugbiers puedan viajar a la provincia donde se disputa ese partido, y aunque no lo hicieran en avión sino en auto –como un típico viaje de amigos, con sus expectativa de aventura y todo un fin de semana sin la tutela adulta–, es la condición económica de pertenencia de base al rugby que hace posible esos cambios, y la política –de gobierno del deporte local– la que la viabiliza.

Si la aventura a otra provincia ya no es solo "juvenil", sino que se organiza desde el mismo club con la iniciativa y apoyo de su dirigencia, se generan partidos amistosos entre el club que viaja y algún club de la ciudad donde se realiza el partido. Los adultos dirigentes realizan los contactos previos con algún exjugador de ese club local, ya que por lo general este tipo de iniciativas se realizan entre los clubes más "tradicionales" de cada unión, cuyos socios y exjugadores se conocen de años. Aquella densidad de la vida social que los rugbiers porteños de las décadas del treinta y cuarenta buscaban construir con sus pares del "extranjero", cual diplomacia deportiva, se produce hoy también entre uniones y clubes ubicados en distintas regiones del país, visibilizando una frondosa red de contactos de varones educados, adultos, y deportivos, que se extiende a lo largo del territorio nacional, y constituye un capital: a donde vayas, diría un nativo siempre hay un club de rugby o un rugbier, conocido de conocidos, camarada de otro camarada, que puede recibirte, a quien acudir, quien entiende los propios códigos.

Sin embargo, las desigualdades relativas persisten: en algunas localidades el tradicional y famoso "tercer tiempo" se "suspende", por un apretón de manos, un saludo cordial entre los equipos oponentes, y una disculpas, dichas y repetidas por parte del equipo que juega como local, por no poder organizar el tercer tiempo.[23] La escasez de recursos económicos ubica a los clubes pequeños y más nuevos, cuyos integrantes provienen de sectores populares, en una posición de incapacidad y de expuesta necesidad: la imposibilidad para instituir el ritual de camaradería, que a su vez funciona como un ritual de don y contra-don, que mantenga los intercambios y los asegure a futuro. Si bien existen clubes en Buenos Aires organizados recientemente desde y para sectores empobrecidos, el "padrinazgo" de diversas instituciones y empresas aseguran un flujo material de recursos viable, la mínima riqueza colectiva que es necesario mostrar en los rituales que instituyen al rugby como tal. Como veremos en el capítulo 6 el rugby como política social reconduce la necesidad a formas de significación y valor que se entiende con la lógica de las redes verticales de intercambio (Adler Lomnitz, 1982).

Uno de los jugadores de rugby profesional de la UAR me contaba el tipo de pregunta que le hacían sus compañeros franceses cuando jugó en un club europeo:

> el primer año que iba (me preguntaban) "¿y vos venís de una familia de mucha plata?" "No", le digo, "nada que ver. Yo juego al rugby", le digo. "Pero allá es muy común en Argentina, ¿no?" "Depende" le digo. "Hay gente con mucha plata y gente que no tiene… que está.. pobre", le digo.

Las transformaciones del rugby local también lo son de la estructura social. Las lecturas sobre la pertenencia argentina del rugby a la elite, persiste sobre todo, por el peso de ésta en el rugby porteño y su proyección nacional-global. La conversación del jugador profesional con sus pares franceses es un eco de esa lectura, que llama la atención del rugby francés, donde el mismo Bourdieu pasó por alto su carácter elitista (Besnier, 2012). La respuesta del jugador argentino se ins-

---

[23] Las uniones pequeñas, por su parte, no afrontan gastos de técnicos, los convocan para que realicen un voluntariado, es decir, presten sus servicios gratis.

cribe en su propia lectura de la clase, que sin embargo, también es relativa: mi interlocutor no era ni pertenecía a la elite porteña. Proveniente del interior de la provincia de Buenos Aires, sus marcas, no obstante, constituían un ejemplo de una posición en lo alto de las jerarquías locales, de una posición de dominancia: el padre poseía una empresa vinculada a la provisión de equipamiento para "el campo", es decir, para las explotaciones agropecuarias de la pampa bonaerense. Él podía dar cuenta de su "no pertenencia" a la elite contándome que en sus vacaciones solía ayudar a su padre –al negocio de su padre– cargando bolsas *como* un peón del campo. Aunque la posesión de capitales económicos en su familia no se acerque al de las grandes familias terratenientes de la provincia, su discurso lo ubica en una relación dialéctica con la peonada. Su capacidad para mimetizarse con el otro es una indicación de la clase en la que se ubica, hasta que, en otro contexto –mi entrevista con él en San Isidro, Buenos Aires, o su conversación con sus pares en Francia– su estrategia sea tomar distancia de las elites con las que convive, a las que apuesta, de la que proviene en la escala local. No es solo estrategia, sino también ubicación relativa en relación a los capitales y las posiciones que detentan otros jugadores y otras familias de esos contextos.

La producción de la clase es posicional y contextual. También relacional, se define en los contextos en los que se habla y transcurre, y donde los sujetos se imaginan estando. Sin embargo, la pertenencia a un deporte de elites centralistas de la nación aún significa, otorga sentido y organiza los rituales de intercambio que deberían acontecer en todo el país –que permite construir esa frondosa red social de contactos inter rugby a lo largo del país– y las percepciones nacionales y extranjeras sobre la estructura de clases y su manifestación deportiva en la Argentina contemporánea.

"Caballeros versus Animales"

La práctica del rugby –como lo puede ser otra práctica deportiva, recreativa, educativa, cultural, etc.– constituye el espacio social donde se articulan los intereses y las estrategias de la cultura parental (Feixa, 1998), en torno a la reproducción de la posición social de los jóvenes, es decir, en la generación de la herencia incorporada, la incorporación de la clase, como lo estudiara Bourdieu (2002) para el caso de los deportes en los sectores altos y profesionales en Francia. Los deportes constituyeron una forma de producir jóvenes masculinos moralizados: *caballeros*, en torno al respeto a las reglas de juego y a la sociabilidad que habilitaría: "el espíritu [enfatiza] del rugby del que tanto se habla prioriza la formación de personas, el divertimiento y los amigos, y en un segundo estante la competitividad" (Gregorio, 51, CUBA, contador UBA, Villa de Mayo).

Desde sus orígenes, el deporte moderno ha estado asociado a un determinado marco moral, a comportamientos permitidos y prohibidos, a una función educadora y civilizadora (Elias, 1992) vinculada el tiempo libre del que gozaban las elites (Mandell, 1986). En cada nación los deportes son jerarquizados desigualmente y apropiados por distintos sectores sociales: ahora bien, estas señas de clase cambian a lo largo del tiempo y de las dinámicas políticas y culturales, y ese enfoque es clave pare entender las tensiones de la profesionalización en la Argentina. Para Hargreaves (1993), el deporte moderno constituye un modo de discriminación, puesto que se configura como una práctica eminentemente masculina. Los deportes juegan un rol clave en las sociedades modernas, para la construcción de las identidades generizadas y la reproducción de las desigualdades en las relaciones de género (Messner y Sabo, 1990; Besnier, Brownell y Carter, 2018). Y para la construcción de la nación: los deportes masculinos son relevantes porque en espacios como la Argentina, forman parte de la creación del imaginario sobre la nación, de sus héroes más representativos, donde se articula el género y la nacionalidad (Archetti; 2001; Alabarces, 1998 y 2015). En nuestro país es el fútbol el deporte donde se ha ido articulando esa relación. Otras prácticas, como el tenis, el voley, el hockey o el basquet, han estado subordinadas en el modo de interpelar de modo masivo a la sociedad, de movilizar pasiones, producir identificaciones, generar agrupaciones. El fútbol, el gran deporte nacional, produce sus propios héroes ligados a la construcción de la argentinidad (Alabarces, 2013) y la masculinidad (Archetti, 1984).

El rugby masculino se produce en relación a ese gran deporte. Por un lado, porque en ambos se genera una masculinidad que se pretende representativa de sí y de otros, de la nación. Como han visto Messner (1989) y Badaró (2009), el género femenino de la nación y la patria supone un hombre que la funda, la crea, la posee y la defiende. Por otro porque está en juego cómo se presentan públicamente aquellos que lo practican, y a qué y a quiénes representan. En un entrenamiento de rugby infantil converso con Pierre, un francés casado con la hija de un socio de CUBA. Pierre se había ido de la Argentina con su familia en 2002, "con De la Rúa", y hacía 3 meses que habían regresado al país. Le pregunto si le gusta el rugby: "Sí, bueno, en realidad al principio le tuve que insistir un poco yo, él es más futbolero, pero ahora ya sí. Pero yo prefiero que haga rugby". Le pregunto a Pierre si él hizo rugby cuando era más joven:

Muy poco, hice fútbol, pero en el fútbol un tipo se cae y hace toda una escena por eso, no es auténtico, acá en cambio nadie quiere ganarla por atrás, acá es todo más claro y más directo, ¿vos viste un partido de rugby? Acá se respeta al referí, no como en un partido de fútbol que le hacés lío por todo, acá cobre bien o mal se lo respeta y no se lo cuestiona, y hay un trabajo más de equipo (Diario de campo, octubre de 2009).

La sombra del fútbol aparece de modo constante para hacer pesar la dimensión formativa del rugby, es un juego gestáltico constante, de fondo y figura, pero un juego de poder al fin. En los entrenamientos de rugby infantil, sobre todo, se desarrollará una técnica constante para desarmar lo que denominé como el cuerpo del pibe futbolero (Fuentes, 2011). Es que al popular fútbol es necesario desarticularlo en el gusto, pero sobre todo, en la kinesis corporal que lleva a que los jóvenes jugadores de rugby sean más propicios a "patear la pelota" para adelante –movimiento típico del fútbol permitido en el rugby– que a llevarla en la mano y pasársela hacia atrás a sus compañeros, que avanzan casi en la misma línea, en conjunto, en equipo, para llegar al *in goal* del equipo contrario, el espacio donde se apoya la pelota para marcar el try.

En el círculo social del rugby, circula una frase que reza: "El futbol es un juego de caballeros jugado por animales, y el rugby es un juego de animales jugado por caballeros". En esa comparación, conocida y reivindicada en las conversaciones informales con entrenadores y jugadores de rugby, se condensa la oposición relativa del rugby sobre el fútbol. Se afirma una masculinidad que pasa por la fiereza y la animalidad puesta en juego en el rugby, y por el origen "aristocrático" de quienes compiten en ella.

Los jugadores de rugby juegan el juego de la animalidad, pero es sólo un juego: su origen es la caballerosidad, la nobleza, la moralidad, a diferencia del fútbol donde ambas propiedades sociales se invierten. La moral como coacción funcionaría en el fútbol pero no sería una propiedad que los jugadores de fútbol tienen por fuera del partido, y por eso hacen "trampa", son "ventajeros", me decían. El discurso del rugby funciona atribuyendo la hidalguía y la caballerosidad a una característica personal más allá del juego, donde está presente pero con la preeminencia de la fiereza. Julián, joven rugbier, me aclaraba una y otra vez lo importante que era obedecer y "no sacarse", "no calentarse" ni agarrarse a las trompadas "como en el fútbol". Aunque son frecuentes las golpizas y hechos de violencia protagonizado por rugbiers en la noche porteña, Julián me recalcó cada vez que nos vimos que él estaba "en contra de eso, o sea, acá (en el rugby) te la tenés que aguantar, si te quedaste caliente con otro jugador que te tiró al piso". En el rugby se demuestran a sí mismos y al grupo cómo controlan las emociones con pares, los nivela el grado de control emocional-corporal que alcanzan. Siguiendo a

Elias, la identificación de un yo con un nosotros, necesita no sólo explicaciones racionales, sino la "convicción emocional" (1993: 247).

Desde su punto de vista, si fueran patoteros, si se "sacaran" fuera de sí durante un partido, serían futboleros. Sin embargo ello sucede y a veces más frecuentemente de lo que declaran en las entrevistas. Y se manifiesta en la preocupación que tienen algunos adultos y jóvenes sobre los eventos de violencia física protagonizados por rugbiers que frecuentemente aparecen en los medios de comunicación. Es una frontera moral que aunque pueda ser transgredida pone en riesgo el estatus con el que este sector social se identifica, en una constante relación de diferenciación de "clase" en el sentido de un modo de vida dado por la civilidad y la autoregulación. Una clase que se dice en términos morales y se diferencia del deporte masivo y popular al que no se pertenece. El asesinato de Fernando Báez Sosa, en 2020, según la acusación protagonizado por un grupo de "rugbiers" constituya tal vez un punto de no retorno a la representación social del rugby como práctica libre de eventos violentos, como analizo en el epílogo.

Los deportes permiten ver cómo las sociedades van modificando relaciones y operaciones de clasificación, sus persistencias y cuestionamientos, más aún si se observan además en términos de género. La relación entre masculinidad/feminidad y clase no es un fenómeno exclusivo del rugby en su relación con el fútbol. Roy Hora (2014a) describe cómo en el turf de principios del siglo XX en Buenos Aires, los terratenientes dueños de los caballos desarrollaron una progresiva feminización de los jinetes, puesto que frente a una victoria ecuestre, dueño y jinete podían disputarse el logro. El mismo Carlos Pellegrini, directivo del emblemático club de la elite porteña, el Jockey Club, es quien además los ubica en la posición de "sirvientes". Es decir, se los ubica en la posición subordinada de dependencia de los dueños (relación de clase), se los afeita (práctica asociada en la época a los curas y los presos)[24] y se los feminiza más aún con la vestimenta. Esas relaciones fueron modificándose a lo largo del siglo XX, con procesos de profesionalización y masificación. Para el rugby, la relación de alterización con el fútbol, implicará otro importante movimiento: caballerosidad no puede ser equivalente a cobardía. Desde los mandatos de masculinidad dominante en la modernidad en la Argentina, la distinción vía el trabajo intelectual conllevará hacer valer la condición de ilustrados, en relaciones de clases que diferencien claramente a los universitarios de la clase trabajadora y los sectores populares en el espacio nacional.

---

[24] Este proceso cambia a partir de la década del veinte, con la aparición de grandes jinetes que van transformando la relación entre jinete y dueño del caballo; además, el turf disminuye su importancia como espectáculo masivo a medida que asciende el fútbol en la década del cuarenta (Hora, 2014a).

El problema del profesionalismo: fútbol, guita… ¿y la universidad?

Las uniones de rugby y la prensa deportiva especializada han sido el ámbito donde se fueron haciendo públicas las diferencias entre entrenadores, dirigentes, jugadores y ex jugadores acerca de la profesionalización. La discusión se organizaba sobre si el rugby debía incorporar o "blanquear" las remuneraciones económicas que algunos clubes ya implementaban para que sus jugadores dediquen mayor tiempo al entrenamiento, o qué debían hacer cuando se incorporaban dispositivos de entrenamiento intensivo que igualan a los jugadores argentinos con jugadores de las grandes naciones que practican este deporte, pero los desigualan en relación a sus pares que entrenan en los clubes.

Es un conflicto que atravesó la vida interna de muchos clubes, pero sobre todo se visibilizó en la URBA, que nuclea a los clubes más antiguos y a la vez más tradicionalistas en la defensa del rugby como afición, y donde CUBA lleva la bandera del amateurismo. El grupo dominante que dirige CUBA sostenía una visión "más dura" en relación a la dedicación de los jugadores del club a los entrenamientos, pero sobre todo por su participación en las selecciones (provincial o nacional), en el Pladar, y en equipos extranjeros, cuando eran contratados por algunas temporadas. Según diversos relatos, las medidas que se tomaban eran las de suspensión de esos jugadores, ya que estaban declinando frente al principal pilar defendido por CUBA: aceptaban que se les pagase un salario por jugar al rugby.

Para los actores sociales que se oponen a este proceso, el "mercado" y la "guita", traen un grave peligro: la pérdida de los "verdaderos valores del rugby". La profesionalización implica el reconocimiento del rugby como una práctica económica remunerada, a la que le corresponde por derecho un salario, una dedicación exclusiva de los jugadores al entrenamiento, el desarrollo de una "carrera", y un cambio en la producción física del cuerpo. Los cuerpos fuerte e intensamente entrenados diariamente son más corpulentos y resistentes que los de aquellos jóvenes amateurs que sólo entrenan algunos días y horas por semana, al finalizar su jornada de estudios universitarios.

La trayectoria universitaria y profesional es importante en la diferenciación social de estos sectores. Es un conflicto entre criterios valorativos, que tiene al cuerpo masculino como eje. El cuerpo pasa a ser un lugar para "invertir" de modo explícito: el Pladar fue implementado desde el 2009 por la Unión Argentina de Rugby (UAR) con financiamiento de la International Rugby Association (IRB), hoy World Rugby. Se trata de un dispositivo de entrenamiento intensivo, realizado en instalaciones ubicadas en diversos puntos del país, donde los jugadores seleccionados se someten a un entrenamiento y preparación física diaria y reciben un "estipendio" a cambio. Su objetivo es mejorar las condiciones de los jugadores argentinos, para acercarlos a la situación de los jugadores de otros seleccionados de la región y sobre todo, de las potencias del rugby (Inglaterra, Francia, Nueva Zelanda, etc.). Cuando se creó, algunos entrenadores y socios de CUBA veían al Pladar como la creación de un centro para la inversión de tiempo, esfuerzo y plata en el cuerpo, y donde lo demás quedaba relativizado por esa elección.

Además de generar las condiciones para materializar cuerpos más y mejor preparados, favorece la circulación de cuerpos internacionalizables. Integra a la Argentina en un mercado internacional de jugadores de rugby, proceso que ya se venía dando desde hacía algunas décadas, pero que se incrementó en los últimos 15 años. Muchos jugadores argentinos juegan en el exterior, o consideran jugar afuera como un momento de su trayectoria deportiva.[25] Según Gregorio, socio de CUBA, "los buenos juegan afuera" y "antes era el revés". Como han destacado otras investigaciones (Archetti, 2003; Damo, 2005), la profesionalización de los deportes conlleva la participación en circuitos internacionales. La incorporación de la Argentina a la modernidad como sociedad periférica (Archetti, 2003) se había caracterizado por exportar, en el ámbito de los deportes, cuerpos entrenados: jugadores de fútbol, de polo (también caballos), etc. Ello generó imágenes de la Argentina que son claves para quienes participan de este circuito.

La circulación internacional es valorada dualmente. Permite que los jugadores de la selección nacional de rugby cuenten con la experiencia de competir junto a jugadores de otros países durante la mayor parte del año, y no sólo para las competencias internacionales. Realza también el prestigio de la nación, a través de la trayectoria individual de los jugadores, no solo de la selección nacional de rugby. Pero con la profesionalización aparece la posibilidad de generar dos circuitos para el mismo deporte:

> El tema de la plata es fenómeno cuando vamos a laburar; tus intenciones son como las mías también, todo bien. Ahora, si tus intenciones son la plata y la mía es divertirme, no nos juntemos, no juguemos juntos los que estamos para ganar plata y los que estamos para divertirnos (Gregorio, 51, CUBA, contador UBA, Villa de Mayo).

---

[25] Si se analizaba la composición del Seleccionado Nacional de Rugby en 2013 se veía que el 90% de los jugadores competía en equipos extranjeros.

El discurso de Gregorio se justifica en términos de los valores, las intenciones de juego y los riesgos físicos: los cuerpos intensamente entrenados son más fuertes, preparados y por lo tanto pondrían en riesgo a los cuerpos jóvenes entrenados sólo en el tiempo libre, que se dedican a él por su dimensión formativa y como espacio de sociabilidad y de diversión, característico del rugby amateur. Desde el punto de vista analítico, la profesionalización indica la aparición de un nuevo organizador, que impone otros criterios valorativos –simbolizados en el dinero– en un espacio social fuertemente moralizado y controlado como estilo de vida.

El mercado y la industria deportiva, con sus marcas y publicidades (Mandell, 1986), pueden afectar a estos cuerpos nacionales que se desviven por el club, que se emocionan por la Argentina al escuchar el himno patrio, que juegan por el valor de la camaradería y el compañerismo. En vez del énfasis en estas dimensiones, los rugbiers pasarían a estar motivados por el dinero y la carrera profesional que se desmarca de la universidad. Los sectores privilegiados hacen de la moratoria social (Mørch, 1996; Margulis y Urresti, 1996 y 1998; Khan, 2011), de la profesionalización vía estudios universitarios, y de la sociabilidad alegre, recreativa y selectamente masculina, sus tradiciones a resguardar, y es en este punto donde se tensionan las fronteras sociales y simbólicas, específicamente las morales.

Frontera social porque en el imaginario nativo de los socios de CUBA el requisito para participar puede involucrar a individuos que provendrían de otros sectores sociales (sectores de clase media o baja) y harían "carrera en el rugby", buscando el éxito solamente por el rendimiento económico. Consiguientemente, quienes integrarían el mundo del rugby ya no serían pares de clase, medida sobre todo por el capital cultural escolar, sino que se produciría una disparidad en términos del origen social, perdiendo el rol constructor de redes y capitales sociales. Ya no podrían mostrarse públicamente por medio de un deporte cuya presentación pública no les es exclusiva.[26]

Frontera moral, porque estaban intentando sostener la bandera del amateurismo para que no ingresen los que desde su perspectiva tienen otros valores. La "guita" mercantiliza a los cuerpos –que ingresan en un mercado de compra y venta formal e internacional– y a los mismos grupos sociales y sus instituciones. Del cuerpo individual al cuerpo social. Se trata del ingreso del dinero como organi-

---

[26] Los clubes organizados por rugbiers de la URBA destinados y localizados en barrios "carenciados" son más bien una intervención realizada en el medio de este proceso, que relegitima al deporte tal como lo conciben (amateurismo pedagógico, formar en valores a estos jóvenes) controlando el proceso de expansión por medio de la moralización de sectores sociales subordinados.

zador valorativo (Zelizer, 2011) que viene a imponer un nuevo criterio en la organización del rugby. El fútbol sigue siendo el punto de comparación: los futbolistas profesionales desarrollan una carrera individual, basada en el éxito y el dinero, en un deporte que promueve la salvación y el ascenso desde el barrio o la villa miseria, carrera que tiene como modelo a Maradona (Alabarces, 2013; Archetti, 2001 y 2003).

Según algunos dirigentes y ex rugbiers de CUBA, la imposición de una carrera profesional lleva a la búsqueda desenfrenada del éxito y el dinero, y el *doping* constituye un riesgo si se elige como medio para lograr esas metas. Son los problemas de los cuerpos en la sociedad de consumo (Featherstone, 1991), solo que los cuerpos rugbiers, hasta estos años, no habían ingresado en los criterios de la sociedad del consumo, cuya producción y gestión es en muchos casos comandada por los adultos de estos sectores sociales. Si manda el dinero, ellos lo saben, el valor impuesto a los cuerpos ya no es un valor "moral", según la definición nativa de moral. Deja de mandar el club y sus dirigentes adultos, sobre los criterios que organizan ese espacio social que es el mundo del rugby, donde la plata siempre existió, pero no bajo la forma regulada del contrato y retribución económica del jugador, organizando el destino social de estos jóvenes por fuera de la universidad y la profesión universitaria.

La moral, una moral como teoría nativa: se trata de un esquema que funciona en el marco de un sistema social que considera a los sujetos, lo que hacen y sus supuestas motivaciones (los valores) como algo importante, y ello hace a su efectividad: está naturalizado un sistema clasificador de personas, acciones, proyecciones, deseos, cuerpos. Desde el punto de vista analítico, la producción de moral es una construcción relacional para sostener relaciones de poder, organiza y facilita la clasificación y valoración de sí en desmedro de alteridades diversas. Pensada en el cruce con la perspectiva de género, no es menor que el dinero sea percibido como intrusión, como violación a un espacio controlado por varones. Mis interlocutores usaban esos términos cuando se referían a la profesionalización: intrusión, meter, introducción. No poder sostener criterios, reglas de funcionamiento en un espacio altamente masculinizado pone en riesgo la autopercepción masculina hegemónica en ese espacio social, que asocia al hombre con la dirigencia y el control.

Además de las fronteras sociales y morales, es interesante relevar que es el cuerpo masculino el que está en juego. Dentro del campo deportivo, las diferencias se organizan como distinciones entre cuerpos amateurs y cuerpos profesionalizados. Analizadas desde un punto de vista sociocultural, se trata de diferencias en el uso legítimo o ilegítimo del cuerpo (Boltanski, 1975; Shilling, 2012) en el deporte, su destino, sus objetivos. Jugar por el juego mismo y por los compañeros y amigos, quedaría subordinado a una racionalización del entrenamiento, del juego, del cuerpo, para lograr un modelo de competencia asociado a la búsqueda del éxito y la victoria. Y sujeto además al riesgo de la pérdida de clase, si comprendemos que en las sociedades capitalistas "el dinero es el nivelador más atroz" (Simmel, 2005: 5), el que desarma otras jerarquías de valor para imponer las que establece el mercado de compra y venta.

En el desarrollo del trabajo de campo me encontré con posiciones alternativas: algunos adultos, ex rugbiers, personas "importantes" del club, que defendían la profesionalización, como un modo "nuevo" contemporáneo, o "moderno" de comprender "un mundo que ha cambiado", y que si CUBA no se incorporaba, "queda fuera". Voces de jóvenes jugadores de rugby de CUBA que en sintonía con lo anterior planteaban que "ahora se juega así". Muchos de estos jóvenes, que asumieron un perfil "más serio" de entrenamiento, justificaban una alta dedicación al rugby en los últimos años que les permitió, sin abandonar la universidad, conseguir una victoria en la liga de la URBA en 2013. Ese "tomarse en serio" lo hicieron además, explicitando que a diferencia de otros clubes, no reciben "estipendio", es decir, no necesitan la retribución económica.

No hallé una clara frontera o categorización etaria, en el sentido de que las posiciones pro y contra la profesionalización se encuentran entre jóvenes y adultos. Pero algunos jugadores de CUBA prácticamente encarnan la demanda paterna y dominante sobre el amateurismo junto con la "excelencia" deportiva, ya que además de lograr el triunfo "rugbístico", como dicen, logran desarrollar y finalizar sus estudios universitarios.[27] Eso los llevará, en pocos años más, a dejar la "primera" división y dedicarse a su actividad profesional, generando el recambio de los equipos del club. Pero el modo público en que esa discusión se organiza sí se presenta como disputa entre viejos y jóvenes.

Los Pumas: una antropología de la pasión nacional y la nación como *commodity*

Pensar una etnografía de la experiencia de nación y de la formación nacional de alteridades desprovista del análisis de símbolos e imágenes es tan problemático como pensarla sin las prácticas y las circulaciones de los actores. Tomar al de-

---

[27] No lo logran todos, pero al interior del club se destaca a los numerosos jugadores de la primera que ya se han recibido.

porte como práctica para comprender las formaciones nacionales de alteridad, permite ver la reproducción de jerarquías e indica nuevas modalidades para entender la producción de la nación en la intersección de lo local y lo global (Besnier, 2012). La nación no es sólo pertenencia, experiencia, o incluso *commodity* (Alabarces, 2013). Es todo ello, y una malla de inteligibilidad en la que se disputan jerarquías internas y externas que hablan en términos morales: quién representa a la nación y con qué valores, y cómo la "nación" es utilizada estratégicamente para posicionar individuos, organizaciones deportivas y empresas.

En el relato de Búsico sobre la emblemática gira del equipo nacional de rugby en Sudáfrica, donde la selección recibe su bautismo deportivo y zoológico como Pumas, se destaca una serie de cualidades que la prensa local vio en los jugadores argentinos: fiereza, garras y pasión son las que sobresalen. Un primer nombre sobrevuela al equipo argentino. Fue finalmente el nombre de un felino el que es reapropiado por los rugbiers argentinos como marca diferencial. En sus uniformes llevaban un yaguareté, pero la prensa empieza a nombrarlo como puma, en una suerte de parque zoológico en el que se fueron construyendo las denominaciones de los equipos nacionales de rugby de la mayoría de las naciones del sur global: Springboks, la sudafricana; Wallabies, la australiana y Teros, la uruguaya. En el mundo del rugby amateur, estos seudónimos y símbolos hablaban más de la experiencia de nación, que de una figura meramente publicitaria.

La identificación con determinados animales tiene su particularidad. En el caso argentino no deja de resonar la imagen de uno de los más importantes felinos americanos, sino también su carácter depredador que se articula con imágenes dominantes masculinas, propias de la situación de caza y ataque. La prensa sudafricana en aquella gira valoraba el estilo de juego argentino y la caballerosidad, pero también hablaba de lo "livianos" que eran en su modo de afrontar los partidos. En uno de los partidos cumbre, ante Transvaal Country Districts, los jugadores argentinos se encierran y comienza una gesta plena de rituales donde se remarcaba su potencia física incluso para "agarrarse a las piñas" con los contrincantes, "piña por piña". Elaboran una serie de canciones para instituir un nuevo clima, más victorioso, una de las cuales escenifica el cuerpo masculino en su cénit: "Con los dedos de la mano, con los dedos de los pies, con las dos bolas y con una pija, somos 23" (Búsico, 2015: 105). A continuación la crónica recuerda un juramento de sangre entre los jugadores, de no salir "vivos" si perdían, una performance del sacrificio y la entrega que se construyen como norte valorativo en el rugby. Finalmente ganan aquel partido y tuercen un destino deportivo produciendo el símbolo masculino que responda a la imagen de débiles que circulaba.

Esa asociación perdurable y exitosa en términos deportivos y de marca "nacional" fue extensible a la siguiente marca zoológica elegida por la UAR. El nombre elegido por la dirigencia de la unión para nombrar a la primera franquicia comercial del rugby argentino continuó con la familia de los felinos americanos: Jaguares, que no es otro que el yaguareté del nombre fallido en 1964. El contexto de resurgimiento de su nombre, sin embargo, es bien distinto.

Mientras voy llegando a la tribuna del estadio de Vélez Sarsfield, ya dentro del predio, hay un grupo de stands: una tienda deportiva de la UAR, con todos los productos de Jaguares y Pumas, uno de la Universidad privada UCES, otro de la Cruz Roja, luego un puesto de Renault, y al final hay un puesto de una ONG cuya misión principal es la protección del Jaguar/Yaguareté, especie en peligro de extinción, y nombre/símbolo de la primera franquicia de rugby argentina, Jaguares. El día está nublado y durante el partido se larga la lluvia, una lluvia tenue. Me vuelvo al stand deportivo de la UAR a comprar un paraguas que decía "Los PUMAS" –no había de Jaguares aún- (Diario de campo, marzo de 2016).

Como señalé en la introducción del libro, lo que más me sorprendió y logré entender como articulación entre nación, entretenimiento, deporte y comoditización de todo ese proceso, fue la presencia de "Jaguardo". En la primera temporada en la que Jaguares compitió de local en el Super Rugby, el torneo de la SANZAAR,[28] una persona disfrazada de un Jaguar, animal masculino, estaba acompañado de las mujeres porristas en cada partido.

Al llegar al lugar asignado por el ticket, observo el espectáculo de inicio: un grupo de 8 porristas mujeres, que en mi mente traen naturalmente el recuerdo de las películas estudiantiles norteamericanas y los deportes universitarios del norte global; una mascota, que sería un tipo disfrazado de jaguar, un locutor que establece interacción con las porristas y la mascota. En un momento el locutor dice que la mascota no tiene nombre, que aún no fue bautizada y un joven rugbier –parece serlo por su cuerpo– que estaba a unos pocos metros mío le dice: "es Wini Pu", como riéndose. Sigue impactándome a continuación el estilo que simula un "rockstar" con el que ingresan los Jaguares, hay fuegos artificiales, música rock a todo volumen. Los niños de entre 4 y 5 años que están sentados adelante mío se excitan con la música, se ponen a bailar, a gritar y moverse sin parar. Atrás mío y a mis costados, hay más grupos de jóvenes (25 a 30 años estimo) algunos de ellos con equipo de mate (Diario de campo, marzo de 2016).

---

[28] Organización deportiva que reúne a las uniones nacionales de rugby de Nueva Zelanda, Australia, Sudáfrica, Argentina y Japón. Desarrolla torneos que favorecen la circulación y competencia de jugadores del hemisferio sur.

Entonces pensé en el imaginario con el que interpretamos los fenómenos en aquel contexto, tanto el rugbier que ve a Wini Pu, y yo que veo el show del fútbol americano, ambos atravesados por la industria del espectáculo. Una industria generada desde los países del norte que construyen la simbolización y los nombres disponibles para interpretar lo que vemos, y todo remite a un show, a un espectáculo, a un conjunto de imágenes con las que hemos sido socializados.

Si el rugido Puma constituyó una lectura exotista de la animalidad y lo salvaje, justamente en tierras africanas –el summun de la mirada exotista "occidental" sobre la vida salvaje–, Jaguares es producido en la globalización de las marcas culturalistas, que nombra una práctica humana en el deporte con un epónimo en *ambiental-perfomance-commodity*. Me resulta interesante para analizar la combinación de deportes, empresas y ongs, consumo y ayuda, en el marco de un deporte hecho espectáculo. Está atrás la profesionalización del rugby financiada por grandes empresas y combinada con causas solidarias que son además muy "cercanas" a los sectores medios a altos, como la conservacionista.

Este conjunto de elementos provenientes de distintos campos hacen una formación discursiva que produce una experiencia. Se ofrece a la audiencia un escenario hecho show, con sus propios actores, y un conjunto de elementos (conservacionismo, merchandising, etc.) que integran una experiencia total, en el sentido de que condensa "valores" que hacen de ello algo grato, entretenido, variado, con "servicios". Todo ello bajo el halo actualizado de la fiereza animal masculinista con la que es leído el rugby argentino desde hace cuanto menos 50 años. Las audiencias a las que apela el rugby lo presentan por medio de una lectura de los animales mediatizada por la industria cinematográfica, el ambientalismo y el deporte como entretenimiento. Ambientalismo que define un terreno de altruismo social general de pureza moral; la industria cinematográfica que se simboliza en la presencia de muñecos, cuasi "personajes" antropomorfos; el deporte entretenimiento modelizado en los EE.UU, bajo la figura de la mascota y las porristas. Sin borrar enteramente las significaciones nacionales, la elite del rugby argentino constituye hoy una marca *for export*.

Cuando se lanzó la franquicia/marca Jaguares, las compañías de primera línea que poseen capacidad para invertir dinero al punto de plasmar la imagen institucional del deporte, encontraron en el rugby una puerta de entrada a amplios públicos con capacidad de consumo, un deporte que al mismo tiempo, por ese mismo impulso empresario, podía masificarse. En ese proceso la mención a los "valores" del rugby era ineludible, como se ve en el siguiente comunicado institucional de la compañía de telecomunicaciones Telecom, del 12 de febrero de 2016:

Manuel Correa Cuenca,[29] expresó su entusiasmo por ser parte de la primera edición de este torneo que tendrá una franquicia argentina: "Para Personal es muy importante seguir comprometidos en la difusión del rugby y de sus valores junto a la UAR, por lo que acompañar a Jaguares en el año de su ingreso al Super Rugby nos llena de orgullo". Personal acompañará el torneo brindando a sus clientes contenidos exclusivos de Jaguares y el Personal Super Rugby desde su plataforma de entretenimiento Personal Play/Deportes. De esta manera, Personal continúa acompañando los eventos deportivos de máxima calidad que se desarrollan en Argentina y apoyando a Jaguares en su primer año en el Personal Super Rugby, una de las competencias más importantes del rugby mundial.

En esta transformación de la simbología nacionalista a una estructura del valor comercial, el halo de la nación no se pierde por completo, como señalé en la Introducción, y allí su efectividad comercial: en los modos de lectura que, aunque parezcan confusos, constituyen la clave del valor económico del rugby, en la confusión de los niños entre el aliento a Los Pumas o el aliento a Jaguares.

La duda sobre los equipos de la UAR se extiende también al impacto que sobre Los Pumas tuvo y tiene la formación de Jaguares. Son casi los mismos jugadores quienes se desempeñan, desde 2016, para ambos equipos. La relación entre ambos se postuló como una sinergia: el mayor rodaje, la competencia y el entrenamiento constante de la franquicia profesional en un circuito de primer nivel global, como el de la Super Rugby, elevaría el rendimiento deportivo de los mismos jugadores y el mismo equipo nacional.[30] La duda de los niños, entre la franquicia y la marca nacional, es productiva mercadotécnicamente: la sinergia entre Jaguares y Pumas no es solo deportiva, es lo que permite que la primera marca "nazca" alumbrada por el halo nacional. Que sean los mismos jugadores habilita a la confusión, y pareciera que en cada partido del Super Rugby, quien jugara fuera la nación, y no solo un equipo profesional cuya "propiedad" comercial pertenece a la UAR.

Las compañías multinacionales están presentes en el rugby global desde hace muchos años, y la dinámica de esponsoreo es tan cambiante como en otros deportes profesionales. Las decisiones sobre qué deportes auspiciar son frecuentemente tomadas a nivel global. Adidas, por ejemplo, fue hasta hace algunos años

---

[29] Director de marketing de la empresa.

[30] Sin embargo, esa relación no se produjo en los primeros años: una de las mayores críticas fue que los resultados de Los Pumas en las competencias y en los amistosos que sostuvo entre 2016 y 2017, no fueron victorias ni muestras de un buen juego frente a otras naciones. En este caso, parece haber sido la mayor exigencia, constante, tanto deportiva como de viajes, la que puede haber repercutido en ese nivel, en una muestra de agotamiento de los mismos jugadores.

esponsor oficial de las selecciones nacionales de rugby de Francia, Italia, Argentina, y lo sigue siendo de Nueva Zelanda. Adidas y Nike se disputan a nivel global el esponsoreo de los principales clubes y selecciones nacionales en deportes como el rugby y el fútbol.

La Argentina ocupa un lugar clave en la expansión del rugby a nivel regional, específicamente en el Cono Sur. Se trata de una política que excede a la UAR, aunque la tiene como protagonista: es la extensión, ampliación y conocimiento del rugby a nivel país lo que hace tentador la creación de un mercado cada vez más complejo y diferenciado, con ramificaciones en los países vecinos. Así, por ejemplo, la cercanía con Uruguay en lo que concierne al desarrollo del deporte facilitó en 2017 la incorporación de un jugador de ese país, Nicolás Freitas, en la franquicia profesional Los Jaguares. La trayectoria de Freitas coincide con las dinámicas de clase y género propias del rugby argentino: jugador de Carrasco Polo Club, de Montevideo, y jugador juvenil de la selección nacional uruguaya, Freitas se formó en un club con tradición hípica, constituido hace más de 60 años, del que salieron y aún salen y compiten los mejores jugadores del país, aquellos que por lo general pertenecen a familias privilegiadas, en una situación análoga a la del rugby porteño. La novedad es que lo que la UAR por medio de Jaguares empezó a ensayar –y lo hizo casi sin resistencia por parte del público o de las uniones provinciales– es la circulación internacional de jugadores, el reclutamiento y contratación más allá de la nacionalidad argentina. Se trata de un rol casi geopolítico que la UAR viene desarrollando desde hace años.[31]

La incorporación del rugby Seven en los Juegos Olímpicos de Rio, persiguió diversos motivos a escala global. A nivel regional, uno de ellos fue situar al rugby en el cono sur, darlo a conocer, expandir sus fronteras, más aún teniendo en cuenta que se hacía en Brasil, uno de los países claves de ese desarrollo donde el rugby está aún en estado incipiente. El rugby brasileño no cesa de crecer desde entonces. Pero lo que posibilita la expansión es el rol de la industria deportiva, que como sabemos también está detrás del financiamiento y organización de los Juegos Olímpicos. En 2014, antes de los Juegos Olímpicos de Rio, realicé una presentación de la investigación que venía realizando, frente a un grupo de colegas antropólogos especializados en deporte en la Universidad Federal Fluminense, ubicada en Niterói, frente a Río de Janeiro. Muchos de ellos no podían entender de qué se trata este deporte: pocas veces lo habían visto en la televisión,

---

[31] El torneo "Argentino" de uniones por ejemplo, no solo solía reunir a los equipos de las uniones provinciales en una competencia "federal", sino que, además, solía invitar a un equipo de las uniones de un país limítrofe a que compita en el mismo.

y no conocían a nadie que lo practicara a nivel local. Luego de los Juegos Olímpicos, el rugby creó una suerte de sensación en diversos sectores de la sociedad brasileña, y su expansión se realiza ya no solo por medio de la creación de clubes, sino también de dispositivos sociales del tipo de "deporte social". Son cada vez más las "Onguis" (ONGs) que enseñan rugby en las favelas como "herramienta de inclusión social".

El rol de la nación, en un capitalismo global como el que vivimos, se juega también en su rol de promotora del rugby profesional a nivel subcontinental o continental: proveer con jugadores a clubes de otros países que sí cuentan con recursos económicos para el desarrollo de la industria deportiva, como los Estados Unidos. Y con un rol preponderante en la organización, ya que la Argentina es el país del continente americano con mayor historia y desarrollo deportivo del rugby masculino. Allí la empresa nacional es una gesta económica. La organización de un evento deportivo de tal alcance permite expandir la marca "Argentina", y el deporte así, constituye una herramienta geopolítica de construcción de poder global que utiliza pero trasciende el espacio nacional creando una imaginación global que sigue las lógicas de concentración económica transnacional (Giulianotti y Brownell, 2012). Nación y símbolos de consumo no se contradicen: antes bien, su confusión y confluencia catapultan una marca que ya aprovechan empresas globales y tal vez aprovechen gobiernos nacionales.

Una elite nacional hecha desde el deporte

Las lógicas de poder a nivel nacional ubicaron a una elite local y regional que se construyó en el campo económico y social y que hizo del rugby un deporte propio para la distinción. En el campo deportivo, el rugby porteño se construyó en una jerarquía de poder enlazada con los procesos de hegemonía de la capital argentina sobre el interior, y en el rol de la capital como vínculo de la nación con el mundo. La subordinación del *interior* permitió construir una interacción de identidad/alteridad (Segato, 2007), cuyo efecto fue la naturalización en distintos campos –incluido el deportivo– de la capital como centro de la nación.

Los "contactos", el capital social local y global, les permitieron a los rugbiers de Buenos Aires liderar un proceso de expansión del rugby que combina, concomitantemente, incremento de las inversiones del capital privado hacia las organizaciones deportivas; la ampliación del rugby como elemento publicitario que amplifica el alcance tanto de los productos como de las caras y símbolos del deporte; la transformación de un deporte con jerarquía porteña en un deporte con jerarquía nacional; y, finalmente, la construcción de un nacionalismo "con clase", que los represente. Este proceso además está masculinizado, dado por los atributos y símbolos zoológicos y el modo en que se construyen y despliegan, desde la fiereza Puma hasta la versión Jaguar de la industria del entretenimiento que escenifica una mascota varón y un coro de mujeres porristas.

No hablo solo de clase social, sino de jerarquías nacionales basadas en la captura del poder representacional sobre la nación: algunos serían más argentinos que otros, o dicho en términos analíticos, acapararon los medios para hablar en representación de la nación, naturalizando su localidad y lugar (Geschiere, 2012) como lugar de la patria, su posición de elite educada, y su cercanía –también apropiación/propiedad– con los medios para producir simbólicamente a la patria. Caballeros para la nación. Como resultado y condición, las imágenes morales para la nación se encarnan en cuerpos (Godelier, 1986) argentinos. Se perfiló así una formación de nacionalidad que acontecía en una escena cargada de alteridades: el interior a subordinar y modelar, las potencias a seguir y frente a la cuales, en el juego, competir y empardar; y la región, a la cual modelar y dominar en el campo deportivo.

Se produjeron a sí mismo como varones relevantes para la vida de la nación, incluso para defenderla. Desde el amateurismo, la defensa de un terreno donde hacer valioso lo propio. Desde lo político, la defensa de una moralidad supuestamente supra-política los llevó a posicionarse en y desde el rugby, como varones guardianes de esos valores, los mismos que los enfrentan al peronismo y que permite entender que el antiperonismo sea un valor nativo, un símbolo de su propia importancia en la capital de la nación. La resistencia, la fortaleza, la continuidad y permanencia, lo aguerrido de sostenerse en lo que consideran trascendente. Las metáforas animales explican y simbolizan mucho más que una forma de juego. El uso que hacen de ellas indica una práctica reflexiva, donde se sabe cuál es el juego que juegan, del *gentleman* argentinizado en Sudáfrica, al dominio de las relaciones al interior de la Argentina. La construcción de la posición relacional con el fútbol, en el juego gestáltico constante que hacen sobre él, reafirma su posicionamiento moral superior, que va de la mano con la tradición familiar y social de la educación universitaria como marca de distinción.

Cual zona libre (Archetti, 2003), el deporte posee su propia autonomía, es decir, su propia dinámica productora de sentidos y de poder, y no funciona como mero reflejo de procesos sociales. Creo que ese dinamismo se puede apreciar en las mismas estructuras de poder institucionalizadas en el deporte, que no son solo reflejo de la disputa entre unitarismos y federalismos, sino mucho más: la activa producción del deporte como un modo de ser nación y de hacerse elite en ella, la conformación de sentimientos que no podrían producirse de tal manera (pasional, encarnada) si no fuera por este tipo de prácticas corporales, que generan su propia lógica y sentido en la experiencia de los actores que la juegan, o que la miran desde fuera.

La producción de estos sectores de elites trasciende al rugby, como vimos a propósito de las actividades culturales de CUBA o la significación sobre sus deportes náuticos. Pero es en el rugby donde cobra sentido, se materializa y se proyecta como campo de poder y del poder nacional(ista). Las simbologías actuales, sin embargo, ya escapan al dominio de las elites nacionales, porque las marcas de nación se hicieron *commodities* en el mercado global de la industria deportiva, donde se confunden Los Pumas, Jaguares, Jaguardo y el jaguar a ser protegido. En la antropología del valor, en la economía política de los valores, la producción, distribución y consumo del bien "nación" fue un recurso que los rugbiers porteños, dada su previa situación de privilegio, fueron utilizando y construyendo como escena clave para encarnar el liderazgo de aquellos connacionales a los que buscaban liderar y modelar, connacionales también privilegiados según lógicas locales y territoriales. Una red horizontal de contactos expandidos a nivel nacional, que privilegia la jerarquía de los fundadores.

3.
Cuerpos con clase: rugby, masculinidad y familias de "zona norte"

Cuando inicié el trabajo de campo en el mundo del rugby, contacté a dos hermanas ex hockistas del club, universitarias y socias adherentes de CUBA, que me explicaron desde su posición subordinada en las relaciones de género –en el parentesco, en el club, en la sociedad donde se mueven– lo que significaba el rugby en este espacio social:

> "Papá tiene la teoría de que si un chico juega al rugby, estudia y trabaja, no se droga. Asocia el rugby con la salud y por otro con el tiempo", dice Belén, mientras su hermana, Felicitas, explica la asociación que hace su padre: "salud, poder adquisitivo y no sé, de responsabilidad" (Diario de campo, noviembre 2010).

La teoría del padre de Felicitas y Belén, "fanático" del rugby y de CUBA, como él mismo se define, identifica a los jóvenes que tienen su mismo nivel económico en función del estudio y del rugby. Ambas imágenes incluyen una forma de hacer: estudiar mucho (estudioso) y hacer deporte (rugby y en forma amateur). Esas formas de hacer alejan al sujeto de la condición de trabajador –son condiciones sociales producidas y productoras, desigualdades basadas en el primer mecanismo de la desigualdad, la explotación (Tilly, 2000)– y por lo tanto lo distinguen de aquellos que deben vender su fuerza de trabajo, y deben vivir de la venta de la fuerza física (el trabajo de puro cuerpo, Chaves, 2004). Se invierte en la producción de un sujeto clásico de la moratoria social,[1] pero no se trata de estudio, diversión y deporte en forma generalizada sino de esas actividades con ciertos valores y en ciertos lugares. Esta circunscripción moral produce una mayor diferencia: es una posición de clase que se expresa en "valores", en el "buen comportamiento".

---

[1] Para Margulis y Urresti el concepto "alude a que, con la modernidad, grupos crecientes, que pertenecen por lo común a sectores sociales medios y altos, postergan la edad de matrimonio y de procreación y durante un período cada vez más prologando, tienen la oportunidad de estudiar y de avanzar en su capacitación en instituciones de enseñanza que, simultáneamente se expanden en la sociedad (1998: 5).

> La idea es abrir las puertas no a un deporte sino a todos y hacerles entender que ésa es la vida de CUBA. Porque CUBA es el deporte y la amistad, cuantos más chicos se junten más felices van a ser, incluso los va a ayudar a ser mejores personas (Declaración de Horacio Pizarro (h), a propósito de la reseña sobre la historia del Club Cadete Universitario, brazo de CUBA para niños y adolescentes, Club Universitario de Buenos Aires, 1993: 171).

El buen comportamiento constituye uno de los ejes del amateurismo, que podría ser reivindicado para cualquier deporte, pero el resto de la narrativa institucional y de actores como el padre de las hockistas ubican como ejemplo superior al rugby, el deporte para hacer amigos "de toda la vida" y ser "mejores personas". "Caballeros" dentro y fuera de la cancha. Esas amistades atravesarán el deporte continuándose en la universidad, la conformación familiar (noviazgos, casamientos), los trabajos futuros (empresas familiares, asociación entre amigos, préstamos, apoyos) y las relaciones sociales en general (los "amigos para siempre" son parte del capital social que se pondrá en acto cada vez que sea necesario).

Buena parte del tiempo y el espacio por el que circulan jóvenes de sectores medios altos y altos en Buenos Aires acontece en los clubes sociales y deportivos. La sociabilidad de los jóvenes universitarios transcurre en diversos espacios urbanos e instituciones, dentro y fuera de la universidad: en todos ellos nombrar o nombrarse como "universitario" constituye una categoría social de prestigio que señala una determinada ascendencia. Este capítulo analiza qué significa y cómo se genera una experiencia universitaria fuera de la universidad, en una institución cuyo objetivo explícito es la sociabilidad y cuyo corazón es la formación del cuerpo masculino. Entiendo a la sociabilidad como un conjunto de prácticas sociales, que pueden estar institucionalizadas o no, orientada hacia una interacción, contacto y relacionamiento con otros: hacerse de compañeros, amigos y conocidos, circular por los mismos espacios y tiempos; movilizar esa red de contactos como capital social, es decir, como recurso para obtener otros recursos; contar con una red de apoyo, de reconocimiento y en algunos casos de fuentes de identificación y construcción de distinción. Recordemos que era necesario contar con dinero para la membresía de este tipo de instituciones, tiempo disponible para la interacción con otros, y la legitimidad de que el uso del tiempo orientado a la recreación, la lectura, la práctica deportiva y la discusión con otros pares sociales y de género constituía un bien moral y hasta incluso un aporte social.

En la construcción de las elites y su "valor" en el contexto argentino priman los contactos y las redes para el establecimiento, reproducción o producción de la posición social (Tiramonti y Ziegler 2008; Badaró y Vecchioli 2009). Más aún, desde fines del siglo XX, la sociabilidad, los "buenos vínculos", la tranquilidad y la "seguridad" emergieron y se instalaron como reivindicaciones de un "estilo de vida" que la vida urbana y el crecimiento de las desigualdades sociales estaban degradando, reforzando la distinción y selectividad social de muchos clubes y la vida del barrio privado como modelo de sociabilidad. Para Svampa (2004), la vida en los barrios cerrados de entresiglos instala la cuestión de la degradación de las relaciones sociales y la caída de los modelos tradicionales de socialización. Desde el punto de vista de las elites se refuerza un modelo previo de sociabilidad selecta que no necesariamente percibe la degradación de la confianza en términos generales, sino en función de quiénes son percibidos como parte del propio círculo social, y quiénes en grados de alteridad.

CUBA constituye un ejemplo de esa configuración, al ser un tradicional y centenario club deportivo que promueve y posee dos barrios cerrados e instalaciones en lugares selectos de la Argentina. Como señalé en el capítulo 1, la jerarquía y el gobierno de la institución es de los hombres, que (re)produce una determinada masculinidad, un modo dominante de ser varón, sobre el que este capítulo avanza analizando la espacialidad y la materialidad, el grupo social que se produce allí y la generación de un *habitus* (Bourdieu, 2002) y un capital corporal (Shilling, 2012) desde el cual se subordina a las mujeres y otras masculinidades.

La materialidad del privilegio y el aprendizaje de la posición social

De acuerdo a la organización que se da el rugby en la Argentina, existen divisiones de jugadores que responden sobre todo a un criterio etario. Los clubes por lo general presentan equipos a la URBA para competir en distintas divisiones: así las divisiones M15 a M19, por ejemplo, reúnen a jugadores de esas edades, conocidas como las divisiones juveniles (la "M" indica "menores de"). La superior sería la primera división, es decir el equipo principal de cada club. Además de ella, los clubes juegan con la división denominada Intermedia (INT), la denominada PRE, que puede ser A, B, C, en el caso de CUBA, que también presenta equipos en la denominada M22 y M23. Tiene equipos en casi todas las divisiones de rugby existentes.

Los entrenamientos de la primera, intermedia y los equipos juveniles del rugby de CUBA se realizan en la sede oficialmente denominada "Núñez".. En la presentación oficial de la sede resaltan el ambiente familiar y *verde*: "La sede […]

es ideal para pasar el día en familia, al aire libre, rodeado de agua, verde y la sombra reparadora de sus árboles para luego almorzar o cenar con vista al río".[2] Se encuentra al lado de la Ciudad Universitaria de la UBA, al norte de la CABA, en un predio que limita con la colectora de la avenida Intendente Cantilo y el Centro de Graduados del Liceo Naval,[3] al suroeste; con la Ciudad Universitaria y el Club Universitario de Arquería,[4] al sureste; con el Rio de la Plata hacia el noreste, y con el club Centro Naval[5] hacia el noroeste. La avenida Cantilo, que continúa en la avenida General Paz y constituye la principal vía de acceso de la Ciudad hacia el conurbano norte, marca una separación entre la ciudad residencial (oeste) y la infraestructura universitaria y de sociabilidad hacia el río (este). La sede "Núñez", también es conocida como "embarcadero", porque ese fue su origen. Y su presente: cuenta con una marina y una amarra[6] con capacidad para 167 y 93 embarcaciones respectivamente, un tinglado con 44 y un playón con 54 botes y 71 tablas de windsurf.[7] La bahía donde se ubica es compartida con los clubes Centro Naval y Centro de Graduados del Liceo Naval Almirante Guillermo Brown. Los tres clubes forman parte de la Unión de Rugby de Buenos Aires (URBA) y conforman un área de infraestructura privatizada de relativa distancia en relación

---

[2] http://www.cuba.org.ar/sedes/nunez/index.php [consultado el 2/02/2014]

[3] Creado en 1953, es una institución de sociabilidad de los egresados del Liceo Naval Almirante Guillermo Brown, de la localidad de Río Santiago, cercana a La Plata, provincia de Buenos Aires. Desarrolla actividades de encuentro (eventos, efemérides, biblioteca, etc.) entre sus egresados, quienes no necesariamente hicieron carrera militar. En su presentación pública, el centro de graduados ubica al Liceo Naval como una institución prestigiosa que a poco de ser creada en 1947, "se transformó en un colegio secundario de reconocido nivel de excelencia al igual que otros prestigiosos institutos educativos de la Argentina, como el Nacional Buenos Aires y el Comercial Carlos Pellegrini". Ubica a sus socios como destacados en distintos niveles: "La gran mayoría de sus graduados completaron su formación en la universidad y muchos de ellos han alcanzado destacada actuación en sus respectivas profesiones y/o actividades" (http://www.cglnm.com.ar/Quienes_Somos Consultado: 2 de febrero de 2012). En su sede se practican deportes náuticos, hockey, rugby y fútbol, entre otros.

[4] El CUDA, por sus siglas, fue creado en 1973 y desarrolla su actividad exclusivamente en torno a la arquería. Se presenta con un énfasis familiar y deportivo: "El CUDA se destaca y diferencia de otros clubes, justamente por el énfasis que ha puesto a lo largo de su historia, en desarrollar un ámbito familiar, de camaradería, sin descuidar en ningún momento su característica de club altamente competitivo" (http://joomla.cuda.com.ar/ . Consultado: 2 de febrero de 2014.

[5] Se trata de una entidad autónoma –en relación a la Armada– integrada por oficiales en actividad y retirados de la Armada Nacional, creado en 1882. Entre otras actividades, las deportivas ocupan un lugar importante, y el club se destaca también en el rugby masculino, hockey, y como es de suponer, en deportes náuticos. La institución cuenta con varias sedes: en el centro de la Ciudad de Buenos Aires, la vecina de CUBA en Núñez, Olivos y Tigre (zona norte), así como delegaciones en Bahía Blanca, Mar del Plata, Puerto Belgrano y La Plata

[6] Son espacios para guardar las embarcaciones.

[7] http://www.cuba.org.ar/sedes/nunez/index.php . Consultado: 2 de febrero de 2014

con enclaves de tipo residencial en la misma zona de la CABA. Además de la infraestructura náutica, CUBA cuenta con canchas de rugby, de hockey, de tenis y fútbol, un gimnasio, un restaurant y una pileta de natación casi pegada al río.

Cuando hacía mi trabajo de campo, los jugadores de CUBA entrenaban en la sede Núñez los días lunes, martes y jueves, por la tarde, alrededor de las 20:00 hs. Muchos de ellos llegaban antes para realizar su rutina de preparación física en el gimnasio. El entrenamiento formal del equipo solía iniciarse a las 20:30 o a las 21:00 hs. y continuaba hasta las 23:00 hs. Cada vez que llegaba, veía a jugadores más jóvenes, de las divisiones juveniles, terminar su entrenamiento subiendo a los colectivos que los llevaban a otras sedes (Villa de Mayo, o al centro de la ciudad de Buenos Aires) de regreso a sus casas. Para ellos es "grande" la distancia que tienen que recorrer para llegar a la sede. Pero para los mayores la sede configura un punto intermedio, entre sus hogares y la facultad o el lugar de trabajo, probablemente en el microcentro. Si bien hay colectivos que llegan por la colectora de la Avenida Cantilo, los socios jóvenes más "grandes" del club llegan en auto. Nunca vi un ingreso a pie a la sede. Frente al uso del colectivo existe una condición económica –poseer auto o varios autos en la familia– y una distancia social –era el personal de servicio el que lo usaba–.

La primera vez había contactado a un entrenador, quien ante mi interés de ver cómo eran los entrenamientos me invitó directamente a Núñez. Cuando le pregunté cómo hacía para entrar, sorprendido me respondió: "¿ah, no sos socio?".[8] Ante mi respuesta negativa, me dijo: "vos decí: "soy de rugby y seguro te van a dejar entrar". Así fue. Llegué a la sede en mi auto y pude ingresar cada vez que la visité entre los meses de junio y agosto de 2014. Siempre había algún auto con uno o dos jóvenes, un poco menores a mí, que ingresaban antes o después. De alguna manera había traspasado una frontera social –no soy socio del club– y simbólica –dada por indicadores corporales y materiales que podían semejarme a un rugbier del club–, llegar en mi auto, ser varón y tener un cuerpo similar al de un rugbier por el tamaño y la conformación. El entrenador debe haber dado por hecho esta situación, por eso su sorpresa acerca de mi no-pertenencia. Tenía la llave de paso, solo me faltaba la clave. Era el primer indicador de que el cuerpo funcionaba como criterio de entrada y de legitimación, de dominancia y de una masculinidad específica.

Aquella primera vez, el entrenador me hizo el tour por las instalaciones. Al lado de una de las canchas hay una suerte de casa; apenas se ingresa, una cartelera

---

[8] En algunas sedes se permite que el socio ingrese con un invitado sin cargo. Desconocía este dato al momento de la invitación del entrenador, quien tampoco lo sugirió.

y por la derecha, la sala de videos;[9] hacia la izquierda se encuentra el vestuario. Luego un pasillo, con una puerta para acceder a la sala de entrenadores; al terminar el pasillo, una puerta lleva al consultorio médico a la derecha, y otra, más adelante al consultorio kinesiológico: camillas, varios jugadores sentados haciendo ejercicios, otros con algún aparato enchufado, otros parados. Salimos de allí y enfrentado se encuentra el acceso al gimnasio, con una gran pared de vidrio en uno de sus laterales. Ese día eran alrededor de 15 jóvenes haciendo ejercicios en distintos aparatos. Los pude identificar porque entrenaba en otro gimnasio: sentadillas, *press* de pectorales, prensa para cuádriceps, camilla para isquiotibiales, mancuernas para distintos ejercicios de brazos y hombros, entre muchos otros. El espacio no era muy amplio aunque los aparatos parecían nuevos.

Salimos de ese lugar y el entrenador se pone a charlar con un preparador físico ("PF"). Van planificando juntos el entrenamiento del día. Ya solo, recorreré luego parte del embarcadero, las marinas donde están amarrados los barcos de diversos tamaños. Contemplaré de ahí en más el paisaje de costa verde, con caminos de cemento y pequeños espacios con césped que yendo hacia el río terminan en el restaurante, y atrás una gran pileta de natación. Un lugar hermoso, que combinaba un acceso privilegiado al río con una infraestructura que maravillaba a cualquier extranjero que la visitaba. Yo mismo no dejé de impresionarme y disfrutar de esa experiencia urbana de privilegio. En la sede se practican sobre todo rugby masculino y deportes náuticos. El primer deporte indica la tradición y la historia del club que se ha destacado en él desde sus orígenes. Los segundos señalan la importancia que tiene para el club haber "logrado" un embarcadero, y es una señal de la posición económica con la que cuentan sus socios, por ser un deporte "costoso" incluso para quienes lo practican, que así me lo planteaban.

Una de las dimensiones del amateurismo es el rechazo de la retribución económica por la práctica deportiva y la organización del trabajo de entrenamiento. La gratuidad económica vale también para los entrenadores, pero la división del trabajo existente también muestra que el club no se vale solo de los "aficionados",

---

[9] Antes del entrenamiento se dedican a ver videos, supervisados por entrenadores y/o los capitanes de cada división, en una sala acondicionada para ello. Son filmaciones del equipo oponente del próximo fin de semana o del partido del sábado anterior. En el primer caso, analizan la especificidad de su oponente, "en qué son buenos, y en qué son malos" (entrenador). En el segundo caso, revisan su desempeño, "en que cosas están medio flojos", y en ocasiones lo hacen casi de manera individual, viéndolo con cada jugador. Es una competitividad donde el club juega su prestigio frente a los otros clubes de la URBA. Todo ello también muestra la ocupación y los recursos que se disponen para esta "etapa" de la vida de los jóvenes, de manera tal que logren –individual e institucionalmente– "estar a nivel, ser competitivos" (entrenador).

sino también de los "rentados". Los "PF" son empleados del club, y tienen una relación subordinada con los entrenadores, que están allí *ad honorem*. Hay una clara división del trabajo en lo que respecta al entrenamiento. Los PF traen y llevan las colchonetas y almohadas, los conos y las pelotas, e intervienen en los ejercicios de rendimiento "físico" (rutinas de entrenamiento, elongaciones musculares, etc.). Los entrenadores aparecen al momento del entrenamiento táctico, del ensayo de las jugadas, y de los comentarios de aliento, consejo, reto, que ponen en circulación como autoridades carismáticas, dada su experiencia como ex rugbiers. Desarrollan una dedicación constante y apasionada hacia los jugadores jóvenes y la transmisión de esa pasión es parte de su trabajo, "gratis". La división social del trabajo se transmite de los entrenadores a los jugadores y la organización de los roles entre PF y los entrenadores, enseña además la jerarquía de la mística y la pasión por el club, como valor superior al trabajo o a la posición laboral.[10] Aquel entrenador que entrevisté y me invitó al club, no dejaba de señalarme, en su oficina de la city porteña, que él estaba ahí, trabajando en la "Bolsa", pensando todo el día en el entrenamiento, en cómo mejorar, en llevar de nuevo la gloria a su Club (se refería a una nueva victoria en el torneo de la URBA, que habían conseguido en 2013 luego de 43 años).

La división social del trabajo se extiende sobre el cuerpo de los jóvenes. Mientras los entrenadores se ocupan de su rendimiento "físico" individual, en el sentido de construir un cuerpo apto, "en forma", cuidado y preparado para cada una de las posiciones que requiere un equipo de rugby, los entrenadores se ocupan del cuerpo político, la regulación y vigilancia sobre estos cuerpos en contacto (Sheperd-Hugues y Lock, 1987), es decir, de la coordinación entre los jugadores, de los movimientos adecuados entre ellos, de la táctica de juego y los pases, y de la mística que le da sentido al *espíritu de equipo* con el que se insiste en este espacio. La división del trabajo entre entrenadores y PF se replica en el destino que tendrá para los jóvenes el puro cuerpo, preparado y coordinado junto a otros cuerpos jóvenes para la competitividad amateur del rugby en Buenos Aires. La creación del espacio social amateur está condicionada por recursos económicos que poseen individualmente –para dedicarle el tiempo durante la semana, tanto los entrenadores como los jugadores– como institucionalmente, para sostener al personal rentado que, como tal, está subordinado a la sapiencia y la experiencia de los entrenadores y la prescindencia monetaria de su oficio.

---

[10] La posición que otorga la remuneración económica divide a quien tiene la autoridad carismática (Weber 1989), la vocación y la pasión, frente a quien tiene la autoridad técnica, el empleo y el cumplimiento de una tarea.

El deporte enseña también división y organización social del trabajo, de modos sutiles. Produce también la naturalización del privilegio. Ninguno de los entrevistados se cuestionaba sobre el acceso privilegiado al río y la ciudad, sobre la belleza del espacio del que disfrutaban. Lo daban como un hecho dado, salvo, como siempre ocurre, una excepción. El desarrollo de un trabajo etnográfico implica una posición donde la observación y la desnaturalización de los procesos sociales no se acaba cuando uno como etnógrafo hace una visita a la "aldea", para decirlo en los términos de Malinowski. Se está en estado de indagación constante, y lo que sucede incluso en ámbitos académicos, en la circulación por los medios científicos, no está separado de lo que sucede entre "nativos".

Una compañera de trabajo que conocía mi investigación, me ofreció contactarme con una amiga suya, que vivió de cerca "CUBA" pero era "nada que ver". Ello quería decir que se distanciaba de ese mundo. Cuando la entrevisté, su trayectoria social hacía sentido. Hija de un socio de CUBA, había pasado su infancia recorriendo las instalaciones privilegiadas del Club (Palermo, Villa de Mayo, Núñez). Al terminar el colegio secundario, decide estudiar la carrera de Sociología en la UBA, donde conoció a mi amiga. Raquel me contaba que nunca se había sentido enteramente parte de ese mundo, al que consideraba ciertamente "endogámico", de gente "conservadora" y que la carrera que hizo y sus posteriores trabajos en el mundo académico y de consultoras habían consolidado la mirada previa que tenía. Pero lo que le llamaba la atención, admiraba y seguía usando gracias a su padre eran las instalaciones de Núñez, "ir a almorzar con mi familia, quedarte ahí por la tarde, mirando el río, en el pasto", práctica que aún conservaban, ya que, además, "no era caro para lo que te daban".

La materialidad del privilegio se aúna con la división social del trabajo de entrenamiento, si se miran dos fenómenos históricos en el Club: cómo se hizo con la sede, y cuál es la narrativa que construyen. Esta sede fue inaugurada oficialmente en 1959, pero las gestiones para conseguirlo habían empezado por lo menos en 1956 –bajo la presidencia de facto de Aramburu– cuando se registran las gestiones hechas ante el entonces Ministerio de Marina que dieron como resultado la concesión al club del terreno y la costa. Desde sus inicios la sede fue creciendo, ya sea por obras realizadas por el club, con el apoyo de sus socios y de las empresas vinculadas a ellos, pero también por el Estado, en este caso por la Marina que en 1970 amplió la concesión precaria (no definitiva) que tenía el club tanto en terreno como en aguas, con lo que el club amplió la cantidad de amarras y de canchas de rugby y fútbol. También se consiguieron apoyos de diplomáticos y en otras ocasiones de fundaciones extranjeras. CUBA declaraba como "socios diplomáticos" a los embajadores, ministros y encargados de negocios del Cuerpo Diplomático Extranjero, cuando así lo solicitaban y mientras duraban en sus funciones. De esta manera el club se instituye a sí mismo como un espacio de sociabilidad posible, deseado, y en algunos casos como este logrado, para la vinculación con elites burocráticas y políticas nacionales y extranjeras. Durante los años siguientes, consiguieron el apoyo de distintos organismos estatales o incluso de la UBA, para ampliar y consolidar su sede, las condiciones del terreno y de la costa al río (sobre todo por obras de dragado). La relación con la Armada se extiende a obras conjuntas realizadas con la Escuela de Mecánica de la Armada (ESMA) y el Centro de Egresados del Liceo Naval, en 1980-1981, para el dragado conjunto de la bahía que comparten.

Si se mira la consolidación de otros espacios físicos del Club en la Ciudad, es posible ver cómo muchos de ellos se consiguen por medio de gestiones realizadas ante autoridades políticas y burocráticas que, o pertenecían al club o se hallaban muy cerca de sus miembros. Ello se puede apreciar al momento de la creación del club, por ejemplo, cuando buscaban conseguir un espacio físico donde reunirse. En sus primeros años el club pone en circulación boletines informativos, continúa con la recaudación de fondos y la búsqueda de nuevos socios –muchos de ellos con "renombre"– además de recaudaciones *ad hoc* –como la realización de obras de teatro con cobro de una entrada–. El esfuerzo, la disciplina y la "aventura", que se asocia tanto a la idea de juventud de la época, como a su condición masculina –común en las elites de principios de siglo (Haraway, 2015)– son constantemente evocadas en los libros de historia institucional de CUBA, esfuerzo y mérito al que se le adiciona el capital social que poseen y muestran en su narrativa histórica y en sus estrategias de posicionamiento jerárquico. CUBA considera también socios honorarios al presidente de la Nación, a los ministros de la Corte, de las Cámaras del Congreso, etc. construyéndose simbólicamente como un espacio de pertenencia, y de relevancia para las elites políticas, jurídicas y estatales, que, en el pasado sobre todo, hicieron su aporte para el crecimiento material del club. Cuando logran comprar una propiedad a inicios de la década del veinte, lo consiguen a base de colectas realizadas entre los mismos socios, y gracias a sus contactos y amistades entre las elites políticas y burocráticas del Estado Nacional, como el presidente del Banco Hipotecario Nacional que les otorga un crédito para la construcción aún sin tener el título de propiedad, y el presidente de la Nación, Marcelo T. de Alvear que concurre al evento de colocación de la piedra fundacional en octubre de 1923, ceremonia bendecida por Monseñor Franceschi (Club Universitario de Buenos Aires, 1968).

El crecimiento está atravesado por una narrativa[11] que sitúa la ampliación material en una conquista meritoria basada en la división social del trabajo. Los relatos institucionales ubican a la sede Núñez y a la sede Villa de Mayo como lugares "vírgenes" que fueron civilizados y gestados por los socios, en un rol de casi pioneros rurales. En la narración sobre la gesta de la sede Nuñez, la historia contada por los libros institucionales semeja la historia de una conquista masculina civilizadora sobre la naturaleza y sobre una trama urbana percibida como corroída. Remarcan el trabajo duro que hicieron los socios en los años sesenta para expandir el club. En la creación de la sede Núñez se describe cómo los jóvenes socios del club, estudiantes y profesionales, prepararon la tierra, trabajando incluso durante los feriados, *como si fueran* "obreros", para arreglar una zona abandonada, y prepararla para que los socios del club pudieran utilizarlo (Club Universitario de Buenos Aires, 1968: 202). Así, dice el relato institucional, los socios transformaron una zona precaria, llena de "pajonales y basurales", donde permanecía "mucha gente de mal vivir que el Club Universitario de Buenos Aires fue controlando con esfuerzos considerables" (1968: 198). Lo mismo puede apreciarse cuando se ven los propósitos formativos del Club Cadete Universitario en CUBA:

> Desde el comienzo las autoridades del CCU [Club Cadete Universitario] procuraron inculcar a los cadetes el respeto debido a los mayores y a las normas de convivencia como asimismo la debida consideración a los empleados del club. Que era necesario mostrar también cuidado hacia los bienes, útiles o equipos de cuyo uso dispusieran los cadetes. Que ese respeto debía necesariamente traducirse en buena educación dentro y fuera del Club, comportamiento que debía extenderse a las competencias deportivas, ya fuese el cadete participante o espectador (Martiré, 1995: 170).

La dimensión formativa de los deportes se despliega en una moralidad esperada: respetar al otro, cuidar los bienes, mostrarse educado, aún en los momentos de mayor emocionalidad, como en una competencia deportiva. El énfasis constante sobre el respeto nos permite pensarlo al modo durkheimiano de la educación moral (1997): el respeto a la norma impersonal, las reglas de juego, las reglas de comportamiento. Pero la posición subordinada de los empleados, jerarquiza a estos niños y jóvenes que deben aprender cómo tratarlos de buen modo, adecuadamente. La constante alusión a empleados, obreros y personal

---

[11] La misma se halla en relación al origen y crecimiento del rugby. Los primeros deportes que se practican en el club son enseñados por otros socios o amigos de los socios que *denodadamente* hacen entrega de su saber y de su tiempo para la empresa social que están construyendo. Así logran iniciar la práctica deportiva "bajo la atenta vigilancia de socios instructores, que cumplen tales tareas con carácter honorario" (Club Universitario de Buenos Aires, 1968: 64).

rentado del club, es una seña de la posición social en la que educan. Es una formación para una posición social donde siempre habrá subordinados, y ello constituye una particularidad de este tipo de instituciones amateurs. Como remarcaban varios de los entrevistados ex rugbiers, la formación del "trabajo en equipo" que brinda el rugby para "la vida en general" también es un modo de relacionarse y vincularse con el "otro", es un aprendizaje que luego es llevado al ámbito laboral, donde "tenés que manejar gente".

La comparación muestra que ellos, justamente, no eran obreros ni empleados, aunque pudieran actuar como si lo fueran para civilizar el espacio y acondicionarlo en función de sus gustos y prácticas. La narrativa incluso ubica la tarea como si fuera una contribución para toda la ciudad, algo que la sociedad necesitaba. Es la gesta de los hombres modernos, morales y civilizados, que trabajan duro para dominar la naturaleza (Haraway, 2015) y lo hacen por el bien común. El privilegio material se naturaliza en estos relatos, que ubican la forja del espacio y sitúan la división social del trabajo como un pasado y un presente continuamente performado.

Un sábado en familia: prestigio universitario y rugby en la "zona norte"

En Villa de Mayo se encuentra una de las más reconocidas sedes de CUBA, ubicada dentro del partido de Malvinas Argentinas, uno de los distritos desmembrados en 1994 del antiguo partido de General Sarmiento. Villa de Mayo puede ser caracterizada como un barrio popular, con casas de material, aunque también se encuentran viviendas en situación irregular (por el dominio) y/o por las características precarias de su construcción.[12] La avenida Presidente Perón, paradójico nombre para la llegada al barrio de CUBA, comunica la Ruta 202, uno

---

[12] Una estancia rural, campos de familias gran propietarias (como los Villamayor) que recibieron esas tierras y las destinaron a la agricultura hacia fines del siglo XIX. A principios del siglo XX, la fisonomía de la zona empieza a transformarse debido a la creación primero de la estación de ferrocarril de Los Polvorines, en 1909, y de la Estación Villa de Mayo, en 1911; parte del Ferrocarril Central-Córdoba Extensión, en una variante de la línea que hacía el tramo Rosario-Capital Federal. En 1901, el Congreso de la Nación crea un campo destinado al Ejército, con destino de maniobras militares, en las inmediaciones del entonces arroyo Las Conchas, actual Río Reconquista. Se trata de Campo de Mayo. Como era necesario contar con un campo de almacenamiento de municiones y pólvora que se encontrara cercano pero no en él, se crea en 1903 el Polvorín, antecedente de la actual localidad de Polvorines, vecina a Villa de Mayo. Estos dos fenómenos favorecieron la gradual instalación de población en la zona.

de los límites de Campo de Mayo –instalación del Ejército Argentino– con la entrada principal del barrio CUBA. Mientras avanzo en mi auto por la avenida Perón con su estrecho cantero de pequeños árboles, observo casas y locales comerciales. La mayoría de las calles que se encuentran con la avenida son de tierra. Luego de unos minutos, hacia el lado izquierdo, observo una pared continua de color verde que va cambiando su altura. Del otro lado, se divisan altos árboles, y el piso superior de algunas casas, hasta que llego a una estación de servicio y me detengo en el semáforo que me permite girar a la izquierda para ingresar al barrio CUBA.

Un cartel indica el nombre de la calle: "Pasaje Juan Cruz Migliore", joven jugador de rugby del club que falleció mientras jugaba un partido en su barrio, en 2008. La calle de ingreso tiene una garita de seguridad que controla entradas y salidas, y una barrera en cada sentido. El personal de seguridad me mira, bajo el vidrio y le indico que vengo al entrenamiento. Me abre la barrera sin pedirme documento. Como luego declararán constantemente mis informantes, "no es un barrio cerrado", porque "acá cualquiera puede entrar, no te dicen nada", "los vecinos (de afuera del barrio) vienen a caminar o a correr, algunos pasan por acá porque cortan camino". Recorro el barrio: amplios parques, arboledas y campos destinados a actividades deportivas. La calle sigue una traza curva, rodeando el campo central donde se encuentra el predio social y deportivo del club: vestuarios, gimnasio, quinchos, depósitos, canchas de rugby, hockey, fútbol, y el pequeño campo de golf, entre otras instalaciones. Por momentos la traza se hace rectangular. Cada calle que rodea a las instalaciones centrales del club lleva el nombre de un rector de la UBA.[13] La calle que rodea a las instalaciones del Club se llama "Universidad de Buenos Aires".

> Unos días antes [de la misa de acción de gracias por el cincuentenario del club, en 1968] se había realizado un homenaje a la Universidad de Buenos Aires, y a sus Rectores, en el Campo de Deportes de Villa de Mayo, bautizando las calles del Barrio que lo rodea con el nombre de Rectores fallecidos. Presidió el acto el presidente Dr. Claudio Peluffo, acompañado por el Rector de la Universidad de Buenos Aires, Dr. Raúl Devoto[14], el Subsecretario de Educación, Dr. Juan R. Llerena Amadeo[15], el Intenden-

---

[13] Rector Barros Pazos (1852-1857); Rector Juan María Gutiérrez (1861-1873); Rector Angel Gallardo (1932-1934); Rector Carlos Saavedra Lamas (1941-1943); Rector Leopoldo Basavilbaso (1886-?).

[14] Fue rector interventor durante la dictadura de Onganía. Proveniente de la Universidad Nacional del Nordeste, propuso una UBA despolitizada que tienda a la reducción de su matrícula (Mendonça, 2013).

[15] Este apellido aparece frecuentemente en los boletines y revistas de CUBA.

te del Partido de General Sarmiento, Ing. Adolfo José Arenaza, el Cura Párroco de Los Polvorines, Mons. Luis Mecchia, Decanos de las Facultades de la Universidad de Buenos Aires, profesores, alumnos, y muchos socios. [...]. Fue una ceremonia insólita y simpática, realizada en un día que brillaba como nunca el templado sol de mayo, junto a las canchas de rugby y golf (Martiré, 1995: 12).

La UBA, "institución madre de CUBA" (Idem) se extiende como halo simbólico y material en el espacio de sociabilidad, deportivo y residencial del club. La operación de desplazar la categoría UBA hacia CUBA, y dejarla asociadas para siempre, indica una ligazón que para los socios de CUBA es importante como apropiación particular y simbólica. La UBA se extiende por ellos y en ellos hacia donde viven. Es la institución madre de una institución de hombres, y simbólicamente se la apropian poniéndose como hijos de ellas, sus herederos, en el marco de un orden de género que en cada instancia establece las posiciones masculinas y femeninas según el esquema de las relaciones de poder instituidas.

El verde reivindicado por los socios y el clima relajado, de disfrute del tiempo-espacio, constituyen dos ejes de la distinción que se produce en CUBA. En otra visita al barrio, un soleado sábado de invierno, hago el mismo recorrido de siempre para llegar e ingresar a CUBA. Hay una gran cantidad de autos entrando. Luego de pasar la garita de seguridad, observo un paisaje que no había visto en otras ocasiones: autos a cada lado de la calle principal "Universidad de Buenos Aires". El equipo de primera del club juega un partido de local. Hay colectivos, y un camión del canal ESPN. Giro hacia la izquierda, única dirección permitida, buscando lugar para estacionar el auto. Lo consigo bien alejado de la cancha de rugby.

Sigo caminando. Veo que están jugando al hockey femenino en el marco de un torneo, pero casi no hay gente alentando: son pocas, y más que todo mujeres paradas tras el alambrado que bordea la cancha. Veo más allá cerca de la cancha de rugby a muchas familias, niños corriendo y jugando, muchas mujeres jóvenes con cochecitos llevando a sus bebés, y tipos que parecen de treinta y pico también con algunos de sus hijos pequeños en brazos. Pareciera que todos se conocen, indistintamente del club. Caminan y se paran a saludar y charlar con alguien que acaban de ver: se preguntan por un tercero que conocen, un familiar, un amigo. Llego finalmente a la cancha principal de rugby, está llena de gente, casi no me queda espacio fuera del alambrado perimetral para pararme y ver el partido. Lo puedo hacer por mi altura, buscando personas más bajas adelante mío. A mi lado se extiende una tribuna, como de 5 o 6 escalones, donde están sentados hombres y mujeres de cincuenta y pico, sobre todo, y mujeres un poco más jóvenes. Del lado de enfrente hay una tribuna principal, más grande, con muchos varones "mayores", también algunas mujeres, y al lado una tribuna más pequeña, donde están todos los varones jóvenes vitoreando, alentando al club –ahí son todos de CUBA, calculo unos 20 o 25 jóvenes–. Bailan, se mueven al mismo ritmo, aplauden, gritan. Cantan una canción que no llego a escuchar bien. El partido está siendo transmitido por televisión, hay varias cámaras del canal deportivo ESPN. "CUBA-CASI (Club Atlético San Isidro) es un clásico" me decía un jugador. Desde las tribunas llegan gritos, a veces más coordinados, otros más aislados. Algunas señoras grandes de edad gritan: "vamos CASI", "vamos CUBA": lo hacen bajito, solas, como un llamado solitario. El aliento está permitido: la queja o el insulto expondrán a quienes lo profieran.

En un momento del partido, escucho que un jugador de CASI, que está cerca mío dice "Pero ¡¿qué cobra?!" dirigiéndose al réferi; lo escucha también un compañero suyo que lo mira, con una mueca de enojo. Un tipo más grande que observa el partido cerca mío, observa fijo al que se quejó, gesticula molesto por la queja. El exabrupto es rápidamente criticado, el control parece ejercerse por parte de los pares. No deberían quejarse por respeto a la autoridad del réferi, y ello hace a una civilidad que está siendo controlada en la situación. Como la fuerza física, la pasión también debe ser controlada (Elias y Dunning, 1992) en la situación de competencia deportiva. Mostrar el control que se tiene es lo que indica la pertenencia al círculo social, al logro de un trabajo sobre sí mismos (Mora, 2010), la conquista de los propios impulsos, de dominio del cuerpo, de su subordinación.

Entre los que me rodean y no me dejan ver bien la cancha, varios señores adultos con gorra tipo española, boinas; pantalones de vestir o jeans clásicos, camisa lisa tipo *Legacy*, y zapatos marrones o grises completan su vestimenta. Atrás mío, uno que se apartó y está con su pipa. Se recrea un aire de familia y de entretenimiento familiar, pareciera una fiesta campestre, por el modo en que están vestidas también las mujeres: algunas tienen pantalones de cuero marrón, y camperitas ceñidas al cuerpo, y algún que otro pequeño sombrero para el sol. Bajo la campera alguna camisa o solera clara, y tal vez algún pañuelito en el cuello. Zapatos chatos, o botitas sobrias completan el vestuario. No llama la atención, la vestimenta no desentona, extendido entre todas las mujeres de cierta edad, adultas. Las mujeres más jóvenes que ellas, casi todas con polleras largas, sueltas, o con pantalones del mismo estilo. Muchas tienen la piel bronceada a pesar de ser invierno, llevan anteojos de sol, carteras a tono con el pantalón o los zapatos. Algunas mujeres que parecen más jóvenes están con calzas debajo de alguna pollera corta. Cerca de la cancha principal, veo una gran parrilla y varones preparando un asado. A lo lejos se divisa la pileta de natación. También una ambulancia con médicos adentro, conversando entre ellos. Me doy vuelta, para ver si hay más gente en la cancha de hockey que está al lado de la de rugby: sigue igual, solo un puñado de mujeres.

Más lejos, detrás de la cancha está el quincho: es una casa de madera con grandes ventanales que miran hacia la cancha de rugby. Hay mucho espacio para sillas, mesas, sillones, una barra de tragos, y un primer piso cuyo mobiliario no alcanzo a divisar. La construcción está elevada en relación a la cancha. En el quincho es donde se reunirán en el tercer tiempo, el espacio de camaradería y amistad entre los oponentes que se realiza siempre al finalizar el partido.[16] Cuando me iba, ese día, vi un cartel verde en la calle Universidad de Buenos Aires, a la salida de las canchas que decía: "Aliente a su equipo de rugby guardando las formas, no insulte o menosprecie a su rival...".

El espacio social del rugby trasciende a CUBA, aunque este es uno de sus núcleos fundamentales. Estos espacios compartidos con otros clubes, de sectores profesionales, universitarios, que han construido y se construyen como instituciones con un pasado vinculado a la nación a lo universitario. Espacios costosos para sostener en términos económicos: los campos verdes, el césped corto y vívido, se mantienen con un cuidado y prolongado trabajo que requiere también de recursos económicos. Ambulancias, empleados, personal de parrilla suman al costo institucional. Hay una condición de base económica que posibilita pertenecer, y sostener, por ejemplo, la movilidad constante en auto entre barrios, canchas, clubes. No sólo provienen de San Isidro, en este caso por el CASI, sino por el círculo social de "zona norte" que reúne una serie de características: ser egresado de escuelas privadas católicas, por lo general, las más tradicionales; ser hijo, nieto o bisnieto de universitarios, poseer una red de conocidos, amigos y parientes, que a su vez son identificados y/o se identifican con el "mundo del rugby". Contar con una casa en la zona –Pilar, San Isidro, San Fernando, Tigre, Bella Vista, Villa de Mayo, Vicente López–, pero siempre en enclaves residenciales de esas localidades, en barrios cerrados y countries. Aunque no es un patrón universal, la pertenencia a instituciones, parroquias o movimientos católicos (Fuentes, 2015a), o la participación en alguna de sus prácticas, también configuran una recurrencia en ese espacio social.

El deporte de varones, por otro lado, subordina claramente al deporte femenino que se juega el sábado. "Y lo que tiene el rugby es eso, que te vas haciendo muy amiga de las novias de los jugadores y hoy por hoy somos un montón que vi-

---

[16] Existe una tradición muy valorada en el rugby argentino que es el 'tercer tiempo', la costumbre de sociabilizar luego del partido con el equipo oponente. Hice un análisis más detallado de esta práctica en Fuentes (2011; 2012).

vimos acá con hijos" (Andrea, 47, CUBA, Villa de Mayo, maestra). La familia es una producción social construida a partir de la dominancia de los hombres y sus prácticas. El rol femenino queda circunscripto, entonces, al de acompañante de la sociabilidad que se congrega alrededor del rugby. La familia se reúne en torno al rugby masculino, no al hockey femenino. Y allí se despliega y educa en la moralidad esperada para esos varones, donde se sanciona el cuestionamiento al orden establecido por la ley del juego. Un espacio selecto, de relativa homogeneidad social, aunque esa selectividad y homogeneidad está en tensión con la aparición de nuevas familias que por su nivel adquisitivo y/o contactos con socios,[17] se suman a este tipo de instituciones que hacen de la reivindicación de una tradición, una herramienta de distinción.

Un club para el rugby

En la década del ochenta el rugby fue ganando adeptos más allá del sector social que tradicionalmente lo había cultivado y eso se produce sobre todo a partir de los logros deportivos de la selección nacional[18] y la inversión de recursos económicos de actores que fueron encontrando en ello la posibilidad de generar una industria. La mayor visibilidad del rugby lo fue transformando en fuente de negocios. El peso que Los Pumas fueron ganando durante esa década no es un fenómeno externo a CUBA: varios de sus jugadores participaron de la selección, en torneos, giras y partidos internacionales.[19] Además de destacarse en los seleccionados nacionales, los representantes de CUBA integraron en diversas ocasio-

---

[17] O una heterogeneidad regulada, dado el control de las fronteras sociales y simbólicas que realizan (Fuentes, 2012).

[18] El seleccionado nacional comienza a competir contra equipos de otras naciones en 1927, con sucesivas visitas a nuestro país del seleccionado de Gran Bretaña y de Sudáfrica. Sus triunfos deportivos comienzan a llegar en la década del sesenta. En 1965 compiten con el seleccionado sudafricano y se los empieza a llamar *Pumas* (Búsico, 2015). Se incrementa su popularidad a partir de logros deportivos muy importantes, como contra el seleccionado australiano en 1979 y otros triunfos frente a países con fuerte desarrollo del rugby como Francia e Inglaterra en la década del ochenta.

[19] A modo de ilustración señalo algunos jugadores de CUBA que participaron de la selección nacional de rugby y el año en que fueron convocados: Frank Chevallier Boutell (1926), H. Passman (1936), Enrique Monpelat (1948), Uriel O´Farrell (1951), Martín Odriozola (1961), Ernesto Ure (1979), Joaquín Uriarte (1986), Ignacio Corletto (1998), Tomás de la Vega, Lucas Ponce, Matías Moroni (2014). Se destaca la participación familiar de los hermanos Miguens en las décadas del setenta y ochenta (Hugo, Bernardo, Javier), y de los hermanos Lanza (Pedro y Juan) durante la década del ochenta. Contabilicé al menos 58 jugadores de CUBA que participaron en algún momento de la selección nacional hasta 2002, según el documento elaborado por la UAR: *PUMAS de todos los tiempos* (2002). Es numeroso también el listado de jugadores de CUBA que integraron el seleccionado de la URBA en los enfrentamientos nacionales.

nes las comisiones directivas de la UAR y de la URBA, casi sin discontinuidad en el caso de esta última.

La relevancia de CUBA en el rugby masculino de Buenos Aires y a nivel nacional se replica en la relevancia interna de este deporte en el club. Buena parte de la infraestructura de CUBA está preparada para el rugby. No es el deporte más practicado en el club en términos cuantitativos. Aunque no hemos podido disponer de los números, varios informantes del club nos explicaban que el fútbol era el deporte que más gente practica "pero el más importante es el rugby". Esa importancia se visibiliza en distintas dimensiones:

–Las comisiones directivas del club están integradas siempre por ex rugbiers. De allí se conocen, han cultivado su amistad, que se extienden a otros ámbitos, empresas y cámaras empresariales, estudios jurídicos o el Poder Judicial, en los que los socios se desempeñan, en las asociaciones de profesionales. Muchos de los presidentes del club han sido jugadores de rugby.

–Buena parte de las decisiones que toman las comisiones directivas están vinculadas con cuestiones relativas al rugby masculino. En los últimos años, esas decisiones incluyeron negociaciones internas para resolver de algún modo las oposiciones que había entre los socios sobre la profesionalización que atraviesa el rugby en Buenos Aires. Esas discusiones y negociaciones trascendieron el propio espacio de la comisión directiva, "se hablaba" y "aún se habla de eso" me contaban. En 2012 las elecciones del club estuvieron atravesadas por el mismo conflicto, presentándose, luego de décadas, dos listas distintas de socios para integrar la comisión directiva. Aunque ganó la que se oponía a "los cambios" sobre el rugby, el hecho de que ingresaran finalmente algunos socios del grupo perdedor, hizo que el club rediseñara su posición frente a la profesionalización y modificara las normas para contemplar los casos en que los jugadores del club toman al rugby –en clubes extranjeros, por ejemplo– como fuente de ingresos. Esa diferencia interna de posiciones en torno a cómo gestionar la profesionalización del rugby también se vinculaba con el reclamo de un grupo de mujeres y de socios activos que las acompañaban, en torno a su posición subordinada en el club. Situación que cambiará recién en 2018.

–La comisión de rugby –grupo de socios designados por la CD para resolver cuestiones referidas al deporte– es una de las comisiones de deportes más importante del Club. También lo es la representación que el Club mantiene en la Comisión directiva de la URBA.[20]

---

[20] Llama la atención que en la última conformación del Consejo Directivo de la URBA no existan representantes formales de CUBA, salvo en la comisión de rugby infantil.

–CUBA es un club donde "podés practicar el deporte que quieras" (Cintia, madre de un niño socio cadete universitario), ya que cuenta con instalaciones para la práctica de alrededor de 20 deportes. Las instalaciones para el rugby, sin embargo, sobresalen en el conjunto de la infraestructura del club, y en la importancia que tiene en varias de las sedes. Las mujeres juegan al rugby en la URBA, pero lo hacen en los clubes que no ocupan una posición de prestigio deportivo o social. De hecho, en la mayoría de los clubes que suelen competir por el torneo anual de la URBA en la primera, no hay ni se promociona el rugby femenino. Las mujeres de estos sectores sociales juegan al hockey en esos o en otros clubes –algunos solo tienen deportes para los varones–. Me encontré con socias entonces "adherentes" de CUBA que jugaban al fútbol, pero lo hacían en una liga auto-organizada con sede en Pilar, por fuera de su propio club.

El rugby domina el campo de los deportes de la zona norte, y uno de sus clubes más representativos se erige como tal en función del poder simbólico y material que el rugby tiene en su historia y en la vida cotidiana de sus familias.

El scrum: cuerpo y metáfora del valor social del grupo

El contacto corporal que acontece en el partido de rugby tiene su punto culmen en el scrum. Es posible hallar en él una metáfora de cómo se consolida un sentimiento de cuerpo social (Sheperd-Hugues y Lock, 1987). Se "cobra" scrum cuando hay una falta por parte de un equipo y se reinicia el juego por medio de él. El scrum consiste en la agrupación de jugadores (hasta 8) de cada equipo (los delanteros o forwards), que se agachan –torso flexionado hacia adelante en posición casi horizontal, con leve flexión de las rodillas– se toman unos a otros abrazándose fuertemente cerca de la axila, en tres líneas sucesivas, constituyendo el pack de cada equipo. La primera línea de jugadores encastra con la primera línea equipo contrario, en el espacio que queda entre las cabezas de cada jugador del mismo equipo. La segunda línea está compuesta por dos jugadores y la tercera por tres. Una vez consolidada esa formación, el balón es arrojado por el jugador del equipo con ventaja, el medio-scrum, en la línea de encuentro entre los dos equipos y cada uno de ellos debe empujar hacia adelante para que la pelota quede bajo su dominio, mientras el hooker, el jugador del medio de la primera línea, la patea hacia atrás. Sin tocarla con la mano, la pelota debe salir por atrás de la formación, en función del avance del equipo hacia adelante. Allí sí es tomada con la mano, por lo general por parte del medio-scrum. Es una formación crucial, ya que así se obtienen pelotas y el equipo puede avanzar. Los forwards que forman el scrum reciben un entrenamiento específico. En muchos casos, se trata de jugadores más fornidos y musculados, algunos más gordos, que pueden poner mayor fuerza para un empuje, que, no obstante, debe ser coordinado para ser efectivo.

En el partido de aquel día de invierno se repite una secuencia, sobre todo durante el segundo tiempo: los de CASI se desarman en el scrum, se caen, los que lo resisten y avanzan son los de CUBA. Eso le va a dar una gran ventaja a CUBA, que puede hacer la conversión[21] luego del desarme y anotar puntos. El resultado del partido será una victoria para CUBA, con 28 puntos contra 13 de CASI. La crónica que publica el diario *La Nación* reza:

> Una aplastante dominación en el scrum y la determinación fueron los argumentos que el conjunto universitario presentó en el segundo tiempo. Basó su juego en los forwards y dejó que impusieran condiciones. Para el CASI, esa formación fue un verdadero problema que no supo resolver. Y así, sin poderío en sus delanteros y lamentando aún la ausencia de Ignacio Almela, cayó sin atenuantes. Cuatro penales de Güemes y un try de Bosch determinaron el rotundo triunfo de CUBA, que sigue demostrando su valía en cada presentación (Román Iglesias Brickles, Diario La Nación, del 20 de julio de 2014).

La experiencia de pack, de tirar para el mismo lado, de sostenerse en el otro, será tanto metáfora como performance corporal para este sector social: afinar la fuerza, consolidarse en la unidad hacen parte del valor nativo, de cómo se miran y qué enfatizan en la sociabilidad. Contar con un buen pack, con un scrum fuerte, es un capital deportivo y simbólico.

El scrum entre los dos oponentes de la zona norte simboliza la reunión de la pasión, el autocontrol, la persistencia y la producción de sí mismos como cuerpo social unido, donde la fortaleza del propio grupo está en la capacidad de hacer cuerpo, de aumentar el volumen del grupo, consolidar su unión, coordinar sus fuerzas y avanzar juntos frente a un otro. El otro, el oponente, en el deporte, forma parte del mismo círculo social, de la misma clase, y del mismo sexo-género. El valor social del propio grupo se hace cuerpo pero en el marco de un juego: el oponente es un otro (solo) deportivo, con el que se comparte el círculo de sociabilidad, consagrado en el tercer tiempo y la pertenencia a grupos de parentesco.

Como ha destacado Wacquant (1999) para el caso de los boxeadores, cuando los jóvenes rugbiers se enfrentan a otros equipos no sólo muestran fuerza, rudeza, sino también su capacidad de contenerse, de autoregularse, la efectividad

---

[21] Ocurre cuando luego de un try, puede patear la pelota en el goal —el espacio entre los dos palos— para obtener dos puntos más.

misma de su entrenamiento, su poder moralizador, la capacidad de encarnar las imágenes o "idealizaciones hegemónicas" (Bridges, 2009: 83) por parte de los individuos, y la efectividad de lograrlo por parte del grupo social. Es la comunidad, el mundo del rugby el que se muestra en y por esos cuerpos jóvenes masculinizados. La identificación de este sector social se juega en esos cuerpos generizados. Sobre todo en función de la sucesión: los ex rugbiers cuyos hijos o sobrinos siguen representando a la familia, a sus hombres en el espacio social donde esa corporalidad es dominante, en la zona norte.

La producción de los cuerpos masculinos

El rugby en Buenos Aires constituye una práctica generizada que permite comprender cómo se construye, sostiene y transforma un orden social masculinizado en sectores sociales privilegiados. Las prácticas son desarrolladas por y para hombres, en ellas se produce una masculinidad encarnada en un cuerpo, en una relación de los actores consigo mismos y con los otros. En el cuerpo masculino se articulan las relaciones de poder en dos dimensiones: clase social y género (Connell 2005; Connell y Messerschmidt 2005; Light 2007; Wacquant 1999). La preocupación por la reproducción de una posición social anclada en la dedicación al estudio y al deporte, implica reproducciones de posiciones de género, en este caso desde una masculinidad heteronormativa, que subordina otras masculinidades y feminidades, y otras producciones del deseo que no sean heterosexuales. En el rugby identifiqué los siguientes dispositivos y experiencias donde se erige esa masculinidad, donde hacerse hombre de "esa" manera conformará un valor personal y social, la presentación de sí y del grupo:

1) *Aprender a dominar la fuerza.* En los entrenamientos de rugby infantil[22] y el rugby de primera división, se hace varón mediante un uso específico de la fuerza física. Una enseñanza constante, para chicos y grandes, se transmite en los entrenamientos: hay que regular la propia fuerza. El rugby no constituye un juego de fuerza descontrolada, sino un juego de canalización de fuerzas específicas.[23] Sus finalidades son múltiples: no lastimar a otro, no lastimarse a sí mismo; ganar en

---

[22] Realicé observaciones de rugby "infantil" en la sede Anexo de Villa de Mayo, entre 2009 y 2010.
[23] Puede decirse lo mismo de casi todos los deportes oficialmente considerados como tales, que involucran un uso determinado del cuerpo. La caracterización del rugby como un juego "fuerte" proviene de la percepción del contacto corporal y de determinados movimientos –como el tackle– al que los espectadores representamos como "violento", aunque esté imbuido de un claro entrenamiento técnico, para realizarlo, esquivarlo o neutralizarlo.

táctica y destreza, mostrarse en una situación de autocontrol, mostrar el propio carácter, resonando allí la ideología de la *muscular christianity*. Dirá Tomy, jugador de rugby: "Te das cuenta cómo es la persona cuando la ves jugar", en una teoría nativa sobre la personalidad, el rugby y el cuerpo en movimiento. Es que en el partido "vos podés descargar todo lo que tenés adentro", me explica. El rugby tiene una función corporal, canalizar las energías individuales, que además reflejan "lo que uno es". Se trata de un uso de la fuerza corporal por parte de un grupo social con capital escolar alto (estudios universitarios), que establecen, como lo marca Boltanski (1975), una relación reflexiva con el cuerpo, racionalizada donde la fuerza no es ni debe ser lo que considerarían "fuerza bruta" sino una fuerza contenida, liberada y regulada, civilizada (Elias y Dunning, 1992). Análogo a lo que halló Mora (2010) cuando ve que la técnica corporal (Mauss, 1989) en el cuerpo de las estudiantes de danza implica hacer del cuerpo un instrumento "para". Nótese la comparación, ya que desde la percepción externa no representaríamos a la danza como un movimiento violento. Se trata de prácticas corporales de contacto, bajo regulaciones y tácticas específicas. En el caso del rugby, esas técnicas permiten jugar un juego donde se muestre la fuerza, sometiendo al otro (Messner, 1992). Ello se produce en un espacio de homosociabilidad que prueba la propia masculinidad –se compite entre varones que están al mismo nivel corporal– donde la fuerza y la táctica permite mostrar la superioridad. Una "personalidad" que puede dominar al otro, pero nunca en exceso, porque es un par de género y clase social, y porque hay una audiencia, un público que controla, celebra y se presenta públicamente por medio del cuerpo rugbier.

2) *Gestión de las necesidades corporales como performance*. Un día, mientras observo los entrenamientos de la primera desde el borde de la cancha, empiezo a registrar una serie de situaciones que había pasado por alto en mis visitas anteriores: los jugadores escupen en cualquier momento mientras corren o hacen una jugada; dos rugbiers se ponen a competir viendo la distancia a la que llegan sus escupidas; otros dos se acercan a un poste de luz para orinar, simultáneamente; varios jugadores se sacan los mocos tapándose una narina y soplando fuerte por la otra, frente a todos; y todos, además, se acomodan frecuentemente los testículos durante el partido. Estas situaciones definen una relación con el propio cuerpo (Bolstanski, 1975) y con las necesidades corporales –si consideramos allí el orinar, escupir, etc.– que demarcan un campo de intimidad que puede y debe ser hecha pública en ese espacio (Blanco, 2011). Así se produce un modo de estar juntos propio de los cuerpos de varones que se masculinizan en esa sociabilidad. Mostrar esos gestos corporales hace parte de una performance.

3) *El intenso contacto corporal contextualizado.* Además de la relación con el propio cuerpo, aparece una tercera dimensión que es la gestión de la cercanía y la distancia entre los cuerpos. Al ser un deporte de contacto, los cuerpos masculinos están todo el tiempo agarrados, abrazados, tackleados, amontonados, empujándose unos con otros. Esa sociabilidad corporal intensiva genera modos de regular la masculinidad en el nivel de las interacciones cotidianas. Si bien los cuerpos están en continuo contacto durante los entrenamientos, los partidos, o en las duchas del vestuario, en otros momentos los cuerpos se mantienen más distantes, o regulan el contacto según modelos que fui aprendiendo:

> Entré a la sala de kinesiología, me acerqué a Ariel, lo saludé y allí me di cuenta de la incorrección de mi saludo. Debí haberle dado la mano solamente, yo acerqué mi cara para darle un beso. Sentí que se acomodaba en respuesta a algo imprevisto y fue recíproco el saludo, aunque no nos dimos un beso, solo acercamos los hombros, como había observado que a veces sucedía en los entrenamientos (Diario de campo, julio de 2014).[24]

El conocimiento sobre el modo regulado de la distancia entre los cuerpos y las formas en que se contactan entre sí era desconocido para mí. Luego aprendí que el beso no existe, sino ese chocar de hombros mientras chocan y agarran mutuamente las palmas de sus manos derechas, que son las que acercan los cuerpos para que la cabeza de un cuerpo se encuentre con el hombre del otro. Es posible, que dada la heteronormatividad constante, asociada a la idea de varón heterosexual que aparecerá en los discursos –frases, insultos, calificaciones de "puto" al otro–[25] el beso sea un signo de una transgresión a la heteronormatividad supuesta y esperada. Ariel me enseñó muy rápidamente a regularme. Además hay una diferencia clave entre el intenso contacto de los cuerpos en el partido. En el partido (o en la jugada de entrenamiento que observaba, es decir, en la cancha) los cuerpos jóvenes pueden transgredir distancias que en otro espacio pueden transformarse en signo de faltas a la masculinidad esperada como en la intensa situación del scrum, pero fuera de él, esos intensos contactos no sucederían porque la distancia confirma y controla la heteronormatividad. Tal como analizaron Moreira (2008) y Garriga Zucal (2005), en las prácticas de las hinchadas del fútbol, esos espacios intensamente masculinos, generan sus propios modos de masculinidad, una masculinidad que se controla mutuamente.

---

[24] Nótese que en Buenos Aires puede ser muy común el saludo con besos y abrazo, o con choque y agarre de manos entre varones, aunque no en todos los casos, situaciones o sectores sociales.
[25] Nunca lo presencié durante un partido. Sí en conversaciones.

4) *El dolor*. Se educa al cuerpo para la resistencia al dolor. El rugby es el ámbito para la herida. Algunos entrenadores parecen buscar que se produzcan lastimaduras, las festejan incluso. El "nivel" de fuerza y contacto corporal es el permitido, y la herida o el sangrado es "normal". Frente a un tackle, en un entrenamiento, el entrenador festeja: "mirá, ¡hasta le dolió!, ¡perfecto!" (Diario de campo, junio de 2009). El dolor se convierte en la prueba de un buen ejercicio. El dolor y la lastimadura se van constituyendo como prueba de la masculinidad, porque los hombres deben aguantarla, resistirla, un signo de una relación con el propio cuerpo que lo subsume y lo domina, aún en situación de padecimiento. Se educa "desde chiquito", como me decía un entrenador de rugby infantil. La masculinidad encarnada en el contacto entre estos cuerpos termina produciendo lesiones, y ello forma parte de la trayectoria posible y frecuente del rugbier. La dinámica de este deporte de intenso contacto, enfrentamiento y golpes, caídas, derribos y forcejeos conlleva la constante presencia de lesión física, que antes que disminuir la masculinidad, la refuerza: será parte del recuerdo de los ex jugadores mencionar sus lesiones, en un itinerario corporal (Esteban, 2008)[26] que los hace sentir aún más apasionados por un deporte por el que "diste todo", una marca patriarcal del despliegue del cuerpo y de la producción de sujetos masculinos, atados a esta norma. Se trata de una disponibilidad corporal que pone en riesgo la integridad física:

---

[26] La antropóloga Mari Luz Esteban (2008) siguiendo a Stolcke, considera al género como una dimensión vinculadas más a lo que "hacemos" que a lo "que somos", y desde ese lugar mira el cuerpo generizado. Sigo esta perspectiva cada vez que hablo de performance, inspirado también en Butler (2006). Esteban reconstruye itinerarios corporales a partir de la experiencia y el relato a posteriori que los actores realizan sobre sus experiencias corporales: "la idea de itinerario sirve sobre todo para mostrar las vidas, los cuerpos, en movimiento, como procesos absolutamente dinámicos, abiertos y en continua transformación y, por tanto, singulares, contradictorios, inacabados... donde lo que interesa es subrayar la interrelación, la tensión entre acción social, entendida como corporal y contexto/s social/es diferentes y múltiples en los que se desenvuelve la persona, entre prácticas corporales e ideologías sociales y políticas" (Esteban, 2008: 144). Si bien aquí no empleo la categoría de modo sistemático, la recurrencia de una experiencia como la lesión permite pensarla desde la contradicción: construye masculinidad, y al mismo tiempo, pone en riesgo la trayectoria deportiva y la vida misma. En el mundo del rugby, la posibilidad de sufrir una lesión paralizante es más que frecuente. A tal punto que existe una organización, asociación civil "Rugby Amistad" y una fundación, la Fundación de la Unión Argentina de Rugby, que nuclean a jugadores de rugby que han quedado en silla de ruedas por lesiones deportivas; algunos de ellos continúan jugando al rugby en la silla. Los accidentes mortales, han atravesado la historia de CUBA. El caso más reciente es el del fallecimiento de Juan Cruz Migliore, jugador de CUBA. Aunque no ocurrió por un golpe o un accidente durante un scrum, el hecho de que haya sucedido durante un partido puede haber aumentado la sensibilidad hacia los riesgos del rugby.

Un amigo mío se quedó cuadripléjico al lado mío jugando al rugby. Le dieron apoyo, todo el mundo. Era parte del Opus Dei y lo ayudaron en lo económico. Estos chicos se juntaron. Nosotros cuando fuimos al Reino Unido a jugar con el Congreso [de la Nación], ellos hicieron una subasta a beneficio de una entidad argentina. Y esa plata se las donamos a ellos, un cheque en libras (Santiago, 47, lic. en relaciones internacionales, CUBA, ex rugbier).[27]

La fuerza que se dispone en el juego es una fuerza que debe intentar controlarse, por los riesgos físicos que se corren. El "lomo de macho" (Garriga Zucal, 2005) que se produce en el rugby sería más un lomo de "un buen tipo" y "atractivo", que corre el riesgo de caer en desgracia, de imposibilitarse. Pero para evitarlo, además de la regulación de la fuerza física, de un buen entrenamiento táctico es necesaria la producción de una musculatura acorde, que le dé resistencia y volumen a los cuerpos y los nivele entre sí.

5) *La producción muscular*

Al frente del consultorio kinesiológico, el gimnasio, también lleno de jóvenes haciendo su rutina de entrenamiento muscular, entre aparatos y mancuernas. Esa sala vidriada, con muchos aparatos, no es tan grande o no lo parece por la cantidad de aparatos de gimnasia que hay. Cada tanto escucho los gemidos y gritos de esfuerzo de algún jugador que está sosteniendo una barra, asistido por otro, intentando superar el peso y las repeticiones anteriores, para tener más músculo (Diario de campo, junio de 2014).

Un cuerpo fornido, atlético, musculado más no, según ellos, de modo excesivo. Los rugbiers de CUBA intentan diferenciarse de la asociación estereotipada por otros entre rugbier y patovica.[28] La modernización e intensificación de los entrenamientos en la última década, les permite construir una diversidad de modelos corporales según la necesidad que conlleva cada posición en el campo de juego. Los backs o medio scrum, que se dedican sobre todo a correr, esquivar, pero también a tacklear, son "flacos atléticos", en los que se destaca la musculatura de los hombros, espalda, piernas y nalgas. En los forwards parece haber una conformación muscular más notable, donde no importa tanto la agilidad en el trote, sino la fuerza en hombros, cuellos, brazos y espaldas, para sostener el scrum, formación básica del juego del rugby, y en las piernas, para resistir y avanzar, en la misma for-

---

[27] La trama de la que hablamos, el círculo social aparece aquí en la mención del Opus Dei –institución católica integrista (Corbiere, 2002)– asociada al mundo del rugby, lo nacional y el capital económico conjugados en la misma explicación, aparentemente anecdótica.

[28] Nombre que se le da a los guardias de seguridad de boliches y locales de baile, caracterizados por una evidente formación corporal en gimnasio, musculatura notable y cierta rigidización de los movimientos.

mación. En este caso la tradicional conformación corporal del "gordo"[29] sigue estando, aunque ahora sumando un trabajo muscular más intensivo y constante que en generaciones anteriores. Estar entrenado ofrece mayor seguridad porque corren menos riesgos de lesiones. Y al mismo tiempo, como llegaba a admitir uno de los jugadores entrevistados, tener un cuerpo atlético o musculado los ubica con un capital mayor a la hora de constituirse en cuerpos atractivos frente a las mujeres de esos sectores sociales: "y sí, te levantás minas también", destacaba uno, en referencia al "lomo".[30] Como dice Shilling (2012), los actores producen una reflexividad sobre su propio cuerpo. Las formas corporales se asocian a valores simbólicos que son relevantes "para el sentido de sí mismo de muchas personas" (112). Más allá de estas fenomenologías del cuerpo rugbier, el estado entre atlético y musculoso de sus jugadores constituye un indicador del crecimiento de la competitividad.

Cuerpos con clase: distinción y masculinidad en las percepciones incorporadas

Un sábado en el Anexo de CUBA me pongo a conversar con Mariano, uno de los entrenadores de rugby infantil, que se encarga de la parte administrativa y de comunicación. Es "couching ontológico". Le interesa lo que hago, me dice, porque él también se dedica "al comportamiento humano", luego de explicarle que estoy haciendo un trabajo antropológico. Estamos observando un partido de CUBA con el club Curupaytí. Es el tercer partido de esta división con los de "Curupa", como le dicen, que ya ganó los dos anteriores. Observo la contextura física y la apariencia de este equipo en relación a los jóvenes del CUBA.

Mariano me dice en un tono irónico, señalando a los de Curupaytí "estos son más grandes, habría que ver el documento". Sigue, con el mismo tono: "rinden un parcial el lunes". Y me explica: "lo que pasa es que nuestros chicos son hijos de madres que les dan productos light, son hijos light y los del Curupa son más fortachones, seguro que se comen un guiso en la semana, viste?" (Diario de campo, julio de 2009).

---

[29] En un trabajo reciente (Fuentes, 2015) realicé una sistematización de 7 conjuntos de tipos corporales: los cuerpos armados, los cuerpos integrados (petiso, gordo, flaco), los cuerpos deseantes y deseados, cuerpos en riesgo, cuerpos "light" y cuerpos "de guiso", cuerpos feminizados, cuerpos profesionales. Lo que denominé "cuerpos integrados", son el conjunto de cuerpos que aparecen, ligeramente subordinados al del prototipo musculoso y atlético: el estrictamente gordo, el petiso y el flaco. El cuerpo de los "gordos" nunca se presenta sin trabajo muscular.

[30] Es una actuación reflexiva sobre la distancia que hay entre el cuerpo legítimo y su cuerpo real (Bourdieu, 1986), y ello se refleja en su seguridad.

Mariano explica la diferencia física como diferencia de posición social a partir de la alimentación. El guiso, comida popular que él asocia con el otro club. Los niños de CUBA –que aún no realizan un entrenamiento físico en un gimnasio por su edad– son flacos y lánguidos. El discurso de Mariano utiliza una mirada "universitaria" para explicar las edades. Las edades de los jugadores del otro equipo parecen mayores que las del propio. Sospechando que estarían rindiendo un parcial como si fueran universitarios, está diciendo que probablemente no estén siendo honestos con la edad de los jugadores. Articula explicaciones que se atribuyen a la clase, morales y corporales sobre los "otros".

Un entrenador, socio de CUBA, me cuenta sobre un partido donde compitieron contra el Club Virreyes, club relativamente nuevo que funciona en una zona carenciada de zona norte. Me transmite su sorpresa por la calidad y la energía en el juego de rugby de estos jóvenes: "las pilas y energía que tenían, si hasta había un chico que tenía el velcro del botín roto, y jugaba lo mismo, descalzo, impresionante. Lo único que no había ningún padre, acá más o menos siempre hay algunos. No sé si porque no están o porque están trabajando" (Diario de campo, julio de 2009).

El modo de ver la diferencia es conducida de la ropa a la familia. Juegan como sea, aunque estén solos, vaya a saber uno por qué motivo. Su sorpresa frente a la diferencia tiene una connotación "social": "me llamó la atención que en la entrada del club, había unos carteles avisando de apoyo escolar ahí mismo para lengua y matemática, el club hace que los chicos de la villa estudien, y hay 3 que ya van a la universidad". Su interés por la escolaridad y concretamente la referencia al acceso a la universidad promovido por el club de rugby "de la villa" es un marcador que muestra la "obra" que están haciendo los fundadores de ese club, todos ex rugbiers de clubes reconocidos de la zona norte. Y la capacidad o la disposición perceptiva de este entrenador, como miembro de CUBA, de observar y marcar el acceso a la universidad como logro vital, como capital valioso. Las percepciones y justificaciones sobre la posición social y la desigualdad se producen en y desde los cuerpos masculinos y revelan la naturalización del destino social de los jóvenes, su origen (sus familias, lo que comen) y las sospechas que despierta cualquier diferencia social "hecha cuerpo". El cuerpo, lo que lo inviste y lo rodea, es la grilla para identificar clase social, carencias y privilegios.

Felicitas y Belén, las hermanas que presenté al inicio de este capítulo,[31] en 2010 vivían en CUBA-Villa de Mayo. Residían algunos días de la semana en la ca-

---

[31] El análisis que realizo aquí retoma fragmentos de campo e ideas de un trabajo escrito en conjunto con Tomás Bover (2015) donde analizamos los circuitos en la ciudad de jóvenes de "zona norte" (que forman parte de mi investigación) y de jóvenes policías (en la investigación de Bover).

sa que su abuela –ex jueza– tenía en el barrio de Recoleta, para poder cursar sus estudios en la Universidad de Buenos Aires y en la Universidad del Salvador, respectivamente. Salir al espacio público, en la trayectoria biográfica de los y las jóvenes de estos sectores, implica asumir algunos recorridos e instituciones que se comparten con otros sectores de clase: tomarse el tren o el charter[32] bien temprano para llegar al "centro", o trasladarse y durante la semana residir en algún departamento o casa que la familia tiene en alguno de los barrios prominentes de Buenos Aires. Reunirse en el centro con amigos/as. Habitar un espacio que a veces se reconoce como diverso y a veces como homogéneo, y que se construye en función de "reconocerse". El reconocimiento es una operación perceptiva de clase y que enclasa (Bourdieu, 2002). Cuando les pregunto sobre cuáles son las diferencias de un chico o una chica de CUBA, Felicitas responde:

> te das cuenta de que un chico es más o menos parecido a vos por cómo se ve, o sea, vos te das cuenta de que pertenece a tu mismo grupo social, sigue tu mismo gusto, qué se yo, vos te das cuenta, cuando en mi facultad [de Derecho], no tanto porque van todos vestidos de traje, igual hay una diferencia, vos tenés al pibe que va vestido de traje como que, no sé, a mí me parece más lindo porque estoy acostumbrada a un pibe que va con un traje medio pardo, qué se yo.

En un primer momento el tipo de vestimenta se comporta como un marcador de pertenencia social. Es, en todo caso, el cuerpo masculino el que organiza la percepción de clase:

> Sebastián: se lo ve, digamos, ¿es evidente?
> Felicitas: yo creo que sí, no con las mujeres tanto, bah, no sé si los pibes lo notan tanto… igual con las minas también
> Belén: yo que más que nada de la diversidad que hay en mi facultad [Universidad del Salvador] me doy cuenta fácil digamos, me doy cuenta fácil de las mujeres que, más o menos, son como yo, están en mi situación, que fueron a un colegio privado capaz, y que por ahí son miembros de un club y las que no

En las justificaciones de su percepción, Belén caracteriza la pertenencia de clase en torno al circuito de educación privada y la sociabilidad en clubes. Creo que terminé de comprender la fenomenología corporal que arma la diferencia de clase gracias a sus reflexiones; les pregunto cuáles son las diferencias que observan:

---

[32] Colectivo que sale directamente de la localidad, con algunas pocas paradas previas, y que va por autopista hasta el "centro" de la CABA, en menor tiempo que el que demoraría un colectivo de línea.

> B: sí, el pelo largo en las mujeres
> S: ¿el pelo largo?
> B: sí, parezco una hueca diciendo esto
> F: sí, es que siempre tienen el pelo largo
> S: ¿por qué te sentís una hueca? (Risas)

La solicitud que realizo a las hermanas implica un esfuerzo de memoria por explicitar una diferencia social, parcialmente consciente, que las avergüenza e incomoda: es la incorrección de explicitar en la Argentina contemporánea, el reconocimiento de la diferenciación según parámetros corporales, frente a quien no pertenece al mismo sector social. El problema es que desde un dualismo epistemológico, el cuerpo es concebido como carcaza y superficie, y desde la formación discursiva desde la cual hablan –atravesada por la formación católica, los "valores" que repiten las familias de este sector de clase– hablar del cuerpo como envase es quedar asociados a una belleza corporal que ellas deberían trascender según esos parámetros morales.

> S: por ahí viendo los pibes, porque según me dicen ustedes son de CUBA no porque vivan en un barrio que tiene características particulares (…) físicamente ustedes pueden distinguirse de otra gente…
> F: sí
> B: sí, me parece que es muchísimo más amplio que CUBA… es URBA (Risas)
> S: ¿qué dijiste?
> B: la URBA (risas)
> F: "la URBA" dice la pelotuda
> S: ah, URBA, claro.
> B: ¡es verdad!
> F: ¡qué profundo! (irónicamente; risa).
> B: no sé, ves un flaco y pasa que es un chico de Alumni[33] o, que te parece, o es de CUBA, pero si es de CUBA lo conocés (risas) (Felicitas y Belén).

---

[33] Dedicado exclusivamente al rugby, es uno de los clubes importantes de la URBA. Homónimo de uno de los primeros grandes clubes de fútbol de Buenos Aires, que existió en 1901 y 1911, Asociación Alumni se posiciona como una continuación del antecesor dedicado al fútbol. Fue creado para reunir a los egresados de colegio English High School, fundado por el escocés Alexander Hutton en 1884. Fue uno de las primeras instituciones donde se jugó fútbol. La historia de este colegio y sus clubes de ex alumnos, ligando fútbol –luego profesionalizado y masivo– escolarización a la inglesa y luego rugby es una conjunción ejemplar para analizar la historia del deporte y sus transformaciones en el siglo XX.

Las hermanas hablan de un reconocimiento que se porta y que construye la percepción sobre sí y sobre los otros. Como dice Merleau-Ponty (2002), el movimiento y la percepción se realizan a través de y en diferentes coordenadas virtuales, que permiten ubicar y ubicarse y, en este caso, percibir corporalmente a aquel que forma parte del mismo espacio social, el que comparte el estilo de vida, el espacio de referencia que a su vez otorga pertenencia.

Es, además, en este caso, el reconocimiento de una nueva vergüenza. Belén dice que sus compañeras universitarias "son todas superficiales", que no tienen los mismos valores que ellas, valores que rescatan de su familia, del club y de la escuela católica. Explicitarse a sí mismas que la pertenencia está dada por la "URBA" es motivo de gracia porque expone la contundencia de la asociación. El inter-reconocimiento explicitado por las jóvenes de CUBA también está dado por la habitualidad (Merleau-Ponty, 2002), por un sentido común donde los movimientos propios y de los otros son reconocibles de modo "natural". Salir de esa naturalidad implica risas, incomodidad, la exposición a un discurso políticamente incorrecto para alguien como ellas mismas.

El relato de Belén continúa, situándose en el tren San Martín, que a veces toman para ir y venir desde el centro hasta Villa de Mayo. Es ahí donde "te das cuenta en la manera de actuar de la gente que tiene diferentes valores o apreciaciones respecto a la otra gente, no sé cómo explicarte" me dice. La percepción de la diferencia social se encarna en los cuerpos y se traduce en los valores diferenciales a los que lo asocian.

Tanto el tren como la universidad implican para estas jóvenes el encuentro con lo diverso, espacios públicos, la materialidad de lo común. Felicitas concibe a la UBA como un espacio de encuentro y, a veces de choque con "los que piensan distinto", los estudiantes "abortistas" con los que ella discute o los profesores que hablan todo el tiempo "de los derechos humanos". Sin embargo, en ese espacio diverso encuentra "gente como nosotras", que son del mismo sector social, con los cuales, antes de conocerse personalmente, sabe que tienen "cosas en común". Se reconocen como parte de un mismo grupo social desde su percepción corporal, y desde allí, se agrupan para defender sus ideas frente a espacios e instituciones públicas donde sus ideas o posiciones son cuestionadas. Algo similar le sucede a Tomás, socio del club Regatas de Bella Vista, rugbier y estudiante universitario de la UBA. Tomás se mueve en el círculo del rugby, sus amigos son del club, del colegio secundario y/o de otros clubes de rugby, como CUBA. Le planteo la misma pregunta que a Felicitas y Belén. Su percepción recae sobre el rugby: te das cuenta "quién es rugbier y quién no", en un espacio público como la Facultad de Agronomía de la UBA. Le consulto si se encuentra o se hace amigos de gente "distinta" a él. Su referencia va hacia una explicación que aúna residencia y clase:

> El rugby siempre para mí suele ser una posición alta ¿viste?, económica y lo ves acá en la facultad que me relaciono con gente que ¿viste? de Devoto y de esa zona. Yo soy super abierto ¿eh? Pero no tiene nada que, o sea (titubea, piensa qué decir) tienen cosas muy distintas conmigo y (tose) y nada, ahí ves a los rugbiers que ves y son en general más digamos, más chetos ¿viste? (Tomás, 20, ingeniería, UBA, Club Regatas).

Más allá de su percepción sobre el rugby (luego agregará al hockey) como de nivel socioeconómico alto, el discurso de Tomás se mueve por momentos fuera de esa pertenencia y por momentos adentro. Él no se siente tan "cheto", sino "abierto" –está hablando conmigo, que no pertenezco a su círculo– y aparecen identificaciones y clasificaciones. Su dificultad, análoga a la de Felicitas y Belén, revela la dificultad de hablar de la clase, y específicamente de la clase incorporada. La subordinación de alguien que no pertenece al mismo espacio se explicará también por el habla:

> [En referencia a su amigo de Devoto] o sea vive bien y todo, pero es por ahí, el círculo donde se mueve, cómo hablan también ¿viste? Por ahí hay veces gente que le horroriza que se coman las eses ¿viste? y bueno y asimismo yo por ahí le digo "sory" y me mira con cara de "pará cheto", "ah bueno (le dice) perdoná, hablo así", pero, no es que sea así de un nivel (bajo), yo no sé cuánto gana el viejo, ni idea por ahí gana más que yo ¿eh?, pero es el círculo que se mueve, las cosas que hace, el lugar a donde sale, esas cosas te marcan

El hablar de la clase es también identificar al habla como marcador. Desde el punto de vista nativo la clase se incorpora, se percibe en y desde el cuerpo, y se articula con la pertenencia a instituciones, espacios (barrios) en la ciudad, o los espacios por donde circulan los cuerpos (Sennett, 1994). El capital económico, aunque está presente, es subordinado a esas dimensiones, porque la clase es cultural, se produce en un estatus y un estilo de vida (Tiramonti y Ziegler, 2008).

Producir un cuerpo con clase es también poder distinguirlo en el espacio público. Distinción que tiene una doble acepción. Distinguir a alguien de entre un conjunto, tal como señalan las universitarias en la universidad, es decir, poder identificar a alguien. Pero en estos jóvenes, la distinción es también la portación de una hexis, de un habitus por medio del cual es posible percibir quién porta los cuerpos distinguidos. Lo interesante aquí es que la clase se reúna alrededor de los cuerpos masculinos, y son ellos los que, como Felicitas y Belén, reúnen al grupo.

Incorporar "valores": masculinidad heterosexual y la diferenciación del puto

Por medio de prácticas, discursos y espacios ya descriptos se va produciendo una masculinidad, en cuanto "configuración de la práctica organizada en relación a la estructura de las relaciones de género" (Light, 2007: 324). Como dice Connell (2005), una masculinidad hegemónica nunca está sola, existen otros patrones de masculinidad presentes, y modos de femineidad que adquieren relaciones de subordinación en el marco de relaciones de género, pero esas masculinidades se entienden en la práctica de los actores, práctica genérica que garantiza, produce, reproduce posiciones dominantes (para los hombres) y subordinadas para las mujeres, además de formas específicas de ser hombre y formas específicas de ser mujer.[34] Algunas características de la masculinidad en este sector social, como el control y la fuerza física no son exclusivas de estos grupos. El enfoque de la masculinidad hegemónica resulta relevante, pero tiene sus límites. Como señalan Besnier et al. (2018), en el contexto neoliberal global, es difícil pensar en una jerarquía clara de masculinidades, con una modalidad dominante sobre otros modos, con la complicidad de esos modos subordinados. Lo que plantean los antropólogos es que una forma de masculinidad que parece ser dominante puede ser precaria en otro sentido, y que las masculinidades que no son más impactantes en una primera mirada son las más importantes a lo largo del tiempo en otras dimensiones de la vida de la gente. Por eso proponen pensar la hegemonía situada en el neoliberalismo como orden regulatorio, y a las masculinidades como formas generizadas de hacerse varón que son informadas global y localmente, en intersecciones con otros procesos y dimensiones.

Este enfoque es más que relevante para pensar cómo, por ejemplo, la masculinidad representada en la fuerza física puede ser claramente precaria cuando la misma se desata y la incorrección moral de la violencia ejercida, antes que en una posición de fortaleza, deja a los actores en una posición de vulnerabilidad.

---

[34] La articulación hegemónica está dada porque esa masculinidad está positivizada, aún en otros sectores sociales, ya que en la posición social en la que se encuentran los actores estudiados, hay una mayor probabilidad de que la distancia entre el cuerpo real y el cuerpo legítimo sea más cercana que para otros sectores sociales, que experimentan esa distancia en la subordinación (por la distribución desigual de los capitales) en la que se encuentran al momento de disputar por el cuerpo legítimo (Bourdieu, 1986). Son masculinidades dominantes en los sectores sociales estudiados, pero hegemónicas si se tiene en cuenta la aclaración precedente. En cada sector de clase los cuerpos dominantes o modélicos respondan a otros parámetros –que también ofician como resistencia–, pero aun así en estos sectores sociales más subordinados se reconoce el parámetro modélico de los cuerpos asociables a los cuerpos de los sectores privilegiados.

La masculinidad se construye al mismo tiempo que se producen los cuerpos masculinos. Según Bourdieu (2002; 2010) las clases profesionales y los sectores dominantes han utilizado los deportes como modos de acumulación de capital social y de conformación de la hexis corporal distinguida. En el rugby los actores enseñan y aprenden técnicas corporales (Mauss, 1979) que buscarán producir un tipo de varón en un tipo de corporalidad específica. Los jóvenes rugbiers y sus entrenadores invierten trabajo en y sobre sus cuerpos para valorizarlos y producir un capital, que según algunos puede ser considerado un capital físico (Bourdieu 2002; Shilling 2012), es decir, un estado y un valor incorporado, como es aquí la masculinidad y todo el sistema de gestión del dolor, las necesidades corporales, los contactos con otros cuerpos, etc.; o un capital corporal (Wacquant 1999), portador sobre todo de un valor simbólico específico, clave para la acumulación de poder, y convertible en otro tipo de capitales. Para Shilling (2012), el cuerpo es un modo de capital cultural porque en él se definen gustos y no sólo el valor simbólico que cobran cuerpos formados de un modo particular.[35]

La experiencia de los rugbiers que son atractivos para las mujeres de estos sectores sociales, y la idea de que su propio cuerpo les resulta una producción interesante para ser presentada y mostrarse al resto, indican que se juega tanto la incorporación del gusto y la atracción (que está supuesta y se supone como heterosexual) como la especificidad de un capital referido a la masculinidad, que es construida como un valor. Los adultos y jóvenes remarcan en todo momento al rugby como "forjador" del carácter y como formador de valores: "te hace hombre" me decía un socio adulto. Se pueden construir fenomenológicamente cuerpos distintos, en el mismo espacio social productor de valor físico y simbólico, pero no ser menos varón por ello, ya que el valor lo da el saber cómo moverse, cómo contactarse, cómo aguantar. Como hacerse y mostrarse varón heterosexual.

Un rugbier de un club distinto a CUBA me contaba que mientras practicó hockey masculino, cuando tenía 16 años, sus primos no paraban de decirle "puto". Esa misma situación es planteada por Verónica, mujer perteneciente a CUBA, crítica del club. En la entrevista remarcaba la dificultad de sus hijas/os para socializar en el club puesto que no participaban activamente de sus deportes. Ella introduce en el diálogo la categoría de lo posible/imposible. Su hija mayor practica fútbol femenino con sus amigas. Para la madre resulta más difícil que un "varón" del club practique hockey, que una mujer haga rugby. La imagen cultural

---

[35] Es decir, si hablamos de capital físico nos estamos refiriendo a aspectos más propiamente deportivos, en este caso; si hablamos de capital corporal lo hacemos enfatizando la función social, el atributo indexical, la capacidad de señalar la clase de pertenencia.

que el primero estaría "tocando" sería la hegemónica sobre la masculinidad y la formación de la masculinidad en el club, el modelo dominante de varón dominante.[36] De hecho, para que un amigo de su hija pueda jugar hockey debió recurrir a otro club, con la "salvedad" de que no pertenece a una familia "típica" del club. Verónica relataba el sufrimiento individual, particular, de quienes no responden a los modelos de la hegemonía masculina heterosexualizada Los modelos casi no se tocan.

En los encuentros del tercer tiempo, en los vestuarios, en las juntadas de la "previa", los rugbiers hablan sobre todo de sus conquistas sexuales, de las minas "que nos garchamos", de todos sus "levantes". Los espacios donde hablan entre ellos son aquellos donde se debe hablar de esos temas, debe mostrarse su capacidad de conquista, su virilidad, al mismo tiempo. Cuando se hace fuera de los entrenamientos y las instalaciones del club –salvo el tercer tiempo– se realiza en el contexto de consumos de alcohol. Aguantar y resistir, mostrar también la capacidad de tolerar un alto consumo hace parte de la misma performance, de no negarse a una nueva cerveza, es decir, decir sí al grupo en todo aquello que represente o ponga en juego el valor individual en el colectivo. La preeminencia del grupo por sobre la propia "voluntad" constituye un valor, uno de los principales valores "explícitos" con que se presenta el rugby, por sobre los otros deportes.

En espacios homosociales como el rugby la expectativa por hacerse varón se enseña y se aprende, en función de lo que se habla, los relatos que cada uno debe aportar al grupo. El grupo se sostiene, en sus procesos de identificación, no solo en la pasión que ejerce la práctica del deporte en la cancha, sino también en función de la adhesión emocional y corporal que produce un discurso masculinizante, reforzado no solo en los logros vinculados al sometimiento, sino en la experiencia de un público "par", de una audiencia que refuerza el aporte que cada uno le hace a un grupo *heterosexual* y *heterosexualizante*. Decir que no a una bebi-

---

[36] Salvando las distancias conceptuales entre masculinidad, sexualidad y sexo, conviene aquí recordar que en realidad estamos hablando de un sistema de sexo-género, clave para la constitución de los sectores ascendentes modernos: según Foucault, la afirmación del sexo implicó para la burguesía europea la afirmación de sí misma: "Más que de una represión del sexo de las clases explotables, se trató del cuerpo, del vigor, de la longevidad, de la progenitura y de la descendencia de las clases "dominantes". Allí fue establecido, en primera instancia, el dispositivo de sexualidad en tanto que distribución nueva de los placeres, los discursos, las verdades y los poderes. Hay que sospechar en ello la autoafirmación de una clase más que el avasallamiento de otra: una defensa, una protección, un refuerzo y una exaltación que luego fueron -al precio de diferentes trasformaciones- extendidos a las demás como medio de control económico y sujeción política. En esta invasión de su propio sexo por una tecnología de poder que ella misma inventaba, la burguesía hizo valer el alto precio político de su cuerpo, sus sensaciones, sus placeres, su salud y su supervivencia" (Foucault, 1998:149).

da alcohólica, tomar un fernet con mucha coca-cola, tardar en "cojerse a la minita de hockey", todo es interpretado como mariconada, su efecto es producir al grupo, alterizar la diferencia y establecer el silencio y la disidencia al mandato que representan los líderes del equipo. Todo en función de la ideología del equipo masculino primero.

La experiencia "grupal" de cuerpo colectivo es producida por medio de rituales, experiencias corporales, y por un modo de proceder, cotidiano –los consumos, la expectativa por mostrarse viril, atractivo, deseado y capaz de someter al otro/otra–, sobre los que no se habla con facilitad. La humillación del otro constituye un conocido rito de iniciación en el rugby. En mi trabajo de campo en CUBA no encontré relatos sobre los conocidos rituales de iniciación, que entrañan por lo general instancias de sometimiento a los nuevos, "bautismos" de bienvenida donde se ejerce algún tipo de violencia física. Sí encontré relatos y menciones de rituales de jugadores de otros clubes, que, en función de estar hablando con un alguien que no es "nativo", siempre son dichos en relación a otros clubes, nunca al propio. En otras investigaciones también aparecen los relatos sobre ejercicio de violencia física sobre los nuevos (Branz, 2013). Las experiencias de violencia para "disciplinar" a un jugador que no juega bien, que cumple años, que se va a vivir a otro país, etc., hacen parte del ritual que instituye el orden de la masculinidad: sometiendo en un "juego" al otro, o amenazándolo con la posibilidad de ser penetrado, o directamente rapándolo, escupiéndole o insertándoles objetos en el ano.

No hallarlos en el trabajo de campo no quiere decir que esos hechos no ocurran, o que no se hallen relatos y significaciones públicas sobre los mismos. Manuel Soriano escribió su primera novela publicada en 2010. *Rugby* es un relato descarnado, ácido y crítico, sobre la vida en los clubes de rugby de zona norte, sus "valores" y sus modos particulares de "inculcarlos" y hacerlos funcionar en una sociedad desigual donde el poder está de su lado. En el capítulo 5 narra una escena de bautismo que él denomina debut en primera:

Me había olvidado de que esa tarde había debutado en Primera. Al principio se escucharon los cánticos y después vino la acción. Pobre Fefo, estaba a mi lado en la ducha. No los vio venir. Entraron como nueve juntos: los primeras líneas, el Chino, Lucas y algunos más que no me acuerdo. Ariel también estaba metido en eso. Me duele verlo portarse como un pelotudo. Me duele por mí, por nuestro pasado y por Ana. Sobre todo por Ana. Relajate y gozá, Fefito, le dijeron y todos se rieron de la broma. Lo agarraron los tres forwards más fuertes, lo inmovilizaron, y lo acostaron boca arriba sobre el piso. Entre varios le sujetaban las manos, las piernas y la cabeza. Fefo empezó una resistencia pero se dio cuenta de que era peor. Primero tuvo que tomar cerveza.

El Gordo Paoleri se la tiraba despacito sobre el pecho, el chorro bajaba por su cuerpo transpirado, y terminaba de caer, como una canilla con pérdida, entre sus huevos y su culo. Fefo, ubicado debajo, tuvo que recibir la cerveza con las fauces abiertas. (…) Cuando ya había cumplido esa prenda, apareció Sergio Canetti con un desodorante. Era de los finitos, con tapa anatómica. Lo dieron vuelta a Fefo y lo dejaron culo para arriba. Qué culito más tierno, dijo el Gordo y le dio unas palmadas. Le metieron el desodorante por el ano. No demasiado; es sólo una joda entre amigos, después de todo. Un poquito, la puntita, lo suficiente, como para que lo sienta. La tapa quedó atrapada entre sus nalgas cuando sacaron el tubo. Los gritos de aliento y las carcajadas repicaban en el vestuario. Entonces terminó el debut, le pusieron una cerveza en la mano, le dieron abrazos y felicitaciones y todos cantamos para alegrarlo un poco: "Olé, olé, olé, olé… Fefo, Fefo".

Yo tampoco me había salvado del debut pero la saqué un poco más barata. (…) Dicen que en los clubes de Primera hacen cosas peores. Te afeitan una pierna o la cabeza, te meten de punta a un tacho de agua helada hasta perder la respiración, te sodomizan con salchichas congeladas, te dejan desnudo en el medio de la ruta, te cagan en el pecho, te arrancan los pelitos de los huevos, te hacen tragar pescaditos de colores a través de un embudo (Soriano, 2010: 61-64).

En su relato el autor queda en un lugar de pasividad, de contemplación cómplice de la situación, con un sentimiento de crítica. Estos rituales enlazan además por su carácter cuasi secreto, porque constituyen una violación que solo el equipo conoce, aunque todo el club y sobre todo los mayores sepan de ellas. Es una complicidad más de los espacios homosociales, que hacen a la fidelidad y connivencia en sociedades e instituciones manejadas por varones. La humillación de un integrante del propio grupo sella su pertenencia, y el poder ejercido sobre su subjetividad, sentido en su cuerpo, constituye un aprendizaje sobre cómo se ejerce el poder y qué relación de "camaradería" instituye.

Más allá de la novela de Soriano, no hallé discursos críticos sobre este tipo de prácticas, o sobre las consecuencias que tiene la formación en una ideología de grupo masculinizante que luego impacta en los modos de proceder de los rugbiers en los espacios públicos (Fuentes, 2019b). Antes bien, los problemas relativos al peso que tiene lo grupal y la imposibilidad de establecer disidencias con el riesgo de ser considerado cobarde o puto, son subordinados a supuestos problemas generacionales de todos los jóvenes y no sólo de los jóvenes rugbiers, tales como el consumo de alcohol y de otras sustancias. Es decir, el argumento generacional permite sortear la posibilidad de revisar cómo es la formación en "valores" que produce este tipo de efectos de poder en los varones y en los espacios sociales por donde circulan ellos y sus alteridades: "putos" y mujeres.

Las múltiples subordinaciones femeninas, y la "familia" como clave del cambio

Carolina practica hockey desde los 10 años. Es bellavistense, pero su familia no es originaria de allí, vivían en el "centro" (en Belgrano) y se mudaron cuando ella era chica. Su madre jugó al hockey "más de grande", su papá era jugador de rugby. Carolina es socia del club Regatas, desde hace muchos años, y tiene muchas amigas del CUBA-Villa de Mayo. Compite con ellas, en los años en que coinciden en el mismo torneo, y circulan por las mismas fiestas, los mismos colegios secundarios, y grupos católicos muy cercanos entre ellos.

El padre de Carolina era socio del Belgrano Atlethic, uno de los principales clubes de rugby de la URBA. La decisión de su padre, antropólogo egresado de la UBA, fue asociarse al Club Regatas, típico club de rugby de Bella Vista, también miembro de la URBA. A Carolina mucho no le gustaba el hockey, ni a su hermano el rugby, pero la intención de su padre era que ambos practicaran esos deportes. "Era levantarse temprano los sábados y eso, y después sola, se ve que hice un click y me enganché", relata. Carolina representaba a Regatas en la época en la que la entrevisté, en septiembre de 2011. Su espacio estaba jerarquizado por varones: su entrenador, el que la "engachó" porque la convocaba para jugar, y "ahí me fui dando cuenta de que era buena, de que podía desarrollarme en el deporte". Desde hacía dos años, el club tenía a "otro tipo, que venía de un club de hockey de varones", y reorganizó el hockey femenino del club, que antes era "medio un lío". Además, en el hockey, ella desarrolla su sociabilidad. Le consulto por qué sostiene la práctica del hockey:

> El jugar bien no sé pasó a otro plano, y hoy por hoy, primero sí el tema social porque lo que es abrirse, yo veo (a) las chicas, mis amigas, que tengo un grupo increíble, pero el plus de tener otras amigas, conocer a otra gente, y no sólo las de tu club, sino que vas conociendo las de los otros clubes, entonces de repente no sé, en Pinamar me pasaba que me encontraba con gente de otro club, las encontraba y te quedás hablando, también los sentimientos que compartís con ella. Bah, a mí me pasa que los sentimientos que compartís en una cancha de hockey no sé, de alegría, si ganás, frustración si perdés, a mí me pasaba como que el hockey era, es, medio una terapia. ¿Viste esas cosas que dicen que no sé, cocinar es una terapia, el jardín es una terapia? yo voy a hockey y te desconectas, no sé por las dos horas y media de entrenamiento que tenés, y sí claro, salís un poco de toda tu rutina, y vas a enfocar en eso, a mí me encanta (Carolina, 20 años, antropología, UNSAM).

Hay varios planos en los que la experiencia y trayectoria de Carolina cobra sentido. Por un lado, la concepción sobre lo diverso en los espacios de sociabilidad: el hockey le facilita encontrarse con gente distinta, que sería la de otros clubes. Comparte con ellas los espacios de veraneo, donde vuelven a encontrarse y conversar. Pinamar y Cariló, por ejemplo, serán dos destinos vacacionales claves y recurrentes en las familias de zona norte. El deporte, circunscripto a los clubes de hockey está subordinado en diversos niveles al rugby masculino, y a la dirigencia masculina de esos clubes. Por otro lado, la dimensión lúdica y/o terapéutica del deporte. Las analogías que emplea Carolina, estudiante de antropología de la UNSAM, se anclan en estereotipos de género tradicionales: la mujer asociada a la cocina o a la jardinería.

La subordinación también se experimenta en el capital físico acumulado. El riesgo que corre una jugadora de hockey es que podés: "tener piernas así" me confiesa Carolina, mientras dibuja con las dos manos una circunferencia en el aire. Si bien ello ha cambiado en el modo de entrenamiento de los últimos años, su entrenador le relataba que muchas hockistas dejaban el deporte porque "tipo no quiero tener una piernas así ¿entendés?". Eso representaba un riesgo: la posible pérdida del capital corporal en relación al cuerpo deseado por los varones, en el marco de un modelo de belleza basado en la delgadez femenina que se impone hace algunas décadas.[37] El riesgo más cotidiano es no satisfacer un requisito de conformación corporal ajustado al grupo social, sobre todo a un patrón de feminidad que jerarquiza la delgadez y la asocia a su capital corporal-sexual. Igual "eso ha cambiado mucho" me decía Carolina, las jugadores de hockey ya no son "tan patonas como antes"

En la organización interna de los clubes referenciados en la URBA, multideportivos como CUBA, el hockey juega un papel menor. Carolina, Felicitas, Belén, Agustina, distintas jugadoras que conocí a lo largo del trabajo de campo, todas me contaron que tanto en Regatas, como en CUBA y en otros clubes "de rugby", el hockey "es tenido a menos". La jerarquía funciona para posicionar en el hockey incluso a un club que no se destaca en este deporte, sino en el rugby: "por ahí al ser un club (x) reconocido en el rugby y respetado por eso, socialmente aunque el hockey sea malísimo, el club es respetado (en el hockey)". A la jerarquía la establece el rugby en un primer momento, aunque en el hockey femenino el mis-

---

[37] A partir de las entrevistas a Carolina y otras jóvenes universitarias, no se deduce que de este deporte puedan derivarse riesgos físicos, tal como sucede en un deporte brusco de contacto como es el rugby. El riesgo mayor en el hockey sería profundizar alguna lesión preexistente, sobre todo en la espalda, o problemas posturales.

mo club "no sea bueno". Esa organización estructural de los clubes, en CUBA toma una dimensión jurídica.

Cuando escribía mi tesis de doctorado en 2015, CUBA atravesaba un proceso institucional de mucha controversia, con constantes discusiones en los espacios informales del club acerca de la transición ineludible hacia el profesionalismo, por un lado; y sobre los "reclamos" de las mujeres y algunos varones para que las primeras pudieran ser socias del club en igualdad de condiciones. Hasta ese entonces la pertenencia al club era exclusivamente masculina, y las mujeres seguían reclamando un posicionamiento distinto que las iguale a los varones. En la histórica asamblea realizada a fines de 2018, la mayoría de los socios votó por la incorporación de las mujeres como socias, que hasta entonces, solo podían ser socias adherentes o "asociadas": con el primer término se designaba una condición por la cual las mujeres pertenecían al club en función de su condición de hijas o esposas de los socios. La condición de asociadas constituyó un cambio de 2012, donde se explicitaba que la pertenencia continuaba en caso de divorcio. En las dos categorías sucesivas, sin embargo, la prohibición persistió en relación a la condición política de las mujeres en el club: no votaban ni podían ser elegidas para la comisión directiva, y les estaba vedado el acceso a distintos espacios.

En el club hubo una larga marcha de reclamos y reivindicaciones, que se inicia en los años 90. El argumento que circulaba: la categoría "universitario", de género masculino, escrita en el acta fundacional de CUBA de 1918. Es interesante notar el proceso social estratégico del género en las categorías. Mientras buena parte de la resistencia social a utilizar lo que suele denominarse como "lenguaje inclusivo" especificando los géneros de las palabras, es resistido con el argumento de que las palabras en masculino representarían todos (y todas), en CUBA el argumento iba en sentido contrario: ontologizaba el atributo de género del Acta Fundacional. Solo se podría incluir a varones.

A pesar de diversas impugnaciones, por "ser de otra época", "anticuado" y "machista", aquí la categoría "machista" también funcionaba, en 2012, como fuente de prestigio, ya que se sostiene un "valor" que han defendido padres y abuelos, goza de tradición, y hace a una institución que prestigia la resolución de conflictos entre amigos. No todas esas impugnaciones producían lo que buscaban: hay campos sociales donde las críticas son recibidas como un activo, un capital moral.

Entiendo que hubo dos procesos, en distintos momentos que favorecieron el cambio estructural para la vida del club más representativo del amateurismo masculino en el rugby porteño. Como ha sucedido con otros procesos de movilización social y cuestionamientos al orden establecido, la presentación pública mediante argumentos en torno a la "familia" permiten llevar adelante tanto naturalizaciones como cuestionamientos a jerarquías y movilizar causas sociales. Lo estudió Jelin (2007) en relación al movimiento de derechos humanos llevado adelante por las Madres y Abuelas de Plaza de Mayo, y más recientemente lo identifiqué en otros procesos vinculados al respeto de la integridad de niños y niñas bajo medidas de abrigo en familias transitorias en la provincia de Buenos Aires (Fuentes, 2019a). Invocar a la familia o lo familiar puede resultar un argumento estratégico en los procesos socioculturales de cambio y transformación.

Las fronteras de género en espacios como CUBA también son movilizadas por el mismo sintagma "familia". En 1996, José Osvaldo Casás, reconocido socio del club,[38] publicaba el libro *Razones para la plena inserción de las mujeres en el Club Universitario de Buenos Aires*. El material, destinado a la difusión entre los integrantes del club, aún era reivindicado por el grupo de mujeres y de varones socios que planteaban la igualación interna de la jerarquía hacia 2012.[39] En el libro se incluyen las notas que el socio presentó en diversas ocasiones a la comisión directiva, a los efectos de lograr el reconocimiento como socia de su hija Mercedes.

El argumento de Casás, al ser abogado, en un club compuesto por un gran número abogados, es el jurídico, y nombra entre sus antecedentes tratados internacionales y la misma Constitución Nacional de 1994. Plantea además que el cambio debería hacerse no sólo por la normatividad jurídica, también por medio de un argumento moral y social, esto es, la igualdad entre las personas "a pesar de la diversidad de su género" (Casás, 1996: 3) y en función del avance de la sociedad en el reconocimiento del rol de las mujeres. "Me alienta la inspiración –compartida por muchos otros socios–, que el Club pueda afirmarse plenamente en lo que actualmente es, una "familia de familias", descartando la limitada concepción formal de una asociación de varones o de una asociación mixta" (Casás, 1996: 4).

Se trata de un proceso de transformación contemporánea que cuestiona la asociación entre familia y valores tradicionales, en el supuesto de que están constituidas igualitariamente por varones y mujeres, lo que puede desplazar la interpretación jurídica. La inclusión de las mujeres parece adoptar una forma y senti-

---

[38] Abogado y escribano egresado de la UBA, Doctor en Derecho por la misma universidad, profesor titular en la UBA y en la Universidad Austral, de material ligadas al Derecho Constitucional, Tributario y de Finanzas. Fue Juez del Tribunal Superior de Justicia de la Ciudad de Buenos Aires, ha publicado y publica en revistas especializadas sobre la misma temática.

[39] Aunque hemos documentado diversas iniciativas en las redes sociales, la que parece tener más continuidad es la desarrollada en el blog http://igualdadcuba.blogspot.com.ar/ Consultado: 1 de mayo de 2015.

do hegemónicos, "la familia" para desplazar el eje de que lo universitario solo incluye a los varones. El argumento, además de jurídico, es táctico, porque permitió mover la discusión reivindicando la experiencia cotidiana de "familia" y la igualdad jurídica de sus miembros.

El segundo momento histórico, que se plasma en 2018, está condicionado por una fuerte movilización social, por un lado, del movimiento de mujeres y del feminismo, que no fue homogéneamente recibido en CUBA, pero ejerció su influencia. Al menos en tres sentidos: 1) etaria y generacional, porque las mujeres más jóvenes del Club, en muchos casos apoyadas por sus novios o sus esposos, empezaron a plantear más directamente su potestad y capacidad para dirigir el club, señalando lo anacrónico de un gobierno exclusivamente masculino; 2) un segundo movimiento hacia la transformación del club estuvo constituido por una mayor exposición pública: ese anacronismo patriarcal fue motivo de sucesivas notas periodísticas de distintos medios que exponían al club y lo dejaban en un lugar que era de orgullo solo para algunos socios, quienes lo gobernaban; 3) la movilización propiamente política. Los movimientos y marchas del Ni Una Menos, distintas movilizaciones que se realizaron y pusieron en la agenda pública los problemas relativos a la violencia de género, los prejuicios machistas, la subordinación de las mujeres en distintas instancias, hicieron que desde 2015 los cuestionamientos aumentaran. Si bien en CUBA, muchas de las jóvenes no adhirieron, no adhieren ni se movilizan por la legalización de la interrupción voluntaria del embarazo –o lo hacen en el movimiento que se le opone–, el feminismo a su manera, con los argumentos de los que se podían apropiar, catalizó una percepción social naturalizada que hacía que varios socios dudaran y luego apoyaran la causa de la igualación jurídica de las mujeres.

En la asamblea de noviembre de 2018, de la que participaron 2256 socios (varones), 1648 votaron a favor de la modificación del centenario estatuto para el reconocimiento de las mujeres como socias plenas, 601 votaron en contra y 6 se abstuvieron. Con esa modificación, existirá la condición de "universitaria", y quienes no posean título universitario seguirán siendo asociadas. El hecho constituyó una noticia que se esparció en todos los medios de prensa "nacionales" y en los noticieros de la TV. Sin embargo, la sede Viamonte no cambió su condición: se siguió reservando un espacio al que solo pueden ingresar los varones, en "respeto" de una condición previa a la reforma del estatuto del Club. Las múltiples subordinaciones femeninas se van desnaturalizando, pero la homosociabilidad masculina resiste hasta los últimos bastiones de la cultura material de las instituciones.

Una aristocracia en el cuerpo

El cuerpo es una producción social donde se ha invertido y se invierten un sinfín de recursos y estrategias, para producir una masculinidad encarnada dentro de un panorama acotado, acostumbrando al dolor, que circule por espacios privilegiados, que sepa cómo vincularse con otros cuerpos masculinos y cómo regular las distancias y cercanías. Es la inversión intra-clase, en la apuesta que hace un sector social que dispone de recursos de diverso tipo para reunirse en torno al partido de rugby, o para entrenar al cuerpo rugbier en uno de los lugares más privilegiados y bonitos de la ciudad. Toda esa apuesta se verifica luego en el contacto inter-clase, que estos jóvenes realizan en espacios masivos como la universidad, el tren, el transporte público en general. Se distinguen en función de la percepción del cuerpo, por marcas de clase cuya clave se cifra por medio del rugby. En este deporte en Buenos Aires los jóvenes atraviesan una experiencia de clase masculinizada, destinada, por ejemplo "a manejar gente" en su futuro: nuevamente, el rugby enseña la división social del trabajo, y los ubica en el rol intelectual, dirigente, civilizado, no-obrero. Presenté con mayor peso la perspectiva de los varones; el discurso y el punto de vista de las mujeres viene a confirmar –aunque también está cuestionando– la hegemonía masculina en estos sectores, destinado a asumir una posición de mando social.

Si la noción de aristocracia establece una jerarquización dada por un origen noble, el origen puro, estamos frente a la producción de una "clase" que se sostiene en un origen honorable, moral. Y que trabaja para producirla. Producir sucesores, incorporarlos a las posiciones de clase, género y morales, conlleva un proceso de naturalización y disciplinamiento de los cuerpos, que luego aparece como la magia de la naturaleza, se invoca con el nacimiento (Bourdieu, 2010). El espacio moral en el que se producen a sí mismos como sector social y moral basado en el honor, la camaradería, el compañerismo, implicó la dominación y subordinación del espacio, del cuerpo propio y de los/as otros/as, que hace posible su posición social.

La compatibilización entre estudios y deporte amateur, se hacen en y desde dos instancias formativas claves que estos sectores controlan, y se instala en los "logros" institucionales de conseguir importantes recursos materiales con la magia de los contactos o el "esfuerzo" denodado de los socios, cual obreros civilizando la ciudad. Aunque entre estos sectores sociales haya "gente que tiene mucha plata", la clave es la austeridad. La no ostentación es marca de honorabilidad, a diferencia de otros momentos y contextos nacionales, donde la opulencia y la mostración de la riqueza pueden constituirse en instancia de legitimación y de prestigio (Veblen, 2008; De Oliveira de Lima, 2008). Antes que ostentar, el mérito, el trabajo, el esfuerzo personal, del equipo, institucional son las marcas de un sector social que se distingue por su estatus moral. El cuerpo rugbier, más intensamente entrenado y fornido, los sigue reuniendo y distinguiendo, en torno a un partido, a una cancha, a un espacio social en que se recrea la gran familia del rugby. Y cuyos líderes aún pueden estar juntos para hablar de las mujeres y de los asuntos importantes en enclaves exclusivos.

La formación en valores en un espacio gobernado por varones, donde importa una sola subordinación: al equipo y su unidad. Este ideologema es presentado como un valor nativo que otorga pertenencia y hace lazo social porque vincula a los varones en una genealogía que les da historia, importancia, presencia y relevancia pública, siempre en lugares de prestigio y de valor social. La masculinidad heterosexual es significada como superioridad, dominio, defensa, control, y cualquier intrusión puede alterar ese modo de gobierno de la sucesión y de las relaciones de poder establecidas en este espacio social de "zona norte". La educación en valores es tan efectiva como problemática: constituye el principal objetivo de los clubes de rugby para la reproducción social, la formación de los sucesores. Pero lo hace mediada por dispositivos clasistas y heterosexistas, instalando además la superioridad de los cuerpos de varones masculinizados según esas mismas coordenadas. Establece además los valores implícitos de la complicidad entre ellos para aquellas prácticas que cual cofradía hacen parte de los códigos de "conducta" de las asociaciones de varones.

La visibilización de los cuerpos con clase, nunca obreros, conlleva, en la sociedad argentina, auto y hetero-clasificaciones que impugnan la clase ("cheto", por ejemplo). Los grupos privilegiados no pueden sostener sistemas de producción de valores autónomos, independientes o no cuestionados socialmente. Solo para algunos esos motes pueden significar algún tipo de valor positivo, ya que la naturalización e incorporación que sucede en estos cuerpos materializa el poder de una clase adultocéntrica que se simboliza, se encuentra y desea en el cuerpo joven rugbier. La naturalización tiene ese poder, institucionalizar procesos sociales en los que estamos implicados. La jerarquía de esos cuerpos atañe al conjunto de la sociedad, porque es una producción sociocultural del deseo, las idealizaciones, las proyecciones, la atracción y la construcción del valor instaladas por quienes regulan las producciones de valor de modos dominantes, y las sostenemos –si no son explicitadas– quienes incluso no pertenecemos a esos sectores.

La emergencia de posiciones más cercanas al profesionalismo al interior de CUBA junto con reclamos sobre la subordinación de la mujer son indicadores de cambios que cuestionan la estabilidad de las hegemonías morales y de género. No obstante ello, los varones siguen dominando la producción social del valor en este espacio social, y la defensa de esos valores adquiere ribetes públicos –cuando acontecen eventos de violencia protagonizados por rugbiers–. Esos eventos ponen en riesgo lo que la homosociabilidad masculina hace gala: estar solo entre varones, hacerse viriles y valientes en el dolor y el respeto a la norma del equipo; la misma obediencia que limita cuestionamientos que los ubicarían en el lugar del maricón y el puto. Un dato emerge con fuerza: la materialidad y espacialidad del privilegio es persistente, un bastión de las posiciones patriarcales.

4.
Profesionalización, deporte-espectáculo y valor económico-moral

La performance de Los Pumas en la Copa Mundial de Rugby de Francia 2007 fue brillante: no pierden ningún partido hasta las semifinales, cuando caen frente a Sudáfrica, equipo que se coronaría campeón en la final frente a Inglaterra. En el partido por el tercer puesto, los Pumas vencen a Francia. El resultado coloca al equipo argentino en el puesto número tres del Rugby mundial. El rugby ya estaba en su etapa profesional en todos los países cuyos equipos llegaron a cuartos de final, salvo en la Argentina "¿Cómo es posible un rendimiento deportivo de tal magnitud?" era la pregunta que se hacía la prensa deportiva global que, aunque conocía la particularidad argentina –el único país del Cono Sur latinoamericano con un amplio desarrollo del rugby sin ser una ex colonia británica– no podían explicar esa supuesta excepcionalidad.

Que la selección argentina haya quedado tercera, demostrando ser competitiva con un equipo amateur demostró que el nivel profesional, del que muchas naciones gozaban desde hacía más de diez años, quedaba debilitado: ¿un equipo amateur podía subir al podio de los profesionales? Un problema difícilmente digerible para los dirigentes de esas uniones y de la World Rugby, que junto a sus esponsors globales venía promoviendo la profesionalización desde los años noventa.

La composición del seleccionado nacional de 2007 mostraba un nuevo rostro en el rugby global: aproximadamente la mitad de los Pumas que habían "salido" de los clubes amateurs argentinos al momento de integrar el seleccionado competían como profesionales en el exterior. Ignacio Corleto, Felipe Contempomi, "Corcho" Fernandez Lobbe, Mario Ledesma, Agustín Pichot, Gonzalo Quesada, entre muchos otros, desarrollaban desde hacía unos años sus carreras profesionales en clubes de Francia, Irlanda, Gales e Inglaterra. Otros, que aún jugaban en la primera división amateur de sus clubes en la Argentina, conseguirían a posteriori contratos en clubes profesionales del norte global. La composición de Los Pumas, en los siguientes años –al menos hasta 2015– mostrará una composición abrumadora de jugadores profesionales residentes en el extranjero. En esos años crecían las voces que buscaban establecer un límite, un "cupo" de jugadores que jugaran afuera, para habilitar a los jugadores que "decidían quedarse en su país", me decían, cual acto patriótico, quienes estaban atrás de esas medidas. El tercer puesto de 2007 terminó de catalizar la larga marcha hacia el profesionalismo del rugby argentino, fomentada por actores globales como la entonces International Rugby Board, la industria espectáculo-deportiva que la sustenta, y actores locales. Además, aquel tercer puesto despertó o reavivó el fervor en la trama de clubes existentes en todo el país.

Por primera vez, los Pumas estaban "contratados" por la UAR, mediando una relación comercial con los jugadores. Como esa mediación estaba prohibida por el Estatuto de la UAR, debieron crear lo que denominaron un *régimen especial* para rentar a los jugadores de los seleccionados nacionales. Recién en una asamblea de la Unión de 2009 se conseguirían los consensos para la reforma del artículo 3 del Estatuto que establecía el amateurismo, y en la nueva redacción creaba formalmente el ámbito de incumbencia del rugby rentado: "El juego del rugby constituirá en el país una actividad amateur practicada exclusivamente por aficionados, quedando expresamente establecidos que solo la Unión Argentina de Rugby podrá contar con equipos seleccionados rentados, excluyéndose de tal posibilidad a los equipos de las uniones afiliadas o invitadas, como a los de los clubes que las integran" (Art. 3, Estatuto Unión Argentina de Rugby).[1]

Unos años después, en 2011 estallaba el conflicto con los jugadores de la UAR a los que la URBA prohibía jugar en su torneo. Román Iglesias Brickles, periodista especializado trazaba el panorama:

> Dos Mundiales (Gales ´99 y Francia ´07) en los cuales Los Pumas descollaron –en el último con medalla de bronce–, victorias trascendentales ante las potencias y la creación del primer seleccionado rentado (Pampas XV), que participa en una competencia profesional como la Vodacom Cup son cuestiones que reflejan tal apreciación y la refuerzan (ESPN.com, 13 de abril de 2011).

A continuación describía el sombrío panorama que asomaba para los jugadores de la URBA y la inminencia de sus renuncias a contratos/becas de la UAR, señalando que los "contratos" eran un requisito necesario para que Los Pumas participaran regularmente de competencias internacionales, y era lo que pedían

---

[1] Es posible que en un futuro próximo, las uniones provinciales puedan ser titulares de una franquicia.

los jugadores del grupo de Pichot, aquellos del bronce de 2007. Algunos actores del rugby como Marcelo Lofreda señalaban que mientras la Argentina buscaba insertarse en el rugby mundial, en Buenos Aires se sostenían conflictos casi parroquiales que dificultaban la profesionalización. Llamaba incluso a cambiar el nombre: desde hacía poco tiempo se hablaba de "contrato", pero en realidad lo que se hizo es jerarquizar aquello que la UAR implementó desde los dos mil, un "régimen especial" de viáticos, algo más que un simple viático, que oficiara de alguna manera como remuneración.[2] Llamaba a volver a denominar "viáticos" a eso si el problema planteado por la URBA era tal innovación.

Como señalé en la introducción del libro, la progresiva profesionalización de (parte) del rugby argentino fue, y aún sigue siendo, un proceso social conflictivo, pleno de polémicas, condicionantes y luchas que –por más que se presenten públicamente como fruto de difíciles pero logrados "consensos" conseguidos entre *caballeros* del rugby vernáculo– no dejan de ser una puja por las definiciones de lo valioso, por quién tiene "más" poder, y en qué ámbitos. Una antropología del valor se define en los múltiples escenarios en que acontecen estas pujas: si los jugadores, las organizaciones internacionales, nacionales o regionales, si los "valores" nativos declarados funcionan más bien como organizadores de la disputa, antes que como orientadores de las prácticas de los actores. Si los deportes integran la escena y los dispositivos locales y globales de producción de poder y de las múltiples regulaciones neoliberales que configuran las subjetividades contemporáneas (Gherson, 2011), el rugby en su etapa de globalización y redefinición nacional era un proceso más que relevante para analizarlo, por esa articulación de poderes en distintas escalas.

Los deportes son espacios privilegiados para ver la distribución del poder en una sociedad (Archetti, 2003), su producción, y sus cambios. A lo largo de la investigación, entre el habla constante de los "amateuristas" por mantener al rugby por fuera del imperio de la "guita", y el planteo de los profesionalistas por "adaptarse al mundo", pude entender que me hallaba en el medio de un proceso de cambio social, deportivo y extradeportivo, en el que se estaba redefiniendo cómo se produce el valor en/de las personas y los grupos sociales, es decir, los criterios que hacen valiosos a los sujetos. Lo que estaba en juego era cómo se definían los campos de valor y lo que declaran y entienden como "los valores", que desde mi punto de vista podía definirse como un campo de luchas por establecer las fronteras entre criterios de valoración económica y/o de valoración moral, y las apuestas familiares a futuro que esa lucha conlleva.

---

[2] Ese pago se fue modificando para que ingrese en un encuadre legal y fiscal, que no poseía entonces.

En este capítulo cuento de qué manera entendí que lo que estaba en juego era la presentación pública de una elite (porteña) y el gobierno de (su) juventud, es decir, de cómo los adultos establecen trayectorias ideales en función de la lectura que hacen de un mundo que está en constante transformación. Y cuando digo mundo, lo digo literal: las apuestas de los actores del rugby porteño no son apuestas vernáculas, sino globales, de un "mundo" que los adultos leen como hostil, por un lado, y los jóvenes como oportunidad, por el otro. Y por qué no, ambos, como un negocio y un estilo de vida (Fuentes y Guinness, 2019): mercado y valor moral no son contradictorios en sí mismos, solo en teorías morales. Si, como dice Sahlins (2013) el mercado es un mediador de significaciones culturales, el rugby hecho negocio aun siendo amateur en su mayoría, podría ser una interesante lupa para entender las claves de la construcción de una elite masculina en Buenos Aires, más acá de una perspectiva economicista que concibe al mercado como un orden estructural desvinculado de la vida cotidiana de las personas. Incluso de aquellas personas que más pueden beneficiarse de él, sucesores de quienes han sido actores clave de la economía nacional.

Organizaciones y dispositivos en la profesionalización: escalas locales y globales

En las sociedades contemporáneas los deportes pueden ser al mismo tiempo iniciativas de la sociedad civil, políticas públicas e industria. Una práctica, o múltiples prácticas donde intervienen agentes y lógicas estatales nacionales, iniciativas transnacionales y globales, empresas de capitales nacionales e internacionales (Giulianotti y Brownell, 2012), organizaciones de la sociedad civil, o simplemente, individuos que se agrupan para practicarlo. En la etapa actual de la globalización deportiva, las instituciones del deporte llegan a ser actores económicos cuyo tamaño presupuestario es mayor al de los estados, con capacidad para incidir en procesos nacionales y locales (Besnier y Brownell, 2012). Las posiciones diferenciales que ocupan los distintos actores no son iguales: la profesionalización deportiva es una arena fértil para visibilizar conflictos sociales y disputas más amplias que, por ejemplo, la interna política de una asociación civil –tal como lo es, jurídicamente, la Unión Argentina de Rugby– o la dicotomía mercado *versus* clubes con la que a veces se presenta la transformación del mundo de los deportes.[3] El fútbol

---

[3] Las imbricaciones y negocios –o negociados, como denuncia con razón a veces la crónica periodística– de dirigentes del fútbol argentino es un ejemplo de ello: dirigentes de asociaciones civiles,

argentino tiene la particularidad de que los jugadores son profesionales en términos de renta/contrato, pero los clubes son entidades civiles "sin fines de lucro". Cuando desde la dirigencia de los clubes se oponen a la habilitación de sociedades anónimas, pareciera que se estuviera defendiendo una lógica anti-mercantil, cuando, en realidad, los principales clubes de fútbol argentino mueven millones de pesos al año. Es, claramente, el control sobre ese flujo de recursos lo que está en juego, y la defensa de otros criterios que pueden ser los que organizan la función "social" del fútbol o de los deportes en general, más evidente en el resto del sistema de clubes deportivos en el país.

En la Argentina no hubo un momento cero, de inicio de la profesionalización del rugby. Una serie de iniciativas, dispositivos y discursos, que entiendo como formaciones discursivas (Foucault, 2008) fueron generando las condiciones implícitas y explícitas para que, años después, Jaguares sea posible. Hubo discusiones y procesos sociales de movilización de recursos y personas que impactaron desde los años noventa, visiblemente, y algunos indicios anteriores. Pero de modos más nítidos los requerimientos de profesionalización empezaron al interior de la Unión, cuando luego del tercer lugar de 2007 la UAR comienza a ser mirada por la IRB y otras Uniones como un lugar de crecimiento e inversión, que se hizo manifiesto entonces.

El apoyo financiero de la IRB ponía como condición la generación de una estructura de management en la UAR, el nombramiento de un gerente rentado que se hiciera cargo de la gestión profesional que implica en sí la profesionalización del rugby a nivel nacional, y el manejo de fondos destinados al desarrollo del rugby a nivel federal. Además, sobre todo entre los cruciales años 2007 a 2009, la IRB fue condicionando el envío de fondos a la modificación de las normas estatutarias de la UAR, presionando en la tensión entre las uniones provinciales al interior del organismo nacional.[4] En 2008 asume Porfirio Carreras como nuevo presidente de la UAR. Proveniente de Alumni —es decir, de la URBA— y aliado a Agustín Pichot, un actor clave de la profesionalización dados los contactos que había consolidado en el exterior y un rol político que fue construyendo en el rugby argentino, asume ese desafío y presión de los actores extranjeros y genera las condiciones para canalizar la transformación. Una clave fue intervenir en la formación de los jugadores, en la producción de los nuevos atletas.

---

muchos de ellos implicados en fenomenales negocios que manejan *a piacere*, bajo el escudo del club como institución social, de "inclusión", o lo que sea; y bajo el padrinazgo o injerencia directa de lideres políticos.

[4] Ver nota "La IRB reconoció una falla y le enviará los fondos a la UAR". https://rugbydesalta.blogspot.com/2008/05/la-irb-reconoci-una-falla-y-le-enviar.html

El Pladar fue implementado en 2009 por la UAR con financiamiento de la IRB. Ese plan dicho en singular se territorializó por una decisión de la UAR y la IRB en los "Pladares", centros de entrenamiento intensivo que se establecieron en distintas provincias, al "cuidado" de las uniones provinciales. Se instalaron en Cuyo, Centro, Litoral, Buenos Aires y NOA. Estos centros se propusieron mejorar las condiciones de los jugadores argentinos para acercarlos a la situación de los atletas de los seleccionados de las potencias del rugby. Se trataba de un dispositivo de entrenamiento intensivo, realizado en instalaciones de clubes locales, donde los jugadores seleccionados de distintos clubes se embarcaban en un entrenamiento y preparación física diaria con un "estipendio" a cambio. En ellos se buscaba incrementar el tamaño y volumen de los cuerpos.[5] Participaba del Pladar un cuerpo técnico profesional y rentado, del que carecen algunos clubes. Se enfatizaba además el objetivo del "crecimiento individual" de los jugadores, por un acompañamiento más personalizado e intensivo por parte del cuerpo técnico del que sucede en los clubes.

La formación en los Pladares permitió al mismo tiempo:
• formar una base de jugadores con mayor dedicación, una suerte de semi-profesionalización si se atiende a las condiciones económicas, temporales y sociales de participación de los jugadores "amateurs";
• extender esa modalidad a lo largo de buena parte del país, produciendo así una suerte de deseo mimético a nivel local –jugadores no seleccionados para el Pladar, que hacen el esfuerzo de entrenar más que lo hacían antes, imitando ese modelo, y con entrenadores o dirigentes alentándolos–;
• desplegar un "semillero" como se suele decir en el mundo del fútbol: formar esa base implica que no todos tendrán éxito, es decir, no todos los que integraron Pladares podrán ser seleccionados por la UAR, o estarán en mejores condiciones para que los contrate un club europeo.

Los Pladares constituyeron una activa política de producción de un cuerpo con (determinada) edad. Su objetivo fue producir jugadores que a los 18 años ya pudieran desarrollar una experiencia más intensiva de entrenamiento, que incidiera justo en el mismo momento en que se articulaba la trayectoria entre educación secundaria y universitaria de los jóvenes rugbiers de distintos pun-

---

[5] En ese proceso de producir capital optimizándose a sí mismo como máquina (Castro, 2015), mejorando el rendimiento corporal para hacerlos eficientes (Rose, 1989), funcionales y competentes, puesto que "el entrenamiento físico demarca la transición del amateurismo al profesionalismo en la carrera de los atletas" (Damo: 2005, 289).

tos del país. Para los sectores privilegiados de Buenos Aires ello constituiría toda una transformación para los modos de sucesión y reproducción social, y ello explica parte de las resistencias de muchos adultos de CUBA y la URBA. Teniendo en cuenta no solo el alto nivel de escolarización de estos jóvenes y de sus familias, sino también la representación dominante que asocia juventud con educación secundaria y universidad, ofrecer un deporte con mayor exigencia a una edad más temprana producía nuevos temores en los grupos familiares. Y una modificación en la manera en que los jóvenes construyen sus horizontes temporales, sus sueños y expectativas, por las expectativas que empezó a generar en jóvenes de 16 y 17 años.

En varias ocasiones, mientras observaba los entrenamientos de Jaguares en 2016, me encontré con periodistas y jugadores, que me contaban cómo tal o cual jugador de Jaguares había salido del "Pladar". Esta valoración posterior del Pladar funciona como reivindicación de ese dispositivo. En 2019, de los 40 jugadores de Jaguares, 34 habían pasado por Pumitas (UAR, 2019), quienes mayormente habían integrado algún Pladar. Pero significa mucho más que eso: el semillero asemeja el rugby al modo de reclutamiento del fútbol. Un espacio al que concurren cientos, o miles de jóvenes, esperando ser seleccionados, pero solo algunos serán elegidos. Esa lógica que distintos antropólogos y sociólogos describieron en el proceso de globalización del deporte (Besnier, 2012; Besnier y Guinness, 2016; Esson, 2015; Kovac, 2016; Hann, 2019) fue activamente fomentada por los actores "civiles" y no "comerciales" del rugby argentino. Tener bases más amplias para un vértice bien pequeño constituye una estrategia común en la masificación y profesionalización de los deportes. Pero como señalaron aquellos investigadores, deja un tendal de jóvenes que nunca podrán cumplir con esas metas. Al modo del capitalismo de casino planteado por Comaroff y Comaroff (2001) y ya instalado en el fútbol argentino, son muchos los que invierten tiempo, esfuerzo, recursos y sueños en el deporte, pero pocos los que llegan. Sobre toda esa literatura comparada, hay un dato que diferencia al proceso argentino cuyas consecuencias son ilegibles al día de hoy: la base aún no se corre del espectro de reclutamiento de sectores medios hacia arriba en la estructura social.

Los jóvenes de sectores medios o altos que aspiren y no lleguen al top de la carrera deportiva a nivel nacional o internacional, cuentan y contarán con recursos educativos, económicos y redes sociales en sus grupos de parentesco, en sus barrios residenciales, en su grupo de amigos que no los dejará a la intemperie. Como señala la sociología de la desafiliación y la individuación social inspirada en Castel, los procesos de individuación (Robles, 1999) en sociedades de los países periféricos pueden estar desregulados de y por la actividad institucional (Estado y otras instituciones), lo que lleva a un proceso de búsqueda de los otros como necesidad, porque son necesarias las relaciones de dependencia en función de las incertidumbres. Pero esos procesos son desiguales según la posición social de quien se trate. Es decir, para algunos la dependencia es obligada, para otros es una elección ("solidaridad") o un posicionamiento ("dejar que el otro se las arregle por su cuenta"). En este caso, la individuación está acompañada de los soportes y recursos familiares y sociales que acumularon estos mismos grupos: la intemperie es una experiencia que les es ajena, al menos a quienes son hoy protagonistas de la profesionalización del rugby.

El Pladar constituyó un vector de poder que visibilizó nuevos modos de articulación local-nacional-global. Primero, porque fue la primera gran iniciativa de la UAR que se desplegaba hacia el "interior" del país: lo hacía en alianza con las uniones provinciales de rugby que la integran. Hasta entonces, la acción de la UAR se limitaba mayormente a establecer determinados acuerdos, capacitaciones, líneas de trabajo con las uniones provinciales: desarrollar y poner en marcha un dispositivo de entrenamiento en el que confluía producción corporal de atletas y la puesta en circulación de dinero constituyó ciertamente una novedad. Ese despliegue territorial hacia el interior se realizaba con ideas, *know-how* y recursos financieros provenientes de la organización global del rugby. La legitimidad de ese dispositivo termina de explicarse por la configuración nacional-territorial del rugby argentino: la hegemonía porteña, más asociada al amateurismo (Fuentes y Guinness, 2018) se veía en cierta forma debilitada por el despliegue al "interior" del Pladar, y las uniones del "interior" veían con agrado este flujo de recursos económicos, saberes, y reconocimiento de su valor en la estructuración nacional del deporte.

En una nota del diario La Nación del 14 de julio de 2012, se indicaba el proceso de esponsorización, la inversión del capital local y transnacional en el rugby argentino, por medio de la declaración de quien era gerente de la UAR:

¿Qué les ofrece la marca de los Pumas a las firmas? "Los valores. Pasión, compromiso, lealtad, honestidad, respeto, amistad, sacrificio, orgullo, tradición e inclusión", aseguró Dupont. Hoy, la UAR, tiene como anunciantes a Visa, Nike, Renault, Standard Bank, Quilmes, Gatorade, Medicus, Personal, ESPN, La Nación, Samsung, Gilbert, Andesmar, Sport Club y Gentech. Y estarían por cerrar la inclusión de nuevas empresas. "La difusión de los partidos en la Argentina son nuestros. Cada encuentro se verá en más de 40 países; las marcas que nos acompañan aparecerán por todo el mundo. El Rugby Championship nos obliga a profesionalizarnos mucho más", aclaró Dupont".

Las empresas que se abocan al deporte auspician marcas y organizaciones (uniones o federaciones/asociaciones). Según distintas fuentes del mercado,[6] las uniones o federaciones deportivas que más dinero reciben y movilizan son, en primer lugar, la Asociación de Fútbol Argentino (AFA), en segundo lugar, la Unión Argentina de Rugby, y en tercer lugar la Confederación Argentina de Basquetbol. El cuarto lugar lo ocupa la Asociación Argentina de tenis.[7] Visa, uno de los *main sponsor* del rugby a nivel global, auspicia en la Argentina a la Confederación Argentina de Basquetbol, a la UAR y a la Confederación Argentina de Hockey, entre otros. De acuerdo a los expertos que consulté, desde el marketing empresarial evalúan las edades y los perfiles (o seas las clases sociales) asociadas a cada deporte y sus posibilidades de crecimiento y expansión hacia el mismo perfil de público que ya posee u otros. También se evalúan las bases territoriales de los deportes (su alcance provincial, nacional, regional, global, etc.) y los "valores" que la "gente" asocia a ellos, lo que denomino sus imágenes y asociaciones estético-morales (Fuentes, 2019b).

El flujo y la circulación de recursos es desde lo global a lo local y viceversa, si se incluye a los jugadores: se recluta desde abajo y desde abajo también se amplían los dispositivos. Las hoy denominadas Academias (nombre que reemplazó a los Pladares) integrantes del sistema de alto rendimiento, siguen localizadas en las mismas 5 regiones, pero se le sumaron "Centros de Rugby", que buscan ser instancias intermedias entre los clubes y las academias. Son 17 en todo el país, y en conjunto significan la institucionalización de un sistema de reclutamiento posibilitado por el flujo de recursos que llega desde afuera y de empresas de capitales nacionales, y que incrementa el número de jugadores en los clubes.

Según los datos de la UAR (2019), hay más de 70000 jugadores fichados para las edades competitivas, número que llega a 120000 fichajes si se suma niños/as y adolescentes hasta 14 años (no competitivo). En los últimos 10 años, el número de fichaje creció más del 50%. Los jugadores están distribuidos en 613 clubes y 25 uniones, siendo la URBA la más voluminosa con más de 40000 jugadores. Del grupo de jugadores profesionales, son 36 los que tienen contrato con la UAR en 2019 y 26 son los becados (todavía no accedieron a un contrato profesional, integrando ocasionalmente el plantel de Jaguares). En un año, en 10 partidos de local, Jaguares había recaudado 43 millones de pesos con un promedio de 12000 espectadores por partido. Los Pumas recaudaron 35 millones en dos

---

[6] https://www.apertura.com/historico/El-otro-mundial-20101015-0020.html
[7] https://www.clarin.com/deportes/celeste-blanco-iman-apuestas-millonarias-empresas_0_ry5h EtOTtx.html

partidos de local, reuniendo a 25000 espectadores por evento. El sistema de alto rendimiento, como lo denomina la UAR estaba compuesto a inicios de 2020 en el rugby masculino por Jaguares, Pumas, Argentina XV, Pumas 7s, Jaguares XV, las selecciones nacionales juveniles o Pumitas (17/18 y la 19/20). Y en el rugby femenino por un equipo de 28 jugadoras. Cada uno de ellos competía en distintos torneos y circuitos, algunos más regulares durante el año, como el Super Rugby de Jaguares, y otros de menor duración, como el Rugby Champioship y el Nations Cup.

Dentro de los pocos datos económicos a los que pude tener acceso, los anteriores no reflejan el presupuesto de la UAR ni los movimientos que significan los ingresos por los auspicios/esponsoreos, los derechos de televisación, los ingresos provenientes de las redes sociales o el volumen de los contratos. Esos datos no reflejan el flujo de recursos económicos que mueve este deporte, que permanecen sin ser del todo claros.

Según algunos informantes consultados, ESPN pondría alrededor de 10 millones de dólares por año. El conjunto de esponsors invierte en suma un volumen mucho mayor. Algunos lo hacen a cambio de la prestación de algún servicio a los planteles de la UAR: otros lo hacen en función de la inversión publicitaria en dinero. Es interesante notar que la mayoría de los esponsors hace una apuesta por un público ABC 1 y se juega en la presentación de sus marcas como un producto de elite, prestigioso, y/o selecto. Como me relataba un periodista especializado, el conjunto publicitario de la UAR, "tiene todo lo que un ser humano utiliza en la diaria de clase media para arriba: auto, bebidas, indumentaria deportiva, universidad, gimnasios, tarjeta de crédito, seguros". Todos los signos del conspicuo consumo, que interpelan a quienes hacen de ellos sus propias marcas. De alguna manera esta envoltura capitalista refuerza el destino Premium del rugby que en él encuentran las marcas que lo auspician.

Además de los Pladares, se encuentra el desarrollo de Pampas XV-Argentina XV, un equipo también becado por la UAR que compite internacionalmente con otros equipos juveniles, poniendo a rodar a los jugadores noveles que se entrenaban ya de modo más intensivo en los Pladares. Esta "inversión" de la UAR fue en algún punto beneficiosa también para los clubes. Como me contaba un periodista, este circuito fue de utilidad porque los clubes recibían a jugadores entrenados que les elevaban el nivel. O sea que en una estructura de intercambios y reciprocidad, los clubes vieron con buenos ojos esta posibilidad que les brindaba el embrión semiprofesional. La instalación de Pampas, si bien no reemplazó a las selecciones provinciales, hizo que disminuyera el valor de las competencias entre uniones y que cada año tienen nuevas dificultades para su concreción. Antes, estar en el seleccionado provincial era una puerta para ingresar a la selección nacional. Si bien eso sigue ocurriendo, la presencia de nuevos dispositivos de competencia como Pampas subordinó el papel de las selecciones provinciales, y de algún modo de las uniones provinciales en general.

El movimiento institucionalizado del rugby no es homogéneo: no se puede establecer un perjuicio para las "bases" como lo establecían los amateuristas, pero tampoco está claro qué impacto tendrá la creciente profesionalización y creación de franquicias. Cuando terminaba de escribir este libro, se anunciaba la creación de una nueva franquicia que competiría en un torneo organizado por la UAR y otras uniones de rugby latinoamericana (Sudamericas Rugby), con contratos profesionales de la UAR, pero sustentados por un inversor externo a la unión, con sede en la Ciudad de Córdoba. Pareciera que la articulación global-regional-nacional-local del rugby estuviera generando segmentaciones verticales que llevarían a circular por distintas franquicias y distintas competencias, en una política expansiva del rugby argentino hacia dentro del país –el rugby amateur de base no para de crecer, incluido el femenino– y hacia la región y/o el sur global. El norte de las trayectorias juveniles deportivas se encamina hacia la profesionalización deportiva y la inserción global.

El reclutamiento de profesionales: parentesco y dineros legítimos

La defensa que muchos rugbiers hicieron del amateurismo tuvo un efecto que diversos interlocutores consideraron positivo: en algunos clubes de Buenos Aires se construyó tal posición de alteridad moral, que algunos jóvenes que estaban pensando en apostar a una carrera en el exterior finalmente desistieron. Me encontré con algunos de estos relatos entre seguidores y amigos de jugadores de primera: irse afuera era "arriesgar mucho", además de ganarse la antipatía no solo de los adultos –el padre de un amigo, por ejemplo– sino de sus mismos coetáneos. Algunos jóvenes me relataban su posicionamiento contrario al profesionalismo en el mismo lenguaje en el que lo hacían sus padres.

Este desaliento, sin embargo, no detuvo la movilidad internacional. Entrados los años dos mil, los clubes y algunas uniones provinciales se mostraron cada vez más preocupadas por el nivel de juego de sus rugbiers, sobre todo por sus aspiraciones en cuanto atletas. Fue eso lo que los llevó a contratar profesionales del campo de la salud, algo que no vieron como necesario diez años atrás. Kinesiólogos, nutricionistas, médicos y más recientemente psicólogos pasaron a formar parte del cuerpo técnico de los clubes, incorporación que crece y se legitima en la medida en que se ponen en juego las ansiedades de deportistas que aspiran a un mejor nivel de juego, imitando o siguiendo el ritmo de aquellos que entrenan en los Pladares, o juegan profesionalmente en la Argentina o en el exterior.

Entre 2016 y 2017, empecé a conocer más de cerca el perfil de estos profesionales y técnicos, que eran reclutados siguiendo el patrón familiar que como discurso y práctica tiñe todo el rugby porteño. Una profesional, por ejemplo, ex jugadora de hockey, encuentra trabajo en una unión de rugby por medio de su marido, ex rugbier. Un kinesiólogo es empleado del club donde juega desde joven. Un psicólogo, que nunca jugó al rugby, llegó al club que lo contrata por los conocidos que hizo a partir de su profesión en el campo de los deportes porteños que practican los sectores medios profesionales. El título universitario no es una anomalía, sino una tradición: los clubes de rugby están repletos de profesionales universitarios. Desde la perspectiva de los clubes es todo positivo: el profesional conoce el club, la práctica o el mundo del rugby, y "eso es una ventaja", me contaba un dirigente. Capital escolar junto al capital social, a las redes de contacto fortalecidas en muchos casos por el parentesco.

Algo similar acontece con los periodistas de rugby más reconocidos, muchos de ellos ex jugadores o parte de la "familia del rugby" en alguno de los clubes porteños. Uno de los periodistas que entrevisté me cuenta que la elección del rugby como área de especialización surgió como una oportunidad en el mismo momento en que el rugby estaba creciendo, por un lado, y por otro, que era un deporte que le permitía capitalizar lo que ya conocía, sus contactos, hermanos y conocidos, su familiaridad. Le permitía construir una carrera no atada al fútbol y destacarse por eso. Entre sus explicaciones sobre su dedicación al rugby, aparece una cierta reflexividad sobre la referencia territorial del rugby porteño y sus claves de dominancia: "vivir en zona norte fue como algo natural, ya lo tenía (al rugby) conmigo". La confluencia de diversidad de capitales –social, deportivo, "cultural"– solo aparece analíticamente diferenciados. La experiencia de los profesionales del mundo del rugby se sintetiza en el "estilo de vida". Cuando, solicitados para explicar, dar razones, emerge una cierta apropiación de eso que parecía dado como natural: una pertenencia, una confluencia de condiciones, y al mismo tiempo, una cierta lectura estratégica sobre sus oportunidades. Entender cuál es el momento del rugby, cuáles son las posibilidades de inserción laboral, qué "nichos" se abren frente a espacios que parecen más cerrados o "repletos de gente" como me decía otro periodista en relación al fútbol.

Cuando me encontré con este particular lugar del parentesco y la pertenencia a un espacio social simbólico y territorializado en la zona norte registré en mis notas de campo una serie de dudas y preguntas que no dejaban de parecerme contradictorias. ¿Qué diría un ex rugbier adulto defensor del amateurismo cuyo hijo es contratado por un club o una unión de rugby como profesional de la salud, sabiendo que esos recursos provienen ya no solo de las cuotas sociales, sino de las mismas empresas privadas que empujan al club hacia la profesionalización deportiva? La pregunta que me hacía tenía dos problemas. El primero era su futilidad: los etnógrafos no hacemos nuestro trabajo para comprobar si la gente es o no coherente entre lo que dice o lo que hace, sino para entender las articulaciones entre prácticas, decires, significados y relaciones de poder. Estas preguntas inútiles son útiles para el proceso de conocimiento sobre un problema. Este problema, epistemológico, me conducía al segundo y ese tenía una respuesta: las "incoherencias" me mostraban mi limitación e incapacidad de ver, en ese momento, que había algo más en juego. Se trataba de ver en qué situaciones concretas y en cuáles no, el dinero –como ya vimos, representado como una fuerza maligna, corruptora e intrusora de los valores masculinizados– circulaba de modo legítimo, y en qué relaciones se hacía inmoral. Retomaba el planteo de Zelizer (2010) sobre los usos del dinero y lo que los actores hacen como él, como fundamental para entender procesos sociales de transformación que yo quería analizar.

La circulación del dinero se hace legítima en al menos dos instancias de la vida de estos jóvenes: en la familiar-etaria y en la lógica de contratación laboral, siempre y cuando lo que esté presente sea la prestación de un servicio profesional obtenido vía la credencial universitaria (para la perspectiva amateurista). Los jóvenes universitarios que no trabajan obtienen los recursos económicos que necesitan de sus progenitores: el dinero circula en la dirección esperada según el poder del *pater familias*, que es patriarcal pero también adultocéntrico, entre padres/madres a hijos/as; y en el contexto legítimo, que es el espacio familiar. La contraprestación que la familia espera es el avance en la carrera universitaria de su hijo. Son dineros que otorgados, generan obligación de devolución moral. La relación de intercambio está definida en esos términos. Cuando estos jóvenes empiezan a insertarse en el mercado de trabajo, el dinero que reciben, muy a menudo, no va hacia la economía familiar, sino que es integrado en la economía individual. En estos sectores sociales es vista como impropia la circulación de dinero en la dirección de hijos/as a padres/madres, al menos mientras los hijos son considerados jóvenes. Obtener el dinero a partir de la conversión del capital cultural escolar/universitario en capital económico (Saint-Martin, 2011) no solo es legítimo, sino una expectativa social. Eso es lo que hacía que estos profesionales "nuevos" –en el sentido que sus posiciones vinculadas al rugby eran novedosas– establecieran una relación laboral y por lo tanto económica con los clubes y uniones, y no fuera visto como extraño, inmoral ni ilegítimo, cómo sí lo era recibir una retribución por la práctica del rugby mismo.

Una vez que comprendí esa circulación legítima, pude entender algo que a primeras se tornaba confuso acerca del peso del parentesco. Luego de entrevistar a un kinesiólogo, exjugador de rugby de uno de los clubes porteños con más victorias en los últimos 20 años, terminé de entender su lugar y su trayectoria, cuando al final de la entrevista me cuenta su parentesco –que el apellido de su madre escondido tras el de su padre no me había dejado ver– con uno de los más famosos jugadores argentinos en el exterior. El peso que ese parentesco tenía podía explicar también su trayectoria y facilidad para conseguir trabajo en el club en el que ambos jugaron. Sin embargo, cuando me contaba otras inserciones laborales, la trama de familias y conocidos se hacía también patente. Luego recordé la entrevista con Gonzalo, un jugador amateur de CUBA, hecha dos años antes, en el que me narraba cómo había conseguido sus primeras pasantías no mediado por la UBA, donde estudiaba, sino por las inserciones de los padres de sus amigos del rugby en el management de grandes multinacionales.

Lo que la inserción laboral como servicio al desarrollo y profesionalización del rugby me permitió identificar, era parte de un proceso más amplio, histórico, en donde las credenciales educativas –mal que les pese a las perspectivas econométricas que solo se interesan por tasas de retorno del título– no explican en su soledad las inserciones laborales de los sectores privilegiados de Buenos Aires.[8] El peso que comporta la estructura y redes de parentesco, que se confunden con las del rugby, hace imposible evaluar el rendimiento que otorga un título para estos sectores, suponiendo que el único diferencial para evaluar sea la inserción laboral a que habilita el título profesional y el esfuerzo implicado en obtenerlo. Las tensiones en las redefiniciones de las trayectorias juveniles y la identificación de los canales legítimos por donde circula el dinero en las familias con mayores recursos, pone en crisis recorridos vitales y definiciones locales por los valores legítimos. No es casual, entonces, que la producción social del valor cobre rostro en función de los cuerpos y las subjetividades de los jóvenes atletas, aquellos en los que intervienen los profesionales contratados.

El flujo de dinero que trae la profesionalización, motiva también las disputas por esos recursos, que, por lo general, son pujas transformadas en contiendas morales y nacionalistas. Una de las críticas que escuché de sectores amateuristas en Buenos Aires y de sectores profesionalistas en el interior era que el capital económico que ingresa por la profesionalización deportiva (vía World Rugby, los es-

---

[8] Y probablemente de otros sectores sociales también.

ponsors, etc.) estaría quedando en "pocas manos", en pocos actores, la mayoría de ellos "conocidos" del rugby porteño, y que además quedarían en el círculo pequeño de la UAR. Según aquella posición, poco de ese dinero estaría yendo a las uniones, al incentivo o desarrollo del rugby amateur, y éstas lo reclaman. La UAR, mientras tanto, responde a ello dándole amplia publicidad a las acciones de formación que realiza en el "interior", a las giras y torneos interprovinciales o federales que sustenta económicamente, a la cantidad aparentemente creciente de jugadores del interior convocados para los equipos de alto rendimiento, entre otras medidas.[9]

Un socio de CUBA me nombraba la polémica asumiendo que la profesionalización era ineludible: para él la cuestión pendiente era definir cómo iba a ser la "convivencia" entre el sistema amateur y el profesional. La percepción de muchos, incluso de aquellos que están a favor de la profesionalización, es que el esquema actual se aprovecha del trabajo de los clubes que reúnen, preparan, forman a los jugadores que luego "se los llevan para hacer plata". Antes eran los clubes del exterior. Ahora sería la UAR, también, la que realiza ese extractivismo.

Incluso quienes apoyan la profesionalización, critican que el dinero sea motivo de una economía concentrada, y concentrada en Buenos Aires. Algunos lo explican con elementos de la teoría económica: "falta que ese dinero *derrame* en el rugby amateur", dicen. Pareciera que semejante movimiento explícito de capital económico, además, solo fuera legítimo si se "reparte", por un lado, y por el otro, si se cumple con la "función social" del rugby: fomentar el desarrollo de los clubes, sobre todo los del interior y más pequeños. El dinero es legítimo si se distribuye… reclamo plebeyo en el contexto de un deporte de elites, que en definitiva, permite también la concentración de los recursos materiales y simbólicos en Buenos Aires. Reclamo nacionalista en función de la crítica al centralismo porteño. Y moral, porque la acumulación hace ilegítima la posesión, la concentración. La circulación del capital económico moviliza en el rugby procesos igualitaristas de impugnaciones que tienen su lógica en las culturas políticas, más si recordamos el peso del centralismo porteño analizado en el capítulo 2.

Cuando el rugby se profesionaliza en otros países hacia fines de los años noventa, y luego se inicia la migración de jugadores argentinos al exterior, la "ganancia" para los clubes locales amateurs era nula. A diferencia de lo que sucede en los clubes de fútbol o en el mercado de "pases", no hay ingreso económico para el club de origen. Lo que sí "quedaba" era cierto prestigio que el club y sus ju-

---

[9] Los flujos de dinero se destinan al desarrollo de jugadores, al sostenimiento de los torneos nacionales, y el desarrollo de los Pladares.

gadores podían hacerlo valer, como extensión del logro deportivo de un jugador salido de su seno. O redes que aprovechaban los jugadores amigos del que emigraba: tener alguien que los recibiera cuando iban de vacaciones a Francia o Irlanda, o que los recomendara en algún club europeo para seguir el mismo trayecto profesional. Pero el actor que más podía beneficiarse y de hecho así sucedió, fue la UAR: los clubes profesionales extranjeros entrenaban a los jugadores que serían convocados a la selección nacional. Quedaba el orgullo no solo de haber preparado a los mejores, sino también el de la representación nacional.

Cuando aparece Jaguares, se altera ese círculo global de circulación de dineros y prestigios deportivos, ya que se establece una suerte de norma que prohibía que los deportistas con contratos en el exterior sean convocados para Los Pumas, cuyos jugadores provendrían sobre todo del grupo contratado para Jaguares. La homologación entre la franquicia comercial (Jaguares) y el equipo nacional (Los Pumas) le permite a la UAR sostener un esquema en el que concentra a las personas y a los recursos económicos. Los clubes, en ese dar, no reciben nada más que lo simbólico y lo simbólico pierde legitimidad cuando se torna claro que Jaguares es un gran negocio. Sin embargo, es esta deuda la que justifica la transferencia de dinero que la UAR realiza a las Uniones: en un delicado equilibro, que para varios está desequilibrado, se mantiene y crece la ambigua profesionalización del rugby argentino. Lo que analíticamente me parece más relevante es que el proceso se sostiene por redes y mecanismos de intercambio de jugadores, recursos económicos, prestigios y votos/apoyos para cada comisión directiva de la UAR, es decir, lo que sostiene al proceso de comercialización del deporte es la circulación de mucho más que mucho dinero, es una construcción política. Las disputas morales y nacionales sobre el capital económico tienen un foco: su circulación es legítima en determinados contextos, como el redistributivo por el que pujan las uniones provinciales, y el del parentesco.

Escenas de la profesionalización: tensiones etarias y resistencia juvenil

La profesionalización de una práctica social conlleva múltiples dimensiones: la sistematización de saberes y acciones, regulaciones; el desarrollo más o menos modelizado de carreras y/o trayectorias profesionales; procesos y rituales de formación, ingreso y egreso de la comunidad profesional, la dimensión ética y el financiamiento económico y los aspectos regulatorios de ambas dimensiones, entre otras. Pero cuando hablamos de trayectorias profesionales en los deportes, nuevas aristas aparecen. La profesionalización suele implicar la transformación misma del modo de juego, tal como sucedió en el rugby australiano a partir de la profesionalización iniciada en 1995. Satisfacer los criterios del deporte entretenimiento (Light, 2007) fue un implícito mandato que hace a la estética, al ritmo y la regulación del juego mismo: hacerlo vistoso, entretenido, con momentos dramáticos o agónicos, constituye un requisito práctico de la industria televisiva, la mayor fuente de financiamiento de deportes como el rugby a nivel global.

La envergadura del proceso de profesionalización asumido por la UAR conlleva una fuerte inversión que además debe ser previsible. Un experto en rugby me contaba en una entrevista: "no solamente contratás treinta jugadores, sino que tenés que contratar todo un staff, toda una logística y todo un plan que sostenga a esos treinta tipos". Esto implicó una fuerte transformación. Cuando los Pumas eran solo amateurs, ni siquiera los entrenadores eran rentados. Muchos de ellos vivían de los ingresos que obtenían de sus inserciones laborales, aunque existía un pago en concepto de "viáticos". La relación laboral contractual se hizo un problema en el rugby argentino diez años después de la profesionalización del resto de las potencias del rugby mundial. En 2006, 39 Pumas renunciaron a la UAR cuando la presidía Alejandro Risler. El hecho fue contado y narrado como "un paro de jugadores", en un momento en el que no regía una relación laboral contractual entre la unión y los atletas integrantes de los Pumas. Los deportistas reclamaban por pagos atrasados de viáticos y mejores condiciones en su relación con la Unión, justo en el mismo momento en el que un contrato perjudicial con una empresa de gestión deportiva, hicieron que la Unión nacional llegue a solicitar el concurso preventivo de acreedores. Según algunos informantes, eso sucede en función de un plan de expansión del rugby que había incorporado un staff más profesional, situación que demandaba mayores erogaciones mensuales.

En 2006, luego del conflicto con los jugadores, se formaliza la firma de contratos consensuados entre la UAR y los jugadores de los seleccionados, que implicó superar el esquema de pago de viáticos que regía hasta entonces: una suerte de sostenimiento material que se componía de viáticos propiamente dichos para la movilidad de los jugadores (entrenamientos, partidos, etc.), el pago de un plan de medicina prepaga y becas de estudio. Esa relación contractual era de bajo peso y no implicaba exclusividad; reconocía, más bien, un servicio puntual prestado para los partidos de la selección. Habrá que esperar a 2012, cuando la UAR contrate a los deportistas que se abocarán a sus equipos de forma exclusiva, en la forma de los contratos deportivos profesionales. Fue el ingreso de la UAR a la Rugby Championship y el crecimiento de los torneos internacionales que obligaban y brindaban la oportunidad de contar con un plantel estable propio que se dedicara a los equipos de la unión nacional. Los jugadores de rugby, entonces jóvenes y así posicionados, lucharon por el reconocimiento de una circulación monetaria hasta entonces ilegítima. Aún recuerdo la posición de un ex puma de CUBA, defensor del amateurismo exclusivo, que me contaba con satisfacción cómo devolvía el dinero de viáticos que la UAR le daba cuando competía en representación de la selección décadas atrás. La representación de la nación era suficiente retribución para él, proveniente de una familia con suficiente capital económico para no "depender" ni querer depender del ingreso del rugby. Para la generación de quienes serían sus hijos, socializados en Europa mediante contratos que consiguieron en su emigración pos dos mil, el sostenimiento de esos criterios ya no era viable, y allí se manifiesta la disputa por instalar la relación laboral-comercial al interior del rugby argentino.

Alrededor de los años 2010, observé algo similar, una resistencia y preservación de los jugadores "no profesionalizados" en CUBA, aunque varios informantes me contaban que lo mismo había sucedido en otros clubes porteños. Quienes volvían de jugar profesionalmente en el exterior, lo hacían o porque se encontraban durante un tiempo sin contrato, hasta que negociaban el nuevo en el mismo u otro club europeo, o lo hacían ya como plan de definitivo retorno. Una de las prácticas de su vida cotidiana que más extrañaban era jugar con sus amigos, y por ello volvían al club, sea un tiempo corto o más de mediano plazo. Sin embargo, los dirigentes y entrenadores no solían ponerlos en los equipos de primera, sino en intermedia o en la pre y solo los dejaban entrenar, no jugar en los partidos. Constituía todo un mensaje, una enseñanza moral que varios jugadores me enseñaron a traducir. La clave ni siquiera era el nivel de juego que traían, por lo general mejor que el de los locales, sino una jerarquía interna del club y del mundo amateur, frente a otros criterios de valoración leídos como foráneos. Una cierta "mancha" teñía a esos jugadores.

En otros clubes, tal vez más amigables con el sueño de la profesionalización, aparecía claramente un "lamento": un jugador en el exterior era una pérdida para el club. Si bien no se despreciaba esa elección, se esperaba que el tiempo de contrato y permanencia no fuera tan de mediano plazo, y que al cabo de un par de años regresara. Ese regreso era así leído como una retribución al club y a sus amigos que tanto habían hecho por él, porque volvían con una experiencia que transferirían al club y a sus amigos. La migración hacia fuera era leída como un premio a su esfuerzo y su disciplina en el club amateur. Pero su regreso era esperado: algo de ello debería beneficiar al colectivo y no solo al individuo.

En abril de 2011, los jugadores de los clubes más importantes de la URBA protagonizaron otro hecho que fue un hito en la historia reciente del deporte. Durante 10 minutos realizaron una sentada para protestar frente a la disposición de la URBA que impedía que los rugbiers integrantes del Pladar jueguen en los torneos de la Unión si no renunciaban a la beca de 2300 pesos que percibían entonces, de parte de la UAR y de la Secretaría de Deportes de la Nación. La Unión provincial sostenía esas medidas, activamente promovidas en CUBA, planteando que quienes "eligieron" la profesionalización debían estar separados de quienes elegían el amateurismo y al club, sancionando a los primeros. Esto llevó a un práctico stop en el rugby porteño, y sobre todo a la visibilización de un conflicto que demostraba también un agenciamiento juvenil frente a las disputas entre autoridades. En otros partidos que se jugaron en la misma fecha, los equipos oponentes de la primera división de cada club llevaron banderas de protesta, muchas de las cuales señalaban la intención de que "dejen jugar a todos". En algunos de ellos, los directores técnicos apoyaron la medida luciendo remeras alusivas.

La relación entre jugadores, clubes y uniones adquirió intensos picos de tensión, se polemizaba sobre ello en las comisiones de rugby de los clubes de la URBA, salían declaraciones de los clubes en distintos medios de prensa, en blogs especializados, y se hablaba en cuanta reunión de rugbiers se hiciera. En esas conversaciones se reactualizó el debate sobre los valores del rugby y la presencia del dinero, que se terminó resolviendo con una derrota de la URBA, o de quienes en la URBA sostenían las posiciones más afines al amateurismo puro, que finalmente tuvo que ceder. Mientras unos hablaban de dinero y de cómo eso iba a trastocar las carreras universitarias de sus hijos, pude identificar cuál era el eje de la resistencia de los jóvenes. La disposición de la URBA tocaba precisamente uno de los pilares del rugby: la camaradería. El reclamo de los jugadores era "queremos jugar con todos". Lo que esa disposición hacía era limitar con quiénes podían competir los jugadores y jugar en el mismo equipo, en muchos casos, deportistas amateurs que jugaban juntos desde los 10 años de edad sosteniendo profundos lazos de amistad. Mientras las medidas de los clubes lo impidieran –de hecho eso sucedió en CUBA– los jóvenes seguirían planteando su reclamo y malestar. Luego de las protestas y los debates al interior de los clubes, la URBA revió la regulación y la modificó levemente, permitiendo que los jugadores que recibían becas o viáticos de la UAR pudieran jugar en sus torneos, restringiéndolo a un grupo etario u otorgando excepciones fundadas. Modos *ad hoc* de flexibilizar jurídica y políticamente lo que está establecido en el estatuto de la URBA, sobre la característica de ser un deporte de "aficionados". El problema estaba en el corazón del poder de la unión provincial: en los clubes más importantes, como el SIC, afectaba a siete de sus principales jugadores.

Los enfrentamientos tenían en CUBA otros condimentos. Cuando el club finalmente vuelve a conseguir la copa de la URBA en 2013, se generó una polémica institucional acerca de la publicidad en su cancha. Ese día el club jugaba de local, es decir que la transmisión sería en la cuna del amateurismo porteño, el mismo lugar donde se rechaza explícitamente la publicidad como un modo de hacer frente a la influencia del profesionalismo deportivo. Se generó entonces una tensión que parecía irresoluble entre el club y la URBA/ESPN, que tiene los derechos de transmisión. Frente a un posible camino sin salida, ya que los adultos preferían que el club juegue su final en otra cancha que ver "manchada" su sede con la publicidad, primó el planteo de otros adultos del club y muchos jugadores jóvenes, que decían que su "sueño" era ganar el torneo en la "casa" de CUBA.[10] Ese día, la cuna del amateurismo se vistió de carteles publicitarios. Y el club salió victorioso.

Esa medida es coherente con lo que sucede en CUBA, y en otros pocos clubes: no se cobra entrada para los partidos, y ni siquiera se cobra estacionamiento, la publicidad está ausente de canchas y camisetas. Esta constituye una política de pureza en lo simbólico y lo material al mismo tiempo. Una suerte de resistencia a una política del espectáculo, y una defensa purista que cuida la presentación pública del grupo social.

Pero lo que termina moviendo el camino sin salida es la presión de los jóvenes rugbiers. Aunque la pelea no sea constitutivamente etaria, la salida lo es, puesto que son los jóvenes los que estratégicamente utilizan un "valor" adultocéntrico, la amistad "para toda la vida" que les da el rugby, para torcer una posición adulta. Tal como sucede con el reconocimiento jurídico de las mujeres en CUBA, se recurre a un argumento familiarista y amateurista, uno que refuerza el parentesco como valor en sí mismo, y la amistad, un valor que permite horadar el sentido común de los varones adultos y educados con poder de este grupo.

La llegada de los contratos profesionales al rugby argentino implicó complicaciones a nivel deportivo para muchos jugadores. Para otros, en cambio, significó la llegada de una fuente de ingresos, aunque son pocos los que se posicionan como trabajadores profesionales en esta nueva etapa del rugby argentino. Uno de los problemas identificados por jugadores y dirigentes es la falta de continui-

---

[10] En otros clubes también se plantearon resistencias en la gestión del patrimonio material de los clubes. El CASI, por ejemplo, en 2015 había preacordado con la UAR que su club fuera la sede local de Jaguares cuando empezara a jugar en 2016. La resistencia de los socios del club se manifestó en torno a la modificación de las instalaciones del club (un estadio más grande, anular la cancha de bochas, modificar los vestuarios, etc.). Finalmente, el acuerdo cayó, y la franquicia pasó a entrenar en el club BACRC y a competir en el estadio del club Vélez Sarsfield.

dad en el juego: al no poseer un sistema para el rodaje deportivo constante, el riesgo que corrían los jugadores era perder su nivel y entrenamiento, en términos deportivos. Para otros, no jugar en sí mismo constituía un problema, acostumbrados a hacerlo todas las semanas en sus clubes. De hecho, en distintos momentos varios jugadores renunciaron a sus contratos con la UAR, para poder volver a jugar en sus clubes, ya que las normas ya señaladas de la URBA les prohibían integrar sus clubes si poseían un contrato. El suceso más conocido fue el de los jugadores que habían integrado Pampas XV, y estaban contratados o becados jugando en la Pacific Rugby Cup en 2013-2014. Algunos decidieron en cambio continuar contratados por la UAR, sostener su regularidad de entrenamientos en un Pladar, a la espera de las ventanas de juego de Los Pumas. Javier Ortega Desio, quien fuera jugador de Jaguares salido del San Isidro Club (SIC), fue uno de ellos. En declaraciones a la prensa tuvo que aclarar el motivo por el cual él, a diferencia de sus compañeros, no renunciaba, y declaraba su necesidad del dinero, "yo vivo de esto, es mi ingreso", es un trabajo, planteaba. En otro sentido, Tomás de la Vega, jugador salido de CUBA, renunció a su contrato para ser "degragado" a becario. Bajo esa figura pudo volver a su club y jugar en el torneo de la URBA de ese año.

Horacio Agulla, salido de Hindú Club, jugó en Europa durante diez años a nivel profesional hasta 2017, cuando decidió volver al rugby amateur en el club que lo vio crecer. Este retorno se hizo y se hace, en general, con la acumulación de capital económico. El retorno implica el volver a los amigos, a la familia, y entraña lógicamente una acumulación económica de la que en general no hablan en público, en las entrevistas que dan. A inicios de ese mismo año, la prensa especializada publicaba con sorpresa la noticia de que Lucas Gonzalez Amorosino, jugador clave en partidos de Los Pumas, volvía a su club de origen en la URBA, Pucará. La prensa remarcaba su edad y su paternidad reciente, y él contaba que volvía para estar más tiempo con su familia, sobre todo con sus hijos pequeños, luego de un año de mucho viaje y tiempo fuera del país como parte del plantel de Jaguares. El retorno a la familia también ocurre entonces para aquellos jugadores que no se van a jugar fuera del país, pero que deben cumplir con los tiempos y requisitos del rugby profesional global que juega la primera franquicia argentina.

En el rugby, quienes consiguen las mayores posiciones en el campo propiamente profesional, volverán a los clubes si no pudieron o desearon sostener durante gran tiempo. Y es probable que la "promesa" aún no sea explícitamente económica –la de un contrato millonario como los del fútbol europeo– sino la de llegar a la cumbre del deporte y poder vivir de ello. A diferencia de lo que puede suceder en otros países el éxito económico por medio del deporte no es un valor dado en sí mismo, que se manifieste de modos claros.

Entre las posibilidades que tienen está la de dedicarse al rugby como fuente de ingresos económicos, no como jugadores sino prestando servicios técnico-profesionales, para lo cual ya existen modelos en la Argentina: prácticamente todo el cuerpo técnico de la UAR son ex jugadores de rugby devenidos entrenadores, lógicamente rentados, y los puestos van aumentando en la medida que se incrementan los equipos, sus competencias y torneos y los recursos económicos para ampliar el plantel técnico. Algunos terminan entrenando a equipos extranjeros, y otros –el más célebre es Agustín Pichot– se dedican a negocios cercanos al mundo del rugby o del deporte, o se insertan en estructuras de gobierno y prestigio, como las uniones locales, regionales o la World Rugby.

La combinación de motivaciones en la introducción del profesionalismo deportivo es variopinta, semeja un conjunto de líneas de fuga que se intersectan en el cuerpo de los rugbiers y la experiencia de los jóvenes justo en el momento en que se torna una fuente de valorización económica. El deporte como trabajo o afición, la experiencia de continuar rodando para no perder capital deportivo o la costumbre de jugar, y las estrategias para surfear regulaciones antagónicas, ser tanto profesional como amateur, señalan que las valoraciones son cambiantes, y hasta situacionales y contextuales. No hay un conjunto de "valores" propios del rugby, de este sector de clase, sino un uso estratégico de ellos, al mismo tiempo que todos reconocen cuáles son esos "valores" orientadores. Los adultos los utilizan para regular la trayectoria de los jóvenes. Los jóvenes los plantean para sortear esas mismas regulaciones, como lo hacen las mujeres en CUBA. La querella de las interpretaciones sobre lo que vale se pone en juego en cada situación. Tal vez, para algunos, solo se trata de experiencia a acumular en una carrera donde el deporte es parte de una trayectoria que lo trasciende (Fuentes y Guinness, 2019), como se puede ver en el recorrido de Gonzalez Amorosino. Mirado en su conjunto, el proceso indica que tanto en las trayectorias de los jugadores como en el flujo de recursos económicos de equipos, uniones y organizaciones, la articulación entre lo local y lo global generó ya una profunda transformación en las posibilidades y los circuitos de juego propiamente deportivos. No hay valores absolutos en el rugby, aunque así lo crean muchos de los jugadores y dirigentes.

"Que sea un espectáculo"

Es que no sólo en lo deportivo la Argentina está ingresando en la elite mundial. "Estar en la Fórmula 1 del rugby implica una cantidad de egresos importantes.

Nuestro objetivo es lograr un cambio cultural; que no sea sólo un partido de rugby, sino que sea un espectáculo", dijo Miguel Dupont, gerente comercial de la UAR.[11]

La audiencia del rugby fue creciendo, a la par de las victorias deportivas de Los Pumas, de los contratos de transmisión televisiva de los partidos de Primera de la URBA, de la presencia mediática de rugbiers y del crecimiento de la cobertura del deporte a nivel mundial. Tal vez el punto clave son aquellos años de la selección nacional liderada por Agustín Pichot, que llevó a Los Pumas a disputar importantes torneos en la primera década del nuevo siglo, cuando emergió ese fenómeno que los periodistas deportivos y la industria llamó la "pumamanía", un fervor inusitado entre jóvenes y familias de sectores sociales mucho más diversos que el de los privilegiados de Buenos Aires, más federal que lo pensado hasta el momento, que hizo de los partidos de Los Pumas un evento casi nacional. En ese proceso de crecimiento es de destacar cómo fue creciendo también la cobertura de eventos deportivos del rugby, más allá de *La Nación*, el diario que por el perfil social, familiar e ideológico al que tradicionalmente apuntó, se constituyó en el referente de la cobertura de noticias del selecto deporte. Frente a medios más pequeños, la cadena ESPN ofrece integrados perfiles de deportes: puede ofrecer un paquete de anuncios en los que no solo la marca quede asociada al rugby sino también al polo y otros deportes. Los diarios *Clarín*, *Ámbito Financiero*, e incluso *Página/12*, incrementaron su cobertura, destinando recursos humanos específicos, o difundiendo las noticias a partir del parte de prensa de la UAR y de lo producido por ESPN.

El creciente poder de la industria televisiva fue modificando determinadas pautas y ritmos en el deporte profesional. La industria del deporte alcanza, según algunas estimaciones, un volumen de 620 millones de dólares estadounidenses,[12] en las que intervienen no solo clubes y ligas, sino también patrocinadores –los que más dinero invierten son las empresas de transmisión televisiva, productoras de contenido audiovisual– y fabricantes de equipamientos e indumentaria deportiva. El capitalismo produce una constante diferenciación, que reconfigura las lecturas nacionales/nacionalistas. La transformación de los modos de juego es un fenómeno global. Un referente del rugby porteño expresaba así lo que otros también me relataban con palabras similares: "(ahora) es un deporte donde la velocidad y la potencia es cada vez más fuerte". En los torneos televisados de las potencias europeas, o las de la SANZAAR, (Super Rugby) la clave está en que la pelota siempre esté en movimiento, que se produzca un juego dinámico, sin

---

[11] (Diario La Nación, https://www.lanacion.com.ar/1490441-como-cambio-la-economia-de-la-uar-por-el-ingreso-al-rugby-championship)

[12] Según un estudio de la consultora A.T. Kearny.

tantos stops, en donde las formaciones (como el scrum) sean menos frecuentes, y la pelota pueda volver a jugarse lo más rápido posible. Distintas modificaciones en los reglamentos del rugby global buscaron lo mismo: disminuir el tiempo de la pelota parada.

En la voz de los expertos, este dinamismo fue modelizado por el rugby europeo. No obstante ello, las diferencias nacionales no son eludidas, antes bien son reivindicadas. Así, por ejemplo, en el plano internacional, el estilo de juego argentino es reconocido (o lo era) como un juego con buena defensa en potentes scrums. En la transformación que acontece desde la creación de Jaguares, la demanda es por un juego más ágil, en el que la base no sea la formación fija, porque la demanda es otra. El estilo de juego de Jaguares al menos, aún constituye algo a crear. Sin embargo, modela "lo que viene abajo", el estilo de juego de clubes y selecciones provinciales, muchas de cuyos jugadores aspiran a posiciones en el sistema de alto rendimiento.

La masificación global del rugby crea y necesita reivindicar las heterogeneidades. Frente a la agilidad europea, asoma por contraste la fórmula neozelandesa, la de los reconocidos All Blacks. Un periodista especializado en rugby se preguntaba en la entrevista:

> (Los jóvenes aficionados al rugby) ven a los All Blacks porque van a ver lo que es la perfección en un deporte de brutos, como se decía antes, es la perfección del movimiento, cómo cada jugador tiene en claro lo que tiene que hacer y la belleza del juego, cómo resuelven cuestiones complicadas con una simpleza. Eso es para cualquiera un modelo para cualquier deporte, cómo resolver en un espacio así (levanta las manos señalando algo pequeño), sin que te des cuenta.

Este estilo puede ser definido como la singularidad, pero también, en una industria global que crea rankings, que se basa en torneos, que mide rendimientos… en la fórmula del éxito. Si bien esto no sucede necesariamente con otras naciones, en los relatos de los cronistas, ante un partido internacional, sobresale siempre la búsqueda de referencias y "estilos" nacionales de juego. No es una particularidad de los comunicadores en este deporte, sino de los modos en que los deportes se configuraron en la modernidad, como símbolo de la nación, como espejo donde buscar "rasgos", y como lugar en el que se producen sentimientos particulares en función de su oposición a alteridades nacionales, a los oponentes deportivos.

Esta configuración nacional que hace a la búsqueda de los estilos de juego de cada nación sigue aconteciendo con nuevas particularidades. Es producido por un sistema deportivo, es decir, por un conjunto heterogéneo de actores, que involucra periodistas, entrenadores, jugadores, representantes, empresas que ofician como esponsors, otras que son las productoras de las imágenes televisivas, las organizaciones del deporte, los profesionales que actúan en los equipos, entre muchos otros (Rial, 2008). Todo un sistema que no solo complejiza esa producción, sino que la hace toda una industria, y la amplifica en una escala inusitada. El modelo All Blacks llega a otras naciones y es reapropiado, como técnica legítima para entrenar en el rugby local, para imitar sus rituales o su "pasión".

En el estilo de juego los jugadores profesionales también sienten un cambio profundo: que se juega de otra manera, desde un lugar menos defensivo y se ataca más, ya no solo utilizando las formaciones fijas en las que la selección argentina construyó una tradición identificatoria. Según relatan algunos entrevistados, el cambio llegó con el entrenador de los Pumas Daniel Hourcade y también con Graham Henry, antiguo entrenador de los neozelandeses, quien asesoró en la Argentina para plantear un juego más centrado en el ataque que en las formaciones defensivas. Ese estilo más activo y de mayor iniciativa permite generar oportunidades de juego y no desperdiciar ninguna pelota, se busca salir jugando tratando de derribar o encontrar los espacios para meterse, juntos, en la línea del oponente. Mostrar toda una jugada que dure y sea exitosa, o sea agónica sin pausas es lo que sostiene a la audiencia. Importar "modelos" y técnicos de otros países no es una falta a la causa nacionalista en la etapa actual de la globalización deportiva.[13] Los mismos jugadores admiten ahora que están sometidos a "resultados", que son más juzgados y evaluados que antes por los logros deportivos, que más gente lo hace, y que el rugby francés, por ejemplo, ya está en esa situación donde se les pide a los técnicos que muestren "resultados" rápido.

El sistema también va produciendo expectativas de show que van junto al rendimiento deportivo, y que condiciona la permanencia de los clubes en los primeros lugares o en las ligas televisadas que consiguientemente tienen mayor visibilidad y capacidad de producir ingresos económicos. Frente a ello es posible ver la lectura moral amateurista del deporte en Argentina, que otorgó una grilla, común a los deportes amateurs de elites en sus procesos de creación y consolidación, que es la relativización de la victoria deportiva. Tanto peso en sus valores, en sus buenos tratos, en su "buen juego" —en el sentido de fairplay—, en su respeto a la autoridad y a las decisiones del referí, pero escasas victorias deportivas frente a las principales nacionales. Esa combinación hizo que durante bastante tiempo en la Argentina se hablara de la "derrota digna", es decir, de un perfil deportivo que podía competir pero no superar a las principales potencias —y cuan-

---

[13] El proceso inverso también acontece, con algunos ex jugadores de rugby que se desempeñan como entrenadores en el exterior.

do lo hacía era excepcional–, y que "honraba" al campo deportivo con su buen juego, con el intento de anotar aunque el partido estuviera perdido, con no hacer "trampa" ni intentarlo, etc.

Esta lectura, sin embargo, marcaba un derrotismo inicial frente a cada partido o torneo, y muchos actores del mundo del rugby –sobre todo a partir de la emergencia de Jaguares– empezaron a cuestionar y/o llamaron a superar la "derrota digna". Debía buscarse el éxito deportivo que asegure la presencia pública en la industria deportiva y sostenga o incremente la rentabilidad económica. Procesos concomitantes: así como Ortega Dessio declaraba su dependencia del ingreso económico en el deporte y se hacía protagonista del deporte espectáculo en Jaguares, la demanda del éxito deportivo se integraba como requerimiento explicando dialécticamente la dependencia económica y el espectáculo que lo genera. Estas transformaciones del campo propiamente deportivo impactaron en la expansión del rugby.

Francisco Pastrana es uno de ellos: ex jugador salido de Hindú Club, es actualmente árbitro internacional de la UAR para torneos como el Súper Rugby. En declaraciones recientes hablaba de su sueño: "quería vivir de lo que me apasionaba; la diferencia entre ser amateur y profesional es muy grande, y hay que animarse a crear un camino propio" decía en una nota publicada en agosto de 2012 por Infobae,[14] en el contexto de una Jornada sobre tecnología en el deporte y profesionalización de la gestión institucional, organizada por la Universidad de Palermo. El árbitro planteaba la confluencia de ambos criterios y modos de juego:

> es muy difícil entender el rugby como negocio y no como deporte, porque quienes estamos adentro de la cancha lo vivimos con pasión. Pero lo cierto es que este es uno de los deportes que más cambió su reglamento en los últimos años, y se hizo fundamentalmente, para que se mejore el espectáculo y atraiga a un mayor número de personas.

Pastrana se desempeñó anteriormente en Nueva Zelanda, donde experimentó la experiencia de total comunicación vía audífono durante todo el partido, que luego se implementaría en la Argentina con Jaguares. Se entrenó y formó también en un juego ágil, y en la ductilidad en otro idioma. La circulación internacional de estas figuras es la que posibilita y contribuye a la globalización en los modos de producir el juego, y esa misma circulación internacional les otorga prestigio.[15]

---

[14] Nota del 21 de Agosto de 2012. https://www.infobae.com/2012/08/21/666004-la-gestion-empresarial-el-deporte/

[15] Más allá del ámbito deportivo, como lo vieron Cousin y Chauvin (2014), en la clubes de elites parisinos en la actualidad, la afirmación de la propia autenticidad y efectividad de las conexiones in-

Y las tecnologías que se invierten para hacer del deporte un espectáculo: el mecanismo de comunicación de referís permite el apoyo de un juez que juzga en base a las filmaciones cuando hay dudas frente a una jugada. La tecnología agiliza el proceso, lo transmite por televisión –las conversaciones son públicas–, y ello facilita la retención del espectador.

Bajo esa premisa, las cadenas televisivas crean contenido "al instante" y el trabajo de producción y dirección se organiza buscando que no haya "tiempos muertos", para "no perderse nada" de lo que está sucediendo, y "tapar los baches" que produce, por ejemplo, una patada afuera de la cancha previo a un line, o un jugador lesionado. En cada partido de Jaguares en el estadio de Vélez Sarsfield, la mascota Jaguardo, y las porristas, ejercían ese rol: aparecer en la interrupción del juego, mirar y arengar a la tribuna, bailar y moverse por el borde de la cancha. También será filmado, pero los "baches" serán el momento para desplegar publicidades, para brindar datos sobre el ritmo de juego, los jugadores y los equipos, o para escuchar y poner al aire las conversaciones de los referís.

En un partido, cada perfil profesional tiene asignada una función en una división social del trabajo que funciona como una maquinaria de reloj, en constante comunicación. Por ejemplo, el productor de tapes busca la jugada anterior, o "la mejor jugada" hasta ese momento, para ponerla en la pantalla desde el comienzo y repetirla mientras los comentaristas del partido producen un relato. La imagen es interpretada por los comentaristas en una narrativa que somete a evaluación constante el partido, los jugadores y los equipos. Aunque en el deporte existan esos tiempos en los que el juego se interrumpe, la transmisión televisiva trabaja para que ello no se note. Las transmisiones televisivas son un producto que involucra la movilización de toda una fuerza de trabajo: cámaras, asistentes de cámara, sonidistas, técnicos, jefes técnicos, periodistas; cada operativo involucra entre 25 y 30 personas por partido transmitido, número que puede elevarse a casi cincuenta en partidos de Jaguares o Pumas en los que se utilizan 16 cámaras. Productores y directores sentados frente a lo que les traen alrededor de seis cámaras distintas van "eligiendo" en el momento qué mostrar, cómo hacerlo, dan instrucciones a algunos de los cámaras –ya entrenados– para enfocar determinada situación, jugador, jugada, tribuna, etc.

---

ternacionales se efectúa alterizando el acento puesto en la utilidad, "valor" que estaría presente siempre en otros clubes. Las conexiones internacionales constituyen un capital simbólico asentado en el valor de las redes sociales (capital social) que legitiman a las elites que hacen del cosmopolitismo un estilo de vida.

La narrativa de la transmisión pone voz a una continuación de imágenes en las que se combina la atención al detalle del juego, la panorámica de lo que sucede en la cancha, y el "ponchazo" de "color" para ilustrar el "ambiente" de las tribunas. Eso incluye mostrar a algún personaje conocido, alguna bandera o cartel, alguien que lleve pintada su cara con los colores de Jaguares, por ejemplo. La dirección de cámaras busca una atención al detalle, puesto que para repetir las jugadas es necesario que los camarógrafos estén enfocando la misma jugada desde distintos ángulos. Para lograr una correcta visualización del partido, se disponen cámaras en distintos puntos de la cancha, planificando cuáles brindarán detalles por su cercanía y lugar, y cuáles brindarán imágenes más amplias de lo que sucede en el partido. Las cadenas televisivas proveen además la plataforma para elaborar juicios acerca de lo que sucede en un partido. La tecnologización del deporte, en este y en otros, permite evaluar situaciones estrictamente deportivas, como la efectivización de un dudoso try, o la jugada peligrosa ocasionada por un jugador. El referí puede solicitar ante una situación de este tipo, que el cuarto referí –quien se encuentra fuera de la cancha visualizando lo que muestran las cámaras– vea el "tape", es decir, la grabación provista por la compañía de televisación para evaluar la jugada. La resolución de la duda deportiva es provista por la tecnología televisiva.

La narrativa televisiva del rugby se completa con dos tipos de piezas: las publicidades y las entrevistas a los jugadores. El área de ventas de la empresa de televisación informa a los productores durante el partido cuáles son y en qué momentos debería aparecer la publicidad que contrató tal o cual compañía. El productor coordina con el departamento que pone al aire la transmisión la proyección de los sobreimpresos, por ejemplo, o las publicidades que llevan audio. Este trabajo, que es el que sostiene el flujo de recursos económicos de la compañía televisiva y la UAR, se coordina al detalle para sostener el mismo propósito general. Así como es necesario producir contenido para que no haya baches, una publicidad no puede "tapar" una jugada, incluso cuando es un sobreimpreso sin audio. Las entrevistas que realizan a algunos jugadores al finalizar el partido, le dan contenido e interpretación "nativa" que luego es parafraseada y juzgada por los comentaristas y periodistas. En esas entrevistas los jugadores deben pararse delante de un panel vertical donde están impresos los logotipos de las empresas auspiciantes de la UAR. La estética publicitaria se hace contenido y forma en cada momento del partido y aún fuera de él.

Para algunos actores, este mundo de redes sociales implica el desarrollo de competencias más vinculadas a la gestión de la imagen que de la palabra, y ello entraña otro riesgo: "parecen robots" decía un especialista, en relación a que algunos jugadores entrevistados por la prensa no podían construir explicaciones, narraciones, sobre el mismo deporte, denotando una cierta carencia de pensamiento táctico sobre el juego, con la preeminencia de la habilidad física, y evidentemente, de la estética. O que no puedan dar cuenta de su club, porque algunas "saltan de sus clubes", muy jóvenes al Pladar y luego a Jaguares. Nuevamente en todo ello sobresalen dos sombras: una es la de que se transformen en el perfil del futbolista, cuyas declaraciones pos partidos son consideradas aburridas, sin contenido, por periodistas y por actores del mundo del rugby.

La otra es la dedicación y el culto a la imagen, a la presencia pública constantes, que desjerarquice su tarea como deportistas. Hablando sobre el perfil de los jugadores de Jaguares un periodista me explicaba sobre uno de ellos: "Entonces, vos lo entrevistás y no tiene casi registro de su club, y es un tipo que ya tiene arriba de treinta tests en los Pumas". En el sistema de evaluación moral que prima en la Argentina, un jugador debería poder dar cuenta de su pasión e historia en su club. Es esa también la apuesta en el sistema dual que se está configurando. No tener a cuestas un partido "clásico" entre su propio club y su tradicional oponente es una carencia deportiva y moral, un signo de la alteración que instaló el profesionalismo y sus dispositivos sobre la trayectoria deportiva esperada para estos jugadores.

El show no deja de ser un espectáculo eminentemente masculino, como lo es el deporte en la Argentina, con algunas marcaciones particulares. La vestimenta de los jugadores contribuye a una determinada estelaridad: sus camisetas suelen ser brillantes, y tanto las camisetas como los shorts están confeccionados de tal manera que se ciñen al cuerpo musculoso de los deportistas. Lo que se muestra es el contacto, el enfrentamiento y la cooperación entre varones musculados, ágiles y resistentes. Uno de ellos me contaba:

> la verdad que es lo que por ahí siempre nos hinchan las bolas los defensores, defensores del rugby amateur a nivel clubes: perdés la esencia de lo familiar; el Super Rugby dicen que es muy show. Pero creo que todos los (clubes) ya, mismo en Europa, es show, tenés también animador, la tribuna del norte, la tribuna del sur, creo que todo va cambiando.

Desde una posición reflexiva sobre el lugar que ocupan y el tipo de deporte que protagonizan, los deportistas despliegan los argumentos globalizadores como justificación del nuevo modo de juego, que asumen como desafío. Un desafío que los tiene como protagonistas y como imagen: la de los varones musculados o atléticos que lideran el proceso de cambio del deporte nacional de elites. Una oportunidad más para la construcción y proyección de las imágenes dominantes de masculinidad encarnadas en sus cuerpos.

Biopolítica capitalista en la expansión de las imágenes públicas

El contrato entre la UAR y ESPN es, según comentan distintos informantes, el que mayores recursos económicos aporta para el sostenimiento del sistema profesional. ESPN posee los derechos de transmisión de los equipos de la UAR, pero además maneja las imágenes y las redes sociales en una plataforma multimedia altamente visitada. Cualquiera otra televisora que quiera usar sus imágenes debe solicitárselas. Pero la UAR mantiene el uso de las cuentas de redes sociales institucionales que también son una fuente de ingresos y de posición en la expansión del rugby. Según datos provistos por la UAR, las cuentas de Twitter e Instagram son de las que mayor alcance tuvieron, tanto a nivel de la World Rugby (Los Pumas) como en el Super Rugby (Jaguares). La digitalización y la presencia constante en redes, donde se expanden fotos y videos también producidos por la cadena, integran la estrategia de instalación y expansión, la penetración en la vida cotidiana de quienes producen y consumen imágenes también deportivas.

Son medios utilizados por los mismos jugadores para dar a conocer los productos de las empresas que los auspician. O, aunque no aparezca un producto, es en las redes donde se construyen como personas públicas y referentes con algo para mostrar y decir. El perfil público en las redes sociales de Nicolás Sanchez, constituye un caso interesante. Salido del Lawn Tennis Club de Tucumán, jugó en Pampas XV, para luego ser contratado por dos clubes franceses, hasta su retorno al país en 2016 para integrar Jaguares. En 2018 vuelve a Francia, pero ya con un contrato con el célebre Stade Français Paris, uno de los clubes más importantes de Europa. Nicolás Sánchez comparte en su perfil público de Facebook no solo el nacimiento de su hijo, sino también cómo hacer un buen batido proteico luego del entrenamiento. Su presencia pública parece ser un bien valorado, porque expande las posibilidades de circulación de sus imágenes/cuerpos, de sus vidas cotidianas, y sus características como "personas" además de jugadores, amplifica los canales de comunicación entre seguidores y *fans* del rugby, los personaliza, y permite generar en algunos casos mayores rentas económicas a los mismos jugadores, y no solo a los auspiciantes o a la unión que los contrata.

A veces se sube a las redes un video editado para el canal de televisión, en otras ocasiones son contenidos específicos para la web: una broma que un jugador de rugby le hace al otro durante una gira filmada por un tercer jugador es subida a las redes sociales que maneja ESPN, y ello recibe comentarios, "likes", es compartido y puesto en circulación de muchas maneras y bajo distintos formatos. Un video breve sobre la visita a la playa que los jugadores de Jaguares realizaron en

2016 durante el viaje a Sudáfrica fue uno de los más comentados, se podía apreciar la musculatura sin remeras de los jugadores. Estos modos de comunicación impregnan también al rugby amateur, aunque no haya contratos, porque hace a la construcción pública del perfil rugbier: divulgarlo, expandirlo y dejar que circule en la lógica algorítmica de las redes, contribuye a la celebridad del deporte mismo, a que los actuales y futuros protagonistas del rugby profesional se vean en su valor público. Es así que a inicios de 2017, ESPN divulgaba un breve video con los torsos descubiertos de los jugadores de la primera de CUBA durante su gira a Nueva Zelanda. Cuando se trata de construir el perfil público rugbier, que motoriza la rentabilidad económica, no hay diferencia entre cuerpos amateurs y profesionales.

Lo mismo me contaba un periodista de la UAR: la expectativa es generar contenido de modo casi diario, en tanto que la performance deportiva solo puede apreciarse una vez a la semana mientras se juega un torneo. Ocupar continuamente esos espacios supuestamente "vacíos" en la continuidad de la visibilización es la tecnología que transforma al deporte en entretenimiento y luego en mercancía, y a los jugadores en figuras públicas más allá de su rendimiento deportivo en la cancha. El régimen biopolítico crea vacíos a ser completados por medio del consumo estético y moral. Trasciende al mundo del rugby, pero el proceso político y cultural encuentra en la profesionalización de este deporte un lugar donde el gobierno de la vida responde al mandato de la conexión constante, la captación de la atención total, una subjetividad que también se anuda por medio del deporte hecho permanente imagen.

ESPN posee derechos sobre otros deportes en la Argentina, en el mundo y sobre eventos de alcance internacional. En el rugby de la UAR y la URBA, el personal de ESPN es priorizado en entrenamientos y giras, es el primer medio al que los jugadores dan notas. La exclusividad les permite concentrar el flujo de consumidores de imágenes y noticias del rugby, poner su sello en la expansión casi infinita de imágenes que se realiza por distintos canales. Al hacerlo y sostener una economía de escala en la industria deportiva, condiciona a los posibles anunciantes, que evaluarán si conviene invertir en la cadena o en otros medios, que no solo no tienen acceso directo a las imágenes del rugby de la UAR —y de la URBA—. Además ofrecen paquetes de publicidad que les permiten a los anunciantes llegar a otros deportes asociados al alto consumo, como el tenis o el polo.

La concentración en la producción y circulación de las imágenes no es un fenómeno exclusivo del rugby o del deporte argentino: es una marca en los deportes contemporáneos ya desde fines del siglo XX. Cuando los Estados inician los procesos de desregulación y privatización en las últimas décadas del siglo, las televisoras desarrollan su derrotero privado, la multiplicación de canales y medios, la expansión de las cadenas internacionales y del servicio de cable y de pago satelital. Los deportes jugaron un rol crucial en esa expansión, porque se instaló la compra-venta de derechos de transmisión como una de las principales venias de financiación del sistema privado de televisión, al tiempo que se consolidó un mercado específico de imágenes en y de eventos deportivos (Curi, 2013; Besnier, Brownell y Carter, 2018). El gobierno de los sistemas deportivos empezó a desplazarse de los clubes y las organizaciones deportivas nacionales y transnacionales, a los criterios desarrollados por las grandes corporaciones mediáticas, siendo el fútbol y la FIFA el caso más evidente de globalización y comercialización del deporte, por las cifras millonarias que maneja, por los efectos que tuvo en los sistemas de contratos y circulación de jugadores, y por la influencia y el caudal económico de las compañías de broadcasting que invierten y adquieren derechos de transmisión de los torneos internacionales.

La transmisión en vivo de los deportes y la experiencia de inmediatez y proximidad, de conexión directa que otorga la actual digitalización se instala como una modalidad que también termina regulando horarios de los partidos en función de los horarios de transmisión, en distintos deportes. Esto hace que en la era del capitalismo neoliberal, los deportes compitan entre sí por captar mercados y audiencias, los clubes también lo hagan para obtener auspiciantes, y que la variable de modificación sean los deportistas. Como dicen Besnier, Brownell y Carter (2018), "todos compiten por la atención del público" (252) y lo hacen en función de las demandas que impone la espectacularidad deportiva, el mandato económico de ganar seguidores, que se valoriza ya no solo por la membresía a un club, sino por la audiencia de los partidos transmitidos por la tevé y la cantidad de clics y seguidores en las redes sociales.

"Y encima te hace la palomita, mirá cómo vuela, qué hijo de puta" comentaba a mi lado un rugbier de alrededor de 30 años en el estadio de Vélez Sarsfield, en un partido donde uno de los jugadores más rápidos de Jaguares anotaba un try frente a un equipo australiano. Lo decía sorprendido, sabiendo que el vuelo era parte de un despliegue de sí mismo, en y desde la transmisión televisiva. Todos vimos a continuación la repetición de la jugada en la pantalla del estadio, aún maravillados por la hazaña. La vi luego en mi casa y en las redes sociales, en cada reseña televisiva del partido. El rugby, analizado como producción cultural global reúne un conjunto de atributos fácilmente transmitidos como show: un grupo de varones poniendo el cuerpo en contacto entre sí y frente a otros, sin temor a chocar, haciendo gala de su fortaleza individual y grupal a través de las formaciones fijas, con la oportunidad de una "salida" desde atrás sorpresiva que los periodistas y relatores deportivos caracterizarán de esa manera, mientras la cámara sigue con velocidad la rapidez de un back que esquiva a los oponentes, pasa la pelota a otro que lo sigue para "volar" con la pelota en la mano y caer en el ingoal. Sorpresa, épica, impacto, show off, destreza, todo puede acontecer en menos de un minuto.

Si en otro momento o contexto, el énfasis en la violencia de los contactos físicos en deportes como el rugby o el fútbol americano podían ser la clave del show deportivo, en nuestros días prima la preocupación biopolítica, se busca menos contacto y mayor prevención de los impactos, sin perder la producción del entretenimiento, las hazañas deportivas que maravillan en el juego agónico entre varones. En la Argentina, la presencia constante de la Fundación UAR dedicada a los jugadores que quedaron inhabilitados como consecuencia del rugby hace parte de las imágenes y contenidos que se transmiten en redes sociales partido a partido. La preocupación por la vida se transforma también en política humanitaria y solidaria y las redes sociales de la Fundación UAR mostrarán a representantes de la fundación visitando a Jaguares en casi todos los partidos de local. No solo es una preocupación y ansiedad por la regulación y prolongación de la vida, sino una muestra constante de que ello constituye una política y un atributo solidario de los protagonistas del juego y por extensión, del deporte mismo.

A nivel global, las regulaciones de la World Rugby en 2017 establecieron sanciones a los jugadores que hagan derribar o retroceder al scrum, formación donde se producía la mayor parte de las lesiones.[16] Con todo ello, la preocupación biopolítica no es disimulada, sino que está en el centro del deporte: en los ex rugbiers en sillas de ruedas que al final de un partido de Jaguares se sacan una foto con los jugadores, en el control sobre el scrum que hace el árbitro y recalca el relator televisivo, y aún en ese golpe seco, duro y estruendoso que no me acostumbré a escuchar desde la tribuna de Velez Sarsfield cada vez que chocaban dos jugadores imponentes en los partidos locales de Jaguares, que el relator cerraba contándolo como si fuera parte del show. La política de regulación de los movimientos, yendo al detalle de las jugadas de mayor riesgo, la reproducción de las imágenes de jugadores de Jaguares junto a los jugadores en sillas de ruedas, y las destrezas que muestran la vitalidad y la agonía de una contienda entre hombres musculados forma parte del mismo proceso biopolítico de producción de imágenes y regulaciones que tienen al cuerpo como objeto, al mismo tiempo que

---

[16] Muchos jugadores de Primera de los principales clubes de Buenos Aires por ejemplo, sufrieron lesiones vertebrales de magnitud en esa formación en los últimos años, Ver: http://deportv.gob.ar/noticias/la-world-rugby-modifico-el-reglamento-sobre-el-scrum-para-evitar-lesiones_1135 #sthash.oASetMNY.dpbs

esos cuerpos son desplegados en su potencial performático, que se hace política de género y producción moral de varones solidarios.

Temer al ¿mercado? o conocerlo desde arriba: el expertise económico en los amateuristas

Si las disputas por el profesionalismo-amateurismo no se agotan en una lucha entre adultos versus jóvenes ¿de qué se trata en definitiva? Entender esa disputa requiere problematizar la idea de que existen dos "morales" meramente enfrentadas, aunque también eso suceda y sea relatado hasta el cansancio. Una batalla por establecer cuál es el repertorio moral (Noel, 2013) que debe prevalecer. Plantear la contienda entre sistemas morales, es decir, sistemas de valoración que son intrínsecamente absolutos desde las posiciones nativas, hace que el análisis quede atrapado en un solipsismo que no explica tensiones sociales y luchas más amplias que trascienden la querella moral. Digamos que a esa moral le falta sociedad y cultura. Y poder.

Hacía años venía escuchando las posiciones a favor y en contra, venía escribiendo sobre el tema y construyendo interpretaciones situadas, como hacemos los antropólogos. Pero algo se me escapaba. Una dimensión del debate llamó mi atención en un momento, no porque fuera la primera vez que lo escuchaba, sino por ese extrañamiento en relación al propio trabajo y a la propia teoría que pos facto el antropólogo va sintiendo y objetivando, tal como lo contó Da Matta (1999). Venía escuchando las posibles consecuencias sobre las que alertaban los amateuristas: el ingreso del dinero como criterio para jugar y competir, la creación de un mercado en el que prima el capital económico. Desde esa posición parecía que no iba a haber resistencias ni reapropiaciones subjetivas, es decir, que los jugadores, sus hijos o sus compañeros, iban a terminar siendo marionetas de un mercado que –para sumar complicaciones– ni siquiera es local, sino global. Y por lo tanto fuera de alcance para quienes lo veían como la llegada del apocalipsis. Eso producen las miradas morales.

Los oponentes hablaban de ese mercado, no solo con sus propios prejuicios, sino también con su propio *expertise*: en la trayectoria profesional de muchos de ellos, sobre todo de los que identifiqué en CUBA, había abogados, ingenieros y profesionales de las ciencias económicas, vinculados al management de las grandes empresas, o a estudios jurídicos con trayectoria en el asesoramiento a empresas multinacionales. El mercado sobre el que ellos alertaban era, en definitiva, el mercado que conocían, gestionaban y anhelaban para otros ámbitos de la vida. Un mercado visto desde el punto de vista de sus actores de poder, desde arriba, es decir, de quienes suponen, pero también trabajan, por ese proceso de totalización que supone la comoditización de los ámbitos de la vida del capitalismo en su etapa actual.

La evaluación moral de los amateuristas sobre los riesgos del profesionalismo, se ancla en la misma teoría del conocimiento que posee la economía como disciplina en su versión dominante, y que incluso muchos de ellos –profesionales contadores, administradores, economistas, ingenieros, etc.– emplean en sus trabajos profesionales. Constituye en este caso toda una antropología nativa: un sujeto cuya única finalidad es aumentar su ganancia, un *homo oeconomicus* que vive en un mundo en el que el valor solo se constituye –o debería producirse– en la interacción de la oferta y demanda, en la que no habría otras lógicas más que aquellas que la misma economía denomina endógenas. Suponer ese mundo, percibirlo de ese modo, es el resultado de percepciones incorporadas en la socialización profesional y familiar, universitaria e ideológica de estos sectores sociales, una suerte de reflejo no planificado de su propia praxis, ideología que como tal se hace opaca para quienes la profesan.

En todo este proceso no hay que perder de vista que se trata de una captura de prácticas no monetarias, que rechazaban la lógica mercantil como modo del intercambio legítimo. Esa captura acontece en el contexto del orden capitalista que no solo se expande a nuevos sectores y prácticas –como el rugby– sino también en un momento donde se consagra el modelo global de financierización de la economía. La "Reforma del Estado" de los noventa implicaba también a nivel socio-estatal la jerarquización de la valorización financiera dada por una nueva correlación de fuerzas locales y globales (Basualdo et al, 2017). El mercado era así el mercado financiero y la lógica monetarista de regulación y despliegue de las políticas públicas. El valor además implicaba a los profesionales del valor, economistas en su mayoría (Heredia, 2012), que podían brindar una nueva inteligibilidad ya no solo al Estado o incluso a las políticas sociales, sino también a los sujetos mismos en su capacidad de venta, promoción y marketing. De hecho el marketing deportivo constituye una estrategia con amplio desarrollo en el mundo deportivo, un área reciente de expertise.[17] Era este conjunto de saberes-po-

---

[17] Una de las figuras más destacadas en ámbitos empresariales y universitarios es Gerardo Molina, Licenciado en Ciencias de la Comunicación, que editó una serie de libros. Sus títulos indican algo del peso que el deporte tiene ya para las empresas, y los valores vinculados a la pasión de los que hablaba Pastrana y tantos otros en el mundo del rugby: "Marketing Deportivo II: como vincular su empresa con éxito al deporte", "Marketing Deportivo y creatividad", "El Poder Del Marketing Deportivo. Pasión y Dinero.", "Management Deportivo: Del Club a la Empresa Deportiva", "Sociología del Fenómeno Deportivo. Claves para prácticas responsables, sociales y educativas", entre muchos otros.

deres quienes intervenían en consonancia con la visión nativa que concebía así el enemigo frente al cual oponerse, al que conocían de cerca.

La idea de que el mercado determinará la vida de sus hijos, y en general, al mundo del rugby argentino, mistifica el poder del contrato, o básicamente, de la relación comercial/contractual entre las organizaciones del rugby y los deportistas. Fetichiza la mercancía, en este caso al jugador de rugby, es decir, lo transforma en un objeto que además está imbuido de una fuerza especial. De modo análogo a la investigación de Taussig (1993), el fetichismo de la mercancía se producía y manifestaba en un proceso social donde las percepciones y construcciones locales –lo demoníaco, lo maligno, que en el rugby sería el mercado global y sus empresas– constituía la metáfora del proceso de cambio social en que estaban embarcados. En el trabajo de Taussig esos temores se integraban a prácticas rituales de pactos con el demonio en el caso de los campesinos colombianos en proceso de proletarización. La transformación se reflejaba en nuevos sentidos sobre el diablo, que expresaban el cruento cambio en la producción del valor de la economía capitalista, que anulaba sistemas de reciprocidad y acercaba el consumo, un consumo que llevaba a la muerte temprana. Simbolización, ritual y fetichización iban de la mano. En el caso del rugby porteño, el proceso social conlleva numerosas similitudes: por más europeas y blancas que se perciban los rugbiers locales, las simbolizaciones para escenificar la transformación socioeconómica tiene más aires de similitud que de diferencia entre las diferentes clases sociales en América Latina.

El riesgo de que el rugby se "futbolice" es la gran sombra y el atributo específico que hallé en el proceso, el gran fantasma para quienes veían así las fuerzas del mal reunidas. La creencia economicista –se trata de creencias– invisibiliza el condicionamiento de la estructura de parentesco y la de sociabilidad en la que estos jóvenes van formando sus preferencias durante su crianza y crecimiento, por un lado, y su capacidad de subjetivarse, por el otro. No da cuenta de los procesos y tensiones etarias, de la transformación de los sistemas de valor que acontece procesualmente, no en pasos absolutos, a pesar de la escandalizada posición antiamateur.

¿De qué manera entender el favor de muchos jóvenes hacia la profesionalización, siendo que de esa manera "desertarían" de los valores de sus mayores? La lectura adultocéntrica combina no solo el presupuesto y prejuicio de que los jóvenes no saben lo que hacen y/o que son manipulables. Para la posición adultocéntrica y economicista, lo único que explicaría esa deserción relativa es la de un comportamiento racional, es decir, elegir la plata porque, en definitiva, de eso se trata la vida, solo que la plata es producida en un contexto que antes la prohibía.

Como dice Sahlins (2013), el sentido común burgués de suponer una praxis motivada solo por opciones racionales (económicas de mercado, para ser más precisos) tiene su espejo en el mismo desarrollo de la antropología de hace más un siglo. Si los trobriandeses, o cualquier otra "tribu" no buscaban maximizar su ganancia económica porque no poseían una economía de mercado, las explicaciones "occidentales" ¿qué harían? Pues entender que buscaban maximizar cualquier otro "valor" nativo, ya sea poder, prestigio, tierra, etc. En el caso del rugby argentino, los jóvenes pueden buscar eso y perseguir otros fines e ideales, "valores", o no perseguirlo directamente. La crítica de Sahlins subyace a la crítica que se le hace a Bourdieu, ya que en su tratamiento del capital simbólico, o de los capitales no económicos, pareciera que en distintos momentos la maximización (acumulación, retención, etc.) de ese "valor" fuera lo único que organizara la acción de los sujetos, y sus percepciones valorativas. Definiciones nativas que trasladan la construcción del valor capitalista como criterio dado, incluso analítico, a otros campos de valoración, anulando las diferencias y diversidades.

La idea nativa es que el cambio de prácticas sociales solo puede explicarse por una teoría de la acción para lo cual no cuentan con otras representaciones que las ilustradas –su teoría económica–, elitistas –la búsqueda futbolera de la riqueza económica, el éxito "fácil" es la búsqueda plebeya que rechazan– y adultocéntricas –los jóvenes serían sujetos manipulables que además solo buscarán acumular bienes o prestigios–. El proceso político y cultural de la inserción global de la sociedad Argentina en sus múltiples facetas y en sus desiguales estratos de clase, es leído en clave moral, pero esa moral es una moral fundada en una teoría económica no dicha como tal. Si la economía es el funcionamiento material de un estado de cosas cultural (Sahlins, 2013), algo así como la economía siendo una producción cultural, el uso de los criterios económicos de mercado como mecanismo acusatorio funciona en la Argentina como una estrategia de defensa que muestra más bien la preeminencia que tuvo el discurso económico (Heredia, 2008) para explicar la sociedad y la cultura. La guita es tanto hablada y mencionada, como ocultada y vergonzante. Pero otros criterios de valor pueden estar allí presentes, otras experiencias que no se explican por la búsqueda ganancial de lo que sea.

Entiendo que existe a la vez una universalización de un tipo de práctica, la económica de mercado, como estructuradora ya no solo de aquello que en la vida de las personas sería una "parte" de su vida, de la que el club, los amigos, y la familia estarían excluidos, el trabajo en grandes empresas, la asesoría para la acumulación del capital, o la acumulación del capital en la propia empresa. Esa teoría supone que la economía y los otros campos de producción de valor, como el moral, estarían no solo claramente diferenciados –como quieren los amateuristas– sino que la economía invadiría el terreno de la moral, o mejor dicho, el estilo de vida y de producción de valor de sus sucesores. Aquí la economía opera como contaminante, pero ello no permite ver que la subjetividad capitalista ya caló hondo en la mirada, incluso de ellos, que se pretenden puramente morales y ven el proceso con esa lente.

Lo que vale un deportista: valoraciones económicas transnacionales

No todos valen lo mismo, en cada lugar ni a cada momento. Aunque no pude acceder a los montos específicos de los contratos de los jugadores, algunos informantes me explicaban la diferente valoración económica que se hace sobre algunos de ellos. En 2019, el sueldo mínimo de Jaguares era de $ 70000 por mes, pero las figuras principales llegaban a cobrar casi u$s 400000. De acuerdo a datos difundidos por el diario deportivo Olé,[18] por partido los deportistas de Los Pumas reciben además un bono cercano a los u$s 6000, mientras que Argentina XV tenía retribuciones inferiores: los que mejor cobran recibían $ 18000, aunque no todos cobraban esa beca. Quienes competían en Americas Rugby Championship cobraban u$s 500 por partido. El valor económico es mayor o menor según con qué escala de ingresos se compare y cuál es el plus que ofrece.

Cuando se inició la franquicia Jaguares, por ejemplo, algunos de los jugadores contratados ya estaban jugando en el exterior, para lo cual el contrato de la UAR seguramente debe haberse acercado al monto que tenían, ofreciendo el plus de retornar al país. Pero en general, el relato público de los dirigentes de la UAR ubica a los salarios de la Unión como más bajos que lo que sus jugadores pueden obtener en Europa, más aún en épocas de crisis económica y de devaluación del peso como aconteció entre 2017 y 2019, momento donde los principales jugadores de Jaguares emigraron nuevamente, o por primera vez, con contratos a Europa. Las condiciones macroeconómicas no son un detalle menor de las valoraciones realizadas para tales decisiones.

El contrato consiste en un reconocimiento económico por la disponibilidad del jugador para desempeñarse en los equipos de la UAR: en Jaguares y los Pumas, aunque el listado para desempeñarse en este último cambia a lo largo del

---

[18] En su edición del 2 de abril de 2019. https://www.ole.com.ar/rugby/ovalada-desinflada_0_fpDWID4FL.html

tiempo. En este sentido el contrato es con la UAR para integrar su sistema de alto rendimiento. Es decir, que puede ser que un jugador con contrato UAR juegue en Jaguares, pero no lo haga en los Pumas. Ambos equipos cuentan con equipos técnicos distintos, y queda bajo el arbitrio del director técnico de Los Pumas convocar o no a todos los jugadores con contrato UAR o de otros externos, que son convocados de manera puntual, ya sea que jueguen en la Argentina, o, en la actualidad, en el exterior. En las nuevas franquicias (Argentina XV) priman las becas antes que los contratos profesionales, pero el panorama estaba cambiando al momento en que escribía este libro, sobre todo por la inserción y expansión del Americas Rugby.

Como hemos señalado en otro trabajo (Fuentes y Guinness, 2018), la migración de los jugadores de rugby argentinos a Europa, pos dos mil, tenía como condimento y aún lo tiene, el peso que la densidad de la vida familiar y la familia como "valor", y como mandato, tiene en la construcción de sus trayectorias y sus horizontes de futuro. Jugar profesionalmente en Europa constituía una oportunidad, admitían algunos, para "juntar plata", pero también era leído de modo casi recreativo: una estancia en Europa, continente al que muchos de ellos ya habrían visitado previamente en calidad de viajeros, de descanso, etc. Esa permanencia temporal se justificaba en la ausencia de necesidad, sobre todo, por no estar obligados al envío de remesas a sus familias en la Argentina, tal como ocurre en la mayoría de los varones del sur global que migran a las naciones del norte global con motivos deportivos (Besnier et al., 2018). En este caso, pesaba más el mandato de masculinidad y clase, que los debía ubicar en los 30 años, aproximadamente, con una familia formada o por formar, buenos ingresos económicos, y si ello aún no sucedía, debía regularse mediante el retorno al país y la finalización de una carrera universitaria. El centro del relato se configura en la familia, según el rol masculino que conciben: de hecho, la satisfacción de obtener un contrato con la UAR se expresa, muy a menudo, en la posibilidad que les brinda para ser profesionales "en tu propio país", donde está su familia. El deseo que apunta a la familia sigue configurando relaciones y decisiones profesionales. En la trayectoria internacional pesa el idioma en la trayectoria internacional: saber inglés es una ventaja para muchos de ellos.

A diferencia de lo que sucede en otros procesos de movilidad internacional, la apuesta por la migración deportiva guarda un componente de sueños de "buena vida" en la que el capital económico es una condición, pero no el objetivo principal. Un ex rugbier profesional que ya había jugado en Europa, retornó a la Argentina en 2010, pero soñaba con volver, quería estar nuevamente en el viejo continente como lugar de retiro donde "gastar, como te digo, los últimos cartuchos, jugar… tratar de jugar en un buen club, tener una buena calidad de vida unos años, estar tranquilo, disfrutando de mi familia". Su declaración aparece con un diagnóstico sobre la inestabilidad económica de la Argentina y un presente sombrío en las condiciones políticas y económicas, durante 2016. El deseo migrante se configura como una oportunidad de mejor vida durante un tiempo, de ahorro, y una experiencia de acumulación de dinero, bienestar y tranquilidad.

Al contrato profesional le siguen, no obstante, consecuencias no tan deseadas, como el estar de gira 30 o 40 días al año "fuera de tu casa", entre Sudáfrica, Australia y Nueva Zelanda. Eso entraña también diferencias, la cuestión está en la experiencia familiar distintiva que ofrecen algunas de las alternativas: "En Europa eso no pasa, vos en Europa no viajás tanto, a lo sumo tenés que jugar una Copa Europa, estás en Francia, te vas a Irlanda a jugar, te vas el viernes, volvés el domingo."

Cuando entrevisté y recopilé entrevistas periodísticas a los jugadores de Jaguares/Pumas, todos ellos valoraban la posibilidad, leída en clave nacionalista, de jugar el rugby profesionalmente en su país y cerca de su familia. Esa fluidez de la trayectoria profesional, familiar y "nacional" los tranquilizaba, constituía una conquista. Sin embargo, algunos de ellos ya vivían la contracara de ese proceso. El contrato argentino que les posibilitó vivir en "mi país" a muchos jugadores, al mismo tiempo los somete por el circuito transnacional de la SANZAAR a viajar de modo constante, largos y extenuantes viajes y permanecer varias semanas seguidas en el exterior.

La UAR por su parte, condiciona esas posibilidades. Desde hace algunos años, cuando se instala la franquicia y se extienden los contratos profesionales, impone la prohibición de que los jugadores con contratos profesionales en el extranjero integren el seleccionado nacional. La medida permitió priorizar y elevar el valor del contrato con la UAR en términos simbólicos: si en Europa los contratos son de mayor valor económico, el de la UAR lo empardaba ofreciendo la exclusividad a los jugadores de Jaguares para ser convocados a Los Pumas. A lo largo de los últimos años, la medida se flexibilizó en ocasiones puntuales, permitiendo que para algunos partidos/torneos sean convocados solo algunos jugadores argentinos con contrato en Europa.

Visto en contexto el fenómeno no es exclusivo del rugby argentino: se trata de las cláusulas nacionales. Otras uniones nacionales de rugby implementan políticas similares: Nueva Zelanda y Australia también lo llevan a cabo. La última por ejemplo, para poder integrar los Wallabies, su seleccionado, impone además un período de tiempo determinado de juego previo en torneos del país. En otros deportes como el fútbol, las cláusulas "nacionales" rigen como límite (cupos) en la integración de los equipos profesionales (franquicias o clubes) a los efectos de facilitar la integración de los mismos, luego figuras públicas estelares, por parte de jugadores del propio país.

Son tácticas nacional(istas) tendientes a contrarrestar la fuga de jugadores, y/o disminuir los costos económicos y físicos de los traslados, sobre todo en aquellas naciones alejadas del polo económico deportivo que representa Europa en los deportes masivos y/o profesionales. Pero al mismo tiempo, es el fomento del rugby local el que permite la expansión del rugby a nivel regional, y buena parte de las medidas y de los apoyos de la World Rugby al rugby argentino, están motivadas por la expansión que posibilita el rugby a nivel supranacional en el Cono Sur. En ello hay tensiones y motivaciones nacionalistas, pero que no se explican por procesos de separación o distanciamiento deportivo.

Cuerpo-imagen en la sociedad neoliberal: una elite soñada

Así como el capital económico de origen de quienes integran el mundo del rugby porteño es heterogéneo, aunque esté entre los niveles de ingresos medios a altos, las apuestas a futuro de los jóvenes también lo son, aunque prime una posición dominante sobre las ventajas de la profesionalización que también trascienda la valorización económica de los jugadores y sus cuerpos. En el orden neoliberal actual, la captación del cuerpo como imagen es fundamental porque sostiene la producción económica digitalizada, en el marco del entretenimiento y el sostenimiento de las audiencias y los consumos digitales. Su marco es la producción de un *continuum* donde no haya "vacíos", es decir, una subjetividad continuamente estimulada. Bajo ese mandato, los mismos rugbiers irán asumiendo la lógica de producción de sí mismos en cuanto deportistas y figuras públicas, y la venta de determinadas imágenes se hará posible por la expectativa, la deseabilidad de los cuerpos y las prácticas mostradas, que ya analicé en el capítulo 3. Hacer del rugby un show sin interrupciones en la cancha, y en los clics y visualizaciones de las redes sociales. Una omnipresencia que va del anecdotario de los varones del rugby al try de la palomita.

¿Cuál es la economía política que explica el proceso? O ¿Qué economía política se produce aquí? Sahlins (2013) considera que la economía es una realización material de la sociedad. En el rugby argentino, la realización material se vislumbra como una economía moral y de mercado. Los rugbiers y las organizaciones crean y ponen a circular valoraciones culturales sobre la familia, el dinero, las relaciones de género, los "valores", la industria del espectáculo deportivo los incorpora y expande, no sin transformaciones. Pero sí con una gran inversión económica y tecnológica, puesta al servicio del cuerpo-imagen hegemónico. El rugby masculino en esta etapa del capitalismo neoliberal, juega un rol fundamental en la configuración de sueños y expectativas. Tanta polémica y conflicto que entraña la profesionalización deportiva y su vuelco hacia una industria del entretenimiento: la alteración de la trayectoria universitaria ideal de los jóvenes de los sectores privilegiados es una arista importante. La capacidad de estos sectores de posicionarse ya no solo como líderes de la nación, sino también como la clase deseada se está jugando en aquellas proyecciones y sueños: éxito económico con un contrato en Europa o en el rugby profesional argentino, encarnación del modelo de buen joven, comprometido, responsable y esforzado, preocupado por su familia al punto de resignar nuevos contratos por estar con ellos y sus amigos. Entiendo que este proceso indica una nueva dimensión de elite: la soñada, la que atrae y modela, ya no solo la que dirige o concentra los recursos económicos.

Quienes se oponen a la profesionalización y quienes están a favor de ella, leen y construyen una antropología, es decir, una visión del sujeto, sus prácticas y sus "intenciones" basadas en un *homo oeconomicus*. La problematización de la antropología del valor (Sahlins, 2012; Graeber, 2013 y 2018) hace ver que esa mirada que está a favor o en contra de un contrato profesional está condicionada por las posiciones de conducción y privilegio de los adultos de estos sectores sociales. Su lugar como conductores de empresas, como gestores del management, etc. les hace ver el mundo del rugby que ellos vivieron como un mundo puro e idealizado porque aún no circulaba dinero. Su antropología nativa es la teoría económica dominante.

El valor se produce y se disputa al interior del grupo social, al menos en dos dimensiones que me parecen fundamentales, sobre todo para entender la transformación en los sectores privilegiados en la Argentina, y consiguientemente en la producción de los sentidos que adquiere la igualdad y la desigualdad. La primera es la del parentesco y las relaciones etarias. La resistencia y reapropiación de los jóvenes sobre el proceso de profesionalización que los tiene como protagonistas, indica que en el capitalismo actual se van configurando formas-de-vida (Agamben, 2013) donde la relación con la propiedad es diferente a la de sus antecesores, y donde el capital económico se persigue pero no explica en su totalidad la diversidad de experiencias atravesadas y soñadas por estos jóvenes. Allí hay tal vez un límite a la mirada economicista, o a las teorías sobre la acción social basadas en la búsqueda de beneficios. Porque pesa la dimensión del estar juntos, estar con los amigos como un valor relevante. Son necesarias otras teorías de la acción social. La segunda dimensión es la del campo de valoraciones económicas y la grilla perceptiva, que lee la transformación del rugby casi como una obra maldita (Taussig, 1993). Una mirada construida desde arriba, en el conocimiento del poder que tiene el capital económico que los adultos de estos sectores viven de cerca.

El valor que construyen estos jóvenes no se declina solo en términos económicos ni meramente morales, como si ambas estuvieran separadas. Se produce más allá de los individuos, entre actores organizaciones, empresas, uniones y lógicas globales y nacionales, que se rearticulan en distintas escalas y no necesariamente se oponen. Resta comprender cómo se materializa y se subjetiva la acumulación de valor y la experiencia social de ser y hacerse rugbier en Buenos Aires en el presente.

5.
Entrenar como profesional, jugar como amateur: la producción del cuerpo de elite

Llego a la sede Núñez de CUBA para encontrarme con Segundo. Había arreglado que ese jueves de 2014 conversaríamos antes del entrenamiento. Paso el puesto de seguridad en la entrada, estaciono el auto y lo espero al lado de la cancha. Al rato me ve y me llama, me dice que podíamos hablar tranquilos y me invita adentro de las instalaciones donde están los vestuarios, la sala de video, el consultorio kinesiológico y el gimnasio. Me conduce hasta una galería, un pasillo con una gran pared de vidrio. Detrás del vidrio, el gimnasio de la sede. Desde donde estamos parados, veo a todos los rugbiers haciendo musculación, rotando entre máquinas, ayudándose cuerpo a cuerpo en el levantamiento de las últimas series antes de salir al entrenamiento en cancha.

Conversamos sobre su familia, la trayectoria deportiva de su padre y la de él, su vida cotidiana como estudiante universitario y deportista, cómo se mueve en la ciudad, los entrenamientos de rugby, sus amigos… Pero lo que captura mi atención no son sus respuestas, sino su gestualidad. Segundo controla de una manera evidente el movimiento de manos, por momentos las lleva juntas atrás de su cintura, sacando pecho, su modo de pararse como si alguien lo estuviera filmando, cuida su postura, su estar erguido, se mueve lentamente mientras habla con claridad, en un tono canchero, seguro, como si supiera lo que tiene que decirme, cuál es su rol y el mío allí.

La conversación parecía una entrevista periodística, una modalidad a la que él ya estaba acostumbrado como jugador de primera de CUBA. Todo en Segundo era una performance frente a una audiencia que yo integraba y que me excedía: respondía hacia el grabador con oraciones cortas y breves, se paraba como si estuviera frente a una cámara, mientras mostraba una seguridad y una soltura que había visto en pocos. Y que se mostraba a mí y a todo su equipo: Segundo me había conducido a una vidriera en la que el invitado –en este caso yo– podía apreciar y valorar la producción corporal en el mismo momento en que acontecía. Él me presentaba esa producción corporal, del que era el representante y que mostraba frente a sus mismos compañeros.

Son múltiples los actores que intervienen en la producción de los cuerpos de los atletas, muchos más que los que yo estaba observando en esa escena. Segundo me ubicaba a mí en el rol de periodista. En el mismo edificio donde estábamos, se encontraban el director técnico del equipo, el manager general de los equipos del club, un profesor de educación física, un analista de videos, y dos kinesiólogos. Algunos de los jugadores de CUBA, además, seguían consejos de un nutricionista, y por lo que me contaban, entre ellos circulaba un gran cúmulo de información acerca de qué comer, qué evitar ingerir, cuándo hacerlo, cómo cambiar la rutina de ejercicios musculares, entre otros *tips*. Los jugadores de rugby de Buenos Aires no están solos: profesionales de la salud, periodistas, entrenadores, profesores de educación física y hasta managers de los equipos, entre otros, intervienen en la producción corporal. Los cuerpos profesionales de elite que el rugby está construyendo requieren la intervención de determinadas tecnologías corporales: prácticas, discursos y saberes expertos que los clubes y uniones de rugby fueron convocando para afrontar una etapa de mayor exigencia y competitividad. Incluso aquellos clubes más amateurs como CUBA.

Los actuales jugadores de rugby de Buenos Aires tienen aspiraciones que combinan de modos originales lo que sus mayores vieron como oposición entre amateurismo y profesionalismo. Desde que se inició la movilidad internacional de jugadores de rugby argentinos hacia las naciones del norte global a fines de los años noventa, el modelo de jugador profesional, su cuerpo, técnicas y modos de entrenamiento fueron ganando legitimidad a nivel local. Contribuyeron el crecimiento y el alcance de las transmisiones televisivas, la marketización del rugby desde la publicidad, el "crecimiento" de la prensa deportiva especializada en rugby,[1] y, más recientemente, la expansión del rugby a nuevos sectores sociales.

Este capítulo se centra en los agentes de la producción cultural y material de los cuerpos rugbiers y en el proceso experimentado por ello en los jóvenes. Las técnicas del cuerpo son entendidas como tecnologías corporales: discursos, regulaciones, materialidades, que sujetan los cuerpos individuales a un régimen de disciplina. El "contenido" de esa disciplina variará en función de las discursos que se traducen e incorporan en los cuerpos, de los modos dominantes de significarlos, y que se hacen dominantes porque funcionan, permiten producir una utilidad en los términos que sean (económicos, morales, emocionales, entre otros). Esta mirada foucaultiana permite identificar las prácticas significantes so-

---

[1] Algunos actores me señalaron que crecieron los medios de comunicación online del rugby, pero con escasos recursos económicos, dada la concentración que se produce en los grandes medios y en los contratos que tiene la UAR con ESPN.

bre y de los cuerpos rugbiers como técnicas de sí (Foucault, 1984 y 2009), es decir que actúan en la configuración de la subjetividad como modos de autogobierno. Los actores son activos productores en la trama de poder que integran, el cuerpo que coproducen los subjetiva: esta perspectiva me permitió comprender de qué se trataba esta "pasión" por el rugby de la que tanto me hablaban los deportistas y sus familias.

En la transformación del cuerpo deportivo por medio de las tecnologías y de sus formaciones discursivas, se materializan nuevas subjetividades, modos de significarse distintos a los de la generación anterior. Es posible que entre en conflicto la producción de un cuerpo que ya no solo es indicador de clase social: se intersecta un cuerpo que también señala la búsqueda de una excelencia deportiva.

El trabajo atlético-muscular: la producción de la diferencia corporal

Un ex rugbier relataba de la siguiente manera la rutina de sus amigos:

Se entrenan de lunes a viernes; martes y jueves hacen en el club y hacen lunes, miércoles y viernes gimnasio; vos tenés una cantidad de horas semanales de entrenamiento y puede estar muy cerca de lo que puede ser un jugador profesional de fútbol. La diferencia está en que ese jugador, por eso, no todos, va a estudiar, va a trabajar, entonces por eso está en horarios de entrenamiento martes y jueves de 8 y media a 11 de la noche, no es lo más lógico; el gimnasio tienen que optar por ir temprano a la mañana lunes, miércoles y viernes, se puede arrancar a las 7 de la mañana, acá vienen a entrenar a las 7 de la mañana. El miércoles se acostó a las 12 y media, 1 porque terminó de entrenar a las 11, tuvo que cenar, a las 7 de la mañana está entrenando acá para que después tenga que ir a trabajar. Eso es lo que varía mucho con lo que es un profesional. Esos horarios no existen en el profesionalismo. Entonces acorta tiempos de descanso que son fundamentales, sumado a ese estrés laboral o de examen, que ahí es donde se genera el gran problema de combinar una exigencia profesional de entrenamiento con tiempos de un amateur que vive con otras obligaciones (Federico, ex rugbier, Club Alumni).

El gimnasio está integrado a la vida cotidiana: los jugadores de rugby amateur concurren los días estipulados según su plan de entrenamiento cuando concurren al club pero también hacen musculación fuera de esos días, en el club, o en el gimnasio del que son socios, que tal vez esté localizado cerca de sus lugares de trabajo, de donde viven o de la universidad a la que concurren. Muchos jóvenes que se encuentran cursando el secundario y que aún juegan en las divisiones juveniles de sus clubes apuestan a ser elegidos en un futuro no muy lejano para jugar en primera, o en los equipos juveniles de la URBA o la UAR: ese "sueño" cada vez más organiza una vida cotidiana repleta de entrenamientos físicos y regulaciones corporales. Para jugar como profesional en el mundo amateur es necesario realizar una gran apuesta, que insume tanto una vida cotidiana orientada al deporte, como los recursos económicos necesarios para sostener esa dedicación en el medio de estudios, algunas inserciones laborales parciales –en los más "viejos"– y otros mandatos de la vida juvenil.

La finalidad es generar un cuerpo cuya masa muscular y rendimiento atlético sea mayor al promedio, en un rango donde se halla mucho más que homogeneidad corporal. La diversidad corporal aparece en cuanto a las dotaciones físicas previas, al modo en que se las lee y jerarquiza en función de la posición de juego en el deporte: cada rol exige cuerpos específicos, tamaños y capacidad de movimiento diferenciales. Un jugador de la primera línea –que integra el pack para el scrum– será posiblemente uno de los jugadores más pesados y corpulentos del equipo, mientras que un wing deberá ser más veloz y ágil para buscar avanzar, abrir nuevas posiciones y contraatacar de modos imprevistos. Las exigencias no son absolutas, existe cierta plasticidad, y hay una gama de diversidad entre ambos extremos. El entrenamiento diario proyecta a los jugadores más jóvenes en pos de ir creando condiciones corporales que llevan tiempo para ser elegibles y competir en los primeros equipos. El gimnasio y otras regulaciones diarias serán la estrategia más a mano para ir construyéndolo.

Lo que marca una mayor diferencia al momento de la preparación no es tener un cuerpo más musculado o menos tonificado, uno más robusto y otro más atlético, aunque esas diferencias fenotípicas y modificables parecen las más relevantes a primera vista. El mayor diacrítico es la intensidad del entrenamiento, y esa intensidad trasciende el nivel de juego en el que se esté. Hay jugadores que juegan en intermedia que entrenan o pretenden hacerlo como si fueran profesionales. Hay otros que juegan en la primera de sus clubes, que no obstante conservan un nivel de entrenamiento regular pero no intensivo, y siguen priorizando un objetivo más "social" en el deporte, aunque les importen los resultados deportivos y su apariencia corporal. Es la heterogeneidad de un rugby en pleno proceso de profesionalización.

Las diferencias físicas también se atenuaron con la profesionalización y su influencia sobre el circuito amateur. Aunque en los entrenamientos los forwards y tres cuartos sigan preparándose por separado debido al puesto y las formaciones en el deporte, todos trabajan los grupos musculares. Antes la diferencia entre corporalidades era más evidente porque además se vinculaba más directamente con la "dotación física con la que venías", me contaba un ex rugbier adulto de CUBA.

Es decir, los más robustos que podían ser forwards y los más agiles tres cuartos (backs). En algunos clubes, todos entrenan todos los grupos musculares, con algunos énfasis diferenciales. Como el juego es más ágil, el forward también tiene que poder ser ágil, me decía un productor de TV. Se les exige velocidad a los dos, pero diferencialmente, según la posición.

La tensión en la experiencia juvenil aparece entre las expectativas atléticas y la vida social del rugby. Los jugadores lo manifiestan en las conversaciones, que también llegan a sus interacciones con los profesionales a los que concurren. Una nutricionista relataba las dificultades que hallaba para sacar la cerveza del tercer tiempo: "(es) un deporte amateur, me decían, ¿cómo vas a sacar la cerveza?, bueno, pero después no querés perder, o sea, en algún momento tenemos que encontrar el equilibrio". Un equilibro entre mejorar a nivel deportivo y sostener la finalidad del divertimento y sociabilidad propia del juego. La pregunta que aquí aparece es ¿producir cuerpos para qué finalidad?

Buena parte del discurso adulto amateurista se concentró durante años en una evaluación sobre el riesgo: cuando se inició la política de los Pladares los clubes amateurs de la URBA se resistían a que los jugadores que integraban este dispositivo compitieran o jugaran con quienes no lo integraban. La combinación de jugadores entrenados bajo contrato en la UAR o en los Pladares, con los jugadores que entrenan solo en sus clubes amateurs pondría en riesgo a estos últimos. Cuerpos trabajados diariamente en gimnasios y bajo regulaciones nutricionales más estrictas competirían con cuerpos sometidos a otro régimen de producción. La combinación efectivamente trae un problema que trasciende la evaluación sobre el riesgo físico: los jugadores que entrenan en Jaguares y luego vuelven a sus clubes definitivamente o por un tiempo, se destacan en el juego: tienen un nivel competitivo más alto y un estilo de juego distinto, marcado por el juego vistoso que señalé en el capítulo 4. Aparentemente no ponen en riesgo físico al resto, no se conocen casos de que ello haya sucedido. Sin embargo, esa era una posición común en los amateuristas. El conflicto de las interpretaciones es una polémica centrada en el cuerpo y cómo se lee la diferencia corporal que se va produciendo en un mismo sector social.

La exploración del trabajo muscular merece ser contemplada a la luz de la experiencia etaria: la producción de un cuerpo musculado y/o atlético –diferencia corporal– puede crear una nueva distancia social, antes no presente, entre cuerpos profesionalizados y cuerpos amateurs.[2] Esta es una perspectiva adulta. Des-

---

[2] Similar al proceso descripto por Wacquant (2006) en el boxeo en los EE.UU, o por Mora (2010) en la formación de bailarinas platenses en la Argentina. Aunque ellos no empleen estas denomina-

de el punto de vista juvenil, éstos miraban esa nueva producción como oportunidad: para dedicarse full time al deporte pasión de sus familias, para ser más atractivos, y para parecerse y estar más cerca, incluso, de aquellos jugadores a los que admiran, con los que conversan e interactúan y desean hacerse amigos cuando aquellos "vuelven" de la UAR, los Pladares o de Europa, a sus clubes. Y lo hacen cual polinizadores, transmitiendo saberes, técnicas corporales que van configurando nuevas corporalidades: incluso en aquellos que seguirán jugando bajo la categoría amateur en el rugby porteño.

La circulación de saberes sobre el cuerpo: una experiencia juvenil hacia la profesionalización

Los jugadores de rugby hablan todo el tiempo del cuerpo y las técnicas y prácticas desarrolladas para mejorar su tamaño, volumen, tonicidad, plasticidad, etc. Hay una discursividad omnipresente sobre lo que "sirve" y "funciona" para mejorar el rendimiento y la producción del cuerpo según expectativas de quienes aspiran a las mejores posiciones en el rugby amateur y/o profesional. Del cuerpo se habla todo el tiempo, se lo mira, se lo desea, se lo modela. No constituye, a diferencia de lo señalado por Wacquant (2006), un ámbito particularmente inaccesible al conocimiento antropológico porque transcurra en un ámbito casi enteramente no discursivo, práctico. Esta supuesta dificultad epistemológica no se la resuelve, únicamente, participando con el propio cuerpo, es decir, haciéndose boxeador o rugbier. Entiendo que se la resuelve escuchando cómo en deportistas aficionados o profesionales, apasionados por su deporte, el cuerpo se hace omnipresente. Tanto, que puede pasar desapercibido y naturalizado para el etnógrafo.

En la entrevista con Segundo, y en las conversaciones con otros jugadores, se hicieron presentes los saberes propios y experienciales sobre el cultivo del cuerpo que circulan entre rugbiers. Son comunes las recomendaciones acerca de cuándo es más efectivo tomar un preparado proteico con frutas, por ejemplo, y cuándo no tanto. Regular la alimentación durante la jornada de trabajo o mientras se está estudiando en la universidad, controlar la hidratación, el peso, soste-

---

ciones, identifican cómo la formación en una práctica corporal va produciendo una diferencia clara entre quienes dominan una técnica y producen un tipo de cuerpo y quienes no lo hacen o aún no lo logran. La diferencia con el rugby aquí descripto es que el gimnasio y el trabajo de cultivo muscular es una condición imperativa que trasciende incluso el dominio de la técnica.

ner un ritmo semanal de entrenamiento en gimnasios hacen parte de las estrategias de producción corporal y de autoregulación de las prácticas de consumo. Se trata de saberes legos o experienciales sobre la producción del cuerpo rugbier. ¿De dónde provienen estos saberes? De la experiencia de los jugadores amateurs que juegan "en primera", de los jugadores de los equipos de la UAR, de jugadores que han jugado en el exterior, y de los jóvenes "más viejos".

Quienes consiguieron contratos en el exterior iniciados los años dos mil, "iban y venían" trayendo información sobre sus entrenamientos, sus pautas alimentarias y estilos de vida –al ser profesionales debían ser *saludables* para mejorar o mantener su performance deportiva– y sus habilidades y estéticas corporales. En períodos ventana, cuando algunos rugbiers eran convocados para jugar en Los Pumas o durante sus vacaciones, viajaban a la Argentina para visitar a sus familiares y a sus clubes, a los amigos de toda la vida. Las conversaciones, los consejos y las experiencias de estos jugadores profesionales circularon entre amigos y conocidos del mundo rugbier, que abarca siempre mucho más que un club en Buenos Aires.

Se trata de un efecto poco analizado en los procesos migratorios deportivos: la circulación global de saberes sobre la producción del cuerpo. La circulación horizontal de saberes y recomendaciones posibilitó la apropiación local de técnicas y métodos, que hacen a un tipo de cuerpo rugbier cuya producción se va homogeneizando a nivel global, aunque las diferencias nacionales y regionales sigan estando presentes. La circulación de saberes experienciales entre jugadores de rugby fue creando condiciones y una predisposición favorable entre los rugbiers porteños, para la producción de un cuerpo profesional en un mundo amateur… sean o no convocados para jugar profesionalmente.

Las redes de saberes experienciales contribuyen a la estabilización de lazos inter-pares y se integran en los circuitos de sociabilidad deportiva entre jóvenes. Son saberes juvenilizados, en un doble sentido: por un lado se integran a la experiencia cotidiana y normalizada sobre la organización de las prácticas juveniles. Los jugadores ponen en circulación sus propios saberes y experiencias sobre entrenamientos, combinación de ejercicios físicos, incluyendo el autocontrol en el consumo de alcohol. Algunos de ellos me contaban que cuando "quebraban" –cuando el consumo de alcohol, en fiestas y tercer tiempo, se les iba de las manos– ya sabían qué consumir para recuperarse rápido al día siguiente, y cómo distanciaban el alcohol de los partidos de rugby más importantes. Divertirse y consumir, beber, hace parte de una normatividad juvenil: seguirán bebiendo –y ello es un problema institucional para los clubes, como veremos– pero incorporarán estrategias para compatibilizar sus apuestas por el deporte con una experiencia etaria que *solo se vive una vez*. Expectativas sobre la experiencia juvenil que trascienden a este grupo social, pero que este grupo social representa y encarna.

Por otro lado, se trata de saberes juvenilizados propios del grupo etario. Entre todos ellos, circulan consejos, supervisiones de planes de entrenamiento, instrucciones en el gym, etc.: cómo hacer crecer la masa muscular rápido, cómo perderla sin perder "forma" cuando la posición requerida requiere mayor velocidad; cómo aprovechar cada ejercicio para que se trabajen más grupos musculares, qué combinación de proteínas es la más adecuada en cada momento del entrenamiento, en cada momento del año, etc. El fenómeno de la preparación e inversión en el cuerpo para la excelencia deportiva excede a los actuales jugadores de primera, y los consejos y asesoramientos sobre cómo hacerlo circulan entre pares etarios que poseen distintas edades. La diferencia en años deja de ser relevante en su interior, porque la categoría "jóvenes" los agrupa. En su interior, esa hetero-clasificación se conserva, con gradientes otorgados por la acumulación etaria y de experiencia deportiva. La circulación de información no acontece solamente de los mayores a los menores sino también desde quienes tienen mayor experiencia y logros deportivos o de vida hacia los que tienen menos. El grupo de pares, con sus jerarquías internas de hermanos mayores o jugadores de primera o segunda, interviene en la difusión de saberes experienciales sobre cómo conseguir un cuerpo adecuado, atlético, que rinda un capital deportivo. Juvenilización como producción de grupo diferenciado de otras experiencias etarias, que integran al conjunto de edad en una categoría distinta.[3]

Esa circulación de saberes funciona como un refuerzo de la lógica grupal que los aúna en el mundo del rugby. Como han señalado otras investigaciones (Crossley, 2005; Bridges, 2009), quienes comparten un trabajo corporal intenso y además desarrollan determinadas técnicas y cierta reflexividad sobre su propia producción corporal, tienden a compartir algo más que una forma corporal: se refuerzan las fronteras sociales, la comunidad de legos/expertos sobre el trabajo de hacerse a sí mismos. Las prácticas corporales que hacen a las técnicas de sí producen lazos que refuerzan pertenencia y cierta conciencia etaria sobre lo que los diferencia.

Los saberes sobre el cuerpo propio que hacen lazo social no son exclusivamente legos. Se trata de jugadores universitarios, varios de ellos graduados. En una ocasión, conversando con un jugador de rugby que había tenido una lesión

---

[3] La juvenilización será también un signo positivizado: una marca etaria que porta diferencias y que otros grupos etarios buscan emular o ejemplificar, porque ser "joven" y parecerlo constituye un signo de distinción.

en la rodilla, me di cuenta de que los saberes con los que contaba para su recuperación no provenían de una separación tajante entre expertos y legos. El rugbier me cuenta sobre el momento de la lesión: antes de esperar al turno médico que le correspondía, llamó a un amigo, rugbier del mismo club, que estaba haciendo su residencia médica en traumatología. El amigo le explicó que su lesión no era tan grave como para requerir una cirugía, y le dio una serie de indicaciones para empezar, sin demora, el tratamiento kinesiológico. Los saberes circulan entre pares que han adquirido una *expertise* universitario, característica de los jóvenes de este sector social. El capital social se enlaza con los saberes en la construcción de grupalidad y pertenencia y en el *know how* corporal.

Disciplinas y profesiones: saber-poder disciplinar para un cuerpo-máquina

Entre los rugbiers existe un gran interés en asesorarse sobre suplementos proteicos, recuperadores físicos y otros productos de la expansiva industria del fitness, que utiliza como imagen publicitaria a los mismos jugadores y a las organizaciones del rugby. Muchos jugadores de las primeras divisiones realizan consultas médicas para "rendir mejor", incrementar masa muscular cuando corresponde o perder peso sin perder músculos. Desde que las demandas por un mejor rendimiento deportivo empezaron a llegar a los clubes amateurs en los pos años dos mil, sobre todo hacia al final de esa década, una importantísima transformación aconteció en la conformación de quiénes hacen al rugby en los clubes. Una serie de profesionales empezó a incorporarse como soporte, mejora y como equipo técnico rentado. Si bien no todos los clubes contaron con los mismos recursos para que eso suceda, aquellos con mayor tradición y cuyos socios provienen mayoritariamente de sectores de mejores ingresos, se vieron prontamente compelidos a contratar servicios profesionales de perfiles hasta entonces ausentes o infrecuentes en el mundo del rugby porteño. Entre los varones de cada club hay relaciones de amistad y parentesco,[4] además de competencia: los socios de cada club saben lo que sucede en los otros. La contratación de un cuerpo de dos o tres kinesiólogos en un club, moviliza al resto a seguir esos pasos: la nivelación, la equiparación del rendimiento deportivo y de las performances masculinas se ponen en tensión si así no ocurriera, por la presencia de ventajas cuestionables.

---

[4] Como señalé en el capítulo 4, el reclutamiento acontece bajo el halo del parentesco o de las redes sociales de los sectores privilegiados porteños.

Como señalé en el capítulo 4, kinesiólogos/fisioterapeutas, nutricionistas, médicos especializados y/o psicólogos, empezaron a incorporarse como planta técnico-profesional con cierta estabilidad, sumándose a los PF (preparadores físicos)[5] y los analistas de videos, ya presentes en muchos clubes de rugby, y a los entrenadores y jefes o managers generales, que en su mayor parte permanecieron amateurs en el sentido de no recibir ingresos por su trabajo, constituyendo el saber carismático sobre la "pasión" y la técnica deportiva experiencial. En los últimos años se empezaron a sumar psicólogos.

Esto implicó el crecimiento de los ingresos y egresos económicos de los clubes, que debieron afrontar nuevos gastos de servicios profesionales o inversiones en infraestructura para que los perfiles contratados pudieran prestar sus servicios. Aunque los clubes permanecen amateurs en términos formales, el movimiento hacia la profesionalización los llevó a tomar decisiones vinculadas a una mayor recaudación económica para hacer frente al despliegue de nuevas erogaciones. Algunos aumentaron el valor de las cuotas sociales, otros iniciaron o incrementaron los ingresos por medio del esponsoreo de marcas/empresas siempre interesadas en hacerse presente en y por medio de este sector social. Aunque se trate de un proceso de distintas escalas, la profesionalización deportiva conllevó la contratación del cuerpo técnico, tanto en quienes formalizaron un rugby profesional (UAR) como quienes permanecieron amateurs. La producción de los cuerpos atléticos con el soporte y los saberes técnicos atravesó entero al rugby porteño.

En 2014 se creó en Argentina la Asociación de Marketing Deportivo, en una serie de creaciones de organizaciones profesionales abocadas al deporte que se inicia en los años ochenta con la Asociación de Kinesiología del Deporte, la Asociación Argentina de Traumatología del Deporte, y en los años noventa, con la Asociación de Psicología del Deporte Argentina, entre otras. No es el rugby el que motiva este crecimiento, sino el conjunto de las prácticas deportivas en la Argentina contemporánea, en la que distintos campos profesionales van produciendo reuniones, artículos, congresos, investigaciones, instancias de formación e ingresos económicos. Toda una tecnología del conocimiento especializado que genera lazos, redes, expertise y servicios profesionales rentados. El rugby practicado en Buenos Aires se integra a esos procesos.

Desde fines de los años noventa, las universidades encontraron en las actividades deportivas una demanda no satisfecha de formación, tanto a nivel de grado como de posgrado. En el nivel de grado, algunas instituciones de educación

---

[5] Suelen ser Profesores de Educación Física.

superior crearon carreras como las Licenciaturas en Actividad Física y Deportes, o en Gestión Deportiva. A nivel de posgrado, y frecuentemente en articulación con sociedades profesionales especializadas, generaron cursos de posgrado, seminarios, y carreras de especialización en diversos temas, como Diplomaturas en Gestión Deportiva, especializaciones en Medicina del Deporte, Maestría en Actividad Física y Deportes. Además, las carreras de periodismo deportivo no solo crecieron en los institutos de nivel terciario que históricamente los dictaban: también se abrieron carreras similares en universidades privadas.

La expansión massmediática de los deportes, el rugby entre ellos, permite desarrollar especializaciones, campos de práctica a nivel profesional que requieren un mayor nivel de conocimientos y sobre todo de aplicabilidad, algo que según algunos entrevistados, refieren como una carencia de la formación profesional en la Argentina. Así por ejemplo, algunos campos profesionales aplicados al deporte, como el de nutrición, aún no cuentan con gran desarrollo académico y los nutricionistas realizan cursos en el exterior, participando de un circuito internacional de producción y circulación de conocimientos sobre el tema. Hasta hace algunos años, la formación de los profesionales de la salud en lo que tiene que ver con los deportes no gozaba de ningún privilegio o espacio en las carreras.[6]

El rugby tiene mucho "potencial" –me decía un psicólogo– en cuanto demanda de profesionales especializados, por parte de clubes, jugadores y uniones. El cuerpo de profesionales que encontraron una "veta" en el rugby, no solo tienen como objeto de trabajo el cuerpo del rugbier: las mayores exigencias con que los mismos jugadores –incluso los que juegan a nivel amateur– viven su pasión por el rugby es ocasión de consultas psicológicas, por la producción de nuevas ansiedades y malestares. Este es un proceso más general y global, en el que el deporte se constituyó en un canal aspiracional, que en otras partes del mundo y en otras prácticas deportivas representa la posibilidad de "salvarse" como atleta profesional (Besnier, 2012), constituirse en estrella del deporte global tal cual lo presentan los medios de comunicación y la narrativa sobre los ídolos deportivos que se esparcen en el capitalismo contemporáneo. Las ansiedades de los jugadores de rugby en Buenos Aires no están asociadas a un aspiracional de clase social, más a una reproducción de la posición familiar. Pero sí se movilizan afectivamente para ser los mejores, ser "convocados" por la UAR o clubes extranjeros.

---

[6] Los deportes representaban una novedad para estos campos profesionales. Había además una tradición dominante en la formación de los profesionales que concibe la salud como servicio de resolución de problemas de enfermedad y no como un proceso sociocultural, psicológico y biológico vinculado al bienestar de los sujetos y las poblaciones.

Los profesionales contratados incorporan nuevos saberes en dispositivos individualizados o grupales. Entre los primeros están las consultas individuales y los tratamientos personalizados. Entre los segundos, están las charlas y conversaciones grupales. "Tenemos mucha base de reuniones, nos muestran qué comer, qué no comer", me contaba un jugador de rugby profesional. En Jaguares ese entrenamiento sucede en el consultorio y en charlas grupales del equipo de nutricionistas, en días y horarios semanales o quincenales donde realizan el control nutricional, los pesan, les miden el índice de masa muscular, la grasa corporal, y de esa manera los jugadores van regulando, mes a mes, lo que comen, con la supervisión profesional.

Desde los saberes técnicos y profesionales, los cuerpos de los deportistas son construidos en su desmembramiento, máquinas como fuerzas en movimiento que son percibidos en relación a su funcionalidad. Introducen una discursividad que legitima la selección de los cuerpos aptos o no aptos para el deporte: "el esqueleto, el esqueleto es el chasis del cuerpo, el músculo sería el motor, el esqueleto puede cargar determinada cantidad de kilos de músculo sin romperse, un tema físico", me explicaba un entrenador. El cuerpo es una máquina con percepciones y sentimientos que los profesionales crean y sobre la que actúan, un conjunto de partes y energías: el dolor muscular de un jugador debe ser transformado para habilitarlo al juego, antes que inhibirlo. Cada disciplina deshace al cuerpo en partes componentes, propio del legado biomédico, la que más legitimidad posee en el actual momento de expansión del deporte a nivel global. La descomposición anatómica del cuerpo combina categorías científicas con lecturas maquinizantes de los cuerpos. Es interesante notar las metáforas que interpretan la corporalidad coproduciéndola. El "combustible" nombra la alimentación de los jugadores: la nombran los rugbiers y algunos profesionales nutricionistas. Otros profesionales hablan casi exclusivamente de los órganos con los que trabajan. Los kinesiólogos hablarán de los músculos: bíceps, deltoides, lumbares, entre muchos otros.

La profesionalización además de una instancia de crecimiento y diversificación de la fuerza de trabajo constituye un lugar para la producción de saber-poder, la constitución y legitimación de formaciones discursivas que se instalan en la superficie del cuerpo. Una nutricionista detallaba el trabajo de investigación que realizó para poder clasificar a los cuerpos de los rugbiers, construyendo una tipología corporal para las posiciones de juego, promedios que elaboraba por medio de mediciones. La profesionalización del deporte es la instancia de saber-poder en la que nuevos actores miden y metaforizan al cuerpo construyendo una relación con él que justifica y a la vez legitima su intervención. Como parte de su trabajo, los profesionales desarrollan conocimientos específicos sobre el cuerpo rugbier: buscan comprender las variaciones en los cuerpos, las principales lesiones, las dificultades alimentarias. Producen información sobre la vida, la miden, instalan la regla del poder en el cuerpo viviente, hacen biopolítica. Para ello generan "estadística" buscando causas sobre determinados problemas, y posibles soluciones preventivas. Esta planificación constituye una apuesta de los deportes modernos, a nivel amateur incluso, en la que el eje está puesto en los resultados. Son los resultados esperados los que regulan el planeamiento, la adaptación de las técnicas de entrenamiento a la situación de los jugadores: "un jugador que se desgarra el sábado no tiene que esperar a conseguir un turno con el kinesiólogo de su obra social, ya va sabiendo qué hacer con el trabajo de los kinesiólogos del club", me contaba un entrenador de CUBA.

El saber que tiene como foco el cuerpo rugbier, como todo dispositivo, condensa relaciones y disputas de poder. El trabajo del profesional es mediar y amortiguar las expectativas que algunos entrenadores puedan tener sobre los jugadores, es decir, compatibilizar condiciones físicas con la expectativa atlética y de rendimiento deportivo del equipo, no siempre coincidentes con las posibilidades individuales. Cuando un entrenador en el rugby profesional quiere que un jugador suba o baje determinada cantidad de kilos, el profesional debe moderar y mediar en función de las posibilidades que su saber disciplinar le permite disputar. Lo mismo sucede con las expectativas de entrenadores y de los mismos jugadores frente a las recuperaciones pos lesiones. Son los profesionales los que median en esas exigencias, a menudo a contrapelo de expectativas apresuradas sobre las condiciones de la recuperación.

El cuerpo profesional viene a hacer la vida más productiva en términos deportivos, con menores interrupciones al orden que hace del cuerpo una máquina rentable. En el orden biopolítico, que es un orden capitalista, la gestión de la vida en su biométrica y su rendimiento económico tiene en los cuerpos de los deportistas un núcleo de transformación y modelización de procesos sociales más amplios.

Del "en cuerpo y alma" al self corporal: la incorporación de psicólogos al deporte

La lectura moderna tanto trascendentalista como cartesiana, produjo y expandió el modelo dual del cuerpo y alma como modo legítimo de producción del cuerpo. Tanto con elementos de la *Muscular Christianity* como con lecturas mecanicistas y espiritualistas, el cuerpo de los hombres modernos constituiría un reflejo de un temple interno, y el temple interno debía producirse por el disciplinamiento del cuerpo en prácticas gimnástico-deportivas. El cuerpo signo, de la propia civilidad, de sí y del grupo social, del género o de la nación. En la etapa actual del capitalismo, los cuerpos son dispositivos productores de subjetividad, bajo el mandato de que la subjetividad debe autoregular la relación con el propio cuerpo, con sus movimientos, sus usos, y sobre todo su productividad, en el campo que sea.

Los cambios en las figuras y perfiles de los equipos técnicos en el rugby porteño tienen su mayor novedad en la incorporación de psicólogos. Un dirigente del rugby porteño escribía en un reciente libro editado por un psicólogo especializado en rugby:

> En mi época de jugador, el entrenador era el único referente del club que nos aportaba su experiencia, sus vivencias y las lecciones que daban el juego y sus reglas. El preparador físico aportaba lo suyo. La comunicación entre jugadores y entrenadores se basaba en la acción misma del juego a lo largo del tiempo. Después apareció la figura de la Subcomisión de Rugby, generalmente representada por el Maestro de rugby; se complementaba con la del entrenador, y su aporte contribuía a conocer la historia del Club, sus referentes, anécdotas sobre la historia del rugby y del Club. Así nos formábamos, corroborando lo que nos decían y hacían los que nos dirigían. Era un deporte puramente social y formativo. Con el tiempo, nuestro juego se fue transformando en un deporte de alto rendimiento (…). Comenzó el auge de la medicina deportiva, la nutrición, los coaches (especialistas, estudiosos, etc.), los entrenadores por puesto, el gimnasio como parte obligada de la preparación, etc. La parte mental estaba relegada, hasta que entendimos su importancia. (…) El aporte de la psicología aplicada al deporte era la pata que nos faltaba" (Miguel Servera[7], en Saccone, 2016: 272-273)

Juan Pedro empezó en 2012 a prestar sus servicios a un reconocido club de Buenos Aires. Según su propia mirada, los psicólogos "se incorporan a los clubes para dar salto de calidad, estar en todos los detalles para que el jugador rinda al máximo". La maximización del rendimiento deportivo motiva su incorporación a un plantel de profesionales, habiendo asumido el peso de "la cabeza", "todo lo psicológico que influye mucho en el deporte". El psicólogo tiene un grupo de whatsapp con los jugadores del club que lo contrató. Intercambian allí todos los días sus estados de ánimo, comparten cómo les fue en el entrenamiento, en el gimnasio. Diariamente el psicólogo les envía una frase inspiradora, en función de la "evolución" del grupo y de lo que les está sucediendo. De esa manera conoce lo que les sucede en su vida personal que pueda afectar su rendimiento depor-

---

[7] Dirigente de Olivos Rugby Club, de la URBA y de la UAR.

tivo: los llama o habla con ellos en el club cuando los noviazgos llegan a su fin, por ejemplo. La incorporación de psicólogos busca disminuir malestares, incrementar el bienestar de los jugadores, y no solo acompañar las restricciones propias de la racionalización deportiva.

Leídos en su conjunto, los nuevos discursos que introducen los profesionales hacen de los cuerpos rugbiers máquinas psi, en un mandato psicologista por la "integración" de los aspectos mentales a la práctica corporal. Esos discursos provienen tanto de los profesionales psicólogos contratados, como de un conjunto de ideas y saberes del campo del management, las ciencias del comportamiento en su versión productivista anglosajona, y de saberes experienciales sobre la gestión de emociones elaboradas por profesionales y entrenadores de rugby de los equipos más exitosos del rugby global. Se combinan con ciertos conocimientos provenientes de las neurociencias y la educación emocional y otros campos que aportan a esa grilla de lectura que ubica al cuerpo como algo más que una máquina que rinda deportivamente. Otros saberes y roles emergentes, aunque menos profesionales, trabajan en o desde el campo "psi", como *counselors* que hacen *couching* ontológico, y que acompañan a algunos deportistas; y muchos rugbiers apelan a la práctica del yoga. Tanto Jaguares como algunos clubes amateurs realizan a esta disciplina como modo de conexión con lo "mental" y con sus propios cuerpos en una práctica física menos intensiva y sin contacto interpersonal.

El entrenador de Jaguares narraba en el verano de 2020 cómo marchaba la pretemporada de la franquicia:

> "No nos sobra nada de tiempo, pero esta es un poquito más normal", explica el ex apertura de los Pumas. "Era muy importante tener un poco más de tiempo porque hay muchos jugadores nuevos que no conocíamos. En cuanto a las actitudes fue muy bueno, nos encontramos con chicos con ganas y bien físicamente. Todavía con un margen de progresión rugbísitico lógico. Además, para no hacerla tan cargada. Hicimos bloques fuertes lunes, martes, jueves y viernes, y el miércoles a la mañana les organizamos masajes y yoga, pura recuperación física, energética y mental. Fue una idea buenísima. Estoy muy contento porque lo tenía en la cabeza hace rato. Sentir que al jugador, en medio de tanta carga, le renovamos la energía (Diario La Nación, 6 de Enero de 2020).

En el mundo del rugby de Buenos Aires son conocidas estas dos prácticas y campos de intervención –psicología y yoga– por su uso por parte de los All Blacks. Ello constituye *per se* una jerarquía que legitima su uso en el contexto local, ya que son vistos como el modelo de éxito deportivo, y los modos y saberes sobre entrenamientos son capitalizados por sus actores como recursos a ser vendidos como asesorías, talleres, conferencias y libros en todo el mundo.

Un psicólogo especializado en deporte, luego de explicitar técnicas de relajación provenientes del yoga y otras disciplinas, recomienda cómo lograr su aplicación durante un partido de rugby:

> Imaginemos que sos el lanzador de tu equipo, y que venís de utilizar tu cuerpo para rendir al límite de tus posibilidades en los scrums, los tackles y los rucks, que implican grandes situaciones de tensión, rigidez, y desgaste físico y mental. Repentinamente, te encontrás ante una situación de line en la que tendrás que realizar el lanzamiento; situación que requiere una "destreza fina" (absolutamente diferente de las que venías desarrollando). Es prioritario entonces que puedas relajar tu cuerpo y calmar tu mente, focalizándote en el lanzamiento. [luego de recomendar aplicar la técnica de respiración y relajación antes de lanzar, prosigue:] otro beneficio que conseguirás poniendo el foco en la respiración y la relajación será el de que automáticamente desplazarás tu atención hacia tu cuerpo (a la inhalación y la exhalación), y no a tus pensamientos (que pueden ser distorsivos o negativos, por ansiedad o por situaciones de juego anteriores o eventuales); así te podrás centrar en el "aquí y ahora", ya que no se pueden tener dos pensamientos a la vez" (Saccone, 2016: 185-186).

Desde una base cartesiana, las recomendaciones buscan producir un mejoramiento del rendimiento deportivo por medio de técnicas que tiendan a controlar o despejar lo que se entiende como distorsiones o problemas donde la mente engaña y juega una mala pasada: las técnicas permiten poner en otra sintonía, otra posición al cuerpo y la mente; regulan por medio de una tecnología del yo centrada en el interjuego entre control y su supuesta ausencia. Los saberes disciplinares psi-energéticos en su combinación producen cuerpos productivos a nivel deportivo, que interpelan a un sí mismo, un *self* que aunque se "relaje", lo haga para ganar.

"Dosificar la energía": máquinas reflexivas en sociedades somáticas

El trabajo profesional de médicos y kinesiólogos consiste en disponibilizar el cuerpo de los jóvenes deportistas para la competencia: con un vendaje o un masaje "haces que el jugador pueda jugar, le sacás una molestia, lo habilitás al juego", explicaba un kinesiólogo. "Trabajar con el músculo" significa hacer que una "contractura no se transforme en desgarro" de un isquiotibial, por ejemplo, una de las lesiones más frecuentes. No todo en el rugby es consecuencia del contacto físico entre jugadores. Una rotura de ligamento de rodilla puede producirse sin necesidad de un golpe o caída. Por ello en los entrenamientos o en las recuperaciones de las lesiones se trabaja en la prevención de los movimientos o de las situaciones que hacen más probable una lesión. La intervención profesional, incluso la preventiva, es la que colabora en predisponer al cuerpo máquina en su *versión actual*.

Los deportes modernos conllevan la racionalización del entrenamiento (Gutman, 1978). Ello es más evidente en procesos de profesionalización, una exigencia. En el rugby, el entrenamiento debe preparar el cuerpo para los golpes, para empujar, para impactar, para caer, pero también para la carrera, para esquivar, para lanzarse en un try, para patear la guinda. Trabajar sobre cada grupo muscular, engrosar cada sección del propio cuerpo constituye una práctica estética y deportiva al mismo tiempo. No se trata simplemente de hacer cualquier ejercicio, sino el más adecuado para cada posición y tipo de jugador en el campo de juego. Los deportistas, a medida que ascienden en año, y probablemente en expertise deportiva, van siendo entrenados en una racionalización que persigue fines deportivos. Una luxación de hombros, por ejemplo, puede deberse a un golpe de "mala suerte" pero también a que "no se preparó bien" –entrenamiento, musculación, elongación–[8] para recibir ese tipo de golpe, me contaba un médico. Aunque la dimensión estética es fundamental, el entrenamiento muscular es sostenido regularmente por los jugadores de rugby porque hace a su potencia de empuje, a la fortaleza de su cuerpo y de su sostén, sobre todo cuando son impactados o empujados por el cuerpo del oponente durante un partido, y a la capacidad de resistir esos embates sin lesionarse.

El cuerpo máquina en su versión reflexiva constituye un dispositivo, es decir, que produce su propia materialidad: la intensificación selectiva del cuerpo en sus "partes", el incremento del rendimiento deportivo, la tonificación estética general, el aumento de indicadores de rendimiento, como la velocidad, la reacción, la regulación de la patada, los pases, acontecen en condiciones materiales que caracterizan al deporte en su etapa profesional y racional. Los cuerpos circulan entre gimnasios, salas de musculación y de kinesiología, canchas de rugby, vestuarios, salas de video, consultorios médicos, con profesionales de distinto tipo y discursos que buscan que la energía invertida en los mecanismos corporales funcione a su máximo rendimiento. En el caso de quienes juegan con contrato en la UAR, la materialidad incluye viajes en avión, hoteles, piletas y sesiones para relajarse y aclimatarse luego de cada viaje:

---

[8] Un kinesiólogo me explicaba: "hay lesiones de rodilla, de ligamentos, tratamos de generar ejercicios preventivos dentro de lo que es el entrenamiento sobre todo en la parte física, y si hay cuestiones más de contracturas y eso trabajar más en la flexibilidad".

La columna vertebral de la preparación para este nuevo desafío en el Super Rugby fue no sólo el ejercicio físico, sino también el mental. Las actividades durante enero y febrero fueron muy intensas, e incluyeron entrenamientos de agarre y lucha que fueron monitoreados y guiados por Javier Broschini, el entrenador de la Selección de Lucha Grecorromana. Por supuesto, también se dictaron los ejercicios de fuerza y potencia, todos divididos tanto por puesto -las cargas varían dependiendo de qué rol ocupa el rugbier (primeras líneas, segundas líneas, terceras líneas, medios, centros y fullbacks) como por fases de pretemporada. Por supuesto, estos trabajos tuvieron un complemento con pelota en campo, en el que no sólo se apuntó al fortalecimiento físico sino también a los trabajos de destreza con o sin pelota. En tanto, una vez por semana también se realizaron controles para evaluar tanto la evolución como el progreso de las rutinas, monitoreadas por un GPS personalizado. Porque el crecimiento es constante (Diario Olé, 2 de marzo de 2018).

La nota da cuenta del entrenamiento de Jaguares durante el verano de 2018. La diferenciación corporal no quita la introducción de técnicas corporales provenientes de otros deportes, o de la misma tecnificación y cuantificación del rendimiento para mejorar su medición y en definitiva, su performance en "GPS". Los saberes de otras disciplinas deportivas se articulan en la polifuncionalidad de las posiciones de sus jugadores: ni el pesista ni el físicoculturista corren o necesitan correr, moverse, cambiar de movimiento rápidamente como lo hace un rugbier, y cada rugbier en cada posición de juego. Destreza, técnica y rendimiento atlético se combinan en estas situaciones experimentales –entrenadores de otros deportes– y rutinarias para lograr el mayor rendimiento deportivo.

Mejoras en el rendimiento, entrenamiento técnico, medición tecnologizada y automatizada, y trabajo "mental" hacen al dispositivo de producción corporal integral orientado a la integración de los componentes de una máquina: las tecnologías buscan una integración en torno a una subjetividad y una corporalidad que el mismo entrenamiento y sus técnicas van produciendo. Las tecnologías corporales apuntan a la *técnica de sí, a la integración mente-cuerpo*, a un discurso que nombra la "integralidad", que tiene en cuenta la "mente" y que no deja de lado, incluso, la experiencia del bienestar.

El entrenamiento deja como saldo un mayor conocimiento sobre el cuerpo propio: "aprendés a dosificar la energía", "no correr al pedo", relataba un jugador. El cuerpo atleta del varón también es un cuerpo que se conquista como una experiencia de dominio. La ductilidad y potencialidad del propio cuerpo es interpretada por los propios rugbiers como una ventaja y un progreso, porque sienten un mayor control sobre el cuerpo en movimiento: dónde estar en cada momento del partido (táctica), cómo tacklear en cada situación (habilidad técnica), cómo desplazarse en general (estrategia y ductilidad atlética), cómo administrar la fuerza en cada momento (reflexividad corporal). Y siempre el equipo: cómo coordinar y a quién seguir en cada momento del partido, con quién contar en la eventualidad de una jugada. El dominio otorga también una experiencia de satisfacción en relación al propio trabajo corporal. El dispositivo excede la representación que ofrece la metáfora y la formación discursiva del cuerpo máquina: es también un cuerpo reflexivo, autoregulado (Bröckling, 2015).

El cuerpo máquina es un cuerpo con fallas. A lo largo del trabajo encontré una serie de explicaciones y saberes de tipo *psi* que no se oponían a la concepción y el dispositivo del cuerpo máquina reflexiva circulante, antes bien, estaban en él imbricados. Las lesiones no son explicadas como un infortunio, o solamente como una falta de entrenamiento. Un martes de 2014, luego de asistir al entrenamiento del equipo de rugby de CUBA en Núñez, registré la siguiente situación:

Mientras observaba el entrenamiento, alrededor de las 8 de la noche, Agustín sale del consultorio kinesiológico, lo veo caminando con dificultad y con un nuevo corte de cabello. Me saluda a mí, al entrenador y al couch manager, con quienes estaba conversando. El manager lo felicita: me entero que había dado su último examen y se había recibido de economista en la UBA. También lo felicito. Agustín está lesionado. Le preguntan cuánto tiempo va a estar sin poder jugar. "Aún no sabemos" dice, "seguro un mes, mes y medio". Nos saludamos y sigue su curso: está lesionado, no se quedará al entrenamiento. Seguimos conversando con los entrenadores: la charla giró hacia su preocupación sobre cuándo regresará para jugar, Agustín es uno de sus mejores backs. Y sobre los motivos de su lesión. Según los entrenadores Agustín se lesionó por el estrés: "las lesiones siempre son por un estrés de otra cosa. Imaginate, el tipo justo se iba a recibir esa semana y se lesiona, es obvio" (Diario de campo, julio de 2014).

La preparación corporal tiene sus fallas, y ellas están contempladas en la perspectiva nativa: la psiquis le juega una mala pasada a lo orgánico, al "físico". Las ansiedades y las relaciones de poder se "in-corporan", se procesan desde los cambios corporales y en ellos. En aquello que Turner (1989) caracterizaba como sociedades somáticas, el cuerpo es el escenario donde se expresan los problemas políticos y personales de una determinada época. Los entrenadores contaban que en vísperas de exámenes aumentaban las lesiones. La mayor exigencia que se vive en el deporte, y la demanda de compatibilizarla con la expectativa universitaria está en la génesis de las ansiedades y problemas de estos jóvenes en el seguimiento de las expectativas de la cultura parental y de la profesionalización que los mismos jóvenes buscan. Es un proceso somático psicológico fuertemente articulado en las exigencias sociales de mejores rendimientos, en todos los campos. Los jugadores atraviesan una experiencia con una fuerte limitación física y temporal: la acumulación de horas sentado estudiando, por ejemplo, condiciona el cuerpo del atleta. El cuerpo de un sujeto que percibe en la lesión la distancia entre las expectativas del mercado deportivo que se está consolidando, el de las familias y la "sociedad", sus "sueños" de ser un profesional universitario y atleta, y sus condiciones para cumplirlas.

Me interesa contextualizar esta articulación de concepciones nativas y regulaciones sobre el cuerpo. En tiempos de mayor demanda y exigencia deportiva –establecida por los mismos rugbiers, por los clubes, por el círculo de amigos y el mandato masculino dominante de ser competitivo y triunfar– los jóvenes experimentan la exigencia de sostener el criterio de distinción social y de trayectoria juvenil normalizada de sus padres y de ellos en relación a la universidad y ser jugadores competitivos. En el caso de Agustín se trata de volver a llevar a CUBA a la gloria del triunfo deportivo en la URBA, en tiempos en que los jugadores de otros clubes entrenan tanto o más que ellos. Las tensiones entre nuevas y mayores exigencias deportivas en el rugby amateur, por un lado, y los mandatos familiares de producirse en cuanto universitarios, no son logrados sin marcas o registros corporales. Algunas son realizadas de modos voluntarios como la cabeza rapada de Agustín, parte de un rito de pasaje hacia una clase profesional. Otras son accidentales, como su lesión de rodilla. Así como el cuerpo es el claro articulador del proceso profesionalismo-amateurismo, es en él donde se materializan los quiebres, las dificultades y las marcas de "superación" en la consecución del mandato amateur-profesional, etario, de género y de clase en el que viven.

Consumos en la sociabilidad masculina: del alcohol a la proteína

Una escena se repite en distintos relatos: el tercer tiempo de los ex jugadores de rugby, el whisky en una mano, un cigarro o habano en la otra, y el recuerdo de los viejos jugadores. En el tercer tiempo del rugby de la URBA actual, los "viejos" de los clubes que compiten cada sábado también se reúnen al finalizar el partido. En CUBA lo hacen en un lugar relativamente separado en el quincho de Villa de Mayo. La tradición de consumo de cigarro y alcohol es relatada como una escena del buen vivir de aquellos caballeros del rugby, que compartían la bebida luego de haberse "matado" en la cancha. Señala el aire inglés,[9] de origen de la bebida

---

[9] Es una bebida más asociada al origen escocés e irlandés. En la lectura "local" ambas naciones y tradiciones son leídas en conjunto y subsumidas bajo el prestigio de lo inglés en la vida social y cultural de la Argentina. Un proceso que Palermo (2010) identificó para la experiencia y representaciones de la inmigración irlandesa en Argentina.

y de la práctica de consumo y recreación "entre amigos", la confianza de beber en un espacio exclusivamente masculino.

En su novela *Rugby*, Manuel Soriano introduce un capítulo contando un juego masculinizante, en el medio del consumo de alcohol

El juego de postas es un juego bastante pelotudo. Es una carrera para saber quién es más masculinamente pelotudo. Los participantes se dividen en equipos y se disponen en fila. A la orden de largada los primeros de cada equipo beben [se cuentan los pasos de la competencia]. Y así hasta que todos hayan corrido y tomado. Ese día se tomaron "submarinos": chop de cerveza con un vasito de whisky adentro. Este trabajo también se llama "bomba irlandesa", pero aunque termina con una detonación, tiene la gentileza de ser gradual, y eso no pasa con las bombas [...]. El buen whisky no se mezcla con la cerveza, queda dentro de su recipiente, orgulloso de su status. El trago termina con un calorcito bajando por la garganta. Los objetivos del juego son tres. Ganar la carrera, demostrar hombría y emborracharse hasta las tetas en menos de una hora. Esto último lo consiguen todos. No es obligatorio jugar pero está mal visto no hacerlo (Soriano, 2010: 97-98).

El peso de lo recreativo y de la finalidad amistosa y masculinizante del rugby sigue presente, pero acontecieron una serie de cambios en la sociabilidad de los jóvenes varones en las últimas décadas: mayores consumos de alcohol en fiestas o encuentros privados y hogareños, e incluso una mayor legitimidad en el consumo de alcohol en exceso entre varones y mujeres. Las investigaciones y estudios sobre sociabilidad y prácticas de consumo en jóvenes indican que en la última década se incrementa el consumo hogareño, en exceso, que se integra a la sociabilidad masculina (se consume en grupos) tanto en la "previa" –antes de salir a bailar– como en fiestas, juntadas y otras ocasiones de interacción homosocial, en un consumo abundante en tiempo breve (Gobierno de la Ciudad de Buenos Aires, 2012). Esos consumos se integran en la práctica recreativa de los jóvenes, adquieren componentes identitarios, como marca de la sociabilidad juvenil propiamente dicha, y se asocian a otros consumos (tabaco, marihuana, etc.) (Schwarz et al., 2010) y otras prácticas culturales (música, vestimenta, etc.).

Los jugadores de rugby, como señalé anteriormente, sienten una fuerte tensión sobre cuánto y qué tipo de bebidas alcohólicas consumen, y comparten esta inquietud que trasciende el nivel individual. El consumo se integra a una sociabilidad que reemplazó el whisky por la cerveza, el fernet con coca, y los tragos de bebidas blancas con jugos de frutas. Los consumos son resignificados en y por un mercado que "detecta" esas transformaciones y los coproduce. Cerveza Imperial es uno de los principales esponsors de la UAR al momento de escritura de este libro. En las distintas uniones europeas de rugby, igualmente, las bebidas alcohólicas son grandes auspiciantes. Como producto de consumo masivo,[10] asociado fuertemente a la vida nocturna juvenil, la cerveza suele ser la principal bebida de los terceros tiempos del actual rugby porteño. Si en el capitalismo de la segunda posguerra europea los jóvenes pasaron a ser integrados, gradualmente, como sujetos de consumo, el summun de esa interpelación a los jóvenes se materializa en la juvenilización de la estética publicitaria, la marca "joven" como un activo en sí mismo (Fuentes, 2019b), que permite la conversión de capitales, en este caso el estético, etario, de clase y género, en capital económico. Sobre todo para las empresas y clubes.

El desplazamiento en el objeto de consumo es evidente: si el whisky recreaba un ambiente homosocial de varones en un aire inglés, el de origen del rugby y de ese tipo de sociabilidad distinguida, la cerveza corre el prestigio nacional-inglés por el de la marca etaria, el consumo juvenil que instala la industria de bebidas. Que Cerveza Imperial, creada para un público más selecto que las cervezas industriales de consumo masivo en la Argentina y la región, elija la UAR, Pumas y Jaguares como espacio simbólico donde representarse, señala a su vez la seccionalización y especificación comercial de un producto, que se instalará en el consumo gracias a su asociación con una marca "noble" y de "clase", como el rugby masculino. Mientras tanto el cuerpo de los jóvenes rugbiers estará sometido también a los mandatos acerca de qué y cómo consumir en los momentos recreativos. Es una relación dialéctica: la cerveza apunta al corazón de la sociabilidad masculina en el mundo del rugby, y el mundo del rugby expande el alcance social, moral y sobre todo económico del nuevo producto.

El consumo de otras sustancias legales se materializa en las publicidades que enmarcan al rugby argentino, consumo inimaginable para aquellos "caballeros" del rugby de los años ochenta a los que entrevisté: los suplementos die-

---

[10] Distintos reportes de mercado indican que es la bebida cuyo consumo más se incrementó en los últimos 10 años, cuanto menos, y todavía no encuentra su techo. El presidente de Cerveceros Argentinos (la Cámara Empresarial del sector) señalaba que el consumo per cápita en la Argentina aún es bajo considerando otros países de la región ("Cerveza en Argentina, una industria con 200 años de historia" en Ámbito.com, 2 de agosto de 2019). Al mismo tiempo, el Informe Mundial sobre Alcohol y Salud 2018 de la Organización Mundial de la Salud, señala que el consumo de alcohol en los jóvenes argentinos de 15 a 19 años es alarmantemente mayor que en países vecinos (Organización Mundial de la Salud, 2019). La Encuesta Joven de la Ciudad Autónoma de Buenos Aires de 2016, identificaba que el consumo de alcohol es una práctica muy extendida entre los y las jóvenes de la ciudad: 9 de cada 10 jóvenes probaron alguna vez, y más de 6 de cada 10 consumieron en el transcurso del último mes (Gobierno de la Ciudad de Buenos Aires, 2016). No es casual que las marcas de cerveza sean uno de los rubros que mayor presencia tienen en los deportes masivos o que están en proceso de serlo.

tarios para el entrenamiento deportivo. ENA es una empresa-marca que produce suplementos para la realización de actividades físicas intensas, sobre todo de entrenamiento e incremento de masa muscular. Integra el cuerpo de esponsors-proveedores de la UAR. En los gimnasios de Buenos Aires es común ver a los jóvenes, rugbiers muchos de ellos, consumir el suplemento proteico de ENA al final del entrenamiento. Es una de las empresas líderes del mercado en la Argentina y se posiciona como un producto para jóvenes varones. Mientras realizaba trabajo de campo observando los entrenamientos y partidos de Jaguares registré la presencia de la empresa en la cartelería y las bandas publicitarias.

Estos auspicios no dejan de ser problemáticos, ya que su consumo debe ser regulado por los atletas –sean rugbiers amateurs o profesionales de la UAR– en función del rendimiento deportivo. Los suplementos dietarios suelen despertar sospechas, porque por un lado están asociados en la representación social al consumo de anabólicos,[11] sustancias prohibidas en el deporte y testeadas en sistemas de control de dopaje. Por el otro, porque pueden contener alguna sustancia indefinida que luego impacte en el mismo test de control. De hecho, esta empresa asegura que sus productos solo tienen lo indicado, y de eso se responsabiliza ante cualquier control (doping) de consumo. El largo trabajo de campo que realicé me permitió ver cómo aquella representación asociada a la sospecha iba desapareciendo en las generaciones más jóvenes y se tornaba más bien una práctica normalizada y esperada entre quienes someten al cuerpo a este tipo de entrenamientos.[12] Se integra además, al cuerpo de saberes producidos entre los mismos jóvenes jugadores, sobre cuándo y cómo tomarlo, más allá de las recomendaciones del mismo producto o de las nutricionistas.

En la confluencia entre industrias y rugby se desarrollan productos específicos. Pueden ser aquellos que se posicionan como productos Premium, como la

---

[11] El consumo de esteroides tiene consecuencias altamente visibles en el círculo social del que participan los jugadores debido al crecimiento repentino que puede tener su musculatura en tiempo récord. Si eso sucede, se instalan sospechas acerca de qué "se está metiendo en el cuerpo" como me decía un rugbier amateur. Hay una negación pública de que el consumo de esteroides o sustancias no autorizadas ocurra, pero al mismo tiempo hay una vigilancia y sospecha entre varones de estos círculos sociales que pueden observar estos fenómenos y vetarlos o simplemente dejar que ocurran: para el ojo entrenado puesto en el cultivo muscular, esas modificaciones son evidentes. En esto también intervienen motivaciones estéticas, verse bien y atractivo.

[12] Si se tienen en cuenta las resoluciones de los Tribunales Antidopaje que funcionan en la Argentina a partir del régimen establecido por la Ley N° 26.912 de 2013 para prevenir y controlar el dopaje, el rugby constituye uno de los deportes con mayores sanciones a jugadores, cuyas sentencias finales y públicas se dieron a conocer entre los años 2017 y 2019. Aunque no se revela el contenido del dopaje, el dato llama la atención por la creciente presencia de consumos no permitidos en deportistas de las uniones de rugby.

cerveza señalada, o de indumentaria, dirigida a un sector de consumo específico. Los suplementos proteicos, en cambio encuentran en el rugby un lugar de desarrollo único, ya que para el modelo de cultivo del volumen muscular no hay otro deporte tan masivo y positivamente percibido con el que capitalizar y vender un producto tan específico relativo a los cuerpos musculados. Un orden biopolítico regula tanto la inversión en el cuerpo, la venta de imágenes corporales y el control dietario, proteico que se torna central en la vida cotidiana de los rugbiers y de aquellos a quienes estos modelos llegan. Una forma de vida proteica, muscularizada, se construye como modélica, con determinadas condiciones materiales, tecno-publicitarias y técnicas de medición, que hacen del cuerpo del atleta una superficie de poder: lo hacen crecer desde dentro para venderlo como imagen. Imagen que proyecta a los jugadores hacia diversos públicos deportivos, familiares, de mercado, de relaciones amorosas o sexuales. Desde el consumo del whisky al suplemento proteico, los cuerpos rugbiers cambiaron desde dentro y desde su superficie en una regulación que parece inacabada.

El self corporal: entre la responsabilización por el propio cuerpo y el disfrute "cultural"

Las autoregulaciones corporales son aquellas que indistintamente de su proveniencia, son apropiadas o reapropiadas por los mismos actores como polos condicionantes de prácticas, de valoraciones sobre lo que hacen y sienten, de demandas, expectativas y faltas que se perciben en relación a un sí mismo. Concibo esa noción, de corte foucaultiana, en sintonía con el planteo de Bourdieu cuando conceptualiza la percepción social del cuerpo (1986; 2002). Las categorías de percepción y valoración incorporadas en el proceso de socialización y en la cultura dominante establecen parámetros que hacen ver al propio cuerpo en falta en relación al cuerpo ideal, que nunca es uno ni único, sino diferenciado según y dentro de cada dimensión social dominante (clase, género, etnia, etc.) y la posición del actor en cada campo. Así como planteo (capítulo 3) que las masculinidades hegemónicas no implican por sí misma la imagen de un solo tipo de varón, el cuerpo hegemónico del varón también se predica en plural, constituye más bien un conjunto de articulaciones que se presentan como modelos.

Las autoregulaciones en el rugby porteño tienen como objeto la alimentación, el movimiento corporal, el consumo de alcohol y de otras drogas legales o ilegales –algunas con fines recreativos, otras como los compuestos hormonales para mejorar el rendimiento deportivo– y el intenso y focalizado trabajo muscular. Este último es objeto de regulación intencional: para uno de los jugadores de rugby profesional que entrevisté era necesario "tener voluntad de ir al gimnasio casi todos los días, incluso a veces los fines de semana". Las autorregulaciones funcionan en relación a la performance deportiva. Cuando un jugador empieza a ver que determinado comportamiento sostenido a lo largo del tiempo –como bajar un par de kilos– mejora su velocidad, obtiene mayor autonomía y confianza basada en una sensación de control sobre su organicidad. Esta experiencia de control está fuertemente generizada, es decir, se integra a la experiencia de dominio como valor propio de la masculinidad, en este caso, un dominio sobre el propio cuerpo y sus conquistas.

El cuerpo máquina reflexiva aparece como gran figura cultural en la era profesional: sentir que el cuerpo propio es una gran potencia que es necesario "regular", decía un rugbier profesional. Es constante entre los jugadores de rugby la evaluación sobre la propia performance corporal. Los jugadores buscan un determinado rendimiento, y se atribuyen responsabilidad sobre el propio cuerpo, como en las experiencias de consumo de alcohol y su dosificación. La alimentación de los jugadores profesionales en situaciones de giras, por ejemplo: cómo y qué comer, en qué momentos y cuánto. Los rugbiers aprenden a analizar los alimentos, ver sus niveles de proteínas, carbohidratos y lípidos. Cuando los equipos profesionales de la UAR viajan para competir fuera del país y permanecen en un hotel, son los nutricionistas y médicos de la UAR, quienes aseguran un menú acorde a las necesidades del equipo. En los relatos de los jugadores, sin embargo está presente la responsabilidad sobre la comida interpretada en términos individuales: estar en un buffet y tener que regular la cantidad y el tipo de comidas. El cuerpo se construye en juegos de auto y hetero-regulaciones que condicionan la producción del cuerpo atlético.

Un jugador relataba cómo gestionaba y prevenía lesiones mayores. Para eso su relato traía una suerte de diálogo consigo mismo: "en la parte de: "uh!, me duele la rodilla", antes seguías igual; ahora en cambio: "uh!, me duele la rodilla" me voy al kinesiólogo para estar bien para la semana que viene". Su relato incorporaba la gesticulación, los tonos del discurso y el señalamiento de la articulación en cuestión. A contrapelo de una expectativa más propia de la generación de sus padres, la descomposición del cuerpo posee dos elementos novedosos: se posee un conocimiento más afinado del propio cuerpo, se realizan frecuentes consultas médicas, se está al tanto de lo que se padece, de las fortalezas y límites de la propia organicidad. Y ello se realiza sin desmedro de la masculinidad dominante que portan y expanden. Si, como dijimos, el dolor y la herida forjan al cuerpo masculino en la formación en el rugby, a contrapelo de las generaciones anteriores, las heridas y lesiones en los jugadores adultos no son marcas de la batalla, un capital de género incorporado, sino un signo de alerta que puede poner en riesgo la performance corporal-deportiva. La prevención no disminuye la hombría, le da continuidad a lo largo del tiempo. Como señalan Besnier et al. (2018) revisando el enfoque de las masculinidades de Connell, las expectativas y regulaciones sobre los modos de ser varón se transforman en cada contexto: si no lo hicieran en este caso, hacer gala de una acumulación de lesiones y magullones sería no ya una marca de la propia hombría, sino más bien un comportamiento irresponsable para consigo mismo y el equipo. Ese atributo "nuevo" de la masculinidad, se integra al self, a la experiencia de gestión de sí mismo.

El self corporal también se regula en la alimentación. La comida cobra un sentido social y nacional, posee un peso afectivo, constituye una experiencia corporal de satisfacción. El asado hace parte de la presentación pública de los rugbiers argentinos, que suben a las redes sociales fotos de sus reuniones con amigos y sus carnes a la parrilla. En las giras, se añorarán las comidas argentinas, simbolizadas en los postres y el asado. El comer de esa forma es parte del disfrute del *varón argentino*. Un jugador profesional me contaba: "El jueves a la noche te comés un asado. Y si como el finde, después trato de no comer en la semana, lo vas variando. Depende también cómo estás, si esa semana entrenaste poco, tampoco te vas a matar comiendo porque no lo desgastaste tampoco. Es como que va conociendo ya el cuerpo cada uno". Este manejo constante de sí identifica las regulaciones que pesan en cada ámbito. Como me contaba otro jugador que compitió en un equipo europeo: comer un asado y tomar mate "no lo dejás aunque estés en otro país". Estas autorregulaciones son momentos en los que los jugadores pueden tomar decisiones más allá de lo que les diría un nutricionista. El asado y los postres emergen con justificaciones que se desplazan de las expectativas de los profesionales de la nutrición. Según Francisco, jugador profesional de la UAR, es una "cosa cultural, comer un asado y bueno, no lo vas a evitar, forma parte de nuestra cultura, está bien, no te vas a comer todo o las partes con mucha grasa, pero tampoco podés prohibirte esto".

Las máquinas corporales reflexivas no funcionan solo en una lógica economicista de acumulación de indicadores de rendimiento, cuyo cumplimiento, no obstante, produce gran satisfacción en los jugadores. Las satisfacciones que Francisco encuentra en lo "cultural" introducen una cuña en el cuerpo máquina e instalan más directamente una interrupción del uso productivista del cuerpo. Al igual que los postres: el equipo de nutricionistas por ejemplo, se encuentra con pedidos específicos de los jugadores profesionales, como habilitar el dulce de leche, o un vigilante (queso y dulce) en las cenas durante las giras. Pero esas experiencias no pueden estar solas: siempre estarán acompañadas de compensaciones, deudas para consigo mismo, el propio cuerpo, y el rendimiento deportivo de excelencia.

Las evaluaciones morales recaen cada vez más sobre el individuo, que las realiza sobre sí mismo. Es un proceso cultural global, que se manifiesta en merecimientos y responsabilizaciones (Chaves, Fuentes y Vecino, 2016; Eriksen, 2016) que descontextualizan a los sujetos. El asado y los postres resitúan en cambio determinadas prácticas y vinculan a los sujetos en su contexto, representan un contrapeso que permite valorar procesos y prácticas colectivas significativas para los actores. A la evaluación individual constante en relación al rendimiento deportivo, a su preparación, al control sobre la alimentación, se le suman las de profesionales de la salud, couchs, managers y otros jugadores. Los profesionales se incorporan al mundo del rugby para aunar y hacer rendir los cuerpos, para la preparación de los atletas en la etapa global del capitalismo (Besnier, 2012). No obstante ello, la autoresponsabilización por el rendimiento deportivo será un elemento en común y la experiencia de disfrute una instancia de producción de sí más allá de las lógicas exitistas y de rendimiento deportivo del deporte. Algo más que cuerpos máquina.

El "eslabón perdido" y las lesiones en los itinerarios corporales

La disponibilidad de los cuerpos para el deporte profesional se despliega a partir de una selección hecha desde una lectura biológica de la diferencia corporal. Los condicionantes físicos a menudo reciben una explicación por medio de la herencia biológica, que condiciona la posibilidad de hallar atletas competitivos. Según me explicaba una nutricionista, la altura es una de esas condiciones y la altura promedio de los argentinos según sus indicadores es inferior al promedio de altura en Australia o Inglaterra, dos países emblemáticos del rugby. Esto implica una operación de mayor *scanning* de los cuerpos: buscar jugadores altos o jugadores que en el caso de ser forwards, tengan caderas anchas y por lo tanto puedan "tirar" más peso.

Algunos profesionales explican estas diferencias de acuerdo al mix migratorio que compuso la población de cada país, en el caso de Australia y Argentina, por ejemplo, con el mayor peso que en la primera tuvieron los pueblos anglosajones, más altos en promedio que los ítalo-españoles. En la era global del rugby, estas diferencias en el condicionante genético no son un impedimento para el desarrollo deportivo en una determinada nación, pero sí hace a un conjunto de configuraciones que los actores locales leen de maneras reflexivas, es decir, buscando lidiar con ellas. De manera científica, midiendo y produciendo datos cuantificables que expliquen diferencias, pero que justifican elecciones que terminan reforzando marcaciones raciales europeizantes.

En la caracterización de algunos profesionales, el cuerpo atleta es construido en función de una particularidad evolutiva: pareciera que algunos de los jugadores más destacados y con carreras más brillantes, cuentan con una dotación física excepcional, "el eslabón perdido" decía un profesional de la salud. Esto es, cuentan por ejemplo, con una dotación de masa ósea mayor que el promedio. Esto es importante por la fuerza que otorga y lo que les permite hacer en la preparación física: aumentar la masa muscular por medios nutricionales (suplementos).

Cuando la UAR decidió convocar a Tomás Lavanini, jugador salido de Hindú Club,[13] se hicieron evidentes dos condiciones previas. La primera es la excepcionalidad física del jugador, el de mayor tamaño en la selección de Jaguares/Pumas en 2017-2018: con 2,01 metros de altura y 130 kilos, cada vez que choca o empuja durante un partido se escucha desde las tribunas el impacto de los cuerpos; cuando cae en un tackle su figura en el descenso es impactante. La segunda es que forma parte del grupo de jugadores que había sido seleccionado para entrenar intensivamente en el Pladar. Su rendimiento es producto de mucho más que dotaciones físicas o eslabones perdidos.

Ahora bien, el equipamiento biológico no es un criterio de selección exhaustivo o absoluto. En el momento de seleccionar a los jugadores profesionales, por ejemplo, intervienen más directamente los entrenadores que no están al tanto de estas clasificaciones biomédicas. La clasificación biomédica viene después, cuando se intenta potenciar a los jugadores que ya compiten en los niveles más altos, y no se explica solo por su mayor volumen. En el rugby cada posición requiere una determinada conformación física, hace lugar a una diversidad física mayor que otros deportes. En general, los condicionantes físicos que habilitan son también las mismos que limitan: aumentar la masa muscular por medio de un entrenamiento físico mayor puede someter a los jugadores a mayores riesgos de lesión

---

[13] Club fundado en 1919, que tiene su sede en un gran campo verde en la localidad de Don Torcuato, en zona norte. Su origen es muy similar al de CUBA: un grupo de estudiantes en este caso secundarios realizaban obras de teatro en el Colegio La Salle de la Ciudad de Buenos Aires. La "camaradería" allí cultivada los lleva a crear una institución para continuarla en un espacio más propio, y con actividades deportivas. No se destacó deportivamente sino hasta fines del siglo XX: es el club con mayor cantidad de victorias en los torneos anuales de la URBA desde fines de los años noventa, y uno de lo que más torneos nacionales de la UAR ganó en los últimos 20 años. Tal vez por eso, muchos jugadores de Jaguares/Pumas y/o entrenadores pertenecen a esta institución.

si no moderan o controlan el ritmo, la intensidad y los pesos del entrenamiento muscular. Se puede aumentar la masa muscular, pero no modificar el tamaño del hueso o los tendones. Ello demanda una constante revisión, sobre todo de aquellos que juegan ya a niveles profesionales.

Si en el capítulo 3 señalé que las lesiones en los jugadores amateurs, y sobre todo en los ex jugadores constituye un activo y marcador para la presentación de su propio itinerario corporal, en los más abocados al profesionalismo ese marcador empieza a cambiar. En sus relatos aparecen diacríticos pasados y futuros propios de su trayectoria corporal, modos en que experimentan situaciones, construyen hitos y significan itinerarios corporales (Esteban, 2008) que son diversos pero a la vez tipificables. Los hitos pasados y futuros se condensan por lo general en la experiencia de las lesiones. Lo que va cambiando es la posibilidad de "recuperarte rápido", me contaba un rugbier de primera que se recuperaba de una lesión clavicular. La lesión pasada condiciona las posibilidades a futuro también para el desarrollo en el rugby profesional. Me encontré con historias de jóvenes que insertos ya en una posición laboral universitaria, dejaban el rugby amateur frente a una lesión antes de los 30 años, por ejemplo. En esos casos y en el de aquellos que apuestan al profesionalismo, una lesión limita a futuro las expectativas de ser convocado/elegido por la UAR. La lesión se experimenta como límite pasado y futuro tanto para el rugby exclusivamente amateur como el profesional.

Un kinesiólogo ex rugbier me explicaba algunos de los momentos clave de la trayectoria de los jugadores de rugby amateur:

> las primeras líneas quizás recién a partir de los 26, 27 años a los 30 y pico son mejores por una cuestión de experiencia. Quizás un tres cuartos requiere más velocidad, más agilidad, son más chicos [los buenos] y ya a partir de los 30 y pico [van llegando a un límite], pero tenés el caso de Senillosa que está en un nivel altísimo y es tres cuartos, pero bueno, son casos muy raros.

Senillosa es jugador de Hindú Club. Aunque parezca excepcional es frecuente encontrarse en los clubes más representativos del rugby[14] con jugadores que raspan los 40 años y siguen jugando. Algunos de ellos acusan recibo de que en sus clubes los tratan de "viejitos", pero al mismo tiempo continúan siendo referentes de los jugadores más jóvenes que se van incorporando. La experiencia acumulada a trasmitir a los nuevos hace parte de su capital y su itinerario corporal: entre ellas está la combinación de "naturaleza" y "cultura". Son figuras excepcionales

---

[14] Hay otros conocidos jugadores de la primera con la misma edad avanzada, en Belgrano Athletic Club (URBA) o en el Tala Rugby Club de la Ciudad de Córdoba.

porque han resistido a las lesiones pero se supone que algo han hecho para que eso ocurra, además de lograr esa compatibilización tan ansiada entre vida deportiva y vida familiar-profesional, sobre todo por aquello que todos los rugbiers amateurs de más de 30 años remarcan, la compatibilización entre las demandas de "mi mujer" y "mis hijos" y su expectativa por seguir abocados al rugby. El logro de Senillosa es modélico: es la resistencia a la "naturaleza" –o lo que la misma le "otorgó"– y a la cultura, con sus propias demandas, la del parentesco siendo las más evidentes.

El desgaste del cuerpo se articula, por lo general, con un cuerpo menos disponible para el deporte por las responsabilidades familiares y profesionales que deben asumir. En muchos pesa la lectura etaria: ya no son jóvenes, el cuerpo ya no es tan maleable, proteico y en crecimiento como antes, sino algo que no se puede modificar. Primero, porque ya "no pueden" lo que podían a los 18 años, me contaban. Segundo, porque se supone que deben abocarse al cuidado de los hijos, no deben estar lesionados todo el tiempo, o correr el riesgo de quebrarse varias veces porque deben ir a trabajar. La menor disponibilidad corporal no es causa exclusiva del deporte y su práctica, sino también de las condiciones sociales, etarias y de clase en la que están insertos.

A lo largo de la investigación, me encontré con muchas explicaciones sobre la profesionalización deportiva y el incremento de las lesiones. Es decir, que el profesionalismo traería mayores riesgos físicos, que, por cierto, se intenta contener desde todo el andamiaje profesional y técnico que contratan las uniones y los clubes. Sin embargo, lo que también aumentan son los protocolos de seguridad: frente a golpes en la cabeza, por ejemplo, los jugadores deben salir de la cancha.[15] Al finalizar el partido, se le deben realizar estudios para ver si no hubo alguna contusión riesgosa. Es posible ver un aumento de las lesiones, aunque también de la prevención de las mismas y del seguimiento de los jugadores. Los estándares profesionales son más costosos por este tipo de prevenciones, puesto que son necesarios muchos jugadores en un plantel preparado frente a estas eventualidades. Además del costo de los tratamientos y los estudios. Todo con tal de evitar que un jugador profesional se lesione, quede parapléjico o muera.

---

[15] El scrum es una de las instancias donde más frecuentemente ocurren las lesiones invalidantes. En 2017 se modificaron sus reglas con el objetivo de reducir la duración de esta formación, facilitar la salida de la pelota por medio de distintas estrategias. Rápidamente, esa modificación implementada por la UAR contaba con estadísticas que señalaban la menor duración de los scrums, la ausencia de lesiones severas, entre otros indicadores. Diario La Nación, https://www.lanacion. com.ar/deportes/cambios-en-el-scrum-entre-la-satisfaccion-por-las-nuevas-reglas-y-la-nostal gia-por-la-vieja-practica-nid2112412

Es interesante notar que estos cambios no apuntan solo al rendimiento deportivo sino también a la legitimidad del deporte en sí mismo. Cuando iba a iniciar mi trabajo de campo para mi investigación de maestría en CUBA, lo hice bajo el halo de una trágica muerte reciente de un joven rugbier. Mientras me encontraba con padres y madres de jugadores de rugby infantil o juvenil, los miedos estaban consolidados: las madres, sobre todo, intentaban acompañar a sus hijos, apoyarlos en el rugby, pero, me confesaban, los temores por un accidente invalidante o la muerte se hacían presentes. Como detallé en un trabajo previo (Fuentes, 2015a), el riesgo de la muerte y de los cuerpos invalidados configurará y se integrará en la biopolítica que regula los cuerpos: las estadísticas que muestran la reducción de las lesiones es el vértice de una regulación que hace la vida productiva y que encuentra su versión más acabada, tal vez, en la evitación de la muerte, que si persistiera pondría en riesgo el valor convertible del deporte para la industria publicitaria, que se vale de su capital moral.

Las lesiones en contratos profesionales no suelen tener costo económico para los jugadores: al lesionarse en prácticas o en partidos, tienen cubierto los tratamientos, y sus contratos en general no son rescindidos por ello. Sin embargo, las lesiones incrementan la ansiedad. Se reduce la cantidad de partidos, el rodaje de los jugadores, que puede impactar en su nivel de juego junto a su prestigio. Cuando un jugador logra un número importante de partidos jugados en los Pumas, por ejemplo, el evento temporal es recordado por la institución y por la prensa, y constituye un capital deportivo. Si una lesión ocurre cerca del fin de un contrato aparecen temores en relación a la posible renovación o no.[16] Los itinerarios corporales de los atletas están configurados según expectativas y aspiraciones, en una carrera por la acumulación de valor económico, moral y deportivo, pero marcadas por las lesiones y ansiedades sobre lo que puede un cuerpo.

Cuerpos masculinos: dominio, fuerza y atracción

Dominio, fuerza-violencia y belleza son los tres ejes que organizan la producción de los cuerpos masculinos en la transición entre el amateurismo y el profesionalismo. El dominio es central en el incremento de la potencia del propio cuerpo y en la experiencia de control sobre sí, percibida en términos de evalua-

---

[16] No siempre acontece de ese modo. La UAR, por ejemplo, renovó contrato a jugadores que aún estaban finalizando su período de recuperación luego de sufrir lesiones como jugadores de Jaguares. Las ansiedades y temores, sin embargo, marcan los itinerarios corporales de los deportistas profesionales, y aún en situaciones como esas no dejan de estar presentes.

ción constante, graduación y modificación de la fuerza y precisión kinésica. También se integra en la construcción de la masculinidad heterosexual hegemónica. Un jugador de rugby lo escenifica de la siguiente manera: "El scrum, yo en el scrum antes por ahí de pendejo me costaba muchísimo, me agarraban jugadores más grandes, mañeros, me complicaban mucho más. Ahora ya, estás, estás mucho más parejo, hay veces que dominás, hay veces que te dominan, pero ya no es siempre que te dominan, está bueno, es como que estás a la par, ¿no?". Los jugadores de rugby encuentran en el deporte un modo de empardar los cuerpos varones, por medio del juego masculinizante por excelencia que es la dominación homo-genérica del otro.

En otras prácticas deportivas, la experiencia de dominio sobre el cuerpo propio y el cuerpo del otro, en las instancias de preparación, entrenamiento o juego, también acontece y no es exclusiva de los varones que lo practican. Sin dudas, entre jugadoras mujeres de rugby, o entre deportistas mujeres, en términos de hetero y autopercepción, seguramente la experiencia de dominio y control del cuerpo y sus movimientos está presente. Las prácticas masculinizantes no son un apéndice, un agregado de una supuesta naturaleza masculina, que solo se produce entre quienes se autoidentifican y son culturalmente categorizados como varones. La experiencia de manejo sobre el propio cuerpo constituye una performance de género, una práctica que en su reiteración produce al mismo género, sus valores dominantes –el dominio, la propiedad–, sus emociones asociadas –el placer de dominar al otro, o simplemente de estar en contacto corporal con un par varón–, y su propia experiencia de grupo, que se identifica por gestos, interacciones corporales, tonos de voz y expresiones que tienen al cuerpo como medio. Para hacerse varón o dotar a esas experiencias de un atributo masculino, más allá de la auto o hetero-asignación de género.

A diferencia de lo que los jugadores mismos relatan, la percepción y valoración del propio cuerpo atraviesa cambios. El rendimiento deportivo es uno de los campos donde se visibiliza: si en la generación de sus padres o abuelos, el cuerpo era percibido en su capacidad de derribar y "ser imparable", entre los jóvenes rugbiers actuales el *cuerpo máquina-psi* es percibido y valorado en sus límites: los jugadores no son valorados solamente en su capacidad de "topadora", porque eso también los expone a una mayor posibilidad de lesión. El mandato masculinizante de dominio sobre el propio cuerpo implica en esta generación de jóvenes la percepción de los propios límites y la idea de que hay que regular esa máquina para que no se dañe.

La construcción del capital de género que también es capital corporal cambia sus criterios de valoración. Un ex rugbier de CUBA, ex Puma, me contaba que para su generación (él jugó entre los años setenta y ochenta) lo importante era resistir, atacar, derribar, "ser una mole", y la fortaleza corporal, si bien se podía "trabajar" en el gimnasio, al no existir ni las expectativas, la infraestructura ni las técnicas actuales, estaba más asociada a la alimentación, y a la "contextura física con la que venís". Si bien había una diversidad corporal fenotípica en el rugby, el "filtro" de quiénes jugaban y quiénes no (quiénes eran elegidos para jugar en primera o la selección nacional), era más "natural" decían. Es decir, la selección, que no era *natural,* operaba sobre la fortaleza y la contextura, tamaño y dimensión del cuerpo. Los elegidos eran los fortachones.

La estética rugbier, incluso la más incipiente que aparecía en algunas publicidades ya entre las décadas del ochenta y noventa, capitalizaba esa fenotipia. Y producía y reforzaba una representación social del cuerpo rugbier como un corpulento musculado excedido de peso. La asociación entre rugbiers y "patova" se consagraba. Los cuerpos de grandes dimensiones son vistos en nuestras sociedades como cuerpos peligrosos porque contendrían una potencial violencia física a ser ejercida sobre otros. Esa percepción y valoración se capitalizaba en el rugby, donde la tradición caballeresca de construcción de la distinción masculina aristocrática aún marcaba el peso que tiene el autocontrol: aunque la violencia física que se podría ejercer sobre otros sería extrema, el refinamiento y la educación de quien posee esa fortaleza y violencia en potencia le permite controlarla y nunca "desatarla" por completo. Se trata de la perspectiva eliasiana (Elias, 1992) sobre el control de las emociones y el cuerpo en los procesos civilizatorios, donde los deportes jugaron un rol fundamental

Sin embargo, el autocontrol nunca es tal, nunca es absoluto, está destinado a fallar. La representación social de los rugbiers patovas se alimenta desde hace décadas en función de sucesivos episodios de violencia, suscitados sobre todo en fiestas y locales nocturnos, donde se enfrentan rugbiers de distintos clubes o localidades, entre sí, o rugbiers contra jóvenes no rugbiers, con la consiguiente aparición en la prensa de esos hechos de violencia. Si el patova es el musculado y corpulento que puede ejercer la fuerza y el dominio sobre otros al ingreso de un local bailable, el rugbier es aquel que en cualquier momento puede desplegar su fortaleza física para imponer su dominio en un territorio, un grupo o una mujer como botín y motivo de gresca y disputa. Esto llegó recientemente a un punto crítico con el asesinato de Fernando Báez Sosa y la acusación con filmaciones que pesa sobre un grupo de rugbiers y la posterior exposición pública del hecho, que describo en el epílogo.

Como he señalado recientemente (Fuentes, 2019b), esos hechos no están ausentes en la vida cotidiana del rugby contemporáneo, y específicamente, el consumo de alcohol y otras sustancias, constituyen una preocupación de clubes y uniones, que implementan talleres y otros dispositivos para prevenir los consumos excesivos, que ponen en riesgo no solo la salud física de los jóvenes jugadores, sino también la presentación pública de un sector social privilegiado. Pero la diversidad corporal aparece con otros criterios, y la fuerza física ya no se enmarca o se cierra solo sobre la representación del corpulento patova. La estética del corpulento ha cambiado: la expectativa se produce en torno a la reducción de las grasas corporales, el crecimiento de la masa muscular, y un mayor rendimiento atlético aeróbico.

Esa corporalidad constituye una técnica de sí, buscada y capitalizada en términos estéticos, no solo por la industria publicitaria sino también en las relaciones de género. La producción de un cuerpo musculado y/o *fit* constituye un activo para la atracción y el deseo de otras y/o otros. El campo de la valoración corporal en las sociedades contemporáneas tiene a esa tipología corporal como la figura de los cuerpos propios de la masculinidad hegemónica, en la creciente expansión de la industria del fitness (gimnasios, suplementos nutricionales, "cultura" fit, etc.). Los cuerpos rugbiers actuales constituyen prácticamente el centro modelizador de ello, puesto que en su diversidad –desde el más musculado hasta el más atlético– pueden mostrar físicos trabajados, en general de tamaño medio a grande y altos, con reducidas grasas corporales, y, sobre todo, con el capital de mostrarse en equipo.[17] Esa modelización se presenta en términos de género y como objetos de deseo en la configuración dominantemente heterosexual de las atracciones. Como me contaba una asociada de CUBA, "es una cosa casi edípica, tu papá es rugbier, a vos te gustan los rugbiers".

Es importante señalar que la construcción de las atracciones y los deseos sexuales no constituyen una mera cuestión de dos individuos: los gustos son producidos socialmente, según esquemas de percepción propios de la clase donde se ha sido socializado (Bourdieu, 2002). Además, estas mujeres no se sienten atraídas solamente por un tipo de cuerpo, sino por el tipo de cuerpo que está en el centro de la configuración social del deseo en las sociedades actuales. Ello eleva su deseabilidad y por lo tanto el valor, de quienes son objeto de atracción y de quienes se sientan atraídas y atraídos y configuran esa relación.

---

[17] Varias piezas publicitarias de primeras marcas contrataron a dos o más jugadores de rugby como protagonistas.

Infraestructura y publicidad del cuerpo rugby: una sociedad *fit*

En el sistema deportivo del rugby en Buenos Aires se fue produciendo una infraestructura material, económico-espacial y de soporte técnico que respondió a demandas de jóvenes y adultos que veían desigualdades en las condiciones para el cultivo físico del cuerpo según los cánones del incremento y la tonicidad muscular. La constitución y expansión de un mercado no implica la desaparición de las instituciones previas, y ello puede verse en los usos de los espacios y la política material de los clubes de rugby, que cuentan hoy con sus propios gimnasios. Durante la primera década de los dos mil, algunos clubes que no tenían gimnasio o lo tenían descuidado empezaron a renovarlos o construirlos, por la demanda de sus jóvenes jugadores. La provisión de estos recursos materiales está posibilitada por el crecimiento de los flujos de dinero en las mismas instituciones civiles, los clubes, desde donde se "siente" la presión de los mismos jugadores, que no son más que los hijos de los integrantes de las comisiones directivas. ¿Cómo se responde a la expansión de la profesionalización? Ofreciendo espacios materiales para la producción corporal, aunque el destino de sus jugadores, y del club en su totalidad, siga siendo el mundo amateur.

Desde la perspectiva de los jugadores de rugby, la refuncionalización o modernización de la infraestructura deportiva de los clubes es mucho más que la respuesta a una "competencia". Durante mi trabajo de campo, comprobé que muchos jugadores de rugby de CUBA y de otros clubes son además socios de cadenas de gimnasios en Buenos Aires, es decir, que realizan su entrenamiento físico muscular tanto en las instalaciones del club como de otros gimnasios a los que concurren ad hoc, condicionados, sobre todo, por las distancias geográficas y la complejidad de la movilidad en una urbe como Buenos Aires. La residencia de los jugadores, universitarios que por lo general estudian en la Ciudad de Buenos Aires, no coincide con los lugares de entrenamiento o las sedes y canchas de rugby de sus clubes, ubicadas en el Gran Buenos Aires. Los jugadores se desplazan dos veces por semana para entrenar en las canchas de rugby y en los gimnasios de los clubes, pero el resto de los días muchos de ellos concurrirán a sedes más cercanas del mismo club o a cadenas de gimnasios esparcidas por toda el AMBA.

Lo que vengo denominando como el mundo del rugby es una caracterización de un proceso cultural más amplio, en el que este deporte y otras prácticas juegan un lugar fundamental, que es la industria de servicios de entrenamiento y producción estético-deportiva. El mundo del rugby incluye a estos actores que inciden fuertemente en las representaciones y regulaciones. Uno de las principales esponsors de la Unión Argentina de Rugby es la cadena de gimnasios SportClub. La UAR lo declara como proveedor oficial,[18] y la empresa se declara "colaborador oficial" de la UAR en una alianza que data cuanto menos de 2008, justo en el momento en que se amplió considerablemente el conjunto de auspicios de la Unión. La cadena desarrolló luego el gimnasio que la UAR utilizaba hasta 2019 para sus equipos en la sede del Buenos Aires Cricket and Rugby Club (BACRC) en la zona norte del AMBA. Los actores institucionales del rugby encontraron en la expansión de una industria percibida como cercana por el cultivo de cuerpos musculados, la posibilidad de incrementar sus recursos materiales. La UAR se instala así como marca en una expansión publicitaria que también le es funcional: SportClub publicitará desde entonces en sus distintos medios específicos y masivos al rugby, Los Pumas y Jaguares como una marca asociada, llevándola a públicos no rugbísticos, que atrae por el cultivo muscular y atlético del cuerpo.

La misma cadena de gimnasios incrementará su presencia y su expansión material con una lógica que sigue la de los deportes de clases medias a altas. Es una de las dos más grandes cadenas de gimnasios del país, con más de 50 sedes repartidas en el AMBA, y más recientemente en ciudades del interior del país. Los puntos de localización para sus nuevos gimnasios parecen seguir un patrón: se asocian con clubes multideportivos asociados a clases medias tradicionales de cada localidad, o se instalan en localidades y en predios de clubes ya existentes cuyos deportes más emblemáticos son los que practican sectores de clases medias hacia arriba, como tenis o rugby. En Adrogué, por ejemplo, una de las localidades de tradición inglesa por excelencia de la zona sur del Gran Buenos Aires, sede de varios clubes de rugby. O dentro del predio de un club amateur emblemático de la URBA, como Champagnat. En este caso, el motivo es la refuncionalización del gimnasio en su sede de General Pacheco, en la zona norte. Una empresa que crece a la par de una cultura deportiva masiva y en expansión, y de demandas específicas de público de sectores con alto niveles de ingresos y consumos que hacen al estilo de vida como estatus.

El crecimiento de la infraestructura para la producción corporal va de la mano del crecimiento del cuerpo imagen. Me refiero a imágenes específicas que capitalizan, expanden y hacen ganancia del tradicional trabajo muscular que cultivaba el rugby en la Argentina antes de la llegada de la profesionalización. Mostrar un cuerpo musculado asociado a sectores de privilegio, en marcas, imágenes y campañas destinadas tanto a este público como a otros sectores sociales es

---

[18] Al igual que las empresas de medicina prepaga y otras, constituye una modalidad de asociación donde la publicidad se troca con servicios que prestan a la UAR.

"todo ganancia", como me comentaba la encargada de marketing de una multinacional de la industria textil. ¿Cuáles son las condiciones para el uso del rugby como "marca" emblema?

La primera sin dudas es la distinción social del rugby en una economía de mercado. Las empresas y las consultoras de marketing identifican al rugby con un sector social ABC 1, con alto poder de consumo. Pero a diferencia de otros deportes más exclusivos como el polo, la base del rugby incluye a sectores medios, y cada vez más, a sectores con menor capacidad de consumo. La *masividad controlada* comienza a tomar forma.

La segunda condición: es uno de los pocos deportes en los que la gran musculatura y el volumen/tamaño muscular eran ya una marca previa al proceso de profesionalización. Desde los años noventa, empresas de la industria de indumentaria como Kensington construían sus campañas de marca en función de una explícita estética rugbier: la corporalidad representada del rugby constituía y se expandió a partir de ser marcadamente diferente. Es tal la especificidad de esa forma corporal –sostenida por un modo de estereotipar al cuerpo, de representarlo– que cualquiera que viera la imagen o el dibujo de un rugbier podría identificarlo como tal, situación que no ocurre con otros deportes, donde la forma corporal no es ni se representa tan distintivamente. La potencialidad estético-publicitaria de esa forma corporal está así facilitada por ese diacrítico, la estabilidad y cierta linealidad en su percepción, en lo que evoca.

De entre todos los deportes de equipo que se practican en la Argentina, el rugby es imaginado como un deporte con cuerpos musculares, voluminosos, trabajados, que requiere una dedicación y supone una condición económica: contar con acceso a gimnasios. Digo "imaginado" porque el rugby constituía un espacio donde esas representaciones aunque dominantes, no necesariamente se cumplían para todos. Un jugador de rugby amateur al momento de nuestro encuentro en 2013, me contaba lo que antes me habían adelantado ex rugbiers veteranos: "hace solo diez años atrás, un jugador no iba al gimnasio y tranquilamente podía jugar en primera". Lo notable es que aunque no fuera al gimnasio de modo regular, en algún momento de su juventud por lo general lo había hecho, o habían combinado la práctica del rugby con otros deportes, como fútbol y natación, construyendo un cuerpo atlético con determinada consistencia. No se trataba ni se trata de una representación estética universal, pero sí de un polo, un cuerpo deseado, un cuerpo ideal que organiza el campo de percepciones de los que integran el mundo del rugby y de quienes no pertenecen a él.

La tercera condición es la moralidad que expresa y produce el deporte. Para que una marca, imagen y cuerpo sea vendible en el campo publicitario, debe poseer o estar asociada a una capital moral, a una positividad que los públicos reconocen de modos *casi espontáneos*. La tradición caballeresca del rugby lejos de representar un capital negativo, por su elitismo, constituye un activo moral, que combina la bondad que una sociedad igualitarista atribuye aún a los deportes de equipo, con la tradición educacionista que los mismos rugbiers no cesan de reproducir a lo largo de las generaciones: un deporte que enseña "valores", que "el éxito no es lo primero", que fomenta la disciplina y la búsqueda de "objetivos sanos". Todos los sintagmas que constituyen el mantra que escuché a lo largo de diez años de trabajo de campo. En un momento, cuando conversaba con un responsable de marketing de una empresa multinacional que auspicia selecciones nacionales de distintos deportes, entendí que el rugby para la industria publicitaria era todo ganancia: permite la asociación de una marca o un producto con una práctica social instalada en sus bondades, transmitiendo ese capital moral y expandiéndolo, por la misma lógica expansiva que implica la actividad publicitaria y el esponsoreo. La "formación en valores" es problemática, pero en su exterioridad es reapropiada por el mercado por su potencial económico.

Mercado, círculo social y el cuerpo racializado hecho *marca*

Un número creciente de empresas encontraron en el rugby un socio para sus marcas. Nacionales y multinacionales, de indumentaria, alimentación, seguros, telecomunicaciones, entre muchas otras, trabajan con el sector publicitario y de marketing en la construcción de un mercado de imágenes-marcas en la que las caras y cuerpos de los rugbiers se invisten del producto a vender. Las compañías firman un contrato en el que invierten dinero a cambio de publicidad. Lo pueden hacer con las uniones de rugby –sobre todo lo hacen con la UAR–, con los jugadores de la UAR, y con los clubes. Los jugadores de la UAR pueden tener sus propios contratos con empresas que los eligen para que sean la cara visible de sus marcas. La UAR lo permite siempre y cuando no aparezcan con esas marcas en los entrenamientos, concentraciones, giras o partidos, donde la imagen y las marcas que se publicitan están bajo la égida de la Unión.

Los jugadores profesionales viven no solo de su trabajo en la UAR, sino también de los contratos publicitarios que consiguen. Este tipo de actividades insume cierta dedicación y para algunos actores del mundo del rugby es problemático por ello. Muchos de los jugadores de la UAR ya tienen perfiles públicos rentados en redes sociales como Facebook, y publicitan los productos que los auspician en Instagram. En algunos casos, a las intensas y largas horas de entrenamiento se le suman horas de publicidades, apariciones/presencias en eventos, lo que de alguna manera implica un manejo más estratégico y con fines económicos de su cuerpo/imagen. Algunos rugbiers se hacen marca y sus cuerpos aparecerán asociados a diversos productos, como los suplementos dietarios, o a eventos filantrópicos de recaudación de fondos para organizaciones no gubernamentales. Algunos jugadores utilizan las redes sociales para promocionarse primero, para luego obtener contratos publicitarios. Otros, aunque no lo descarten, mantienen perfiles de redes sociales más bajos, para estar en contacto con quienes los siguen, y aunque no descartan ser la "cara" (y "cuerpo") publicitaria de algunos productos, plantean que no es ese uno de sus objetivos.

La forma en la que las compañías se hacen presentes varía según el tipo de contrato que acuerden con el jugador de rugby: un jugador contratado por la UAR, por ejemplo, frecuentemente publica en su cuenta de Instagram el auto que le entrega la locadora de autos que lo auspicia. Otra empresa, durante la transmisión televisiva de un partido de Jaguares, auspicia la mejor jugada que se proyecta en el entretiempo, mientras otras compañías contratan un sobreimpreso/videograph durante la transmisión televisiva y la mención por parte del locutor para quienes asistimos a los partidos. Como ya señalé, en los partidos de Jaguares sobresale el patio "Fun Fest": una serie de stands comerciales donde se vende comida y donde los principales esponsors de la UAR instalan juegos –tiro al blanco, por ejemplo–, o determinada escenografía para la toma de fotos como recuerdo. Si en un partido profesional no hay un tercer tiempo, habrá un mercado de marcas y experiencias para el público que asiste, un clima de fiesta y de relajamiento posterior a la tensión del partido, entre una cerveza, una hamburguesa y el merchandising de la UAR y sus esponsors.

La publicidad conlleva la producción de un espacio imaginado en el que la audiencia se identifique con el producto; la masificación del deporte implica el mismo proceso: llegar a nuevos públicos, convocarlos para que sientan que la práctica de este deporte también es posible para ellos. Las compañías y la industria publicitaria utilizan su expertise en comercialización para evaluar los gustos y las prácticas del público al que quieren llegar. Las multinacionales presentes en Argentina desarrollan estudios de mercado para evaluar en qué invertir los recursos destinados a publicidad para sus productos, dónde y cómo posicionarse.

Algunos deportes ofrecen un campo de cierta pureza y positividad moral (Fuentes, 2019b) de cierta bondad o supuesta neutralidad que a las compañías les resulta atractivo. De esta manera eligen un deporte por sobre otros, o un jugador en lugar de otras posibilidades y de otros deportistas, para ser cara y cuerpo de sus productos. La producción de valor y las posibilidades que los jugadores tienen para ser esas "caras" depende de cómo las compañías interpretan el gusto de los públicos a los cuales apuntan y de criterios que paradójicamente son tan visibles como invisibles, naturalizados.

El éxito de los rugbiers para conseguir un contrato publicitario depende también de sus "capacidades" individuales para venderse a sí mismos[19] frente a los esponsors del rugby. Ser profesional en el rugby local y global instala un nuevo modo de producir valor: como deportistas, atletas, y como un *commodity* con una especie de capital publicitario, basado en la positivización de su cuerpo imagen. Aunque es posible que los jugadores no lo vean, la relación que ellos establecen con las organizaciones –uniones o empresas– es desigual: son elegidos por las compañías y seleccionados de acuerdo a imágenes hegemónicas de varón, que se configuran por desigualdades de clase y "raza", en su articulación y marcación (Margulis, 1999; Briones, 2004).

Hay al menos dos tipos de capitales valorados por las compañías que hacen del rugby un producto "vendible", capaz de crear mercado, y que solo se entienden a partir de lo que denomino una blancura y bondad moral. El primer valor es estético y está generizado, clasificado (hecho clase social) y racializado: la mayoría de los jugadores elegidos para ser la "cara" de los productos son fácilmente asociados a los hombres blancos y educados de los sectores medios-altos y altos porteños o de cualquier gran ciudad argentina. Su origen de clase y "racial" es naturalizado: su color de piel es fácilmente marcado como "blanco" y automáticamente asociado con su pertenencia de clase. Uno de mis informantes, cuestionando este tipo de selectividad racial y de clase, me contaba: "esa marca no hubiera elegido a Juan,[20] siempre eligen tipo modelos". La selección y la publicidad producen diferencias entre los jugadores y limitan a algunos las posibilidades de transformar su capital corporal en capital económico. Pueden mejorar su rendimiento atlético como deportistas, pero su éxito en cuanto productos publicitarios tiene un techo de cristal producto de la racialización de las relaciones de clase (Margulis, 1999).

En general, los jugadores pueden producir cuerpos de atleta, pero solo unos pocos poseen las "marcas" raciales y de clase para vender productos. Sus cuerpos

---

[19] Gerhson (2011) lo considera un punto clave de la subjetividad neoliberal: la igualación de los individuos y las compañías, y la evaluación de los individuos como si fueran compañías/emprendimientos/organizaciones.

[20] Seudónimo para un jugador proveniente de un club del interior argentino cuyo color de piel y rasgos marcados por su negrura y marcas faciales "indígenas" difícilmente sean asociables a la blancura de los rugbiers porteños de primera. El jugador no poseía ningún contrato ni participaba de ninguna publicidad, ni individual ni grupalmente, al momento de hacer el trabajo de campo.

son desiguales, por el modo en que la sociedad argentina procesa la "incorporación" de las jerarquías y el pasado lejano y reciente en la construcción de la nación, sus centros y periferias y los *colores* con que se marca a los grupos étnico-indígenas que la conforman. Mientras hacía mi trabajo de campo, dos informantes me contaban que "justo" los jugadores que más publicidades tienen son aquellos marcados socioculturalmente como "blancos" y "facheros". Esa clasificación, y la efectividad de ese criterio publicitario no es ninguna novedad: la blancura moralizada masculina se impone como criterio de elección de los rostros publicitarios, y hace parte de un proceso cultural más general sobre la formación nacional de alteridades racializadas, como dice Segato (2007).

El segundo capital pertenece a los jugadores y al rugby en cuanto deporte, se genera en el campo de los deportes nacionales. Es la calificación *moral y nacional*, la asociación pública con la gente "buena y educada" que analicé en el capítulo 2. El comportamiento de caballero es un tipo de tradición entre los rugbiers de Buenos Aires que continuamente buscan reproducir y de la cual hablan, referenciando la asociación con la aristocracia inglesa y los orígenes amateurs del deporte, para ubicarse ellos mismos como los herederos nacionales de esa distinción moral. Los defensores del amateurismo siempre estuvieron en contra de la profesionalización por el riesgo de perder esta distinción moral. Pero las industrias deportivas utilizan esta diferencia como un capital moral a ser transformado en capital económico.

Algunos managers de las empresas que esponsorean este deporte me contaron que no habían elegido al rugby tanto porque les vaya a incrementar las ventas de sus productos, que ese era un objetivo más "típico" que podía o no suceder, pero que buscaban "otra cosa". En su lugar el rugby les permitía poner a sus marcas, productos y a la misma compañía en un terreno de bondad y positividad moral. En la entrevista, un productor televisivo relataba sus presuposiciones acerca de la gran presencia de marcas en el rugby televisado: "al rugby lo ven como un deporte de muchos valores, es un deporte que integra a todo tipo de gente, desde el más gordo al más flaco, desde el alto al petiso, y siempre estuvo inculcado ese tema de valores en el rugby y la gente, las empresas ven en el rugby una buena plataforma para asociar sus valores".

Todos coinciden en que el rugby siempre tuvo un gran apoyo de las empresas, incluso antes de iniciar la "era" profesional, por querer llegar a un público aunque no masivo –todavía– sí específico, con capacidad de compra mayor al promedio de la población. Se juegan entonces dos cuestiones: una positivización de marcas y una fidelización o targetización del consumo en y desde los sectores sociales privilegiados. Utilizando una metáfora elitista pero anclada en el sentido común, se trata de un "producto" –el rugby– que desciende hacia estratos con menor capacidad de consumo, con un aire que lo asocia a un consumo distinguido, un deporte elevado, un deseo mimético y aspiracional opera allí. Ello lo hace aún más interesante para los auspiciantes.

La elección del rugby y la capacidad de captar recursos de las empresas se ancla en que los gerentes de las compañías conocen la positiva producción moral del rugby, la representación de que se trata de un deporte de gente "buena y educada, con valores". De hecho, esos mismos gerentes y dirigentes del mundo del rugby creen en ella de modos fervientes, porque pertenecen en buena medida a ese mundo. Al creer en ello de esa manera se hacen actores interesados, es decir, son jueces y parte de ese "mundo" del rugby y publicitario, capitalista, en el que se venden las mismas bondades de la que son activos militantes.

Los cuerpos rugbiers: distinción generizada en el corazón del capitalismo somático

El cuerpo propio es transformado en un tipo de capital físico (Shilling, 2012) o corporal (Wacquant, 1999), en un proceso de inversión sociocultural que transforma valores, sujetos y prácticas e institucionaliza modos hegemónicos de experimentar, sentir y mostrar los cuerpos y sus diversidades. El recorrido trazado en este capítulo muestra cómo funcionan los sistemas de evaluación y valoración, es decir, qué y cómo se producen valoraciones diferenciales que tienen al cuerpo como objeto, en su relación y diferencia con los cuerpos exclusivamente amateurs que analicé en el capítulo 3. La producción de cuerpos según patrones de masculinidad hegemónica no quiere decir que solo haya una imagen para un cuerpo hegemónico. Un mismo espacio o una misma práctica puede producir distintos tipos de masculinidades (Connell, 2005), como se ha analizado para el caso de los gimnasios (Bridges, 2009). Los cuerpos producidos en la etapa profesional van redefiniendo los modos de hacerse valiosos y se transforman también algunos atributos y modos de jerarquizar lo masculino: si cuidarse y gestionar movimientos, esfuerzos y prevención de lesiones no era un valor en la etapa exclusivamente amateur, evitar el golpe por el golpe como marca de virilidad indica modificaciones locales y globales de algo que ya es tanto un sistema como una industria deportiva global. Está en juego la trayectoria deportiva, y luego económica de estos actores, cuyas audiencias y posibilidades cada vez menos, para unos pocos, reconocen límites nacionales.

Los jóvenes rugbiers nutridos de regulaciones y discursividades, saber-poder experienciales y disciplinares, leen las idealizaciones de género y van incorporando lo que pueden y les sale, en función de itinerarios corporales que no son unilineales. Siempre hay tensión y distancia entre el cuerpo deseado o proyectado –socioculturalmente producido– y el cuerpo real (Bourdieu, 1986). Esas tensiones nunca son exclusivamente personales o individuales. La mercadotécnica publicitaria analizada muestra que se trata de la incorporación de valor de mercado, valor moral, de género, "racial" y de clase al mismo tiempo. Del cuerpo se habla todo el tiempo en el rugby. Del cuerpo se habla todo el tiempo en nuestras sociedades. El trabajo que hice en el mundo del rugby porteño documentó un fenómeno propio de la contemporaneidad: el de las sociedades somáticas, que tienen al cuerpo como centro de sus ansiedades, preocupaciones, y de su casi infinito campo de rentabilidad económica. Me metí en el centro modélico donde se gestan los cuerpos prototípicos en su materialidad proteica. El rugby porteño es un laboratorio de transformaciones corporales.

La estabilidad de la función moral del rugby está dada por la fuerza y la posición social de quienes profesan esa fe, los gerentes, los dirigentes, los veteranos del rugby, los jugadores, los agentes de las empresas publicitarias, que creen en aquello que venden como mercado. Capitalismo y fe de la mano, diría Max Weber. Y la estabilización de la masculinidad en una sociedad que cada vez más cuestiona la violencia física, que cada vez más visibiliza los peligros de una forma de ser varón basada en el dominio, la fuerza, el "tamaño". Una masculinidad que empieza a dar lugar, en las posiciones dominantes, a gestos más reflexivos sobre los límites del propio cuerpo, al mismo tiempo que paradójicamente busca su crecimiento continuo, cual sin límites.

Las técnicas y métricas de la producción del cuerpo rugbier son también un laboratorio de la biopolítica contemporánea. Las hetero y las autoregulaciones sobre el cuerpo para incrementar el rendimiento deportivo se expanden más allá del mundo del rugby: el cuerpo viviente, máquina reflexiva se transforma en un modelo *fit*, que instala nuevos productos, mandatos y expectativas. Se expande una industria de servicios de inversión/producción del cuerpo que parece orientarse hacia la modelización, la autoregulación, el autocontrol, la reflexividad corporal. El gobierno de sí, es el gobierno de la propia vida, hacerse cargo de los propios riesgos y lesiones (Rose, 1989), responsabilizarse por el propio itinerario corporal. El self corporal. Los cuerpos rugbiers están en el corazón y en los sueños del capitalismo somático neoliberal, que ubica a esos cuerpos como proyectos individuales.

Las resistencias son muchas: desde el arraigo que ofrecen las prácticas "culturales" –el asado de los rugbiers argentinos– al modo en que los jóvenes están lidiando con la profesionalización. El análisis de la transición entre amateurismo y profesionalismo permite dar cuenta de una transformación más amplia en la producción del cuerpo en las sociedades contemporáneas. Identificar este proceso fue dificultoso, puesto que durante el trabajo de campo las oposiciones entre amateurismo y profesionalismo deportivo parecían tajantes y parteaguas. Permanecer "en el campo" a lo largo del tiempo, acostumbrarme a escuchar esas diatribas contra el profesionalismo, e ir observando la continua transformación de los cuerpos, me permitió entender que era desde los cuerpos donde estaba transcurriendo el proceso más original: los jugadores de rugby se entrenaban como si fueran profesionales, con una gran inversión de capitales económicos, temporales, sociales, recursos afectivos puestos en la mejora en el deporte, soportes y discursos de saber y poder que orientaban esa nueva producción. Pero muchos jugaban y juegan a nivel "amateur", sin retribución económica, sostenidos por nuevos dispositivos de saber-poder aplicados al rugby para la producción de cuerpos máquinas-psi, que aún valoran la sociabilidad masculina de los clubes porteños.

El sueño de ser el mejor jugador, de entrenarse y prepararse físicamente al mejor nivel –como lo haría un profesional– poco a poco fue ganando el interés de la mayoría de los jugadores de primera del rugby porteño, una experiencia corporal de sí mismo de crecimiento, dominio y satisfacción en el deporte. En esa conjunción, entre entrenar como profesional y jugar como amateur se juega un cuerpo productivo y moral al mismo tiempo, la actual versión de los cuerpos de elite.

6.
El *rugby* social en la Argentina. Reapropiaciones indígenas, solidaridad y redes verticales

En la sede Núñez del CUBA me encontré con un cartel, allá por 2014. Afiches dispuestos uno al lado del otro, pegados en la pared de la entrada al predio donde está el gimnasio. Informaban fechas, reuniones de capitanes, recortes de diarios con fotos de los jugadores del club. Todos los afiches tenían información deportiva relativa a la organización del rugby en el club, salvo uno. Sobre un fondo verde sobresalía una gran pregunta: "¿Querés ser voluntario?". La organización Botines Solidarios anunciaba así su visita a los principales partidos del Top 14 de la URBA[1] para difundir su iniciativa de rugby social. En la parte inferior del cartel, una invitación rezaba "¡Unámonos en esta acción social para que más chicos puedan jugar!".

Mientras leía la documentación oficial del rugby argentino y de las organizaciones internacionales del deporte, hacía una lectura sobre lo que entendía como la función civilizatoria del rugby. El reglamento oficial de la IRB/World Rugby articula conceptos referidos a los valores de este deporte, escritas como manchas de agua sobre una foto de dos jugadores intentando agarrar la pelota: "Continuidad", "Trabajo en Equipo", "Coraje", "Control", "Posesión". Como señalé en los capítulos precedentes, confirmaba esos valores formativos en la organización global del rugby actual. El respeto a la norma aparece en las figuras del árbitro y del entrenador. Una explícita función disciplinadora y civilizatoria tiñe los proyectos del mundo del rugby, las prácticas cotidianas, los discursos locales y globales. Las experiencias solidarias de los rugbiers no estaban muy alejadas de esos procesos.

El campo del deporte social comenzó a dibujarse en la investigación: en las conversaciones con jugadores de rugby aparecía como una práctica esporádica

---

[1] Es el torneo de máxima categoría del rugby de la unión, uno de los torneos más antiguos del mundo.

en algunos, como ayudar un día a un entrenador de un club "en la villa". Más frecuente en otros, integrando alguna comisión de apoyo en una "ONG" que trabaja con el deporte en "barrios pobres". La prensa especializada en deporte y la sección social de diarios y noticieros de TV mostraban la "obra" que distintos ex rugbiers desarrollaban en barrios "precarios", "pobres", "villas" o "marginados". Desde Espartanos Rugby Club, creado por un socio del SIC (San Isidro Club) en la cárcel de San Martín, Provincia de Buenos Aires, pasando por Botines Solidarios, creado por el ex Puma Ignacio "Nani" Corletto, hasta Rugby Solidario, que comparte con otras de estas iniciativas su origen en el rugby con una fuerte impronta católica, y muchas otras. Se armaba una cartografía que unía solidaridad, prácticas civilizatorias y educativas, deporte y la elite del rugby porteño.

Identifiqué entonces al "rugby social" como una categoría que organizaba iniciativas distintas con un entramado común: el desplazamiento direccionado del rugby de su "origen" de clase, la constitución del deporte como una política social, y el deporte mismo como "causa", es decir, como una herramienta de poder y de militancia moral y política. Como decía el llamado del afiche: había que sumar nuevos jugadores. En todas ellas se materializaba un contacto inter-clase. Si quería tener una comprensión más acabada sobre la producción de valor social en las elites porteñas y su proyección nacional debía desplazarme hacia el rugby practicado en otros contextos y por jóvenes de otros sectores de clase.

La función civilizadora que esgrimen en el rugby se hace aún más explícita en los clubes de rugby en la pobreza. Desde hace algunos años, ex jugadores de rugby fueron creando clubes en contextos de pobreza, pensando en "chicos más pobres". El Floresta Rugby Club y el Virreyes son dos de los equipos más conocidos. Juan Marchetti, uno de los fundadores del Floresta Rugby Club declaraba que "se le ocurrió fundar este club de rugby que además es un proyecto social que busca acercar chicos y jóvenes para enseñarles los valores del rugby, que trascienden lo deportivo" (Revista C, 2009: 34). El rugby de elite –en el sentido de la posición de esos deportistas en el campo del rugby– se transforma así en una suerte de programa social de atención a la pobreza. El deporte y el cuerpo con clase moralizado es reconocido y contestado en la declaración de este referente del rugby:

> El 3 de septiembre de 2005 lanzamos oficialmente el club –empieza, Marchetti, por las formalidades–. La idea fue hacer un rugby social, ya de por sí es un deporte elitista y nosotros buscábamos que jugaran los que quisieran y no los que pudieran, que la plata no fuera un impedimento para esto que es tan hermoso. Acá no hay distinción de clases (Idem).

Los *valores* del rugby porteño son aplicables a jóvenes de sectores sociales subalternos. Además de intentar que estos jóvenes salgan de su mundo y desarrollen "valores como la solidaridad, el compañerismo, la responsabilidad, el sacrificio, la tendencia a la excelencia, el continuo aprendizaje, la entereza ante la derrota y la mesura en la victoria" (Revista C: 2009, 37), según declara uno de sus referentes. El círculo social del rugby se extiende también al proyecto llevado adelante por Virreyes Rugby Club, facilitando becas para que algunos jóvenes de sectores pobres puedan acceder al bien preciado, la educación superior. La asociación entre rugby y universidad constituye una política "social" de extensión del propio universo valorativo. El desarrollo de proyectos de integración social y otorgar "oportunidades" hacen parte de las categorías desarrolladas tanto por los Estados como por el mundo de las Organizaciones de la Sociedad Civil/No Gubernamentales para intervenir en la pobreza. No es exclusivo del rugby social, pero en el rugby social se materializa no solo la pertenencia de clase de quienes conducen esas iniciativas, sino que aparecen referencias explícitas a la clase social de los destinatarios y al "valor" de la integración de jóvenes de distintas clases sociales.

> Virreyes Rugby Club nació en el 2002 como una iniciativa de un grupo de rugbiers de distintos clubes dirigida a extender las fronteras del deporte a la localidad de Virreyes, San Fernando. Gracias a la ayuda del *estado, empresas y particulares* el V.R.C. alberga a más de 500 jugadores proponiéndoles el rugby como herramienta para el desarrollo social personal y comunitario, mediante la práctica deportiva, la integración y la educación (http://vrc.org.ar/nosotros/ Consultado: 2 de octubre de 2014, el énfasis me pertenece)

La comisión directiva y el equipo de entrenadores de Virreyes Rugby Club están constituidas por ex jugadores de rugby de CASI, BACRC y CUBA, todos clubes de zona norte, "cercanos" a la localidad de Virreyes, en el partido de San Fernando. En la presentación pública de los fundadores –toda una épica de los hombres de la modernidad creando instituciones– se remarca su trayectoria deportiva y sus credenciales educativas. Todos profesionales, universitarios, hasta un sacerdote, haciendo la novel institución para los jóvenes más pobres.

Si en los entrenamientos del rugby infantil de CUBA es necesario deshacer el pibe futbolero, en los clubes de rugby en la pobreza esa misión se redobla. Como me contaba Ernesto, entrenador de CUBA, hay que recalcar que lo que importa "es el equipo", no el "éxito individual, esto no es fútbol". El fútbol, ya profesionalizado aparece como ventaja de los jóvenes de sectores populares en los nuevos clubes de rugby. Deshacer al pibe futbolero también es una misión deportiva y sociopolítica en la manera en que los fundadores conciben esta empresa moral. Los relatos públicos del rugby social jerarquizan al deporte. "La pasión en Floresta [rugby club] se está volviendo seria, a tal punto que hasta hay un pibe que dejó el fútbol para ir a tacklear en el plantel superior, de una manera demoledora" explicaba el director de Floresta Rugby Club" (Revista C, 2009: 35-36).

¿Cómo extender un deporte en sectores medios-bajos, o sectores populares donde el fútbol mantiene su hegemonía? Tomando elementos del mismo: camiseta, instalaciones, o incluso habitus y prácticas de juego mismo: "Ahora su puesto en el plantel superior es el de pilar, y cuando hay que patear una conversión o penal, quien va frente a los palos es él, ya que gracias al pasado futbolístico parece que patea fuerte" (Revista C, 2009: 36). La frontera social que regula los intercambios, admite nuevos miembros, que ocuparán una posición subordinada: son clubes especiales admitidos en la organización de la URBA. Y se los admite corriendo la frontera moral, es decir, el ingreso de jóvenes pobres se realiza para poder moralizar y elevarlos hacia la escala universitaria, respetuosos de las reglas y la autoridad deportiva. Se busca imponer así el sistema de valores y jerarquías propio de los sectores privilegiados, como el legítimo, al incorporar a "otros" de modo controlado –de modo masculino– mediante canales institucionalizados por quienes detentan el poder de las organizaciones. Analíticamente el proyecto parece ser performar la superioridad del propio universo moral. ¿Masificación o ampliación? Cualquiera sea el resultado, el proceso busca ser conducido por quienes están en el poder de las organizaciones, en la elite de este deporte, e integrando las elites sociales de Buenos Aires. Pero los procesos son más complejos que esa intención.

Al sistematizar la información sobre las instituciones y organizaciones que estaban desarrollando rugby social, incluí información sobre iniciativas (clubes, programas de ONGs) que no estuvieran ubicadas solo en Buenos Aires. Del conjunto de instituciones, identifiqué una localizada en las afueras de la ciudad de Formosa que desarrollaba sus acciones apoyada por una fundación de rugbiers de San Isidro, Buenos Aires. Fue entonces que decidí continuar la investigación en un desplazamiento. Parafraseando a Geertz (2005), la *aldea* que elegí para continuar el trabajo de campo implicaba un desplazamiento en tres sentidos: geográfico, político y antropológico.

El desplazamiento geográfico era una oportunidad para conocer iniciativas que no necesariamente respondieran a la territorialización de las desigualdades en el AMBA donde venía haciendo trabajo de campo desde fines de 2008. Las particularidades de Formosa, tales como la posición de frontera internacional y la configuración de una ciudad capital pequeña la hacían más relevante por la magnitud de su diferencia con el AMBA. Junto al movimiento geográfico, aparecía el desplazamiento político, entendiendo aquí la propia política deportiva: el centralismo porteño que aún tiene el rugby argentino, podría ser problematizado, mirando el complejo mundo del rugby argentino desde una provincia pequeña en cuanto a historia, clubes y jugadores, y que además tiene una configuración política específica en función del entramado de poder local que lógicamente excede al rugby como organización del deporte. Era un descentramiento para problematizar la concentración de poder y de contactos en Buenos Aires, desnaturalizando las lógicas territoriales y mediáticas que configuran a Buenos Aires como el centro de la Argentina, o la Argentina toda.

En un tercer sentido, propiamente antropológico, la nueva aldea que elegía brindaba otras posibilidades analíticas y reflexivas. Por un lado, problematizar el *porteñocentrismo* era un desafío que debía acompañar a la "salida" geográfica, de un cordobés que vivía en Buenos Aires desde hacía 15 años. Por el otro, comprender el punto de vista nativo de jóvenes o adultos pobres que practican rugby, constituía toda una novedad para el deporte argentino en la interseccionalidad de las desigualdades que encarnaba aquella iniciativa. Eran rugbiers toba-qom, pilagá y criollos quienes jugaban al rugby en aquella iniciativa, varones y mujeres de pueblos indígenas jugando un deporte inglés, un conjunto de condiciones exóticas para los rugbiers porteños. Entendí que había una relación étnico-racial a ser explorada para conocer una articulación de la desigualdad y la diferencia cultural mucho más compleja, en tiempos donde el rugby se mercantiliza *desde arriba* con la profesionalización promovida por las uniones nacionales y supranacionales, y se hace política social y étnico-indígena *desde abajo* con el deporte social. Quería exotizar la aldea de "origen" del rugby, Buenos Aires, en ese juego entre lo conocido y lo desnaturalizado en el que se teje el conocimiento antropológico (Da Matta, 1999).

Este capítulo presenta las experiencias de los actores y las iniciativas institucionales desarrolladas en el "rugby social", en el entramado amplio de una formación nacional de alteridad (Segato, 2007) construida en función del centralismo porteño (Fuentes y Guinness, 2018) en el que se articulan narrativas globales y locales sobre el deporte y la marcación étnico-indígena. En 2011, cuando algunos rugbiers me contaban las actividades solidarias que hacían, me planteaba de modo binario si sus prácticas no eran una estrategia de gobierno de los sectores populares por parte de los sectores privilegiados o si eran una manera en que los sectores empobrecidos se reapropiaban de un dispositivo de distinción corporal, social y de género, hasta entonces velado para ellos. Hoy entiendo que entre ambas interpretaciones hay una relación intrínseca, que son parte del

mismo proceso. En este capítulo desarrollo esa tensión y señalo una nueva interpretación sobre el problema, situado en la experiencia deportiva y política de los
jugadores de rugby toba-qom como lugar desde el cual la reproducción de la desigualdad puede ser observada (Rockwell, 2009) analizando qué se reproduce y
a qué nivel.

Qompi: un club de rugby en un entramado de poder étnico-indígena

Todas las tardes, jóvenes del barrio NamQom en las afueras de la ciudad de
Formosa se juntan a jugar en la cancha de rugby. Rodeada por calles de tierra que
la separan de las casas y de las instituciones educativas localizadas en el barrio, la
cancha está compuesta, como siempre, por los palos en cada extremo y unas líneas (des)dibujadas en el piso. Lo que está bien marcado y resalta en el paisaje
abierto que la cancha traza en el barrio, son tres colores pintados como franjas en
los palos y en el alambrado que rodea el predio: negro, rojo y amarillo. Con los jóvenes gritando y moviéndose, la radio hablando de fondo, converso con uno de
los dirigentes de Qompi Rugby Club, la institución que reúne a los jóvenes. Le
cuento que me llaman la atención los colores. Con su ritmo cansino, su estilo docente y paciente, me explica: "Abajo el negro, que representa "a nosotros, los cabecitas negras como lo somos. Rojo en el medio, el color de los qom, de la sangre.
Arriba el amarillo, el color del sol y la esperanza" (Diario de campo, septiembre
2016).

Los colores y el sentido del club para él son un mismo relato. Para los chicos
del barrio, Qompi es un lugar donde estar y "hacer algo", porque la alternativa es
la calle. "Si no están acá" relata, "están en la esquina, con cosas malas, alcohol y
drogas. Acá están contenidos, haciendo algo positivo, con valores". La esperanza de amarillo sintetiza una apuesta que entrelaza presente con el futuro, y pone
a los jóvenes y a las problemáticas juveniles en el centro de las preocupaciones sociales, que son también las de los adultos de NamQom.

La mayor parte de los y las jóvenes que juegan al rugby en Qompi, buscan inserciones en el mercado de trabajo. Cuando las consiguen se desarrollan bajo
modalidades precarias. Algunos/as de ellos/as pudieron finalizar la escuela secundaria o lo están haciendo, otros no. Alternan entre la búsqueda de un trabajo
o una changa y alguna que otra experiencia de inserción en la educación superior
no universitaria, en apuestas por una escolarización más extensa que permita

otro tipo de posiciones laborales, más estables. Pablo empezó a jugar al rugby a los 14 años, aproximadamente, cuando un vecino del barrio lo invitó a que se sumara al equipo de rugby que había iniciado años atrás un vecino del barrio. Cuando lo conocí estaba trabajando en el sector informal en el centro de la ciudad e intentaba sostener sus estudios secundarios. Lo que no se perdía nunca eran los partidos de rugby. Las oportunidades de trabajo son escasas y "pasar el tiempo" en el barrio, en las esquinas, constituye una práctica problemática para los adultos. La lectura local de los problemas de la vida urbana leídos en clave jóvenes-no ocupados-esquina-droga no es exclusiva de NamQom: se estructura allí una lectura sociopolítica sobre los problemas de la vida urbana en la Argentina, enfocados en los jóvenes varones y pobres (Chaves, 2005).

La lectura de los colores, sin embargo, habla de una configuración étnico-indígena sobre las desigualdades sociales y la diversidad cultural, que hace a un lugar desde el cual se leen esos problemas: una racialización de las relaciones de clase (Margulis, 1999) y una historia particular de las marcas de alteridad/desigualdad en los procesos de construcción de la nación y sus jerarquías (Briones, 2004; Segato, 2007). La marcación del "negro" y el "cabecita" son categorías propias de los procesos culturales y políticos desarrollados desde la lectura racialista de las elites porteñas y de las grandes urbes argentinas sobre la migración interna y las inserciones precarias, en términos de hábitat y trabajo. La combinación cromática constituye un posicionamiento frente a ello: transformando el estigma en categoría identitaria, en estética, el negro se combina con el rojo: negros desde fuera, rojos desde sí mismos, roja su sangre y su pasado. Como se plasmará en su modo de jugar al rugby y su estilo deportivo, la movilización de una marca estética y lingüística qom se hace estandarte, reivindicando un pasado –la caza– y una lucha –la "guerra" colonial-estatal en la conformación *blanca* del territorio "argentino"– que se transforman y se resignifican por medio del deporte. El amarillo completa la bandera, como lectura tricolor que no deja de señalar los problemas que comporta tanto la subordinación y las marcas de alteridad, como la reconfiguración sociocultural de un pueblo atravesado por el poder estatal en sus facetas de exterminio, dominio, represión y subordinación política. Más acá del Estado, es necesario comprender las condiciones históricas y sociales que hicieron del rugby ese campo de posibles reivindicaciones en la fronteriza Formosa.

El rugby en Formosa: varones blancos en la "periferia" de la nación

Como explico en el capítulo 2, en la extensión del rugby más allá de Buenos Aires un rol clave las categorías "universitarios" y "profesionales". El proceso de expansión del rugby reproduce esas jerarquías, movilizando en cada territorio el valor de lo porteño-inglés, una masculinidad con aires cosmopolitas pero no por eso menos "nacionales" y la distinción moral y escolar que lo caracterizaría. Al extenderse entre conocidos profesionales y universitarios, su irradiación está en cierta manera controlada y asegurada por la delimitación de las fronteras institucionales de los clubes con sus requisitos de ingreso, y una selección que se hace sobre una base social de estudiantes y egresados de escuelas secundarias y de la universidad, instituciones no masivas aún en la región.

Formosa no contaría con ninguna casa de altos estudios sino hasta 1988, cuando se crea la Universidad Nacional de Formosa. Pero los profesionales locales habían jugado al rugby mientras estudiaban en las capitales provinciales a donde se desplazaron para estudiar en la universidad, o de las cuales provenían, como Córdoba, Rosario, Tucumán, Corrientes o Buenos Aires o siendo estudiantes de las escuelas secundarias locales de mayor prestigio, como la nacional. Ese conocimiento previo del rugby se materializa en iniciativas más organizadas a nivel local recién en los años setenta. La marca de origen del rugby formoseño sigue el patrón de "persona educada" con un aditamento: ocurre en 1971 en el contexto del desplazamiento del personal militar jerárquico/profesional desde otras provincias hacia Formosa, durante un gobierno dictatorial. Esta marca de inicio del rugby formoseño entre sectores medios altos universitario, algunos provenientes de sectores militares, se expresó en el nombre del primer club local, el Aguará Rugby and Hockey Club. Aguará es el nombre guaraní de un zorro que se halla en la región, pero la inspiración más directa para nominar al nuevo club proviene del nombre de una compañía militar homónima presente en el Regimiento de Infantería de Monte 29 de Formosa.[2]

En los años subsiguientes, el rugby formoseño crecerá de modo paulatino: se van creando nuevos clubes, por lo general por desprendimiento de los anteriores, como el Club Caza y Pesca o Chajá. En su composición social, según el relato de diversos informantes, se irá diversificando en términos de clase la pertenencia de jóvenes y familias de sectores medios, y no solo ya de las elites locales,

---

[2] El Regimiento es públicamente conocido porque unos años después, en 1975, fue objeto de la denominada Operación Primicia por parte de la organización Montoneros, que ataca y enfrenta al Ejército Argentino en esa localidad.

más vinculadas al primer club fundacional. Va a emerger una fuerte connotación moral y educacionista en la que los dirigentes suelen ser profesionales y el deporte reivindicado, cada vez más, como "formador" en valores. Sin embargo, y a pesar de la diversidad lingüística e indígena de la población provincial, la participación de varones indígenas permanecerá vedada hasta los años noventa.

Fundación Aborigen Rugby Club, creado en 1993 por un ex jugador de Aguará será el primer club de rugby para población "aborigen" en el país. La intención del club aparece bajo la seña de la integración entre criollos e indígenas locales, y el ofrecimiento de oportunidades de valorización y *progreso* para estos últimos. Se trata de un club en donde sus jugadores serán exclusivamente indígenas –al menos en su fundación y sus primeros años[3]–. Ya en esa década comenzaba a construirse al deporte como política social o como brazo deportivo de las políticas sociales, reivindicado en su potencial moral e integrador de los sujetos en situación de exclusión.

Confluyen una serie de procesos que permiten entender cómo es que de un deporte elitista comienza a figurarse un deporte educacionista en su faceta *social*. La cuestión "social" comienza a ser comprendida como una respuesta de los Estados y las "comunidades locales" como una suerte de responsabilidad compartida: descentralización, desconcentración y gestión local de las problemáticas sociales pasan a ser desplazadas de los estados centrales a los grupos locales, como parte del movimiento en las responsabilidades políticas que son promovidas por los mismos estados, organismos internacionales y centros de producción técnico-política.

El crecimiento de la exclusión hacia finales de esa década y la fragilización de la integración social vía el trabajo asalariado, generan una sincronía en la que se van multiplicando, diversificando, pero también fragmentando los actores locales y nacionales que asumen esas responsabilidades de contención de los sectores que van quedando desplazados y que en muchos casos generó la propia organización y movilización en movimientos de trabajadores desocupados, territoriales, etc. Propició también la emergencia y luego consolidación de un modo de intervenir en la pobreza en las que ya no solo intervenía el Estado en sus múltiples niveles, o los actores políticos barriales como parte de la trama de ayuda y soportes sociales, sino también las organizaciones no gubernamentales (ONGS), luego llamado tercer sector, como mediadores de relaciones de ayuda

---

[3] Según se ve en el Documental "La Quimera de los Héroes" sobre su fundador, el motivo de que esté compuesto solo por varones toba-qom es que otros no querrían jugar con ellos, mezclados en el mismo equipo, pero que la finalidad del club es la integración social.

y socorro social, o generadores de redes verticales de patronazgo (Adler Lomnitz, 1982) que responden a acciones más focalizadas, puntuales, de provisión de ayuda y reconocimiento grupo a grupo, persona a persona. Es en ese contexto ideológico y político, que va emergiendo y haciéndose legítima, primero, la intervención del "tercer sector" como actor autorizado en este campo y contexto. Segundo, la progresiva aparición del deporte de elite, en este caso, como una herramienta y un valor en sí mismo para solucionar e intervenir en la cuestión social.

Para los actores privilegiados la misión de "educar en valores" por medio del deporte emergió como aquello que (mágicamente) podría ejercer el mismo efecto si se extendía a sectores excluidos. No es exclusivo del rugby: las justificaciones educativas y morales como "resolución" de la pobreza cobran legitimidad en esa década y siguen vigentes, como explicaciones que subordinan las políticas económicas y laborales que desigualan mediante argumentos civilizatorios, aquellos que plantean que la educación (moralista, por lo general) soluciona la pobreza. Entiendo que no se trata de una despolitización de las relaciones de desigualdad, sino una repolitización de otras herramientas, prácticas y discursos – "de la pobreza se sale con más educación"– que adquieren mayor legitimidad para pensar y abordar los problemas sociales. El deporte y su misión moral encontraron así un lugar en las políticas de asistencia y solidaridad.

El documental "La Quimera de los Héroes" se centra en la figura de Eduardo Rossi, el entrenador-fundador del Club Fundación Aborigen, en el contexto de la preparación de su equipo para viajar a Buenos Aires y competir con Los Pumas, partido finalmente frustrado. Narra también su epopeya por conseguir la donación de un tanque en desuso en las Fuerzas Armadas, para nutrir un museo de la Segunda Guerra Mundial que estaba armando para que trabajen los jugadores del club. En una escena del documental, el entrenador y líder del club, rodeado de los jugadores toba-qom, los arenga durante un entrenamiento:

> nosotros tenemos que salir adelante (…) A esos hay que demostrarle lo que somos, ¿estamos de acuerdo? La única, la única vez que podemos equipararnos con esta gente es con el resultado, ganándoles, rompiéndoles el orto, ¿estamos de acuerdo todos? (…) háganme caso, denme bola, con eso garantía asegurada, éxito asegurado, de que vamos a salir, tenemos ganas de jugar, hambre de jugar y nada más. La diferencia entre ellos y nosotros (…) no es que estos pibes sean malos sino que la única manera de equipararnos socialmente es ganándoles. Si no nosotros –es duro que les diga esto– nosotros volvemos a nuestra miserable realidad, llenándolos el vientre de alcohol y de bronca y ellos comiéndose un panchito y yéndose con las minitas. A nosotros nos cuesta mucho sacrificio jugar al rugby, muchísimo, horrores nos cuesta, pero lo hacemos porque tenemos bolas, orgullo y sobre todo porque llevamos la camiseta negra y la argentina, porque somos argentinos.

La función de política social se fundamenta en cada momento del documental, y en todas las entrevistas públicas realizadas al líder del club. Más allá de su figura, no es llamativa la arenga a "equipararse": enfatiza el rugby como una escena donde reparar o restaurar una jerarquía perdida (aunque sea buscando vía masculinización, "romper el orto") y la posibilidad de sentirse y posicionarse socialmente como "iguales", capaces de una victoria deportiva. El contexto de fondo es la evitación del alcohol y el resentimiento, categoría relativa a supuestos sentimientos que escuché frecuentemente en la ciudad de Formosa, que los blancos (o "criollos") atribuyen frecuentemente a los ciudadanos indígenas.

Fundación Aborigen reunía a jóvenes y adultos varones de diversas zonas de la ciudad de Formosa, pero sobre todo del Barrio NamQom. Sus instalaciones, sin embargo, fueron construidas en una zona alejada tanto del barrio como del centro de la Ciudad, a partir de una donación del Estado, lo que confirma esa rearticulación del deporte como política social, y específicamente como alianza entre sectores de poder a nivel local. La ubicación del club implicaba para sus jugadores un desplazamiento constante para los entrenamientos. El club no estaba en su territorio, no les era propio. Y no lo dirigían. Esa experiencia denota la segregación urbana, de clase y política en la que se encuentran los jóvenes qom en Formosa. NamQom está claramente alejado de la ciudad de Formosa. Esta situación de relegación urbana que se explica por la historia del barrio, es reivindicada valorizando su propio territorio como un lugar posible y signo visible de la reapropiación de este deporte.

A principios de los dos mil nace Qompi Rugby Club, desprendimiento de Fundación Aborigen: un grupo de jugadores comienza a reunirse por fuera del club para armar su propio espacio. Si bien en su origen se narra una pelea entre el fundador y líder de Fundación Aborigen y el fundador de Qompi Rugby Club, el proceso no puede ser explicado en términos personales. En el nuevo club, Qompi, la práctica deportiva se desarrollaría en su propio barrio. El rugby deja de ser percibido en su extranjeridad y pasa a ser una marca local. En las sucesivas visitas que realicé durante 2016 y 2017 a Formosa y al barrio pude apreciar cómo el rugby visibiliza e identifica a NamQom desde la llegada: la cancha del club se encuentra en un predio público en el medio de lo que podríamos denominar el polo educativo del barrio, donde se halla el Nivel Inicial, la Escuela Primaria y la Secundaria, a una cuadra de la ruta nacional. El único colectivo urbano que llega ingresa por la misma calle que bordea la cancha de rugby, señalando un paisaje marcadamente distinto del que se encuentra en otros barrios en situación de exclusión urbana, cuya marca más visible en términos de infraestructura o espacios deportivos lo constituye el emblemático potrero.

Al incrementarse el número de jugadores que van incorporándose al club se produce un interjuego en el que los mismos participantes son los que portan el deporte como una marca identificatoria, dentro y fuera del barrio. NamQom pasa a ser conocido no sólo por las protestas y los cortes de ruta en reclamo de infraestructura urbana, tierras o de planes sociales, o como un territorio atravesado por el alcohol y los enfrentamientos. Pasa a ser reconocido y visibilizado positivamente –en términos de la moralidad dominante– a partir de la práctica del rugby, en una dinámica que los enfrenta, pero también los acerca deportivamente a los sectores medios y sectores altos locales, y a los jóvenes no "excluidos", los que comen un pancho y se van "con las minitas" en el relato masculinizante del fundador del primer club.

Esa autonomización y reivindicación espacial y material también se visibiliza a nivel organizacional. Qompi Rugby Club está integrado por varones y mujeres qom, pilagá y criollos que viven en el barrio. Su fundador y líder es pilagá, y habita el barrio desde hace varias décadas. Es además, profesor y maestro, y habla la lengua qom, en la que se dirige a sus jugadores de modo frecuente durante entrenamientos y sobre todo en los partidos que disputan con otros clubes. La autonomía se hace visible en el liderazgo y lo diferencia radicalmente con la experiencia del primer club, en la que un blanco educado en la universidad y con experiencia en el extranjero es quien funda y dirige. En Qompi no hay líderes blancos/criollos. Su bandera y colores fueron elegidos por ellos mismos y reivindican su identidad indígena. Sin embargo, para su desarrollo dependerán y crearán relaciones que responden a la misma estructura social y de jerarquías sociales, culturales y políticas en las que intentan construir su propia posición. Autonomización local, dependencias nacionales y culturización global explicarán la compleja relación del entramado étnico-indígena que se construye en torno al rugby.

El territorio y las ¿alteridades? indígenas: entre la política de seguridad y la asistencia social

La lucha por el territorio fue una de las claves que configuran y explican la posición social y las representaciones vigentes sobre las alteridades indígenas en Formosa (Tola, 2015). La expansión estatal se realizó por medio de la represión, la matanza, el desplazamiento y el uso de los pueblos indígenas como fuerza de trabajo sometida en el nuevo sistema económico impuesto en la región, desde fines del siglo XIX. Es aún el territorio la causa principal de reivindicación de los pueblos indígenas, y es la historia de esa lucha la que permite entender su presente en la configuración de las relaciones de desigualdad y de la producción de valor a partir de lo que sucede en NamQom.

Los primeros pobladores qom que se reasentaron en las cercanías de la ciudad de Formosa lo hicieron a orillas del riachuelo homónimo, en una zona que suele caracterizarse por la presencia de bañados, en las proximidades del denominado Puente Blanco (también llamado Puente Formosa), seis kilómetros al norte de la ciudad.[4] Provenían de asentamientos creados previamente por el poder estatal y eclesial: Misión Tacaaglé, Misión Laishí y otras localizaciones del "interior" formoseño. Entre las décadas del cuarenta y sesenta se localizan en Puente Blanco por varios motivos: la posibilidad de trabajar en una estancia de blancos como peones, que les permitían vivir en su propiedad. Pesó también la disponibilidad de tierra para la caza, pesca y la recolección de frutos silvestres.

Hacia los años setenta, los pobladores forman una primera comisión de trabajo para el reclamo de tierras, debido, entre otros motivos, a que la zona inundable hacía inviable un proyecto de vivienda en el lugar y la población crecía. Los familiares de los que ya se habían asentado migraban de las misiones en busca de otros horizontes y para acceder a distintos recursos. Provenían también de asentamientos y misiones de la provincia de Chaco. La primera comisión encabeza distintas gestiones en el gobierno provincial y en el nacional, hasta que consiguen que en una zona cercana, más alejada del puente en relación a la ciudad, les cedieran una porción de un lote denominado Lote 68.[5] En el relato reconstruido (Asociación Civil sin fines de lucro Educadores Argentinos, 2011) se menciona a un coronel que los habría ayudado en la gestión. La concesión del nuevo terreno ocurrió en mayo de 1972, en el último año del gobierno militar que presidía el general Lanusse. Fue recién en el retorno democrático cuando la comisión por la tierra, ya conformada como comisión vecinal, logra del gobernador Floro Bogado el título del terreno y la construcción de las viviendas.

En todo ese proceso, no solo se van instalando y ayudando mutuamente pobladores toba-qom, sino también pilagás y wichís. Algunos/as de los pobladores

---

[4] Hay distintos relatos que ubican, según la trayectoria de cada narrador, al terreno del Puente Formosa como un lugar anterior o posterior a otros asentamientos en la zona (Asociación Civil sin fines de lucro Educadores Argentinos, 2011). Es decir que el proceso de desplazamiento de los primeros indígenas hacia el mayor centro urbano de entonces, Formosa, se inicia en la década del treinta.

[5] El decreto 717 de 1970 formaliza la expropiación de ese terreno por parte del gobierno de la provincia quien lo cede a lo que en ese momento se denominaba "Servicio Provincial del Aborigen". Luego se producirá el traslado.

indígenas van consiguiendo ingresar como trabajadores del Estado en las primeras instituciones creadas en el barrio: distintas figuras que son recordadas localmente se desempeñaron en la escuela primaria y en el centro de salud –que empezaron a funcionar en la década del setenta y el ochenta, respectivamente–. Se constituyeron así en figuras de referencia para los pobladores locales y en algunos casos de intermediación frente a conflictos con las autoridades políticas. Varias de las figuras emblemáticas del barrio poseen una historia de constantes migraciones internas entre ciudades y misiones, experiencias educativas de nivel primario interrumpidas, y algunos de ellos, muy pocos, trayectorias completas en el nivel secundario.

Esta historia sobre la lucha por un territorio adecuado para vivir, forma parte de la genealogía histórica de los pueblos indígenas por el reconocimiento cultural y político. De luchar por tierras más amplias, en lugares alejados de los centros urbanos, a la lucha por la titularidad de la tierra y sus derechos como ciudadanos en localizaciones periurbanas, los pueblos indígenas buscaron construir una posición de reivindicación, que otorgue estatus y valoración social. La historia de NamQom no explica la desigualdad étnico-indígena local, si no sitúo esa territorialización en la construcción material y simbólica de la ciudad de la que están tan separados como unidos. NamQom es un barrio que denominan como "periférico" en la ciudad de Formosa: observado en su relación espacial con el resto de la ciudad, constituye el núcleo residencial más alejado. Constituye un enclave en los que se establece una frontera étnico-indígena de carácter urbano, que permite gobernar la situación de subordinación que también es de desigualdad y pobreza de los pueblos indígenas en situación urbana en la provincia. Es un territorio propio, legítimo, luchado y conquistado, pero en las jerarquías culturales de la sociedad formoseña "blanca" dominante, la población indígena y este barrio constituyen un foco de "conflictos" y "problemas".

Es ese entramado el que me llevó a problematizar la representación de la "alteridad" indígena en el espacio urbano formoseño. Cuando llegué por primera vez a la ciudad, años antes de realizar el trabajo de campo, llamó mi atención el discurso sobre los qom que circulaba en el centro de la ciudad y en la estructura comercial y de servicios que ofrece a sus visitantes. Desde los taxistas hasta los administrativos de una biblioteca, los relatos los ubican en una posición de alteridad subordinada donde siempre son los "otros" asociados a algún problema: la exclusión que padecen o los "beneficios" sociales que poseen. En los relatos productores de estereotipos raciales, la asociación entre su supuesta improductividad, "vagancia", "aprovechamiento" de los "planes sociales" va de la mano con una percepción de su conflictividad: "siempre protestan por algo" me indicaba un colectivero, conductor de la única línea de transporte urbano que llega al barrio.

Es notable la persistencia de este estereotipo en casi todos los rincones del espacio nacional. Ello habla de un proceso de integración nacional por medio del trabajo asalariado y la actividad laboral como categoría estructurante de los merecimientos sociales. Sin embargo, en Formosa esa percepción no solo está racializada (los "negros", los "cabecitas negra"): posee una especificidad étnico-indígena. Hace a la construcción de una configuración cultural en la que la referencia de origen está puesta en Europa, y la referencia a lo "aborigen" no está dispuesta como relato mítico de origen, sino como problema a ser solucionado.

Los datos disponibles (Censo de Población de 2010), indican que casi un millón de personas se autoreconocen como integrantes de pueblos indígenas o descendientes en el país, el 2,4 % de la población total. Formosa presenta uno de los porcentajes más altos a nivel provincial, el 6,1 % de su población. La mayor parte de su población originaria se reconoce como Wichí (44,9 %), Toba (38 %) y Pilagá (13,5 %) (Argentina. Instituto Nacional de Estadística y Censos, 2012). De todos ellos, la mitad de la población toba-qom se halla en contextos urbanos, porcentaje mucho menor en los pueblos wichí y pilagá. En casi todos los indicadores sociales y sanitarios se muestran privaciones y vulneraciones más amplias para la población indígena que para la población criolla-blanca en la provincia. La tasa de alfabetismo de la población indígena es menor que el promedio provincial y la asistencia escolar es levemente menor al promedio provincial hasta los 14 años; entre los 15 y los 17 años esa tasa es del 60,5 % mientras que la provincial es del 80,8 % (INDEC, 2015). Las inequidades continúan si se toma el nivel educativo alcanzado comparando población indígena con los promedios provinciales. Lo mismo sucede con indicadores laborales y de la seguridad social (como la tasa de actividad y la cobertura previsional, todos menores a la media provincial). El 92,5 % de los hogares donde vive al menos una persona indígena para 2010 constituía una vivienda deficitaria, y entre estos hogares, quienes poseen acceso a red cloacal constituyen un tercio del promedio provincial. El acceso de los hogares indígenas al agua corriente (red pública) es del 48 %, mientras que el promedio provincial casi lo duplica, es del 76,8 %.

Esta situación de inequidad en el acceso y satisfacción de los derechos elementales se materializan en el emplazamiento subordinado de NamQom en el mapa urbano. Pero, además, se combina un entramado histórico y políticas de marcación que ubican aún a los toba-qom y a los pueblos indígenas de la provincia en un lugar de invisibilización o de subordinación en el espacio urbano y en la estructura social. Emprendí la tarea de realizar una cartografía de la construcción de la memoria de la ciudad, la nación y la provincia contenida en los hitos monumentales del espacio urbano: bustos, estatuas, placas recordatorias, grutas e imágenes religiosas en plazas, bulevares, rotondas, accesos y veredas. Me interesaba ver allí qué otro proceso ocurría hoy en la ciudad que permitiera explicar la dimensión simbólica de la subordinación material en la que están ubicados. Era fundamental para comprender la relevancia de la creación de un club de rugby en el propio barrio, y de las relaciones de poder establecidas por medio de él con otros actores.

A la producción de monumentos en el espacio público accedí primero desde la escala del "automóvil" o la movilidad en algún tipo de vehículo: me refiero a la materialización de símbolos en puntos de la ciudad de gran circulación no peatonal. En la entrada a Formosa, cuando se llega desde el aeropuerto local o desde la ciudad de Resistencia (Chaco) por la ruta 11 sur, el conductor se topa con una cruz gigante, la Cruz del Sur. En el otro acceso/salida de la Ciudad, hacia el norte, se impone una rotonda con una imagen de la Virgen María sosteniendo el niño Jesús. Es la rotonda de la ruta 11 que va hacia NamQom, y luego se divide en dos: la 11 hacia Clorinda/Asunción-Paraguay, y la 81 que va hacia la localidad formoseña de Pirané, el "interior" provincial.

Segundo, si se hace el recorrido a pie, es posible identificar los bustos y estatuas que se hacen presentes en todas las ciudades capitales del país. Como una seguidilla, aparecen las estatuas o bustos de Mitre, Belgrano, Sarmiento, Yrigoyen, Perón, y placas o monumentos recordatorios a los héroes de la Guerra de Malvinas. También se hallan placas a los líderes varones en escala "provincial", como Fotheringham.[6] En el sendero central de la avenida 25 de mayo, una de las principales y más transitadas calles de la ciudad, hay dos mujeres: una es Eva Perón. La otra es una mujer *genérica*,[7] que está sosteniendo a su bebé, y se nombra como un monumento a la mujer formoseña, hecha por católicas locales. Hay otras estatuas de mujeres que están no en el paseo central, sino en las veredas laterales de la misma avenida. Una de ellas evoca con su vestimenta a una inmigrante europea que vive en el campo, y se ubica frente a otra estatua indistinguible en sus rasgos. Cercano a ese conjunto se halla una estatua de la diosa romana de la industria, según declara la placa. A unos metros, una suerte de homenaje a los inmigrantes europeos: una mujer y un hombre, los dos juntos, bajo varios signos, una cruz, espa-

---

[6] Fue el primer gobernador del Territorio Nacional de Formosa en 1884.

[7] De difícil clasificación, no posee marcas indígenas o criollas porque no posee definiciones en su rostro u otros signos reconocibles.

das y un escudo de Formosa. Unas cuadras más alejadas se llega a la plaza San Martín, con San Martín en su caballo coronando la producción monumental del casco céntrico, que se complementa con fuentes y banderas. Cercano a la avenida central, en el epicentro de la zona comercial, un hito monumental de reciente creación aparece en el recorrido que hace un peatón:

> Mientras recorría el centro me encontré con un ancla acompañada de una placa conmemorativa que data de 2017. La placa menciona un comercio de un inmigrante español ubicada en esa misma esquina. El inmigrante vino a instalarse en Formosa y nombró a su comercio "el ancla" como deseo de quedarse en la localidad. El comercio –hay una foto que muestra un edificio tipo art-deco- ya no existe, cerró en los años 90. El monumento enfatiza el recorrido de este inmigrante europeo (Diario de Campo, Agosto 2017).

El relato urbano construye un origen en los barcos, en su materialidad, siguiendo la jerarquización de la inmigración europea (Grimson, 2012) por sobre los pueblos indígenas que habitaban y habitan el territorio provincial. El resto de los monumentos en escala peatonal, incluso los más recientes, construyen el origen en la mitología europea: la diosa romana, más los nuevos hitos urbanos que pueblan la nueva costanera de la ciudad inaugurada en 2011. Su recorrido se inicia con una escenificación de la "Última Cena" de Cristo con estatuas a escala humana, a la vera de la calle/senda peatonal, que se interna en el río hasta llegar, luego de un par de kilómetros, a su extremo, punto fronterizo con Paraguay. Banderas argentinas y provinciales colorean una suerte de rotonda final con fuentes de agua danzantes, equipamiento para musculación, bancos, baños, puestos de seguridad y para rematar un pesebre.

La representación urbana de los pueblos indígenas de la provincia/región está *casi* ausente. Dos monumentos simbolizan el lugar que el espacio urbano construido por las elites políticas, comerciales y culturales destina a los pueblos indígenas. El primero es un monumento al indio toba que está ubicado en la vereda de la avenida 25 de Mayo. Es una estatua en escala humana. Como una cruel ironía, se trata de la vereda de la Comisaría-Unidad Penitenciaria. El segundo es un conjunto escultórico de tres figuras. Dos mujeres indígenas, una de ellas con un bebé en brazos, la otra con la cabeza gacha. En el medio un hombre más grande, ubicado en una posición y altura superior a las otras dos figuras. El conjunto está dedicado a un "blanco": se trata de un busto hecho en homenaje al reconocido médico Laureano Maradona. Las mujeres no están nombradas. Una placa completa la puesta monumental: es un homenaje del Poder Judicial de la Provincia de Formosa. El monumento está emplazado en una esquina donde tenía sede este "Poder", usado ahora como playa de estacionamiento.

La monumentalización subordinada de las mujeres indígenas se correlaciona con la del varón dispuesta al lado de las fuerzas de seguridad estatales. En el segundo conjunto monumental las mujeres indígenas son objeto de ayuda de un blanco, profesional universitario proveniente de una familia de las elites políticas y económicas de la Argentina de fines del siglo XIX, reconocido por su altruismo social a nivel nacional.[8] Las mujeres son dispuestas en función de su subordinación como indígenas y visibilizadas en su condición de madres anónimas. En el monumento al varón indígena, la asociación irónica entre varones y fuerzas de seguridad y represión estatal re direccionaría el análisis a una fina ironía, y al auxilio de una perspectiva psicoanalítica que permita explicar la decisión de ubicar el "monumento" en ese lugar. Lo que esa producción cultural expresa se ata a la materialidad urbana de NamQom. La referencia ineludible para ingresar al barrio está dada por la subcomisaría ubicada en su principal vía de ingreso/salida. Según me relataron vecinos del barrio fue instalada allí para que los "presos" pudieran ser visitados por sus familiares sin tener que viajar hasta la ciudad, justamente cuando en el barrio habrían sucedido una serie de enfrentamientos entre vecinos.

La presencia policial como aparato estatal destinado a la población indígena hace parte de la dinámica de poder provincial. Partiendo de esa posición subordinada, se juegan relaciones de alianzas, acercamiento/distanciamiento y represión entre el gobierno provincial y las distintas comunidades y organizaciones en las que se nuclean los distintos grupos. Cuando realizaba el trabajo de campo, hubo algunas protestas motorizadas por vecinos del barrio en reclamos de infraestructura y de planes sociales, pero la misma no llega a adquirir ni cuestionar las articulaciones políticas del gobierno provincial, que son cuestionadas por agrupaciones indígenas en otras localizaciones de la provincia. En este sentido, las articulaciones políticas en NamQom parecen indicar una relación que no escala a nivel de enfrentamiento con el poder provincial, como sucede por ejemplo, con la lucha que lleva adelante referentes de la comunidad qom La Primavera,[9]

---

[8] El Día Nacional del Médico Rural se conmemora en su nombre el día 4 de julio, día de su nacimiento, a partir de la Ley Nacional N° 25.448, aprobada en 2001.

[9] Su líder, Félix Diaz, es reconocido a nivel nacional, por los acampes que llevó a cabo durante meses en el centro de la Ciudad de Buenos Aires, para visibilizar la situación de represión política y de ausencia de reconocimiento de derechos que padece su comunidad bajo el gobierno del Gobernador Gildo Insfrán, que gobierna la provincia desde 1995, habiendo sido vicegobernador con anterioridad.

que el gobierno provincial reprime con frecuencia, o a los referentes del Barrio 50 viviendas, del pueblo wichí. Esa conflictividad posee un nivel nacional y otro local. Ambas atravesadas por dispositivos de control y represión por parte del gobierno provincial en la que se produce un alto control, vigilancia[10] y represión sobre los pueblos indígenas, y la política de focalización territorial de su residencia contribuye a esa relación.

Las posibilidades y condiciones para que el rugby llegue a ser un medio relevante para que los pueblos indígenas locales puedan "presentarse" a sí mismo de modos más positivizados, y en todo caso, adquieran una visibilización pública que no los asocie a "problemas" sociales se entiende solo si se mira ese proceso más amplio de subordinación e integración excluyente en el espacio público, en términos materiales y simbólicos. Política social para las mujeres indígenas madres, en el tipo de relación que marca el altruismo blanco ilustrado; política de control y represión para los varones indígenas, asociados material y simbólicamente con la reclusión.

Fuerza y Victoria: un presente de poder

En las conversaciones con referentes locales, la mención a la fuerza indígena es ineludible. El rugby aparece como un nuevo dispositivo que posibilita la continuación de una genealogía que muestra la fuerza indígena en la resistencia. Como me decía un miembro del club, "el rugby prepara mucho para la resistencia, es un deporte donde se fomenta eso de resistir", y "en los "indígenas está esto de resistir durante años". Un estilo de juego "fuerte" se hace presente y es practicado efectivamente por los jugadores, más allá de las indicaciones del entrenador.

El entrenador les habla a los jugadores y les dice que ese juego, chocar todo el tiempo, no es el de ellos, que tienen que "abrir" el juego, jugar hacia la línea, abrir la línea e ir avanzando. Él señala que ese es su juego. Sin embargo, los jugadores parecen disfrutar también del juego de mayor contacto físico con los oponentes (Diario de campo, septiembre 2016).

---

[10] De hecho en mis distintas visitas al barrio, constaté un cierto control de mi presencia por parte de patrulleros locales, que se repetía cada día.

Veo que los jugadores de los dos equipos se reúnen antes de que empiece el partido. Los de Chajá cantan una canción de aliento tipo urra entre ellos en la ronda. No llego a escuchar lo que dicen, pero nombran al club, es una canción que ya conocen y cantan, hacen algunos movimientos con los brazos y terminan, no es un "haka" pero parece. Veo también reunidos a los jugadores de Qompi. Le pregunto a una de las jugadoras que está a mi lado haciendo el aguante, qué es lo que hacen. Palabras de aliento, hablan sobre el juego para prepararse y animarse y seguro están rezando, me contesta. Espero un momento y le pregunto, ¿y a quién le rezan? Al "único" me responde, cerrando la conversación. Y recordé lo que me había contado uno de los referentes del club sobre el partido que libraron contra un club indígena de Salta, liderado por un cura: tenían que lidiar no solo contra los jugadores sino también contra la fuerza del dios al que el cura le rezaba (Diario de campo, septiembre 2016).

En un momento del partido, los jugadores de Qompi tacklean a un jugador bien rubio del otro club, que termina rodando en el piso hacia afuera de la cancha y cae de espaldas en una suerte de canal de agua cercano a la línea lateral. Se queda ahí, parece que se dio un golpe tremendo, todos gritamos "uhhh" cuando cayó. Finalmente se recupera, algunos quieren que venga el médico como para hacer tiempo, parece, pero él mismo insiste varias veces que no, que está bien y se levanta. "¿Viste?" me dice la misma jugadora -"imagínate eso allá" (en Buenos Aires), me muestra para señalar la fiereza y dureza del rugby aquí, lo intenso que juegan también, lo duro que son (Diario de campo, septiembre 2016).

La narrativa cultural en la que se inscribe el rugby es un relato de fuerza e identificación étnica con ella, una posición de resistencia y una invocación a fuerzas superiores —hoy mediadas por la apropiación del evangelismo en el modo de vinculación con lo sagrado— a las que honrar, invocar y respetar. Entre el dios y la fuerza indígena,[11] el rugby se configura como escenificación de poder, el mismo que los lleva a derrotar, vencer y sobre todo a competir de par a par, a nivel en las jerarquías culturales, a indígenas y roksche (criollos). La marcación étnico-indígena es la grilla de lectura de la diferencia cultural hecha cuerpo. Y son los cuerpos los que chocan y son derribados, derrotados o victoriosos en cada partido.

---

[11] En un fragmento del Documental "La Quimera de los Héroes" el líder del Aborigen Rugby Club, parece darles una clase, con una pizarra, a los jugadores del club. Habla de la autoestima: "La autoestima es quererse a uno mismo. El quererse ¿qué quiere decir?, es tener ganas de salir adelante (...) respetarse involucra tener agresividad, yo me respeto a mí mismo porque quiere decir que puedo pasar por encima del otro, estoy hablando rugbísticamente. Respetarse es quererse a uno mismo y a los compañeros, y a los compañeros no faltarles el respeto". Continuará luego hablando del valor del grupo. Con otras categorías, planteadas por un blanco-criollo, la fuerza indígena es dicha como agresividad deportivamente entendida.

Durante un entrenamiento, en NamQom, conversé con uno de los jugadores de Qompí: Juan juega hace rato al rugby, es uno de los primeros jugadores del club. Juan relata todos los logros personales y los de su equipo. Me cuenta sobre los trofeos y copas que ganaron, muchas fotografías de todo lo que consiguieron. "Siempre fui titular, entrené y siempre fui titular". "Es muy histórico, el club". "Fuimos campeones en el Seven, acá, en el Aguará, campeones de la copa de oro, y de plata". Recuerda el partido contra Chajá que yo presencié el año pasado, que perdieron. Pero él me dice que ganaron, que al final ganaron. Que ganaron un torneo allá por el 2000 más o menos, cuando él empezó, que ganaron así la copa de oro y de plata en esos años, que ahora no se acuerda bien el año pero fue por ahí, que hace 17 años que está en el club. Me cuenta que lo eligieron para formar parte del seleccionado de Formosa, junto a otros de su club y de los otros clubes locales. Le pregunto qué diferencia había entre jugar junto a los de otros clubes, y me dice que es muy distinto, que juegan de otra manera. Le repregunto "¿Cómo juegan ustedes?", y me dice "bien, nosotros jugamos bien". Se toma su tiempo para responder o en encontrar una respuesta y yo hago un esfuerzo para no resultar avasallante y entender su ritmo, y el mío que tiene otras ansiedades. Me dice que son "ligeros". Le pregunto si se refiere a "los otros", y me dice que sí. Entiendo que es una calificación no tan positiva, por el tono de su voz y la expresión de su cara. "¿Y ustedes?", le pregunto. "(Somos) más de contacto", me responde. La tocata que juegan sus compañeros en ese mismo momento, es un entrenamiento "liviano" para ellos. "Hoy es así, tranquilos" sin tackles: eso es la tocata, entrenar jugadas y pases. Me cuenta de sus viajes: estuvo en Asunción, vinieron de otro club y compitieron con ellos. Lo cuenta con mucha satisfacción, ya que fue algo bueno para él. Su trayectoria deportiva también lo llevó a San Luis, ya que integró la selección de la Unión Formoseña de Rugby, y pudo participar del campeonato federal que organizaba la UAR (Diario de Campo, agosto 2016).

¿Cómo entender un relato cargado de victorias, aunque no todas esas batallas hayan sido victorias en términos del resultado deportivo? ¿Qué relación produce esta narrativa triunfante, al lado de la presentación de sus referentes sobre las dificultades sociales pero también los logros de los jugadores y jugadoras de Qompi? ¿De qué se trata esa fuerza, esa potencia desde el lugar en que se enuncia Juan a sí mismo y a su grupo? ¿Qué hay en esa diferenciación con lo liviano?

La historia y la memoria sobre los padecimientos en la guerra del pueblo qom contra el "Estado" que emprende la "conquista" del Chaco en 1884, constituyen relatos activamente producidos donde lo que está en juego es el poder qom, ya sea resistiendo, escapando, venciendo a los militares, casi siempre con la intervención de personas no-humanas (Tola y Suárez, 2016). Las historias que hacen memoria, recuperadas por Tola y Suárez actualizan la experiencia de poder, su condición de guerreros. En relatos como el de Juan su condición de guerreros se produce en función del deporte como nuevo escenario donde se entrena el poder y la victoria se alcanza, se actualiza el "guerrero" resistente en el deporte. No creo que funcione como una actualización de un pasado, de una memoria cronológica lineal. Constituye un presente que da sentido a un modo de ser, que se hace modo de jugar, estilo de juego, un escenario donde el rugby hace poder qom.

Si el estado instaló una relación de beligerancia constante, la guerra/deporte posibilita una reafirmación del poder indígena. Una guerra que ellos no eligieron, que padecieron, y que siguen padeciendo a partir de las discriminaciones, maltratos y subordinaciones políticas, materiales y simbólicas. Entiendo que la conversación tiene su lugar en una escala mayor: en este barrio, claramente separado y unido al resto de la ciudad, desde el cual viajan, compiten, y por supuesto, también ganan.[12] En esta interpretación eliasiana (1992) del deporte, es importante señalar el proceso de fortalecimiento y poder construido por las mujeres qom en el rugby. Según los relatos, ellas comenzaron a ver hace alrededor de diez años lo "felices que son los varones cuando juegan al rugby". Le pidieron al entrenador que las prepare, y más allá de una resistencia inicial, finalmente lo hizo. El club se posicionó prontamente como uno de los pocos clubes locales con equipo femenino y a su vez con la primera árbitro indígena en la Unión de Rugby de Formosa. La misma que luego fue presentada en los medios provinciales y nacionales como una de las representantes del rugby argentino en los Juegos Olímpicos de la Juventud que se celebraron en Buenos Aires en 2018. Ese poder entre las mujeres indígenas del barrio se proyectará a nivel nacional: la relación local-nacional que este grupo qom-pilagá-criollo de NamQom construirá para establecer relaciones e intercambios que les permitan crecer superando la encerrona local en la que los deja tanto la subordinación social y política, como la (escasa) red de contactos políticos que pueden activar sin salir de la provincia.

Desigualdades locales, patronazgos nacionales, marcas globales

El deporte en Formosa, como en otros lugares, constituye un ámbito clave para la construcción de poder. En otras investigaciones se ha señalado su carácter productor de sociabilidad específica, espacio de circulación de redes que activan

---

[12] Me pregunto ¿por qué Juan debía contarme sus derrotas? Esto es no solo mi pretensión de una historia "completa" o mi expectativa de que mis interlocutores me cuenten todo, y todo lo que a mí me interesa. También es mi exotización ¿acaso otro jugador de rugby, uno de la URBA acaso, haría algo distinto?

capital social en la trayectoria social y específicamente política o económica de sus actores (Fuentes, 2015b). Las instituciones deportivas suelen ser lugares claves para la construcción de las trayectorias políticas. Desde "Camau" Espínola hasta Mauricio Macri, pasando por Daniel Scioli o Carlos MacAllister, el desempeño deportivo contribuye primero a la edificación de personas públicas, ampliamente conocidas por su desempeño deportivo o de gestión/liderazgo en instituciones y clubes. Segundo, la transformación de personas públicas con logros deportivos en figuras políticas, constituye un "pase" en el que el capital deportivo, moralizado y masculinizado, es convertido (Saint Martin, 2011) con cierto trabajo y bajo ciertas condiciones específicas, en capital político.

Si bien ello requiere un análisis mayor que el que aquí puedo hacer, señalo que por lo general lo que está como trasfondo es la concepción del deporte como un terreno de pureza moral, un espacio puro, con una bondad intrínseca, saludable e incluso altruista, en el que el deportista combina dotación natural para la destreza física con una preparación rigurosa, que permiten construir un varón ideal: naturalmente dotado, culturalmente disciplinado. En las mujeres también. Una jugadora de hockey amateur de sectores profesionales privilegiados me contaba: "mi papá no era muy deportivo, pero le pareció muy bien que practicara algún deporte". "Te hace hacer amigos", "te ayuda a socializar" me decían casi todos los jugadores de rugby adultos. El deporte es leído incluso como parte de las prácticas de crianza y de la formación de la persona educada, puesto que moraliza al sujeto. Desde ese lugar, los deportes pueden ser re-apropiados como un ámbito que prepara "naturalmente" para una carrera política y que se produce por al menos dos modelos de conversión. El primero supone el traslado de los atributos educacionistas y morales del deporte a la esfera política, y se produce mediado por las victorias deportivas, que no solo hacen famoso a un deportista: éstas indican su capacidad de conseguir victorias, clave en la acumulación de capital político. Los modelos son Espínola y Scioli.

El segundo, más asociado con la dirigencia deportiva y tal vez directamente relacionado con el fútbol profesional, supone una representación casi opuesta a la anterior. Un ámbito representado como oscuro, atravesado por intereses corporativos, "mafias", dirigentes que no se renuevan, corrupción y violencia por la asociación con "barras bravas". Allí, la carrera deportiva se enuncia como política de ordenamiento institucional, o de crecimiento, de "modernización", y la conversión de capitales del campo deportivo al político pasa más por la victoria en las elecciones internas de los clubes, los "éxitos" de gestión —evitar una bancarrota de un club, por ejemplo— y, no puede faltar, éxitos deportivos del club, que se trasfieren también a su dirigencia. El "modelo" es Macri.

En Formosa se da un proceso análogo. Quien era intendente de Formosa por el Partido Justicialista, cuando realicé el trabajo de campo, seguía el segundo modelo de trayectoria deportivo-política. Jorge Jofré, miembro de una *familia judicial* en la provincia, hizo su trayectoria como empresario vinculado a la obra pública y privada, y como dirigente de un club deportivo que se destaca en el campo del fútbol, el Club Sol de América. Sus instalaciones constituyen la infraestructura deportiva privada más importante en envergadura en la Ciudad, y es reconocido por sus socios como aquel que hizo que el club creciera deportiva y materialmente: un estadio en las afueras de la ciudad, yendo hacia NamQom, y una sede deportiva con equipamiento para la realización de múltiples prácticas localizada en el centro de la ciudad.[13]

Aunque no haya desarrollado una carrera en la política, la posición construida por el creador de Fundación Aborigen, Eduardo Rossi, se hace en función de su pertenencia a las elites locales. Hijo de un escribano y una docente directora de cultura a nivel provincial, egresado del Colegio Nacional ubicado en esa misma ciudad, y uno de los primeros jugadores de Aguará siendo joven en los años setenta, su pertenencia a las familias educadas, universitarias y con contactos le otorgó una red que capitalizó luego cuando decidió crear un club de rugby para "aborígenes" a su regreso de su estancia en clubes de España y Francia. El club adquirió una gran visibilidad pública, y consiguió apoyos financieros y materiales, y un fuerte respaldo en actos públicos por parte de las autoridades políticas durante la década de los noventa y los dos mil. Ese contacto cercano con la política, a su vez, lo ubicó en un lugar de sospecha frente a una mirada ya no provincial sino "nacional", es decir, porteña. Más allá de los hechos, me interesa analizar qué relaciones de poder se configuran allí, qué posibilitan y qué obturan.

La configuración del poder político provincial se posiciona en los criollos/blancos. El reconocimiento de derechos de los pueblos indígenas, en los que la provincia de Formosa fue pionera, al menos a partir de la creación del Consejo Indígena Provincial en 1983,[14] no quita que las relaciones con los pueblos indígenas

---

[13] La trama política se imbrica con la del campo deportivo de otras maneras también: el poder político y financiero para traer un club de fútbol de Buenos Aires para que compita con uno local, la realización de torneos nacionales como vidriera para las autoridades políticas, constituyen otras estrategias de posicionamiento político de dirigentes, a menudo ex deportistas, que se proyectan hacia el campo de la política.

[14] La Ley Integral del Aborigen 426, aprobada en 1984, es una de las primeras legislaciones provinciales en avanzar hacia el reconocimiento de los derechos de los pueblos indígenas desde el retorno de la democracia.

que sostiene el estado provincial y los municipales estén atravesadas por conflictos en torno a la distribución de recursos y al "apaciguamiento" o represión frente a la reivindicación de sus derechos, como señalé anteriormente. En esa trama, la cercanía con el poder político y el intercambio de bienes y recursos públicos hacia el club marcó y lo ubicó en un lugar teñido por las mismas sospechas con las que se mira la acción estatal.

En esa trama política, la creación de Qompi Rugby Club emerge con una complejidad mayor: no se trataba solo de un club que ahora sí estaba liderado y no solo compuesto por miembros de los pueblos indígenas locales. Sus posibilidades de crecimiento, a partir de la red de contactos y viabilidad de la circulación de recursos desde el Estado hacia el club, quedaron si no vedadas, fuertemente limitadas. Es decir que el nuevo club casi no podía acceder a, por ejemplo, algún tipo de ayuda para su sostenimiento, o si lo conseguía era muy puntual. Las redes ya estaban trazadas en la construcción de poder del primer club. Es el "salto" a nivel "nacional", porteño, el que posibilita otro tipo de construcción.

Como señalé al inicio del capítulo, el rugby porteño fue configurándose como un espacio de construcción de relaciones cual política social: entre ideales solidarios, católicos, altruistas o filantrópicos, una serie de iniciativas, materializadas en clubes y organizaciones de la sociedad civil, constituyeron lugares en los que este deporte era puesto a funcionar como un "integrador social", "de inclusión", "de formación", etc. Como señalé en otro trabajo sobre la educación solidaria (Fuentes, 2018a) el "interior" es representado por los sectores medios altos y altos de Buenos Aires, como un espacio más puro, no tan "corrompido por la política" como el "Gran Buenos Aires". Por lo tanto, un lugar donde la "ayuda" a brindar puede ser "mejor" recibida, o adquiere otro tipo de relación. Aunque el caso de Formosa viene a discutir con esa representación en cuanto el interior, es justamente la marcación étnico-indígena y su condición de pobreza, la que refuerza la jerarquía de la filantropía porteña y los estereotipos sobre las alteridades del "interior".

Un contacto que el fundador del nuevo club tuvo con un importante rugbier de Buenos Aires, hace muchos años, le posibilitó ir creando una red social entre rugbiers, que se materializó finalmente en el padrinazgo de una organización no gubernamental, Rugby Sin Fronteras (RSF). Rugby Sin Fronteras es una fundación creada por dos figuras importante del rugby rioplatense. Juan Bautista Segonds, jugador de rugby del Club Pueyrredón, hizo una trayectoria deportiva destacada; pero más recientemente, construyó una posición de prestigio en el campo deportivo a partir de su rol como entrenador "anímico" de jugadores de tenis profesional. El segundo fundador es uno de los sobrevivientes de la tragedia de Los Andes,[15] ex rugbier de una familia de elite uruguaya: Gustavo Sánchez Cervino, reconocido por las charlas inspiracionales y clases que dicta en distintos lugares del mundo.

Por medio de los contactos con los que contaba Segonds se genera una relación y luego una suerte de alianza con Qompi Rugby club, cuyas posibilidades de continuar y crecer estaban fuertemente limitadas por la trama política local. RSF pasó así de estar concentrado en acciones centradas en el rol del rugby como constructor de lazos internacionales en torno a la paz y la superación de los conflictos, a, sin dejar de realizar actividades vinculadas con ello, desplegar iniciativas de ayuda más puntuales a una organización como Qompi Rugby Club. Al menos desde 2014, RSF realiza distintas acciones, inspiracionales, incluyendo entrenamientos sobre cómo trabajar en equipo, y materiales, como donaciones de remeras, botines, o la ayuda financiera para que los jugadores de rugby de Qompi puedan pagar una suerte de cuota necesaria para contar con seguros y estar dados de "alta" en la Unión de Rugby de Formosa y la UAR, que habilita a los jugadores a competir en los torneos.

Es esta relación de patronazgo, esta red vertical en la estructura de poder a nivel nacional, que los miembros de Qompi construyeron a nivel nacional, la que explica una forma de construcción de poder capaz de saltearse el entramado local, los estereotipos y representaciones sobre la alteridad dominantes y el cierre de canales de circulación política y de recursos provinciales. Diversos relatos que escuché en mis estancias en Formosa, desde rugbiers a una moza de un restaurant, situaban a los clubes de rugby indígena como clubes que eran poco valorados, que requerían de la ayuda de gente "de afuera" (de la provincia) porque allí casi no les daban importancia. Pero lo que hace posible la construcción de una relación de patronazgo a nivel nacional no solo es la estrategia de los integrantes de Qompi, sino también la exotización que en Buenos Aires despierta el rugby indígena. La pobreza noble como estereotipo presente en las elites porteñas sobre el "interior", se hace política social cuando se despliega una relación que se refuerza en la imagen de indígenas jugando un deporte inglés capitalizado por las elites ilustradas.

Exotización que también está mercantilizada. En el relato que Rossi hace de la fundación del club en entrevistas públicas está presente su "sorpresa": mien-

---

[15] Se suele nombrar así al accidente que tuvo un equipo de rugby uruguayo, de un colegio inglés, que viajaba en avión a Chile en 1972 y cayó en la Cordillera de los Andes. Algunos de ellos lograron sobrevivir. El hecho trágico fue llevado al cine en varias oportunidades: "Supervivientes de los Andes" (1976), "Viven" (1993), "La Sociedad de la Nieve" (2008) además de numerosos documentales.

tras jugaba al rugby en Francia conoció a jugadores indígenas del Pacífico. Fue allí cuando se preguntó, hace varias décadas, por qué los indígenas de su provincia no podrían hacer lo mismo. Pero ello no constituye una exotización del pasado, sobre todo por el derrotero del rugby profesional y de las competencias internacionales en los últimos quince años. En el centro están los All Blacks, la selección neozelandesa de rugby, modelo de rugby profesional exitoso en el imaginario construido por la misma selección a nivel global.

La culturización de la marca indígena desde el rugby: un haka en Buenos Aires

Cuando me acerqué por primera vez al mundo del rugby en Buenos Aires, en 2008, me encontré con una práctica desconocida para mí, que trascendía a la técnica deportiva. En una escuela secundaria de sectores medios altos profesionales del AMBA, mientras se preparaba un acto escolar a raíz del aniversario de la escuela, una profesora le preguntaba a los estudiantes varones si no querían hacer un haka. El desconocimiento plasmado en mi rostro le indicó la necesidad de una explicación: "es lo que hacen los All Blacks, para dar temor, presencia, son aborígenes y es algo de su cultura, qué, nunca lo viste?". El haka se usaría en un momento del acto escolar, y yo descubriría ese género kinésico, el pararse y caminar coordinados, con movimientos de piernas y brazos en los que se intercalan gritos y llamados, en una táctica grupal donde el grupo avanza lenta y firmemente, con rostro enojoso, marcando el paso, hacia adelante.

Recordé esa práctica cuando la volví a encontrar en el relato de los rugbiers y luego cuando empecé a seguir sistemáticamente las principales competencias deportivas del rugby global, en las que los All Blacks ejecutan su ¿tradicional? danza ritual. Como ha señalado Calabró (2017), a propósito del rugby neozenlandés y su presencia internacional, se trata de un proceso global en el que las marcas culturales son resignificadas en términos de *commodities*. En Nueva Zelanda, el rugby ha sido un espacio donde los varones maoríes pudieron desplegar un nicho para sí mismos, para desarrollar sus aspiraciones de continuidad sociocultural, sobre todo, como dice Calabró (2017), para su reconocimiento político como pueblo indígena.

Aquello que parece exótico porque se conserva una mirada folklórica sobre el origen indígena, se transforma en un potencial recurso, un activo para producir rendimientos económicos, en un contexto global donde las marcas indígenas son capitalizadas por organizaciones locales e internacionales, empresas y otros actores (Pacheco de Oliveira, 2000) ¿Cuál es la relación entre la importación del haka como una práctica corporal un tanto descontextualizada en una escuela secundaria argentina de sectores medios-altos, con la comoditización de la "cultura maorí" de la cual proviene? Es el proceso de globalización y circulación internacional la que lo explica, con una serie de condiciones que la hacen posible: el prestigio de los All Blacks, materializado en victorias deportivas de las principales competencias a nivel internacional, en victorias de los clubes neozelandeses y de sus jugadores compitiendo profesionalmente en el rugby europeo. Además existe una comoditización de las técnicas de entrenamiento y de formación del "espíritu" de equipo, que sus diversos entrenadores y exjugadores se encargaron de promocionar a lo largo del mundo, por medio de libros, conferencias, viajes, reportajes televisivos, documentales, etc.

En 2012 me llega por medio de un conocido una invitación a una jornada de rugby infantil organizada por la URBA, a la que no pude asistir porque el evento era solo para socios de clubes de la unión. En la programación de las Jornadas, se destacaba en la agenda la presencia de Myles Ferris, uno de los principales promotores y expertos del rugby infantil en Nueva Zelanda, los "Small Blacks". La agenda estaba repleta de sus conferencias (conté nueve), pero se complementaba con algunas presentaciones de integrantes del staff de profesionales de la UAR/URBA, y se destacaba una charla muy específica del ex rugbier Manuel Contempomi. La agenda rezaba:

> 11.30hs 2da Disertación: Sr. Manuel Contempomi.
> Importancia del rugby infantil en mi formación como persona y jugador de rugby de elite. Las cosas que no se deben perder y debemos enseñarle a los chicos como parte fundamental en su formación humana y deportiva. "Lo que no incorporamos de chicos es difícil adquirirlo después"

El detalle del autoreconocimiento como jugador de rugby de elite no puede perderse en el bosque de los significantes. Es un dato relevante si se lo lee junto a la inquietud y al dispositivo que se despliega: conocer el modelo del rugby infantil de la estrella global del rugby profesional, los All Blacks y aprender de él, va junto a una afirmación de lo cuasi sagrado, la "única oportunidad" que representa la infancia. Al mismo tiempo que se enseña sobre cómo mejorar la preparación para el rugby, para llegar a ser un Contempomi, o tal vez mejor aún, un All Black, se enfatiza la formación como persona a través de un llamado cuasi humanitario para no perder la oportunidad de formar una infancia con valores.

Durante dos días el experto neozelandés hablará y mostrará cuáles son las mejores técnicas para el entrenamiento del rugby infantil. Su expectativa de formar un futuro de jugadores de elite con corazón humano y con valores sigue un modelo global. Como sucedía con el haka, la lectura culturalista sobre la "presentación" de los All Blacks, constituye una marca que es reapropiada y reterritorializada: todos hablarán bien de esta selección deportiva que en la lectura mainstream, logró la excelencia deportiva, el juego ágil que tanto atrae al espectáculo deportivo, con una suerte de moralidad que exotiza la identidad maorí. Ello sería la causa del éxito, la explicación de la excelencia deportiva.

Una práctica cultural –una "danza" en la clasificación de géneros de movimiento occidental– que se exportaría por su facilidad, su plasticidad y su asociación con el éxito deportivo, con el lenguaje inspiracional y motivador del espíritu grupal que atraviesa también a actores del rugby argentino y al mundo de los negocios de las elites manageriales, económicas y últimamente políticas en la Argentina contemporánea. La inspiración provendría de la exotizacón de la "cultura tradicional", donde anidaría un saber que es exportado por su productividad deportiva y su "atractivo": es inevitable que en los adelantos y presentaciones que las cadenas televisivas realicen del rugby global, frente a un torneo, muestren aunque sea una escena breve del haka neozelandés-maorí, cual bendición culturalista del rugby global.

Esa exotización circulante y presente en Buenos Aires, operó y opera en el interés por apoyar filantrópicamente al rugby indígena formoseño, la producción de documentales extranjeros y nacionales sobre aquellas experiencias, y la frecuente aparición en la prensa de los logros deportivos o del descubrimiento –de nuevo ¿"descubrimiento"?– del (rugby) indígena. De hecho, en Buenos Aires algunos rugbiers, al conocer la iniciativa, me contaban que era "como que ahora tenemos nuestros All Blacks, no?". Lo novedoso para la reconfiguración de las relaciones de desigualdad, es que la pobreza noble del interior es leída con las lentes globales de la exotización y la mercantilización de prácticas indígenas en la otra parte del globo.

Culturización y deportivización de la política social

La lectura culturalista del entramado indígena local es realizada con criterios globales, sobre el que tanto insisto en este libro. Pero el proceso en que un grupo social en situación de subordinación política y cultural puede reapropiarse de esas marcas, está dado por la continuidad y el crecimiento de Qompi Rugby Club, su prestigio, el lugar de sus mujeres, etc. Hay un proceso mayor que me interesa analizar, y que se sitúa en lo que vengo denominando política social: la producción y visibilización de la desigualdad y de la pobreza, bajo determinadas ideologías y marcos de interpretación, activa respuestas sociales en las que intervienen distintos actores. Ya sea que los estados colaboren con organizaciones de la sociedad civil, clubes de rugby, etc., o no lo hagan, el campo social como campo de los problemas sociales relativos a la desigualdad es significado y transformado en función de redes horizontales o verticales, de los patronazgos que construyen quienes se benefician de la circulación de recursos. El campo de la política social parece cada vez más deportivizado y culturizado.

Con la deportivización[16] de la política social señalo un proceso en el que la supuesta pureza de una práctica deportiva, el rugby en este caso, permite solucionar problemas sociales. Eso es lo que permite explicar el éxito de las iniciativas de articulación entre Qompi y RSF, por ejemplo, u otras desarrolladas desde fundaciones rugbísticas en Buenos Aires. Es también lo que explica, yendo más allá del rugby, la configuración de áreas de Responsabilidad Social –típicamente empresariales– en los grandes clubes de fútbol, en los que se trabaja por una educación "en valores" al interior de las instituciones, pero también para "llevar" esos valores afuera, por lo general, a niños y jóvenes que viven en barrios pobres o en zonas rurales.

Con el segundo, indico que ese proceso, y otros en los que no interviene el deporte, son marcados en función de lecturas exotistas sobre las diferencias culturales: se extrapolan prácticas, se explica lo positivo o negativo de un pueblo o un grupo en función de determinada "naturaleza" cultural, es decir, de algo que "traen y llevan consigo". Esa lectura exotista hace maleable "la cultura" en dos sentidos, que parecen antitéticos, pero en el capitalismo contemporáneo funcionan a la par: a) la comoditización de esas marcas, la venta de servicios, imágenes y sentidos a partir de ellas, y consiguientemente la legitimación de todo lo que sea puesto alrededor de ellas; b) las posibilidades de los mismos grupos que son alterizados de reapropiarse de la lectura exotista de otros para intentar superar situaciones de subordinación. Aunque no se trate de la superación de situaciones estructurales de desigualdad social y subordinación política, lo que ellas permiten es posibilitar un mayor manejo de la imagen y presentación del propio grupo y de los flujos de recursos. Participar más equitativamente de intercambios que los habiliten a mejores posiciones sociales o simbólicas.

---

[16] Alabarces (1998) emplea el término para describir el proceso en que la industria cultural se enfoca como nunca antes en los fenómenos deportivos (el fútbol sobre todo) desde fines del siglo XX, con todo lo que eso implica (multiplicación de la plusvalía, experiencia transclasista del fútbol, etc.)

El exotismo que vengo caracterizando se explica en el indigenismo (Ramos, 2004) y los imaginarios con que se construyó la nación y los estados latinoamericanos, es decir, en el grado de alterización y de despliegue de relaciones políticas y simbólicas en que se ubicó a las identidades y pueblos subordinados en ese mismo proceso. El indigenismo con el que miran las elites porteñas puede ser reapropiado, en prácticas que suenan tan europeizantes como el rugby pero que no son externas a las prácticas de poder, a las capacidades de actores indígenas de *hacer con ellas*, de politizarlas: si las políticas de la diferencia los dejan en el lugar de la exclusión en el terreno económico, las políticas de significación les permiten disputar un sentido sobre sí mismo en el terreno de las relaciones de clase, género y etnia-indígenas a nivel local, nacional y global.

Desde el entramado étnico-indígena, es posible leer la configuración presente de la política social en la lectura deportivizada y culturalista que configura buena parte de la actual política penitenciaria en la Argentina: mientras escribo este último capítulo, el rugby se extiende como política social y de seguridad en las cárceles provinciales y federales de todo el país. Una de las organizaciones clave de esa expansión la realiza la Fundación Espartanos, que con el apoyo de fundaciones empresariales y de bancos estatales como el Banco Nación, construyen canchas de rugby en sesenta unidades penitenciarias y desarrollan actividades educativas desde el rugby que combinan "rugby, espiritualidad y formación laboral",[17] expandiéndose hacia otros países latinoamericanos.

Construir poder indígena desde las redes del rugby: jerarquías en la legitimación de las elites

Desde el rugby los actores que en él se involucran reconfiguran relaciones de desigualdad, en las que los binarismos no entran. El rugby es un vector que rearticula relaciones de poder, donde acontece una reapropiación indígena de recursos simbólicos y materiales en los que continuar una guerra que no se nombra como tal, pero que los tiene como protagonistas. Aunque deporte social, como otros sintagmas de uso común en las organizaciones y empresas, incluso en las universidades –como "responsabilidad social"– suelen usarse como eufemismos para la intervención en la pobreza, también son usados por los que están ubicados en posiciones de subordinación y privación para superar una es-

---

[17] http://agenciasanluis.com/notas/2019/04/03/el-rugby-tendra-su-lugar-en-el-servicio-penitenciario-provincial/

tructura local que los invisibiliza en el espacio urbano, los ubica en el terreno de los problemas sociales y los excluye de los sistemas de intercambio políticos y económicos. Pareciera que la asociación entre vida urbana, pobreza y riesgo/inseguridad fuera el organizador que configura en general a la policía social, transformada en política de control y represión.

Pero la nueva tendencia que detectamos consiste en la culturización y deportivización de la política social, y todo eso ocurre al mismo tiempo que se materializa en el *summun* del rugby en las cárceles: en la política de control social, en su corazón, se gesta la política social de reconversión de los presos pobres, cual si fuera una cultura que es necesario inculcar para "cambiar". Las relaciones de desigualdad que se concretan en el mundo *ONG* del rugby social forman parte de un proceso político de mayor escala: la transformación de las políticas sociales y el modo de significar la pobreza está intrínsecamente vinculado a cómo las elites despliegan su lugar en la sociedad, construyen relaciones de legitimación de su posición y despliegan proyectos de sociedad. El vector del rugby permitió ver que esos proyectos son diferenciales según se considere a las elites porteñas nacionales o a las fronterizas de Formosa, por los procesos de conformación de la nación ya descriptos.

El rugby social emerge como un espacio que articula las escalas locales, nacionales y globales, escalas que favorecen tanto la percepción culturalista, humanitaria y filantrópica de las elites porteñas sobre los pueblos indígenas como la construcción de poder en estos últimos, que no solo acceden a recursos sino también a un mayor reconocimiento social por ser dignos oponentes en el mundo del rugby, local y nacional. Y construyen una mirada que los positiviza por el halo moral del rugby que los ubica también en el terreno de los "valores". La desigualdad sigue existiendo, pero se reacomodan las relaciones y jerarquías. Desde la escala local, facilita las posibilidades de acceso a recursos que positivizan y que habilitan a nuevas percepciones de sí mismo como individuos, grupos, que antes les estaban vedados. Mi primera interpretación sobre el rugby social como estrategia de control y legitimación de "valores" de las elites masculinas era el resultado de mi propia mirada exotizante. El desplazamiento entre Buenos Aires y Formosa, entre el rugby de elites y de las elites porteñas y el rugby indígena formoseño, mirando los procesos globales, me permite ver una reapropiación local de las relaciones de poder que se articulan en torno al rugby.

Reflexiones finales

La transformación de los cuerpos de las elites en el capitalismo contemporáneo

La transformación del rugby en un deporte profesional se define por la transición de los cuerpos de elite de la aristocracia moral hacia los cuerpos máquinas reflexivas y modélicas para el capitalismo contemporáneo. De reunir a las familias de "zona norte" y de representarlas, a constituirse en un modelo de rendimiento y ejemplo público ofrecido a todas las clases por medio de imágenes y espectáculos deportivos masivos y sin pausas, como el partido de Jaguares que presenté en la Introducción. Fuerza o resistencia; musculatura evidente; andar ágil o andar trabado. De cuerpos de elites –cuerpos que indican clase– a cuerpos de la elite deportiva en su etapa profesional hay todo un recorrido que este libro buscó capturar.

La producción de la clase no puede hacerse sin el cuerpo joven de los varones. En ellos se posiciona la jefatura y el poder masculino como figura de todo un sector social, de su protagonismo y primacía. Su masculinidad, el modo de representar y configurar ese poder en expectativas, atributos y apariencias está en tensión. La profesionalización deportiva introduce nuevas posibilidades para los jóvenes. Las lastimaduras y las marcas de lesiones ya no son signos de una masculinidad, un capital de género basado en la resistencia, la dureza, el sometimiento del dolor. Antes bien, pueden señalar una falta de expertise profesional. Cuidarse, recuperarse bajo la tutela de profesionales de la salud, será un nuevo modo de jerarquizarse, durar, ser más sabio, dejarse ayudar, apropiarse de las técnicas y saberes sobre el cuerpo. Nuevos modos de desplegar atributos de género, que no obstante responden muy bien a la lógica del profesionalismo deportivo del capitalismo global.

El modo de construir el deseo y la atracción son los que harán posible –junto a la valorización moral del rugby como deporte ¿bueno?– la proyección masiva de los rugbiers por medio de las imágenes, publicidades, eventos deportivos, marcas que harán del deporte un fenómeno tan atractivo como valioso en términos económicos, morales y eróticos. El mismo que hace que incluso quienes nunca jugamos al rugby quedemos enganchados en un deporte que, como reza el mandato del espectáculo deportivo, no debe tener ningún hueco, silencio, ningún espacio libre: un buen rato de puro entretenimiento en el movimiento, el choque y la destreza de estos cuerpos políticos e individuales del rugby profesional.

Toda la tecnología de saberes profesionales y técnicos entre nutrición, kinesiología, psicología y yoga, conducen a la modelación de sujetos capaces de hacer de sí una gran empresa. Un cuerpo máquina reflexiva, que modele la producción de subjetividad en el orden neoliberal actual: que busca una acumulación de valor por medio del entrenamiento y gestione su fuerza, su energía, su conocimiento y sus posibilidades. Un valor que reconoce sus fuentes en un siglo acumulado de formación de los varones de las elites porteñas. El cuerpo seguirá indicando, por ahora, la clase de origen, pero los méritos se individualizarán cada vez más en una industria global que asigna e individualiza éxitos y responsabilidades. Y que los ubica en el corazón de las sociedades del entretenimiento, el consumo y la conexión en las que vivimos. Una subjetividad imagen, rostro y musculatura de una forma de vida, de un modo de estar en un mundo que empresarializa la vida.

Ese proyecto económico no está deslindado de una valoración moral. Como insisto a lo largo del libro, economía y moral no constituyen dos ámbitos separados e incompatibles. Sin la construcción moral del deporte en general y del rugby en particular como una práctica solidaria, educativa y virtuosa, la capitalización económica no sería posible. Es un proceso social que los tiene en el centro, pero que no dominan en toda su magnitud: la expansión del rugby expone a sus privilegiados protagonistas. La "educación en valores", tan mentada como capital moral de este sector social, está cada vez más expuesta porque los "valores" de las elites y sus modos de incorporarlo están abiertos al escrutinio público. El clasismo y el machismo allí presentes emergerán con violencia (ver epílogo).

Los procesos de valoración incorporados al cuerpo tienen la potencia de la magia social. Parecen naturales y su persistencia está allí, es el gusto incorporado de clase, género, nación, "raza", que los actores perciben como algo dado pero que no es exclusivo de los sectores privilegiados. Si hoy el mercado deportivo se concentra en el rugby masculino es porque el cuerpo-imagen del rugbier atlético muscular proyecta y atrae, expande la positividad moral construida previamente junto a su atractivo físico, su blancura étnico-racial. Estética, moral y mercado están más articulados en nuestra imaginación que lo que suponemos: la industria publicitaria trabaja sobre este supuesto, los rugbiers profesionales lo van percibiendo, su capacidad de ahorro se va incrementando, y el flujo de dinero por medio del deporte no cesa de expandirse y disputarse.

Como reza la clásica distinción de Dumont (1978), la tendencia a la igualdad convive con cierta preferencia hacia el estatus y la distinción, la tensión entre el hombre jerárquico y el igualitario. En un orden de justificación se puede percibir y rechazar una desigualdad material entre ricos y pobres, y al mismo tiempo, reconocer el valor de la distinción social.[1] La aceptación de los privilegios es diversa en cada sociedad y tiempo, pero conlleva una cierta carga de admiración y deseo mimético, el mismo que estructura el antielitismo: la impugnación de aquello que se desea pero no se puede alcanzar. Esta afirmación generalista se concreta en el capital físico y atractivo de los rugbiers; en la deseabilidad del bien educativo que poseen estos grupos familiares desde hace décadas, y hoy configura un derecho social; en las imágenes de éxito, mérito y esfuerzo que condensa la estética de muchos rugbiers profesionales (Fuentes, 2019b).

Fronteras sociales y simbólicas en la construcción de las personas importantes

La sectorización de las elites en la Argentina implicó una separación que no es aislamiento, sino la institucionalización de espacios y prácticas activamente diferenciadas cuyo control se autonomiza de otros actores sociales. Así se valorizan bienes activamente producidos como prestigiosos: se restringe su disponibilidad, se activa la producción de una tradición (lo inglés en el rugby porteño, por ejemplo), y todo ello se realiza no a espaldas de la sociedad, sino frente a ella, mostrando qué recursos son deseables y atractivos. Integrar un club selecto que hace gala del misterio de los varones departiendo entre ellos, pertenecer a familias quinta generación de universitarios, contar con contactos y amigos en las principales empresas o en el Estado… y hasta en el parlamento inglés. Contrario a la lógica economicista que establece que lo valioso se construye a partir la escasez de recursos, los estudios antropológicos muestran que la insuficiencia antes que un dato de la "naturaleza" es una activa producción social. Las sociedades instituyen qué bienes son escasos (Godelier, 1986) y en muchas de ellas la construcción de la masculindad está atada a la capacidad, la performance de instituir esa escasez y manejarla. Estos hombres importantes hicieron del rugby la práctica ritual para proyectar su valor de género y clase, pero también para reproducir la sociedad que los hace valer como tales (Graeber, 2018).

---

[1] Méndez (2013) llegó a un análisis similar en su estudio sobre los egresados del Colegio Nacional de Buenos Aires

Lamont y Molnár (2002) sugieren estudiar algunas propiedades de las fronteras, como la permeabilidad, la relevancia, la durabilidad, la visibilidad. La frontera social y simbólica más duradera ha sido aquí el paso por la universidad. Como esa frontera se hizo cada vez más fluida, se articuló con otras como la selectividad de la sociabilidad masculina. Esta fue la estrategia de frontera esgrimida por los grupos privilegiados hace un siglo, siguiendo tendencias asociacionistas que atravesaron toda la sociedad argentina y se manifiesta de otras maneras más recientemente. Si, por ejemplo, la presencia de aquellos nuevos ricos que caracterizó Svampa (2001) se hace demasiado cercana, a tal punto que se vuelve ineludible incorporarlos, la frontera simbólica va a operar en marcaciones tales como las del "nuevo rico" (Fuentes, 2015a y b; 2012), o la distinción entre "superficiales" y "profundas", que hacían aquellas jóvenes tan atraídas por los cuerpos rugbiers en el capítulo 3. Parafraseando a Sahlins (2017) desde una perspectiva estructuralista, el valor es también el resultado de distinciones significativas, que aquí se materializan, se expresan en el cuerpo masculino.

Las fronteras se sostienen y legitiman en la alta valoración del grupo sobre sí mismo. Si bien ello no es exclusivo de ningún sector social, y pudiera ser afirmada en el trabajo con distintos grupos, es posible que el favoritismo sobre el propio grupo sea mayor en grupos de alto prestigio o estatus (Lamont y Molnár, 2002). Quienes están ubicados en posiciones altas de la estructura social, sobre todo en términos de prestigio, forman parte de quienes producen los valores e imágenes asociadas a los distintos grupos sociales, incluidos el suyo, porque se está cerca de las agencias productoras de sentido y poder, el Estado, los medios de comunicación y los grupos empresarios. Son actores clave en la expansión de esas valoraciones a otros sectores, en aquellos procesos que van de la dominancia a la hegemonía, inestable, por cierto, planteado por Gramsci (2017).

La alta valoración del propio grupo puede constituir también un modo de respuesta cuando no se ocupan posiciones hegemónicas o dominantes. Hay una lucha por establecer sentidos y valoraciones hegemónicas que no está terminada y no está dada exclusivamente por la posición de privilegio que poseen quienes pertenecen a las elites porteñas. Ello se hizo y hace más evidente cuando se considera la diversificación primero, y luego la expansión y masificación de la educación superior, cuando se amplían las políticas deportivas y cuando nuevos sectores sociales empiezan a disputar las prácticas asociadas a algunos sectores distinguidos.

La apuesta por la universidad y lo universitario, no es entonces una mera búsqueda de conocimiento o de diploma. Estos jóvenes buscan un título, y realizan la misma carrera por el diploma que realizaron sus padres y abuelos. Pero no sólo ello, apuestan también por el capital social, y por inflexiones muy específicas y diferenciadas de y en la experiencia universitaria. Y allí es donde las redes horizontales que circulan en el mundo del rugby revelan su potencial para producir la posición social, e identificarse con un estilo de vida.

Miro con esa lente la profesionalización deportiva del rugby: un terreno que las elites dominan pero que las excede en su fase de expansión. La extensión del rugby a nuevos sectores sociales, liderada por los mismos rugbiers adultos, es una estrategia de re-legitimación no solo del deporte insignia, sino de ellos mismos y de su posición moral. Que además está masculinizada: cuerpos de varones solidarios y comprometidos que se hacen presente en la villa, en el barrio "periférico", en la cárcel. Como si para buscar sostener su prestigio fuera necesario capturar una práctica históricamente feminizada –la filantropía o caridad, el altruismo social tradicional–. Aunque el rugby femenino también se está desarrollando en los territorios de pobreza, es llamativo que la operación de traslado de los "valores" del rugby (el estudio, las becas que otorgan, el énfasis en la educación moral o en la integración social) esté concentrada en los jóvenes varones pobres. En esa red vertical circulan valores expresados en recursos y jerarquías que si son reapropiados por "los de abajo" legitiman a sus dadores y productores. En una sociedad desigual sin solidaridad no hay prestigios. Y son esas redes las que permiten reapropiaciones de recursos y nuevos posicionamientos de poder para los sectores subordinados, como lo hacen los rugbiers indígenas de Formosa.

Los sucesores: la formación de los jóvenes para una elite con trayectoria abierta

Imaginarse, como lo hacía uno de los rugbiers entrevistado, estudiando un posgrado "afuera" (en otro país) al mismo tiempo que se proyecta jugando profesionalmente en un equipo extranjero, es una combinación interesante que responde a la idea del estudio y la universidad como categoría prestigiante tanto de la cultura parental como de la dominante, pero que se articula con la última al ubicarse como profesional rentado en un mercado global, que excede al club y a la propia familia. Como si fuera la trayectoria de un futbolista profesional, extraña a los sectores de medios altos y altos.

Estos jóvenes parecen estar combinando, con esfuerzo, la tensión entre sobresalir en el deporte que se globaliza, y seguir adquiriendo el estatus que los identifica como universitarios. Y para ello despliegan protestas, quejas, sentadas: disputan desde la edad, aprovechando la juvenilización de la sociedad y la posición social de privilegio en la que se encuentran. Allí es donde el deporte como creación y ámbito de experimentación hace su escenificación: los jóvenes afirman una experiencia que no niega la "utilidad" del contrato profesional, y jerarquizan la experiencia de crecimiento deportivo, disfrutar con amigos y experimentar un cuerpo más potente en interacción con otros. No todo es búsqueda de ganancias económicas o prestigios morales.

La división social del trabajo entre manual e intelectual sigue siendo útil para identificar las trayectorias y la producción de culturas en común (Shore, 2009) en las elites de Buenos Aires, aunque en combinaciones complejas. La extensión de la categoría "universitario" y del rugby a los sectores subordinados o empobrecidos funciona como proyección de los sectores privilegiados, en una sociedad donde no son ni serán obreros, ni futboleros, ni villeros. La división social del trabajo es una producción constante de las elites que miran posicionalmente desde arriba, preocupadas por la manera en la que se forman las trayectorias de los sucesores. La edad es un proyecto institucional, es decir, institucionaliza expectativas y temores sociales relativos al tiempo y la sucesión.

El trabajo corporal que realizan los jóvenes profesionales, y los jóvenes del rugby amateur que aún están en sus clubes pero que invierten casi las mismas técnicas y saberes que los primeros, es una práctica informada, asesorada, profesionalizada en términos universitarios. Las técnicas y formaciones discursivas de cada campo disciplinar se combinan para hacerlo productivo, perdurable, para reponerlo y curarlo. Algo que puede parecer trabajo "manual" es más bien la inversión de saberes legos y disciplinares, y de productos legales e ilegales sobre el propio cuerpo.

¿Qué pasa entonces con la experiencia y la edad universitaria que estos sectores sociales expandieron como modo normalizado de "juventud" en nuestras sociedades?

En estos sectores de elite, ser universitario era prepararse para la categoría "adulto", la que les otorgaría idoneidad política. Participar políticamente antes de la adultez funciona más bien como preparación. Siguiendo el planteo de Vommaro (2016), y a partir de los indicios que hallé en el trabajo de campo doctoral (Fuentes, 2015b), la formación política y la politización de la juventud también llegó a los sectores privilegiados (Vazquez y Cozachcow, 2017), que encontraron en los partidos políticos afines a sus posiciones (Pro, radicalismo) un lugar más familiar para involucrarse en la "política", es decir, para que sus grupos familiares se involucraran nuevamente en la conducción política de la nación. El capital moral construido (en el rugby, en la dirección de empresas, en el altruismo masculinizado) es fácilmente convertible a capital político, sobre todo cuando las elites y los jóvenes de las elites se posicionan políticamente en una sociedad desigual como la Argentina. En este sentido, me interesa remarcar que no se trata solo de posicionamientos ideológicos afines, sino de algo más amplio: la construcción de una cultura en común, aún estructurada sobre la jerarquía universitaria y en cómo se la significa en su relación con el deporte, con el halo familiar de los clubes de rugby y con la nobleza de las prácticas altruistas. Ámbitos de pureza y enaltecimiento que preparan para trabajar en la impureza de la política partidaria.

Pero el análisis que hice del rugby y de la experiencia universitaria de los jóvenes de estos sectores (Fuentes, 2015b) muestra que la construcción de valor que hacen no sigue un patrón determinado por, por ejemplo, la pertenencia a una elite política. La valorización moral de la juventud universitaria y amateur les permite ubicarse en una posición de superioridad. Los grupos de privilegio realizan así una apuesta abierta: no cambia si se desempeñan en la actividad política, si serán los herederos económicos de la empresa familiar, si integrarán el management de las grandes empresas, si se convertirán en jueces, o si se destacarán como prestigiosos profesionales o reconocidos académicos o intelectuales. No se está formando aquí una elite económica, o una elite política, o una elite burocrática. Se está formando una elite moral con trayectoria abierta que lidere y civilice, que eduque y ordene el espacio social según los propios criterios, más allá de las posiciones económicas.

La legitimación de los privilegios en el *mérito de sí mismos*

La legitimación de la desigualdad se visibiliza en la presentación de lo propio como universal, como necesario para todos, o al menos para algunos otros distintos que el propio grupo. Para que un sector o grupo pueda ubicarse a la vanguardia o en un lugar superior, para usar las metáforas espaciales, es necesario que construya imaginariamente una sociedad que necesita una redención, una guía que la conduzca, que la ordene o criterios que justifiquen las posiciones y posesiones desiguales. Como dice Reygadas (2008), la legitimidad[2] de la desigualdad se sostiene en función de los merecimientos con que se justifican las apropiaciones de los recursos sociales y los aportes de individuos y grupos, o cómo se naturalizan criterios de distribución de recursos (Dubet, 2012).

---

[2] La entiendo no solo como aceptación, sino también como práctica situada que permite la justificación (Boltanski y Thevenot, 2003) de un determinado orden de jerarquías, que no son estables y que definen horizontes de acción según posiciones sociales, de género, etc.

La desigualdad no es un dato externo a las elites de Buenos Aires: constituirse como una elite moral es ubicarse en una sociedad desigual a la que se mira desde las alturas. Los jóvenes de estos sectores sociales son producidos como los meritorios, y sus prácticas con los otros y consigo mismos reproducen esquema de legitimidad, que se proyecta como criterio de valoración en otros ámbitos de la vida social y cultural en la Argentina (Chaves, Fuentes y Vecino, 2016). Como lo vio Bourdieu (2002), hasta la producción del gusto es un proceso social, y la reflexividad de algunos entrevistados sobre esos gustos va en contra de su concepción de individuo. A ninguno de ellos/as les gusta darse cuenta de que hay un artificio en sus modos de percibir y valorar: al hablar de aquello que los diferencia, se cruza un límite moral –reconocerse como más valioso que otros– y se hace evidente que esa diferenciación y desigualdad es ideología. Resulta incómodo darse cuenta de que el propio modo de pensar es un modo interesado y producido por otros/as.

El mérito y el esfuerzo individual sostienen la producción de un joven que se hizo a sí mismo –esa es la grilla de lectura que heredan, el relato del club, del rugby, de sí mismos como hombres importantes en la escena profesional actual–. El "esfuerzo" de producir el cuerpo que requiere el deporte profesional ("tenés que destacarte" me decía un rugbier profesional) confirma aquella valoración liberal tan cara a estos sectores sociales, con nuevo rostro: un self corporal que requiere la industria deportiva y que se modela socialmente a nivel global, una subjetividad neoliberal que piensa al individuo como empresa (Gershon, 2011). Lo que llama la atención al observador, retomando el planteo de Margulis y Urresti (1998), el pionero trabajo de Braslavsky (1986), así como los de Elias y Dunning (1992), es que las imágenes doradas de la juventud, las que son formadas y producidas en las instituciones que pretenden formar a los líderes sigan asociadas al tiempo libre y la educación, a la civilización de sí mismo, la caballerosidad y la nobleza.

Una elite moral que ¿domina? al dinero

La antropología de la economía latinoamericana construyó una lente para mirar la articulación entre procesos de valorización económica y comunitaria. Cuando Eric Wolf (1978) realizó su trabajo sobre los campesinos en México estudió la conformación de elites. Los pueblos indígenas de México habían controlado la tendencia a la concentración de riquezas, dotando de un valor específico a quienes donaban a la comunidad el excedente producido, por medio de rituales específicos. Sancionaban así la posibilidad de la acumulación individual y la formación de una elite económica indígena. Se formaban clases sociales, pero en función de un orden interno, que tenía su propia lógica según la historicidad de esos pueblos, y que intentaba resistir el criterio de acumulación de propiedad como constructor de la clase capitalista. Un sistema moral lograba subordinar la lógica de jerarquización dada por la acumulación de bienes económicos. Similares procesos de igualación social y de intentos de dominio sobre la acumulación capitalista han sido analizados en otros contextos (Geschiere, 2012; Graeber, 2018).

Lo que se ha estudiado sobre la transformación de las economías latinoamericanas de los sectores postergados puede constituir una lente para mirar la transformación de quienes están en posiciones prestigiosas: no es necesario contar con otra lente analítica si consideramos a la desigualdad como un proceso relacional. Taussig (1993) analizó la transformación socioeconómica y cultural de las economías campesinas en América Latina. Lo comprendió magistralmente, articulando el análisis de las dimensiones materiales con las simbólicas. Así, la aparición de creencias y rituales vinculados a lo maligno, a la presencia de lo demoníaco e impuro era un modo de dar significado a ese proceso de cambio desde el lugar en que lo experimentaban los sectores subordinados.

Este esquema guarda una poderosa similitud con los procesos sociales que presenté en este libro. Cuando se decía que los jugadores de rugby que se profesionalizaban iban a buscar (solamente) dinero, se planteaba que la finalidad de la acción de los individuos no debería tener como objetivo la acumulación económica, objetivo y objeto impuro. Se exotiza la economía monetaria a la que ubican como extraña, extranjera y como fuerza maligna, frente a la cual no pueden resistirse, sino postergarla. En un mismo espacio social, se conforman dos campos que se disputan la jerarquía entre ellos. Uno estaría gobernado por el capital económico y el otro por el capital moral, en los términos en que los adultos del mundo del rugby definen moral. Son teorías nativas sobre la desigualdad (Ribeiro Thomaz, 2005; Reis y Moore 2005) destinadas a ubicarlos en un lugar de superioridad. Asistimos, mirando la profesionalización del rugby, a un cambio en la producción del valor que tiene como objeto a las mismas elites, a su capacidad de establecer cuáles son los criterios sobre los cuales las personas se hacen importantes y ejemplares. La acumulación capitalista que estos sectores de privilegio lideran en otros ámbitos, llegó ahora a un espacio que pretendían liberado de esos criterios de valoración. El dominio, además es clave: hace a su percepción de masculinidad, el mandato de subordinar a otros y a los objetos.

Los procesos simbólicos, la construcción de las fuerzas malignas, no funcionan solo como legitimadores de desigualdad, también contribuyen a su cuestionamiento (Reygadas, 2008). Para los sectores privilegiados de Buenos Aires, pareciera que es más fácil obtener o perder capital económico, que obtener o perder capital moral. Al segundo, lo dominan (aún); el primero, lo saben, los subordina.

Canales institucionalizados para la formación de las elites: ¿y los deportes?

El estudio de los sectores privilegiados en la Argentina sostiene un consenso: la ausencia de canales institucionalizados para la formación de las elites políticas, económicas y culturales. Acordando con ese criterio en términos generales, me interesa problematizar la idea de la institucionalidad y la misma idea de elite, ambas basadas en una mirada europea y norteamericanizada. El consenso es que no hay instituciones educativas estables o nítidas para la formación y llegada de las elites al poder –suponiendo que el poder sea una posición estable, lo cual es discutible– y por consiguiente no hay canales institucionales. Esa mirada está condicionada tanto por los pioneros estudios de elites en Argentina (de Imaz, 1968; Agulla, 1968) realizados desde enfoques funcionalistas, como por la gran influencia de las investigaciones de Bourdieu (2013) y Bourdieu y Passeron en Francia (2009). Entiendo que en las ciencias sociales del Cono Sur heredamos –para parafrasear a Bourdieu– y nos apropiamos de una mirada que pone la lupa en una suerte de "falta", porque la lente está hecha desde el modelo nativo de la formación de las elites europeas y norteamericanas, su configuración, su distribución de poder y su mirada sobre el Estado. Ese foco sostiene una conceptualización restrictiva sobre la institución.

En el capítulo 1 planteé que los circuitos de formación de las elites eran inestables, porque las sociedades van transformando las maneras y los criterios de construcción social del valor de los sujetos. Creo que las prácticas deportivas apropiadas por los sectores de elite constituyen canales más o menos institucionalizados pero no por ello estables para la construcción de posiciones sociales ventajosas. Institucionalizado no solo por la materialidad y la formalidad legal de las organizaciones analizadas en este libro –las uniones de rugby o los clubes, por ejemplo–. Sino también por la presencia de ritos de institución (Bourdieu, 1998), rituales y prácticas corporales, lugares de circulación y construcción de jerarquías y circuitos sociales que constituyen regularidades, modos normalizados de acceso a posiciones, recursos y prestigios. Las prácticas con las que me encontré en el mundo del rugby porteño –desde el tercer tiempo, al gimnasio diario, pasando por la circulación en la ciudad, los criterios corporales de identificación y la producción de los cuerpos modélicos– constituyen para los actores locales un orden institucionalizado para el desarrollo de la trayectoria juvenil, universitaria, deportiva y profesional, un modo dominante de "hacerse hombre".

Que estén institucionalizados, a su vez, no quiere decir que sean estables, que no se modifiquen al calor de las transformaciones sociales porque de hecho lo hacen: los deportes tenían un aire inglés y civilizador hace más de un siglo, y fueron reapropiados en cada sector de clase, algunos se mercantilizaron más que otros. El rugby pasó de ser la práctica de determinados varones de Buenos Aires para seguir siéndolo pero proyectándose con representatividad nacional hace cincuenta años, incorporando la distinción y su identificación nacional a una estructura de venta donde la nación es un *commodity*, más recientemente. Y en ese proceso, los varones de Buenos Aires que dirigen el mundo del rugby establecieron disputas para mantener o conservar su poder, en ámbitos formales, en discusiones morales, etc. Si identifico estabilidad en buena parte de los grupos familiares, y de sus perfiles sociales, en términos de trayectorias y capitales, es porque más que permanencia hay maleabilidad y estrategias diferenciales –y muchas ventajas– para seguir posicionándose, sino en la cúspide de los valores socioculturalmente producidos… sí muy cerca de ella.

Los deportes se instalan en la formación de los sucesores y muestran la relevancia de lugares, escenas y modos de producción del cuerpo que escapan a una mirada centrada en las instituciones "clásicas" y canónicas que se consideraron como canales legítimos[3] de formación: la escuela-universidad, las fuerzas armadas, etc. Los deportes son una escenificación del poder social y de su distribución: aún hay que insistir sobre su relevancia para mostrar cómo se configura la desigualdad en los procesos de formación de nación, y de quienes se posicionan como sus representantes. Entre la elite del rugby porteño que hizo de la UAR un lugar propio para proyectarse en la nación, a los jóvenes rugbiers de la actual profesionalización que acumulan el valor moral y económico que circula globalmente, hay diferencias porque la construcción de lo valioso ha ido cambiando en un siglo de historia. Pero posicionarse y proyectarse en el espacio nacional sigue siendo una dimensión clave para distinguirse, de Buenos Aires a Formosa y viceversa. El valor, lo relevante, las jerarquías se construyen en escalas que cada vez menos pueden prescindir de instancias globales (Cousin y Chauvin, 2014).

---

[3] En este sentido, creo que esta "falta" tiene que ver con la ilegimitidad que durante mucho tiempo tuvieron los estudios sociales del deporte, como lo señala Alabarces (2015) en numerosos trabajos.

La concepción sobre elites también requiere ser revisada: si podemos decir que en la Argentina una elite no se nace sino que se hace –a pesar de lo que invoquen las familias de "clase alta"– es porque se identifica y se incorpora en el estilo de vida (Tiramonti y Ziegler, 2008), y no solamente en la estabilidad del capital económico que se posea a lo largo del tiempo. Todos los sectores, grupos y clases sociales construyen estilos de vida como modos de identificación y de experimentar la posición social y la diferencia cultural que portan. No es un capital de distinción sociocultural exclusivo de las elites.[4] La estilización de la vida de la cual habla este libro refiere a marcos estéticos y morales específicamente encarnados: una elite moral que se forma y se posiciona por medio del capital moral que naturaliza en el cuerpo de los jóvenes, y que construye y disputa con otros actores y criterios, buscando legitimar la desigual jerarquía en la sociedad argentina. Los integrantes de estos sectores sociales pueden por períodos acceder o estar más cerca de las posiciones de poder político –en las escenas de los primeros años CUBA, de la UAR, en la creación de los clubes de rugby del "interior"– o más lejos de él –como la disputa entre CUBA y el peronismo–. Pueden reunir en su seno a familias con grandes volúmenes de capital económico y de posiciones dirigenciales en el mundo empresario, nacional e internacional; o familias que, como lo vio Gessaghi en la "clase alta" (2016) fueron perdiendo capital económico. Lo que los iguala o nivela es la distinción por el estilo de vida y por la pertenencia a un mundo deportivo-moral generizado. Por ello hablo de una elite moral que se produce y simboliza en el cuerpo de estos jóvenes.

Todo ello refuerza su experiencia de relevancia social en el espacio nacional y en una sociedad desigual. A ésta se la mira desde arriba, y a la nación desde el centro. La experiencia de nación se naturaliza en el llamado a conducirla o a establecer criterios de pureza moral, a constituirse como una reserva moral frente a una sociedad que cuando no se gobierna o dirige, se la califica como conflictiva, perdida, dividida o ingobernable. El centralismo porteño que se materializa en la historia del rugby argentino se sigue incorporando como criterio de valor cuando el deporte social, la expansión del rugby a las villas y a los pueblos indígenas se hace mediante la red vertical de recursos y personas que activan los caballeros argentinos, ahora solidarios del rugby de Buenos Aires.

---

[4] Siempre me llama la atención que en la división interna del trabajo antropológico, y en general de las ciencias sociales, usemos categorías disímiles según el grupo social estudiado, como si les perteneciera a los nativos, y no fuera un constructo nuestro. Aún leo en trabajos sobre pueblos indígenas categorías tales como *tradiciones y cosmologías*, sobre sectores populares *estrategias de supervivencia*, y sobre las elites solo *estilo de vida*. Necesitamos que los enfoques relacionales sobre desigualdad desnaturalicen la asociación entre categorías y lugares/grupos y escenas.

Epílogo

Los problemas de la "educación en valores": a propósito del debate sobre el asesinato de Fernando Báez Sosa

En la madrugada del sábado 18 de enero de 2020, un joven de 18 años llamado Fernando Báez Sosa, fue asesinado a la salida de un boliche en la ciudad de Villa Gesell. Las imágenes sobre el crimen, captadas por las cámaras de quienes perpetraron el homicidio y de otros jóvenes, permitieron identificar a quienes al momento de la escritura de este libro eran los principales sospechosos y acusados por la fiscalía que investigaba el crimen: un grupo de rugbiers. Así fue como la prensa los tituló. Desde entonces, el crimen de Fernando pobló la agenda mediática noticiosa de la Argentina, y con razón. El crimen es aberrante, como lo es la filmación de los momentos previos a su muerte.

En la construcción pública, las percepciones sobre la crueldad y la patologización social de los atacantes se hicieron dominantes. Las interpretaciones que circularon pivotearon entre una lectura jurídica y otra psicologista. En la primera, el habla pública sobre el crimen –es lo que me interesa analizar aquí– estuvo poblada del análisis de las intenciones, las consecuencias y el debate sobre la condena. El segundo estuvo dominado por una lectura patologizante, en un sentido que creo no es propiamente psicológico sino psicologista, porque pone a circular concepciones sobre la anomia, la anormalidad y la supuesta monstruosidad de los atacantes, en etiquetamientos que los dejan fuera de la sociedad, como "anormales". Si algo podemos aportar desde las ciencias sociales,[1] es que la violencia también tiene un carácter organizador e instituyente, es una producción sociocultural y política, antes que un fenómeno patológico. Estas últimas son estrategias de exorcización y diferenciación, que impiden ver la propia implicancia en la producción de la violencia.

---

[1] Pienso en los aportes de Dukheim a Foucault, pasando por Butler y referentes argentinos que han abordado la violencia, como Pablo Alabarces, José Garriga Zucal, Verónica Moreira, Daniel Míguez, entre muchos otros.

Algo similar les aconteció frente al crimen a los jugadores de rugby en Argentina y específicamente en Buenos Aires. Muchos de ellos reaccionaron diciendo que el rugby no era violento, que los medios hacían mal en calificar a los supuestos asesinos como "rugbiers", que hicieron eso no porque fueran rugbiers, sino porque eran malos o anormales o locos, o simplemente jóvenes. De repente se desmoronaba la representación social, la imagen del deporte que es emblema de los varones de los sectores privilegiados. Jugadores y ex jugadores de rugby de Buenos Aires salían en los medios a discutirla. Y era peor: terminaban diciendo que el rugby era distinto, que no lo comprendían, que se las agarraban con ellos porque eran varones y porque piensan que el rugby "es de elite cuando no es, también se juega en la villa". La estrategia siempre era la misma, aquella que me contó el rugbier bellavistense en 2010, cuando conversábamos sobre ese tema: "eso no es rugbístico", "no son rugbiers". La operación de distanciamiento opera separando a los puros de los impuros. Pero en esta ocasión, ello ya no parece posible.

Otros, en cambio, establecieron una posición más reflexiva. Recordaron, como lo hice en un artículo que escribí en 2019 y en una nota que salió en *Página/12* en 2020, que los eventos de violencia en la noche, donde intervenían rugbiers, eran más que frecuentes, que los medios cubrían esos episodios y que su reiteración hacía pensar que no eran eventos aislados, sino un modo de proceder. Quienes adoptaron una posición reflexiva activaron su memoria. Recordaron las frases que se dicen en los clubes, sus sesgos elitistas, clasistas y machistas. Se acordaron de mencionar los rituales de bautismo de los jugadores, que infringen violencia y complicidad en los *nuevos*. Empezaron a sospechar que hay algo que acontece y que hacen en sus clubes de rugby en relación a la violencia, intentando asumir algún grado de responsabilización. Se plantearon que algo debían estar haciendo mal en la tan repetida "formación en valores", el "compañerismo", "el espíritu de equipo", "sacrificio", "entrega" y tantos otros valores que integran ese estandarte que, no casualmente, los hace sentirse moralmente superiores.

La "educación en valores" está en el corazón de la violencia. Son fenómenos intrínsecamente vinculados, pero no por lo que dicen algunos periodistas, abogados y quienes plantean una ley para sancionar con agravantes la violencia física ejercida por jugadores de rugby, como si no hubiera diversidad corporal en este deporte —algo que este libro plantea— y como si el problema fuera el tamaño del cuerpo y su musculatura. Los femicidas que cometen el asesinato de mujeres o personas trans por ser mujeres o trans no son todos ni boxeadores, ni fisicoculturistas, ni jugadores de rugby.[2] Son varones educados en esta sociedad. El problema está en otro la-

---

[2] Ese planteo entraña otros problemas propios de la filosofía del derecho: la legitimidad de prácticamente marcar determinados cuerpos como peligrosos, con la consiguiente estigmatización que

do, justo en el espacio social que les permite a los jugadores de rugby de Buenos Aires y a las familias de la zona norte sentir y valorarse como parte distinguida de la sociedad: la aparente pureza moral de la formación en valores del rugby.

Como muestro a lo largo del libro, el énfasis constante en los valores se basa en el supuesto de que estos son o neutrales o buenos por naturaleza, y que todos entendemos de qué se trata cuando hablamos de un "valor". Suponer que todos entendemos lo mismo por "esfuerzo" o "compañerismo" constituye una ingenuidad, la magia de la naturalización de una idea de sociedad unívoca basada en el consenso. No, no todos entendemos lo mismo. Compañerismo puede significar solidaridad con la necesidad de alguien que conocemos, justificando la idea de que a quien no conocemos no merece nuestra empatía. Compañerismo puede significar disfrutar de la compañía de un amigo, estar para lo que necesite, pero también puede ser complicidad, silencio frente a la violencia presenciada, a los abusos cometidos, en función de otro gran valor que aparece en las proclamas globales (en la World Rugby) y en los clubes amateur de Buenos Aires: la lealtad. En una sociedad capitalista y patriarcal, compañerismo también significa hacerle favores a los amigos aunque sea injusto beneficiarlos sin medida, esperando que hagan lo mismo por uno; o seguir sosteniendo implícita y explícitamente que los espacios exclusivos de varones son necesarios y superiores, porque, como decía un socio adulto de CUBA para justificar la exclusión política de las mujeres: "donde hay minas siempre hay problemas". Los valores no son neutros, son un problema. Y su "formación", su "inculcación", también.

Los rituales enseñan en acto, ubican a los sujetos en una trama de posiciones y relaciones con determinado sentido. En los clubes, como en otras instituciones sociales y educativas, son dispositivos para "inculcar valores", es decir, incorporar jerarquías y percepciones sobre lo valioso y lo que no merece atención. Los rituales enseñan muchas cosas: compañerismo, lealtad, que también son silencio, sometimiento, violencia y complicidad. No me refiero exclusivamente a los rituales de dominación y violación, aunque ellos –desde saludar con patadas a alguno que volvió de jugar en el exterior, a insertarle un desodorante en el ano a alguien que juega en primera por primera vez– están presentes. Me refiero a prácticas cotidianas, a énfasis y repeticiones: la constante enseñanza de la diferencia social, los comentarios sobre los "negros" y "villeros", entre el desprecio y la filantropía jerarquizada, la insistencia en la alteridad del puto, siempre ¿fuera?

---

eso genera (Nussbaum, 2009) en sociedades altamente sensibilizadas en torno a la inseguridad y los riesgos de diverso tipo. Una escalada que avasalle derechos personalísimos siempre está en riesgo cuando aparecen los reflejos punitivistas.

del propio club, la repetición incansable de la superioridad del rugby por sobre el fútbol, el aprendizaje sobre el dolor físico y el sometimiento del cuerpo, la carrera por los cuerpos más tonificados y modélicos que pueda haber; todo ello se enseña, y por lo general bajo la bandera de los valores. La honestidad y el respeto a la autoridad –que sería monopolio de unos pocos–, los rugbiers frente a toda una sociedad futbolístca "enferma" de éxito, como me decía otro rugbier ex Puma. El rugby porteño no es el único dispositivo que forma a los varones en el dominio territorial sobre el cuerpo de los otros, en la manera patriarcal capitalista en que se concibe dominantemente el poder. Pero su combinación de androcentrismo y machismo, con la superioridad moral y de clase, produce una subjetividad que mira a la sociedad desde arriba.

La enseñanza de los valores por medio del dolor y el sometimiento del cuerpo propio y del otro, en función de una "norma", de unos ideales que los ubican en una posición de cuasi evangelizadores, misioneros de los valores del rugby, es altamente problemática desde el punto de vista ético. Es la producción de los misioneros morales que salven al mundo de aquellas tragedias que los rugbiers de San Isidro le decían a Peter Robledo en una fiesta hace años, mientras lo fajaban a golpes: la homosexualidad, la laicidad, la libertad. El problema son los valores y cómo se enseñan, lo que producen y el lugar de superioridad en el que se ubican moralmente en la sociedad argentina. Desde este punto, la violencia no es una operación extraña, de anormales anómicos que corroe el lazo social. Está en el corazón de aquellas bondades que presuponen los actores. Como decía Hannah Arendt, la maldad no es monstruosa, sino que está presente en los actos de aquellos buenos ciudadanos y padres de familia que cumplen las expectativas sociales y hacen bien su trabajo.

La lectura procesual que me interesa hacer de la cobertura del crimen de Fernando Báez Sosa tiene un público y no solo a los productores de noticias y a las lecturas que ellos hacen sobre el hecho. Entiendo que hay al menos dos factores que permiten explicar qué nos sucedía con la adhesión y el compromiso afectivo que generaba y genera en nosotros, audiencias y casi testigos de ese crimen. La filmación del mismo y el cúmulo de registros audiovisuales es uno de ellos. Un crimen cometido en una sociedad juvenil repleta de celulares con cámaras, en plena noche de una ciudad veraniega. La difusión al infinito de videos y audios genera la experiencia de cercanía, como si no hubiera mediación –aunque la hay y mucha– entre la situación del crimen y nosotros, cuasi testigos de lo que acontece. Como lo vio Susan Sontag (2004) al analizar el poder de la fotografía como "disparador" literal de la sensibilidad de quien mira, contemplamos absortos un crimen que acontece frente a las narices de todos.

El segundo factor es la lectura sociocultural de las relaciones de clase en la Argentina. El crimen despierta todo tipo de sospechas sobre la situación de privilegio anterior, presente y futura de los jugadores de rugby: sería el crimen de varones de sectores privilegiados o al menos "distinguidos" frente a un joven solo, hijo de inmigrantes de clase trabajadora, becado en un colegio privado católico de sectores medios-profesionales de la Ciudad de Buenos Aires. Realizo esa caracterización más allá del capital económico de las familias de los jóvenes rugbiers: como sostengo en el libro, se trata de un estatus otorgado por un estilo de vida, y una serie de valores que se asocian al rugby, su historia y su presente en Buenos Aires. La clase, la moral y el género son tres lentes combinadas que despiertan indignación e impugnación hacia los acusados por el crimen. Un crimen moral, una batalla entre el bien derrotado, quien cumple la norma del sujeto educado, y la maldad encarnada en quienes asesinan; de clase, porque así está organizada la desigualdad y la percepción sobre quienes practican rugby en Buenos Aires, frente a un perfil de ascenso social vía la educación que representa Fernando; y de género, porque se trata del dominio sobre el territorio del boliche, el cuerpo propio ¿"empujado"? y la reparación de ese orden patriarcal que termina en un asesinato.

La mirada social sobre los sectores de privilegio va entre el deseo de imitación y la impugnación a las ventajas. En este caso, el peso de lo segundo hace que el debate sobre la violencia social no se centre en los sectores populares o en las prácticas a ello asociadas –por ejemplo, por las elites del rugby cuando hablan del fútbol, su violencia, corrupción y exitismo–. Está en escena la propia jerarquía del rugby practicado en Buenos Aires, el mismo deporte que las marcas y empresas auspician por una pureza moral y una asociación con la educación, la civilidad y los "buenos valores" que se desgrana frente al asesinato. Es posible que en el mundo del rugby prime la posición de quienes asumieron una visión más reflexiva: si así fuera, la posibilidad de desarmar las complicidades y los elitismos en que se estructura el rugby porteño sería un modo de responder no solo frente a un hecho criminal, sino a una práctica que daña subjetividades y vidas. La violencia contenida en la superioridad moral y de género es la primera puerta a abrir, y la responsabilidad colectiva por ella. Son necesarios otros modos de instituir la posición de género y clase, por fuera de los criterios del dominio, la propiedad y la fuerza ejercida sobre sí y los otros/as.

Referencias

Adler Lomnitz, L. (1982). Horizontal and vertical relations and the social structure or Urban Mexico. *Latin American Research Review, XVII* (2), 51-74.

Agamben, G. (2013). *Altísima Pobreza: Reglas monásticas y forma de vida*. Adriana Hidalgo Editora.

Agulhon, M. (2009). *El círculo burgués. La sociabilidad en Francia. 1810-1848*. Siglo XXI.

Agulla, J. C. (1968). *Eclipse de una aristrocracia: Una investigación sobre las élites dirigentes de la ciudad de Córdoba*. Libera.

Aisenstein, Á. (1998). La educación física en el nuevo contexto educativo. En busca del eslabón perdido. En P. Alabarces, R. Di Giano, & J. Frydenberg (Eds.), *Deporte y Sociedad* (pp. 51-66). Eudeba.

______. (2006). Cuerpo, Escuela y Pedagogía. Argentina, Siglos XIX y XX. En Á. Aisenstein & P. Scharagrodsky (Eds.), *Tras las huellas de la Educación Física escolar. Cuerpo, género y pedagogía. 1880-1950* (pp. 19-47). Prometeo.

Alabarces, P. (1988). *Lo que el estado no da, el fútbol no lo presta: Los discursos nacionalistas deportivos en contextos de exclusión social*. Latin America Studies Association, Chicago. http://www.biblioteca.clacso.edu.ar/ar/libros/lasa98/Alabarces.pdf

______. (1998). Fútbol y Academia: Recorrido de un desencuentro. En P. Alabarces, R. Di Giano, & J. Frydenberg (Eds.), *Deporte y sociedad* (pp. 259-282). Eudeba.

______. (2013, diciembre). Fútbol, leonas, rugbiers y patria. El nacionalismo deportivo y las mercancías | Nueva Sociedad. *Nueva Sociedad | Democracia y política en América Latina, 248*. https://nuso.org/articulo/futbol-leonas-rugbiers-y-patria-el-nacionalismo-deportivo-y-las-mercancias/

______. (2015). Deporte y sociedad en américa latina: Un campo reciente, una agenda en construcción. *Anales de Antropología, 49*(1), 11-28. https://doi.org/10.1016/S0185-1225(15)71643-7

Ansolabehere, P. (2014). La vida bohemia en Buenos Aires (1880-1910): Lugares, itinerarios y personajes. En P. Bruno (Ed.), *Sociabilidades y vida cultural. Buenos Aires, 1860-1930* (pp. 155-186). Universidad Nacional de Quilmes.

Archetti, E. (1984). *Fútbol y ethos*. FLACSO.

______. (1998). Prólogo. En P. Alabarces, R. Di Giano, & J. Frydenberg (Eds.), *Deporte y sociedad*. Eudeba.

______. (2001). *El potrero, la pista y el ring. Las patrias del deporte*. Fondo de Cultura Económica.

______. (2003). *Masculinidades. Fútbol, tango y polo en la Argentina*. Antropofagia.

ARGENTINA. INSTITUTO NACIONAL DE ESTADÍSTICA Y CENSOS. (2012). *Censo nacional de población, hogares y viviendas 2010: Censo del Bicentenario: Resultados definitivos, Serie B n° 2*. Instituto Nacional de Estadística y Censos - INDEC.

ASOCIACIÓN CIVIL SIN FINES DE LUCRO EDUCADORES ARGENTINOS. (2011). *Na Qom. Ra qaratagac qatac na qaroonatac. Los Tobas. Nuestra historia y nuestro trabajo*. Asociación Civil sin fines de lucro Educadores Argentinos,.

BADARÓ, M. (2009). *Militares o ciudadanos. La formación de los oficiales del Ejército Argentino*. Prometeo.

BADARÓ, M., & VECCHIOLI, V. (2009). Algunos dilemas y desafíos de una antropología de las elites. *Etnografías contemporáneas, 4*, 7-20.

BANDIERI, S. (2011). Prólogo. En L. Méndez (Ed.), *Historias en movimiento. Cuerpo, educación y tiempo libre en la Norpatagonia* (pp. 4-17). Prohistoria.

BARRANCOS, D. (2013). La Universidad esquiva: Las primeras egresadas 1884-1910. En A. Servetto, A. y D. Saur (Coords.), *Universidad Nacional de Córdoba. Cuatrocientos años de historia*. Tomo I. Editorial de la Universidad Nacional de Córdoba

BASUALDO, E. M., BARRERA, M. A., BONA, L. M., GONZÁLEZ, M. L., MANZANELLI, P., & WAINER, A. G. (Eds.). (2017). *Endeudar y fugar: Un análisis de la historia económica argentina, de Martínez de Hoz a Macri*. Siglo XXI.

BAUMAN, Z. (2003). *Comunidad. En busca de seguridad en un mundo hostil*. Siglo XXI.

BÉJAR, H. (2006). ¿Voluntariado: Compasión o autorrealización? *Sociedad y economía, 10*, 99-119.

BERGEL, M. (2008). Latinoamérica desde abajo. Las redes trasnacionales de la Reforma Universitaria (1918-1930). En H. Aboites, P. Gentili, & E. Sader (Eds.), *La reforma universitaria. Desafíos y perspectivas noventas años después* (pp. 146-184). CLACSO.

BERTRANOU, F., JIMÉNEZ, M., & JIMÉNEZ, M. (2017). *Trayectorias hacia la formalización y el trabajo decente de los jóvenes en Argentina. Oportunidades y desafíos en el marco de la Agenda 2030 para el Desarrollo Sostenible* (p. 128). Organización Internacional del Trabajo.

BESNIER, N. (2012). The athlete's body and the global condition: Tongan rugby players in Japan. *American Ethnologist, 39*(3), 491-510. https://doi.org/10.1111/j.1548-1425.2012.01377.x

Besnier, N., & Brownell, S. (2012). Sport, Modernity, and the Body. *Annual Review of Anthropology*, *41*(1), 443-459. https://doi.org/10.1146/annurev-anthro-092611-145934

Besnier, N., Brownell, S., & Carter, T. (2018). *Antropología del deporte. Emociones, poder y negocios en el mundo contemporáneo*. Siglo XXI.

Besnier, N., Guinness, D., Hann, M., & Kova , U. (2018). Rethinking Masculinity in the Neoliberal Order: Cameroonian Footballers, Fijian Rugby Players, and Senegalese Wrestlers. *Comparative Studies in Society and History*, *60*(4), 839–872. https://doi.org/10.1017/S0010417518000312

Blanco, R. (2011). Intimidad pública y experiencia estudiantil. Regulaciones y subversión de las normas sexo- genéricas en la Universidad. *Revista de la Escuela de Ciencias de la Educación*, *0*(6), Article 6. https://doi.org/10.35305/rece.v0i6.30

Boltanski, L. (1975). *Los usos sociales del cuerpo*. Periferia.

Bourdieu, P. (2002). *La distinción. Criterios y bases sociales del gusto*. Taurus.

______. (1986). Notas provisionales sobre la percepción social del cuerpo. En *Materiales de Sociología Crítica* (pp. 180-194). Ediciones La Piqueta.

______. (2010). *El Sentido Práctico*. Taurus.

______. (2013). *La nobleza de Estado. Educación de elite y espíritu de cuerpo*. Siglo XXI.

Bourdieu, P., & Passeron, J. (2009). *Los herederos*. Siglo XXI.

Branz, J. (2013). Rugby y Masculinidad: Dos caras de una misma moneda? Sólo para hombres. En J. Garriga Zucal, J. Branz, & V. Moreira (Eds.), *Deporte y Ciencias Sociales: Claves para pensar las sociedades contemporáneas* (pp. 71-104). EDULP.

Braslavsky, C. (1986). *La juventud argentina. Informe de Situación*. CEAL.

Bridges, T. S. (2009). Gender Capital and Male Bodybuilders. *Body & Society*, *15*(1), 83-107. https://doi.org/10.1177/1357034X08100148

Briones, C. N. (2004). Construcciones de Aboriginalidad en Argentina. *Société Suisse des Américanistes; Bulletin de la Societe Suisse Des Américanistes*, *68*, 73-90.

Bröckling, U. (2015). *El self emprendedor: Sociología de una forma de subjetivación*. Universidad Alberto Hurtado.

Bruno, P. (2014). Introducción. Sociabilidad y vida cultural en Buenos Aires, 1860-1930. En P. Bruno (Ed.), *Sociabilidades y vida cultural. Buenos Aires, 1860-1930* (pp. 9-26). Universidad Nacional de Quilmes.

Buchbinder, P. (2005). *Historia de las universidades Argentinas*. Sudamericana.

Búsico, J. (2015). *El Rugido Sudafrica 1965, El Nacimiento De Los Pumas*. Club House.

Butler, J. (2006). *Deshacer el género*. Paidós.

CALABRÓ, D. (2017). *The Global Warrior: Maori, Rugby, and Diasporic Indigeneity*. GLOBALSPORT End-of-Project Conference.

CALIFA, J. S. (2010). La militancia estudiantil de la Universidad de Buenos Aires entre golpe y golpe, 1943-1955. En J. S. Califa, M. Millán, & P. Buchbinder (Eds.), *Apuntes para la historia del movimiento estudiantil argentino* (pp. 31-79). Final Abierto.

CANEDO, L., ALMEIDA, A., & GARCÍA JUNIOR, A. (2004). *Circulação internacional e formação das elites*. Unicamp.

CANO, D. (1982). *Ideas en torno a la evolución histórica de la universidad argentina* (N.º 9; Lateinamerika Studien). Universitat Erlangen-Nüremberg.

______. (1983). *Ejército, educación superior y geopolítica en la Argentina* (N.º 12; Lateinamerika Studien). Universitat Erlangen-Nüremberg.

CARMAN, M. (2015). Cercanías espaciales y distancias morales en el Gran Buenos Aires profundo. En G. Kessler (Ed.), *Historia de la Provincia de Buenos Aires: Vol. Tomo VI: Estudios sobre el conurbano reciente* (pp. 521-547). Universidad Pedagógica Provincial - EDHASA.

CASÁS, J. (1996). *Razones para la plena inserción de las mujeres en el Club Universitario de Buenos Aires*.

CASTRO-GÓMEZ, S. (2015). *Historia de la gubernamentalidad I: Razón de Estado, liberalismo y neoliberalismo en Michel Foucault* (2.ª ed.). Siglo del Hombre Editores S.A.; JSTOR. https://www.jstor.org/stable/j.ctt1hj9x36

CHAVES, M. (2004). Biopolítica de los cuerpos jóvenes: Aproximación e inventario. *Kairós. Revista de Temas Sociales, 14*, 1-22.

______. (2005). Juventud negada y negativizada: Representaciones y formaciones discursivas vigentes en la Argentina contemporánea. *Ultima década, 13*(23), 09-32. https://doi.org/10.4067/S0718-22362005000200002

______. (2009). Investigaciones sobre juventudes en Argentina: Estado del arte en ciencias sociales. *Papeles de Trabajo, 2*(5), 1-111.

______. (2010). *Jóvenes, Territorios y Complicidades*. Espacio Editorial.

CHAVES, M., FUENTES, S., & VECINO, L. (2016). *Experiencias juveniles de la desigualdad. Fronteras y merecimientos en sectores populares, medios altos y altos*. Grupo Editor Universitario. http://biblioteca.clacso.edu.ar/clacso/gt/201712180 41618/Experiencias_juveniles_de_la_desigualdad.pdf

CHIOCCONI, M., CHIAPPE, M., & PODLUBNE, A. (2011). ¡Todo por la patria! Nacionalismo, prácticas corporales y tiempo libre en asociación civiles—Región del Nahuel Huapi. Primera mitad del siglo XX. En L. Méndez (Ed.), *Historias en movimiento. Cuerpo, educación y tiempo libre en la Norpatagonia. 1884-1945* (pp. 181-254). Prohistoria.

Club Universitario de Buenos Aires. (1968). *Historia del Club Universitario de Buenos Aires. 1918-1968.* Club Universitario de Buenos Aires.

Comaroff, J., & Comaroff, J. (2001). Millennial Capitalism: First Thoughts on a Second Coming. En J. Comaroff & J. Comaroff (Eds.), *Millennial Capitalism and the Culture of Neoliberalism* (pp. 1–56). Duke University Press.

Connell, R. (2005). *Masculinities.* University of California Press.

Connell, R. W., & Messerschmidt, J. W. (2005). Hegemonic Masculinity: Rethinking the Concept. *Gender & Society.* https://doi.org/10.1177/0891243205278639

Corbiere, E. (2002). *Opus Dei: El totalitarismo católico.* Sudamericana.

Cousin, B., & Chauvin, S. (2014). Globalizing forms of elite sociability: Varieties of cosmopolitanism in Paris social clubs. *Ethnic and Racial Studies, 37*(12), 2209-2225. https://doi.org/10.1080/01419870.2014.934260

Criado, E. (1998). *Producir la juventud. Crítica de la sociología de la juventud.* Istmo.

Crossley, N. (2005). Mapping Reflexive Body Techniques: On Body Modification and Maintenance: *Body & Society.* https://doi.org/10.1177/1357034X05049848

Cuché, D. (2002). *La noción de cultura en las ciencias sociales.* Nueva Visión.

Da Matta, R. (1979). *Carnavais. Malandros e Heróis: Para uma sociologia do dilema brasileiro.* Zahar.

______. (1999). El oficio de etnólogo o cómo tener 'Anthropological Blues. En M. Boivin, A. Rosato, & V. Arribas (Eds.), *Constructores de otredad, una introducción a la Antropología Social y Cultural* (pp. 172-178). Eudeba.

Damo, A. (2005). *Do dom à proffisâo. Uma etnografia do futebol do espetáculo a partir da formação de jogadores no Brasil e na França* [Doctoral]. Universidade Federal do Rio Grande do Sul.

De Imaz, J. L. (1964). *Los que mandan.* Eudeba.

De Oliveira Lima, D. (2008). *Sujeitos e objetos do sucesso. Antropologia do Brasil emergente.* Garamond.

del Cueto, C. (2007). *Los únicos privilegiados: Estrategias educativas de familias residentes en countries y barrios cerrados* (Prometeo-UNGS).

Devoto, F. (2005). Atilio Dell'Oro Maini. Los avatares de una generación de intelectuales católicos del centenario a la década de 1930. *Prismas. Revista de Historia Intelectual, 9,* 187-204.

Di Piero, E., & Mataluna, M. (2018). Educación secundaria en instituciones dependientes de universidades públicas: Miradas docentes que consolidan su prestigio en Brasil y Argentina. *Trabajo y sociedad, 30,* 391-410.

Di Tella, T. (1969). *Raíces de la controversia educacional argentina". En Los fragmentos del poder: De la oligarquía a la poliarquía argentina* (T. Di Tella & T. Halperin Donghi, Eds.; pp. 289-323). Jorge Alvarez.

Dubet, F. (2012a). *Repensar la justicia social. Contra el mito de la igualdad de oportunidades*. Siglo XXI.

______. (2012b). Los estudiantes. *CPU-e, Revista de Investigación Educativa, 0*(1), 1-78.

Dussel, I., & Caruso, M. (1999). *La invención del aula. Una genealogía de las formas de enseñar*. Santillana.

Elias, N. (1982). *La sociedad cortesana*. Fondo de Cultura Económica.

______. (1992). La génesis del deporte como problema sociológico. En N. Elias & E. Dunning (Eds.), *Deporte y Ocio en el proceso de la civilización* (pp. 157-184). Fondo de Cultura Económica.

______. (1993). *El proceso de la civilización. Investigaciones sociogenéticas y psicogenéticas*. Fondo de Cultura Económica.

______. (2003). Ensayo acerca de las relaciones entre establecidos y forasteros. *Reis, 104*, 219. https://doi.org/10.2307/40184576

Elias, N., & Dunning, E. (1992). *Deporte y Ocio en el proceso de la civilización*. Fondo de Cultura Económica.

Eriksen, T. (2016). *Overheating. An Anthropology of Accelerated Change*. Pluto Press.

Esson, J. (2015). Escape to victory: Development, youth entrepreneurship and the migration of Ghanaian footballers. *Geoforum, 64*, 47-55. https://doi.org/10.1016/j.geoforum.2015.06.005

Esteban, M. L. (2008). Etnografía, itinerarios corporales y cambio social: Apuntes teóricos y metodológicos. En M. Imaz Martínez, (Ed.), *La materialidad de la identidad* (pp. 135-158). Hariadna Editoriala.

Fassin, D. (2012). *Humanitarian Reason. A Moral History of the Present*. University of California Press.

Featherstone, M. (1991). The Body in Consumer Culture: *Theory, Culture & Society*. https://doi.org/10.1177/026327648200100203

Feixa, C. (1998). *De jóvenes, bandas y tribus (Antropología de la juventud)*. Ariel.

Filho, O., & De, J. P. (2000). Cidadania e globalização: Povos indígenas e agências multilaterais. *Horizontes Antropológicos, 6*(14), 125-141. https://doi.org/10.1590/S0104-71832000001400006

Finkel, S., Labarca, G., Vasconi, T., Finkel, S., & Reca, I. (1977). La clase media como beneficiaria de la expansión del sistema educacional argentino 1980-1930. En *La educación burguesa*. Nueva Imagen.

FOLLARI, R. (1999). *Aspectos teóricos metodológicos sobre evaluación de la función investigación en las universidades*. CONEAU.

FONDO DE LAS NACIONES UNIDAS PARA LA INFANCIA (UNICEF). (2016). *Estado de la situación de la niñez y la adolescencia EN ARGENTINA*. UNICEF.

FONSECA, C. (2005). La clase y su recusación etnográfica. *Etnografías contemporáneas, 1*, 117-138.

FONSECA DE ALMEIDA, A. (2009). *Fonseca de Almeida, Ana Maria. 2009. As escolas dos dirigentes paulistas: Ensino medio, vestibular, desigualdade social. Belo Horizonte:*. Argvmentvm.

FOUCAULT, M. (1984). *La ética del cuidado de sí como práctica de la libertad. Diálogos con H. Becker, R. Fornet-Betancourt, A. Gomez-Müller*. https://revistas.unc.edu.ar/index.php/NOMBRES/article/viewFile/2276/1217

______. (1998). *Historia de la sexualidad 1: La voluntad del saber*. Siglo XXI.

______. (2000). *Defender la Sociedad*. Fondo de Cultura Económica.

______. (2008). *La arqueología del saber*. Fondo de Cultura Económica.

______. (2009). *La hermenéutica del sujeto. Curso en el College de France 1981-1982*. Fondo de Cultura Económica.

FRYDENBERG, J. (1998). Redefinición del fútbol aficionado y del fútbol oficial. En P. Alabarces, R. Di Giano, & J. Frydenberg (Eds.), *Deporte y Sociedad* (pp. 51-66). Eudeba.

FUENTES CODERA, M. (s. f.). El Colegio Novecentista. Un espacio de sociabilidad en la crisis de posguerra. En P. Bruno (Ed.), *Sociabilidades y vida cultural. Buenos Aires, 1860-1930* (pp. 251-280). Universidad Nacional de Quilmes.

FUENTES, S. (2011). *Cuerpos con clase: Producir juventudes en contextos educativos de sectores medios altos y altos del Gran Buenos Aires* [Tesis de Maestría]. FLACSO-Argentina.

______. (2012). Los jóvenes y la "guita": Tensiones en torno a la profesionalización del rugby masculino en Buenos Aires. *Revista Esporte e Sociedade, 7*(20), 23-49.

______. (2015a). La formación de los cuerpos jóvenes y su diversidad: Un estudio sobre la producción social de los cuerpos masculinos y distinguidos en el rugby de Buenos Aires. *Revista Latinoamericana de Estudios sobre Cuerpos, Emociones y Sociedad, 7*(18), 66-82-82.

______. (2015b). *Educación y Sociabilidad en las elites de Buenos Aires* [Doctoral]. Universidad Nacional de San Martín.

______. (2016). Un club para "nosotros" en la Reforma del 18. Sentidos de la universidad y la nación en jóvenes universitarios no reformistas. *Revista iberoamericana de educación superior, 7*(18), 60-81.

______. (2018a). Rugby, educación solidaria y riqueza en las elites de Buenos Aires: La construcción de una clase moral. *Etnográfica. Revista do Centro em Rede de Investigação em Antropologia*, vol. 22 (1), 53-73. https://doi.org/10.4000/etnografica.5147

______. (2018b). The Geography of Rugby in Buenos Aires: Class Inequalities through the Lens of Sports. *GLOBALSPORT*. https://global-sport.eu/the-geography-of-rugby-in-buenos-aires

______. (2019a). Gratitud en movimiento: Las familias y bebés en tránsito como movimiento humanitario. En C. Ceriani Cernadas (Ed.), *La Gratitud como praxis social* (pp. 40-67). Iniciativa Humanitaria AURORA; FLACSO.

______. (2019b). Juventud positivizada en Buenos Aires: Clase, moral y estética en la producción de juventudes contemporáneas. *Ultima década*, 27(51), 123-159. https://doi.org/10.4067/S0718-22362019000100123

Fuentes, S., & Guinness, D. (2018). Nacionalismos deportivos con "clase": El rugby argentino en la era profesional/global*. *Antípoda. Revista de Antropología y Arqueología*. https://doi.org/10.7440/antipoda30.2018.05

______. (2019). "Good Players" or "Good People": Masculinities, Mobilities, and Class in Argentinian Rugby. *The Journal of Latin American and Caribbean Anthropology*, 24(2), 443-460. https://doi.org/10.1111/jlca.12403

Galak, E. (2012). *Del dicho al hecho (y viceversa). El largo trecho de la construcción del campo de la formación profesional de la Educación Física en Argentina. Legalidades, legitimidades, discursos y prácticas en la institucionalización de su oficio entre finales del siglo xix y el primer tercio del XX* [Doctorado en Ciencias Sociales]. Universidad Nacional de La Plata.

______. (2016). *Educar los cuerpos al servicio de la política. Cultura física, higienismo y raza en Argentina y Brasil*. Ediciones UNDAV-Biblos.

Gayol, S. (2008). *Honor y duelo en la Argentina moderna*. Siglo XXI.

Geertz, C. (2005). *La interpretación de las culturas*. Gedisa.

Gershon, I. (2011). Neoliberal Agency. *Current Anthropology*, 52(4), 537-555. JSTOR. https://doi.org/10.1086/660866

Geschiere, P. (2012). *Política de la pertenencia: Brujería, autoctonía e intimidad*. Fondo de Cultura Económica.

Gessaghi, V. (2010). *Trayectorias educativas y 'clase alta'. Etnografía de una relación* [Doctoral]. Universidad de Buenos Aires.

______. (2016). *La educación de la clase alta argentina. Entre la herencia y el mérito*. Siglo XXI.

Giulianotti, R., & Brownell, S. (2012). Olympic and world sport: Making transnational society? *The British Journal of Sociology*, 63(2), 199-215. https://doi.org/10.1111/j.1468-4446.2012.01406.x

GLOZMAN, M. R. (2009). La Academia Argentina de Letras y el peronismo. *Anclajes, 13*(2), 129-144.

GODELIER, M. (1986). *La producción de grandes hombres: Poder y dominación masculina entre los Baruya de Nueva Guinea.* Akal.

GRAEBER, D. (2013). It is value that brings universes into being. *HAU: Journal of Ethnographic Theory, 3*(2), 219-243. https://doi.org/10.14318/hau3.2.012

______. (2018). *Hacia una teoría antropológica del valor. La moneda falsa de nuestros sueños.* Fondo de Cultura Económica.

GRAMSCI, A. (2017). *Notas sobre Maquiavelo, la política y el Estado moderno.* Libros de la Araucaria.

GRIMSON, A. (2007). Introducción. En A. Grimson (Ed.), *Pasiones Nacionales. Política y Cultura en Brasil y Argentina* (pp. 13-48). Edhasa.

______. (2012). *Mitomanías Argentinas. Como hablamos de nosotros mismos.* Siglo XXI.

GUBER, R. (1988). Nacionalismo Reflexivo. La entrevista como objeto de análisis. *Revista de Investigaciones Folklóricas, 9,* 30-40.

GUEMUREMAN, S. (2014). Los "unos" y los "otros": *CIENCIAS SOCIALES,* 40-51.

GUTIÉRREZ, A. B. (2007). *Herramientas teórico-metodológicas de un análisis relacional para los estudios de la pobreza. 35,* 15-33.

GUTTMANN, A. (1978). *From Ritual to Record. The Nature of Modern Sports.* Columbia University Press.

HALPERIN DONGHI, T. (1962). *Historia de la Universidad de Buenos Aires.* Eudeba.

HANN, M. (2018). Senegalese Football's Impossible Dream. *Anthropology News, 59*(4), e202-e207. https://doi.org/10.1111/AN.900

HARAWAY, D. (2015). *El patriarcado del osito Teddy: Taxidermia en el jardín del Edén.* Sans Soleil Ediciones.

HEARGRAVES, J., & BARBERO, J. (1993). Promesa y problemas en el ocio y los deportes femeninos. En *Materiales de sociología del deporte* (pp. 109-132). Ediciones La Piqueta.

HEREDIA, M. (s. f.). La ciencia global en el Gabinete Nacional. El singular ascenso del ministerio de Economía. *PolHis, 5*(9), 291-300.

______. (2008). Entre reflexividad, legitimación y performatividad. El discurso económico en el espacio público en la instauración y la crisis de la convertibilidad. *Crítica en desarrollo, 2,* 191-214.

HORA, R. (2014a). *Historia del turf argentino.* Siglo XXI.

______. (2014b). El turf como arena de disputa social. Jockeys y propietarios en el hipódromo argentino de fines del siglo XIX. *Jahrbuch Für Geschichte Lateinamerikas – Anuario de Historia de America Latina, 51*(1), 303-328. https://doi.org/10.7767/jbla-2014-0116

______. (2018). Perón y el Jockey Club: disputas en el turf en la era peronista (1946-1955). *Recorde: Revista de História do Esporte, 11*(1), Article 1. https://revistas.ufrj.br/index.php/Recorde/article/view/17867

INSTITUTO NACIONAL DE ESTADÍSTICA Y CENSOS. (2015). *Censo Nacional de Población, Hogares y Viviendas 2010: Censo del Bicentenario. Pueblos originarios: Región Nordeste Argentino.* Instituto Nacional de Estadística y Censos - INDEC.

JELIN, E. (2007). Víctimas, familiares y ciudadanos/as: Las luchas por la legitimidad de la palabra. *Cadernos Pagu, 29,* 37-60. https://doi.org/10.1590/S0104-83332007000200003

______. (2014). Desigualdades de clase, género y etnicidad / raza: Realidades históricas, aproximaciones analíticas. *Revista Ensambles, 0*(1), Article 1. http://www.revistaensambles.com.ar/ojs-2.4.1/index.php/ensambles/article/view/27

JOHNSON-HANKS, J. (2002). On the Limits of Life Stages in Ethnography: Toward a Theory of Vital Conjunctures. *American Anthropologist, 104*(3), 865-880. JSTOR.

KHAN, S. (2011). *Priviledge. The Making of an Adolescent Elite at St. Paul's School.* Princeton University Press.

KOVA, U. (2016). Soccer, Kinship and Migration Dreams in Cameroon. *Anthropology News, 57*(8), e37-e41. https://doi.org/10.1111/AN.86

LAMONT, M., & MOLNÁR, V. (2002). The Study of Boundaries Across the Social Sciences. *Annual Review of Sociology, 28,* 167-195.

LAMONT, M. (1992). *Money, moral and manners: The culture of the French and the American upper-middle classes.* University of Chicago Press.

LEGARRALDE, M. (1999). La fundación de un modelo pedagógico: Los colegios nacionales entre 1863 y 1905. *Propuesta Educativa, 21,* 30-39.

LEVINSON, B., HOLLAND, D., LEVINSON, B., FOLLEY, D., & HOLLAND, D. (1996). The cultural production of the educated person: An Introduction. En *The cultural production of the educated person. Critical ethnographies of schooling and local practice* (pp. 1-54). University of New York Press.

LIGHT, R. (2007). Re-examining Hegemonic Masculinity in High School Rugby: The Body, Compliance and Resistance. *Quest, 59*(3), 323-338. https://doi.org/10.1080/00336297.2007.10483556

LORENZO, M. F. (2016). *"QUE SEPA COSER, QUE SEPA BORDAR, QUE SEPA ABRIR LA PUERTA PARA IR A LA UNIVERSIDAD". Las académicas en la Universidad de Buenos Aires en la primera mitad del siglo XX.* Eudeba.

LOSADA, L. (2009). La historia de las elites en la Argentina y la teoría social. Notas iniciales para un mapa de lectura. *Etnografías Contemporáneas, 4,* 159-184.

______. (2012). *Historia de las elites en la Argentina: Desde la conquista hasta el surgimiento del Peronismo.* SUDAMERICANA.

MacAloon, J. (2008). *Muscular Christianity in Colonial and Post-colonial Worlds.* Routledge.

Mallimaci, F. (2015). *El mito de la Argentina laica. Catolicismo, política y Estado.* Capital Intelectual.

Mandell, R. (1986). *Historia Cultural del Deporte.* Bellaterra.

Margulis, M. (1999). La racialización de las relaciones de clase. En M. Margulis & M. Urresti (Eds.), *La segregación negada. Cultura y discriminación social* (pp. 37-62). Biblos.

Margulis, M., & Urresti, M. (1996). La juventud es más que una palabra. En M. Margulis (Ed.), *La Juventud es más que una palabra. Ensayos sobre cultura y juventud.* Biblos.

______. (1998). La construcción social de la condición de Juventud. En H. Cubides, M. Laverde, & C. Varlderrama (Eds.), *Viviendo a toda: Jóvenes, territorios culturales y nuevas sensibilidades* (pp. 3-21). Siglo del Hombre Editores.

Martin, M. de S. (2011). Towards a dynamic approach to reconversions: *Social Science Information.* https://doi.org/10.1177/0539018411411023

Martiré, E. (1995). *Veinticinco años en la historia del Club Universitario de Buenos. 1968-1993.* Club Universitario de Buenos Aires.

Mauss, M. (1979). Sexta parte: Las técnicas del cuerpo. En *Sociología y Antropología.* Tecnos.

Méndez, A. (2013). *El Colegio. La formación de una elite meritocrática en el Nacional Buenos Aires.* Sudamericana.

Méndez, L. (2011). Escenarios de argentinidad. Cuerpo, educación y tiempo libre en Norpatagonia. En L. Méndez (Ed.), *Historias en movimiento. Cuerpo, educación y tiempo libre en la Norpatagonia* (pp. 17-50). Prohistoria.

Mendonça, M. (2013). *La Universidad de Buenos Aires en tiempos de modernización y autoritarismo: El rectorado del Dr. Raúl A. Devoto.* Universidad de Buenos Aires. http://www.uba.ar/historia/archivos/EstudiopreliminarDEVOTO_Mendonca.pdf

Messner, M. (1989). Masculinities and Athletic Careers. *Gender and Society, 3*(1), 71-88. JSTOR.

Messner, M., & Sabo, D. (1990). *Men, and the Gender Order: Critical Feminist Perspectives.* Human Kinetics Publishers.

Miceli, S. (1979). *Intelectuais e classe dirigente no Brasil (1920-1945).* Difel.

Montes, N., Sendón, M. A., Montes, N., & Sendón, M. A. (2006). Trayectorias educativas de estudiantes de nivel medio. Argentina a comienzos del siglo XXI. *Revista mexicana de investigación educativa, 11*(29), 381-402.

Montes, N., & Ziegler, S. (2010). Miradas sobre una experiencia de cambio en la escuela secundaria: Nuevos formatos para promover la inclusión educativa. *Revista mexicana de investigación educativa, 15*(47), 1075-1092.

Mora, S. (2010). *El cuerpo en la danza desde la antropología. Prácticas, representaciones y experiencias durante la formación en danzas clásicas, danza contemporánea y expresión corporal* [Doctoral]. Universidad Nacional de La Plata.

Morch, S. (1996). Sobre el desarrollo y los problemas de la juventud: El surgimiento de la juventud como concepción sociohistórica. *Jóvenes. Revista de Estudios Sobre Juventud, 1*, 78-106.

Moreira, M. V. (2008). "Buenos Luchadores y Grandes Hombres": Poder y Política De Una Hinchada De Fútbol En Argentina. *Question, 1*(17), Article 17. https://perio.unlp.edu.ar/ojs/index.php/question/article/view/485

Morgenfeld, L. (2007). Argentina frente a Estados Unidos en las conferencias panamericanas de los años 30. *Ciclos en la Historia, la Economía y la Sociedad, 16*, 193–217.

______. (2012). *Relaciones Peligrosas. Argentina y Estados Unidos*. Capital Intelectual.

Mosca, G. (2006). *La clase política*. Fondo de Cultura Económica.

Nader, L. (1969). Up the Anthropologist. Perspectives Gained from "Studying Up". En D. Hymes (Ed.), *Reinventing Anthropology* (pp. 284-311). Pantheon Books.

Naishtat, F. (2008). Las Luces in memoriam. Exscripción d ela Ilustración en la modernización universitaria". En F. Naishtat & P. Aronson (Eds.), *Genealogías de la universidad contemporánea: Sobre la Ilustración, o pequeñas historias de grandes relatos* (pp. 23-42). Biblos.

Narotzky, S. (2007). The Project in the Model: Reciprocity, Social Capital, and the Politics of Ethnographic Realism. *Current Anthropology, 48*(3), 403-424. https://doi.org/10.1086/512999

Nobile, M. (2012). Nuevos formatos escolares: Interpretaciones acerca de las diferentes temporalidades que los atraviesan. *Propuesta Educativa, 38*, 86-92.

Noel, G. D. (2013). De los Códigos a los Repertorios: Algunos atavismos persistentes acerca de la cultura y una propuesta de reformulación… *ISSN, 3*, 31.

Observatorio de la Juventud. (2016). *Encuesta Joven 2016*. Gobierno Ciudad Autónoma de Buenos Aires. https://www.buenosaires.gob.ar/sites/gcaba/files/encuestajoven2016.pdf

Organización Panamericana de la Salud. (2019). *Informe sobre la situación mundial del alcohol y la salud 2018*. Organización Panamericana de la Salud. https://iris.paho.org/bitstream/handle/10665.2/51352/OPSNMH19012_spa.pdf?sequence=1&isAllowed=y

Palermo, E. (2010). *Procesos de identificación étnica y clasista entre un grupo de argentino-irlandeses de Buenos Aires* (N.º 18; Cuadernos del IDES). IDES.

PARETO, V. (2000). *The rise and fall of elites. An application of theoretical sociology*. Library of Congress.

PEDRAZA GOMEZ, Z. (1996). *En cuerpo y alma. Visiones del progreso y de la felicidad*. Uniandes.

PIGLIA, M. (2007). Elites modernas, consumo de automóviles y acción política: El patriotismo práctico del Automóvil Club Argentino (1918-1930). *IV Jornadas Nacionales Espacio, Memoria e Identidad*. IV Jornadas Nacionales Espacio, Memoria e Identidad, Rosario.

______. (2014). *Automóviles, turismo y caminos. Los clubes de automovilistas y la formación de las políticas turísticas y viales en la Argentina (1918-1955)*. Siglo XXI.

PINKASZ, D. (2015). Sobre la escuela como eje del cambio de las políticas de educación secundaria en Argentina. *Propuesta Educativa, 44*, 8-23.

PORTANTIERO, J. (1978). *Estudiantes y política en América Latina. El proceso de la reforma universitaria*. Siglo XXI.

Quien es quien en la Argentina. (1968). Kraft.

RAMOS, A. R. (2004). Los dilemas del pluralismo brasilero. *Maguaré, 0*(18), Article 18. https://revistas.unal.edu.co/index.php/maguare/article/view/10832

REGUILLO, R. (2000). *Emergencia de culturas juveniles. Estrategias del desencanto*. Norma.

REYGADAS, L. (2008). *La apropiación: Destejiendo las redes de la desigualdad*. Anthropos Editorial; Universidad Autónoma Metropolitana - Iztapalapa.

RIAL, C. (2008). Rodar: A circulação dos jogadores de futebol brasileiros no exterior. *Horizontes Antropológicos, 14*(30), 21-65. https://doi.org/10.1590/S0104-71832008000200002

ROBLES, F. (1999). *Los sujetos y la cotidianeidad. Elementos para una microsociología de lo contemporáneo*. Universidad de Concepción.

ROCKWELL, E. (2009). *La experiencia etnográfica. Historia y cultura en los procesos educativos*. Paidós.

ROMERO, J. L. (2005). *Latinoamérica. Las ciudades y las ideas*. Siglo XXI.

ROSE, N. (1989). *Governing the Soul: The Shaping of the Private Self*. Routledge.

SÁBATO, H. (2002). Capítulo dos/1860-1920. Estado y sociedad civil. En R. Di Stefano, H. Sábato, L. Romero, & J. Moreno (Eds.), *De las cofradías a las organizaciones de la sociedad civil. Historia de la Iniciativa Asociativa en Argentina. 1776-1990* (pp. 99-168.). GADIS/Grupo de Análisis y Desarrollo Institucional.

SACCONE, F. (s. f.). *Rugby mental. Radiografía psicológica del juego y su entorno*. Editorial Dunken.

SAHLINS, M. (2013). On the culture of material value and the cosmography of riches. *HAU: Journal of Ethnographic Theory, 3*(2), 161-195. https://doi.org/10.14318/hau3.2.010

SAHLINS, M. (2017). *Cultura y razón práctica. Contra el utilitarismo en la teoría antropológica*. Gedisa.

SALESSI, J. (1995). *Médicos maleantes y maricas. Higiene, criminología y homosexualidad en la construcción de la nación Argentina. (Buenos Aires: 1871-1914)*. Beatriz Viterbo Editora.

SARLO, B. (2017). *La máquina cultural. Maestras, traductoras y vanguardistas*. Siglo XXI.

SARRABAYROUSE, M. (2015). Formas de acceso y reclutamiento en el poder judicial: Familia judicial y espacios de sociabilidad. *2da Reunión Internacional sobre Formación de las Elites : enfoques y avances de investigación en el estudio relacional de las desigualdades*. 2da Reunión Internacional sobre Formación de las Elites : enfoques y avances de investigación en el estudio relacional de las desigualdades, Buenos Aires.

SCHARAGRODSKY, P. (2004). La educación física escolar argentina (1940-1990): De la fraternidad a la complementariedad. *Anthropologica, 22*(22), 63-92.

______. (2006). Los ejercicios militares en la escuela argentina: Modelando cuerpos masculinos y patriotas a fines del siglo XIX. En Á. Aisenstein & P. Scharagrodsky (Eds.), *Tras las huellas de la Educación Física escolar. Cuerpo, género y pedagogía. 1880-1950* (pp. 195-134). Prometeo.

SCHARAGRODSKY, P., MANOLAKIS, L., & BARROSO, R. (2003). La educación física argentina en los manuales y textos escolares (1880-1930). *Revista brasileira de história da educação, 5*, 69-91.

SCHEPER-HUGHES, N., & LOCK, M. M. (1987). The Mindful Body: A Prolegomenon to Future Work in Medical Anthropology. *Medical Anthropology Quarterly, 1*(1), 6-41. JSTOR.

SCHER, A., BLANCO, G., & BÚSICO, J. (2010). *Deporte nacional. Dos siglos de historia*. Emecé.

SCHWARZ, P., ADASZKO, D., CAMAROTTI, A., MENDES DIZ, A., & DI LEO, P. (2010). *Usos del tiempo, violencias, consumo de drogas y sexualidad en jóvenes en espacios recreativos nocturnos en tres ciudades argentinas* (N.° 55; Documento de trabajo). Instituto de Investigaciones Gino Germani, Facultad de Ciencias Sociales, UBA.

SEGATO, R. (2007). *La Nación y sus Otros*. Prometeo.

SHILLING, C. (2012). *The Body and Social Theory*. Sage Press. https://uk.sagepub.com/en-gb/eur/the-body-and-social-theory/book235613

SHORE, C. (2009). Hacia una antropología de las elites. *Etnografías Contemporáneas, 4*(4), 23-46.

SIGAL, S. (2002). *Intelectuales y poder en Argentina. La década del sesenta*. Siglo XXI.

SIMMEL, G. (s. f.). La metrópolis y la vida mental. *Bifurcaciones, 4*, 1-10.

Soriano, M. (2010). *Rugby*. Alfaguara.

Svampa, M. (2001). *Los que ganaron. La vida en los countries y barrios privados*. Biblos.

_______. (2004). Fragmentación espacial y procesos de integración social hacia arriba: Socialización, sociabilidad y ciudadanía. *Espiral, XI*(31), 55-84.

Taussig, M. (1993). *El Diablo y el fetichismo de la Mercancia en Sudamerica*. Alianza.

Terigi, F. (2015). Aportes de la investigación sobre políticas educativas y trayectorias escolares en la escuela secundaria. En D. Pinkasz (Ed.), *La investigación sobre educación secundaria en la Argentina en la última década*. FLACSO.

Tilly, C. (2000). *La desigualdad persistente*. Manantial.

Tiramonti, G. (2004). *La Trama de la desigualdad educativa: Mutaciones recientes de la escuela media*. Manantial.

_______. (2011). Educación secundaria Argentina: Dinámicas de selección y diferenciación. *Cadernos de Pesquisa, 41*(144), 692-709. https://doi.org/10.1590/S0100-15742011000300003

Tiramonti, G., & Ziegler, S. (2008). *La educación de las elites. Aspiraciones, estrategias y*. Paidós.

Tola, F., & Suárez, V. (Eds.). (2016). *El teatro chaqueño de las crueldades. Memorias qom de la violencia y el poder*. Asociación Civil Rumbo Sur. CONICET.

Turner, B. (1989). *El cuerpo y la sociedad. Exploraciones en teoría social*. Fondo de Cultura Económica.

Turner, V. (1988). *El proceso ritual*. Taurus.

Unzué, M. (2012). Historia del origen de la Universidad de Buenos Aires (a propósito de su 190° aniversario). *Revista Iberoamericana de Educación Superior, 3*(8), 72-88. https://doi.org/10.22201/iisue.20072872e.2012.8.73

van Gennep, A. (2013). *Los ritos de paso*. Alianza.

Van Zanten, A., Ball, S. J., & Darchy-Koechlin, B. (2015). *Elites, Privilege and Excellence: The National and Global Redefinition of Educational Advantage* (A. V. Zanten, S. J. Ball, & B. Darchy-Koechlin, Eds.). Routledge. https://hal.archives-ouvertes.fr/hal-01396334

Vasquez, K. (2000). Intelectuales y política: La "nueva generación" en los primeros años de la reforma universitaria. *Prismas. Revista de Historia Intelectual, 4*, 59-75.

Vázquez, M., & Cozachcow, A. (2017). Activismo juvenil en partidos con gestiones de gobierno a nivel subnacional en Argentina (2007-2015). *Revista de Sociologia e Política, 25*(64), 47-72. https://doi.org/10.1590/1678-987317256405

Veblen, T. (2008). *Teoría de la clase ociosa*. Alianza.

Vommaro, G. (2016). «Unir a los argentinos»: El proyecto de país normal de la nueva centro-derecha en Argentina. *Nueva Sociedad | Democracia y política en América Latina, 261*.

Wacquant, L. (1999). Un arma sagrada. Los boxeadores profesionales: Capital corporal y trabajo corporal. En J. Auyero (Ed.), *Caja de herramientas*. Universidad Nacional de Quilmes.

______. (2006). *Entre las cuerdas: Cuadernos de un aprendiz de boxeador*. Siglo XXI.

Williams, R. (1980). *Marxismo y literatura*. Península.

Wolf, E. (1978). *Los campesinos*. Labor.

Zelizer, V. (2011). *El significado social del dinero*. Fondo de Cultura Económica.

Ziegler, S., & Gessaghi, V. (2012). Introducción. En S. Ziegler & V. Gessaghi (Eds.), *La formación de las elites. Investigaciones y debates en Argentina, Brasil y Francia*. (pp. 9-26). Manantial; FLACSO.

Ziegler, S., Gessaghi, V., & Fuentes, S. (2018). Las propuestas curriculares en escuelas de elite en Buenos Aires: *Páginas de Educación*, *11*(2), 40-60. https://doi.org/10.22235/pe.v11i2.1627

Zucal, J. A. G. (2005). Lomo de macho. Cuerpo, masculinidad y violencia de un grupo de simpatizantes del fútbol. *Cuadernos de antropología social*, 22, Article 22. https://doi.org/10.34096/cas.i22.4436

Impreso por TREINTADIEZ S. A. en 2021
Pringles 521 (C1183 AEI)
Ciudad Autónoma de Buenos Aires
Teléfonos (011) 4862-6794 / (011) 4864-3297
editorial@treintadiez.com